롯데
학술
총서

002

독도 문제의 진실

일러두기

- 본문에 나오는 인명과 지명, 학교명, 서적명 등은 원칙적으로 한글 맞춤법 표기법에 따랐다.
- 일본이나 중국의 인명, 지명 등은 원칙적으로 한글 맞춤법 표기법에 따랐으나, 한자로 의미가 더 명확하게 통할 수 있는 경우는 한자음 그대로 표기했다.
- 원문에서 괄호 안에 넣어 설명하는 단어는 구별을 위해 [ ]로 표기했다.
- 전집이나 단행본, 정기간행물은 『 』, 지도, 논문 등은 「 」로 표기했다.

독도 문제의 진실

숙종실록에서 샌프란시스코조약까지, 그 역사지리적·국제법적 근거

정태상 지음

만권당

머리말

　독도 문제는 국익의 문제 이전에 학문적인 진실을 밝히고 알리는 문제다. 독도 문제의 지리적·역사적·국제법적인 진실을 밝히면 그 영유권 귀속은 자명해질 것이다.

　독도 문제는 국가 간의 주장이 서로 대립되는 만큼 영토 내셔널리즘과의 관련은 부인할 수 없는 사실이다. 국민감정에 편승해 관련 사료에 대해 객관적인 검토 없이 국제적으로 받아들여지기 어려운 견해를 아전인수 격으로 주장하는 경향도 전혀 없지는 않다. 그러나 이는 일부에 불과하고, 독도 문제는 엄연한 지리적·역사적·국제법적인 학문 연구의 영역이다.

　최근 한일 양국 간의 독도 문제는 학문적인 진실에 바탕을 둔 논리적인 대응보다는 감정적인 대결로 치닫고 있다. 영토 논쟁의 차원을 넘어 상대국에 대한 혐오감을 불러일으키기 위한 수단으로까지 악용되기도 한다. 각종 언론은 물론이고 정부마저도 이러한 경향을 보이는 것은 안타까운 현실이 아닐 수 없다.

　일본 정부에서는 "독도는 일본의 고유 영토다"라는 주장을 되풀이하고 있고, 한국 정부도 "유감스럽다", "좌시하지 않겠다"는 식의 감정 대응 일변도다. 무력 충돌도 불사할 듯한 막말에 가까운 표현이다. 이는 독도 문제가 정치적으로 악용되고 있기 때문이기도 하지만, 학계의 연구가 충분히 뒷받침되지 못하고 있는 것도 그 주요한 원인 중 하나다.

연구가 부족하니 확신을 가질 수 없고, 확신이 없으니 논리적인 대응을 하지 못하는 것이다.

더 큰 문제는, 일반 국민들은 상상조차 할 수 없는 일이지만, 독도 학계에 일본 측에 편향된 연구 활동을 하는 학자들이 적지 않다는 사실이다. 그러한 인물들이 사실상 학계에 상당한 영향력을 행사하고 있다고 해도 과언이 아닐 정도다.

이른바 식자층의 전반적인 풍토부터가 크게 잘못되어 있다. 국내에서조차 한국 측이 독도 문제에 과도하게 민감하고, 한국 측의 과도한 영토 내셔널리즘이 독도 문제의 주요 원인인 것처럼 인식하면서, 상대국의 주장에는 그 나름대로의 근거가 있을 것이라는 막연한 선입관에 빠져 있는 경우가 적지 않다. 상대국의 국수주의적인 이데올로기에 바탕을 둔 선전선동 구호에 불과한 주장도 학자의 학설로서 무비판적으로 수용하고 보는 것이 공정한 학자의 자세인 양 생각하는 연구자도 없지 않다. 상대국 연구자의 주장에 대해서는 침묵하면서 자국 연구자의 주장에 대해서만 엄격한 비판의 잣대를 갖다 대는 경향도 있다. 이는 일본의 주장을 맹목적으로 추종하는 식민사관의 영향에서 비롯된 것일 수도 있지만, 우세한 경제력을 바탕으로 한 일본 정부의 홍보 전략이 주효한 것도 그 요인의 하나가 될 수 있을 것이다.

독도가 '반일종족주의의 최고 상징'이라는 주장도 있다. 그러나 독도 문제는 반일민족주의에 이용당해서는 안 되며, 그 반대로 한국의 독도 영유권 주장을 반일민족주의로 보는 것 또한 일본 측에 지나치게 편향된 시각이다.

이러한 분위기에 편승해 독도에 관한 사실 조작, 번역 오류, 표절 등 부정한 방법을 써가면서까지 일본 측에 유리한 주장을 하는 경우조차 있다. 어느 경우든 일반인은 상상하기 어려운 학계의 치부다. 후학들이 자칫 자신도 모르게 일본 측에 편향된 연구자가 될 우려마저 있다. 뼈를 깎는 획기적인 대수술이 필요한 시점이다. 이 책이 이를 바로잡고 이러한 사태를 방지하는 데 조금이나마 기여했으면 하는 마음 간절하다.

독도 문제는 결코 단순하고 쉬운 문제가 아니다. 국익을 내세우며 자국 땅이라고 주장하는 것은 쉬운 일이지만, 그것을 논리적으로 설득력 있게 설명하는 것은 심도 있는 연구 없이는 불가능한 일이다.

이 책은 독도 문제가 국익의 문제를 떠나 지리적·역사적·국제법적인 진실을 구명(究明)하는 학문적인 연구의 문제라는 인식에 바탕을 두고, 2014년 필자의 박사 학위 논문 「17세기 이후 독도에 대한 한국 및 주변국의 인식과 그 변화」를 약간 수정·보완한 것이다.

조금 딱딱하더라도 학술적인 학위 논문의 틀을 그대로 유지했다. 토씨 하나가 바뀌더라도 의미가 달라지고, 이해하기 쉬운 표현으로 바꾸는 과정에서 상대의 역공을 받을 수 있기 때문이다.

이 책의 범위를 '안용복 사건 때부터 샌프란시스코조약 때까지'로 한 것은 조선 숙종 때 독도를 분명하게 인지한 근거가 있을 뿐만 아니라 일본에 대해 영유권 주장을 한 것이 명백하기 때문이다. 또한 1951년 샌프란시스코조약으로 독도 영유권 문제는 일단락됐기 때문에 범위를 그때까지로 한정했다.

독도 문제가 정치적으로 악용되고 감정 대응으로 치닫는 것은 결코 바람직하지 못하다. 진리는 단 하나라는 말이 있다. 하나씩 진실을 밝혀나가면 영유권에 관한 양국의 견해 차이도 극복할 수 있을 것으로 본다. 더 나아가 독도 문제에 관한 오해가 풀린다면 한일 우호에도 오히려 도움이 될 것을 확신하고 또한 기대한다.

이 책이 나오기까지 격려와 지원을 아끼지 않으신 허성관 이사장님, 어려운 출판 환경에서도 흔쾌히 출판을 맡아주신 만권당 양진호 대표님, 김진희 편집장님과 관계자 분들께 한 번 더 감사의 말씀을 드린다.

차례

4부 일제 패전 이후의 독도 인식

1 일본으로부터의 독도 분리

2 대일평화조약 초안과 관계국의 독도 인식

3 대일평화조약상 연합국의 독도 인식과 그 해석

1부

조선 후기 조선과 일본의 독도 인식

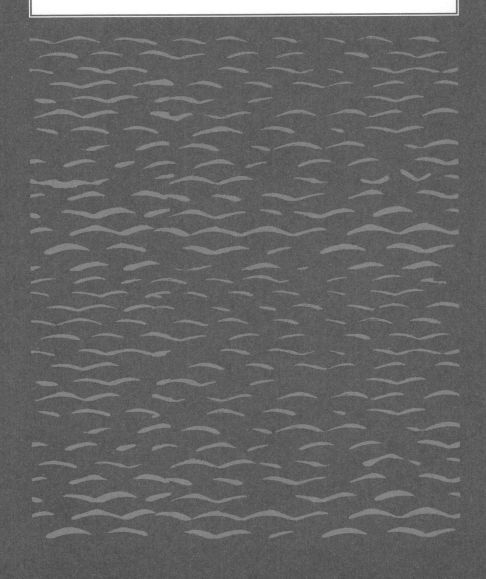

1

조선 정부의 독도 인식

울릉도 쟁계 이전의 독도 인식

울릉도의 영유권에 관한 가장 오래된 기록은 고려 인종 23년(1145)경에 김부식(金富軾) 등이 국왕 인종의 명을 받아 편찬한 『삼국사기(三國史記)』다. 『삼국사기』에 의하면, 신라 지증왕 13년(512) 신라 하슬라주(강릉) 군주 이사부(異斯夫)가 우산국(于山國)을 정벌해 복속시켰다.[1]

신라의 우산국 정벌에 관해서는 『삼국사기』 이외에도 『삼국유사(三國

---

1 『삼국사기』, 권4, 「신라본기(新羅本紀)」 4, 지증왕 13년 6월조. "우산국이 귀복해 매년 토산물을 공물로 바치기로 했다. 우산국은 명주의 정동쪽의 해도에 있어 혹은 울릉도라고도 하는데, 땅이 사방 100리로, 천험을 믿고 신라에 귀복하지 않았다. 이찬 이사부가 하슬라주의 군주가 되어 생각하되, '우산국 사람은 어리석고도 사나워 위세로써 내복하게 하기는 어려우나 계교를 써서 항복받을 수는 있다' 하고, 그는 곧 나무로 허수아비 사자를 만들어 병선에 나누어 싣고, 우산국의 해안에 도착했다. 그는 거짓말로 '너희가 만약 항복하지 않는다면 이 맹수를 풀어 너희를 밟아 죽이도록 하겠다'고 말했다. 우산국의 백성들이 두려워해 곧 항복했다."

遺事)』,『고려사(高麗史)』지리지,『세종실록(世宗實錄)』지리지,『신증동국여지승람(新增東國輿地勝覽)』,『성호사설(星湖僿說)』등 여러 문헌에 기록되어 있다. 이러한 많은 기록은 신라의 우산국 정벌이 객관적인 역사적 사실로서 널리 알려져 있었음을 의미한다.[2]

문제는 '우산국에 울릉도뿐만 아니라 독도도 포함되는가? 우산국인이 독도까지 지배했는가?'이다. 이는 우선 지리적 근접성을 통해 유추해볼 수 있다. 수학적 분석 결과를 인용해보면, 〈그림 1〉과 같이 독도는 울릉도 해발 90미터 정도에서부터 볼 수 있고, 해발 500미터 정도에서 독도 전부를 볼 수 있다.

가장 잘 볼 수 있는 곳은 해발 200~300미터다. 즉, 울릉도 주민의 일상 생활권에서 독도를 볼 수 있다. 반면, 일본 오키도(隱岐島)에서는 정상에서도 독도를 전혀 볼 수 없다. 독도를 보려면 망망대해를 거쳐 100킬로미터 이상 배를 타고 나와야 한다.[3] 독도 주변은 작은 암초가 많아 얕은 바다에 좋은 어장을 이루고 있다. 따라서 우산국인이 오래전부터 독도를 인지하고 울릉도의 부속 섬 독도에서 어로 작업을 했을 것이라고 추정하는 것은 그다지 무리가 아닐 것이다.

신라의 우산국 정벌 이래 우산국은 해마다 공물을 바쳤으며, 고려시대에 들어와서도 울릉도와 본토의 교류는 계속되었다. 고려시대 울릉도와 본토의 교류 내용은 『고려사』지리지에도 자세히 기록되어 있다.

---

2   우산국 정벌 연도도 지증왕 13년이 아닌 12년으로『삼국사기』와 조금 다르게 기록된 문헌이 많다.
3   정태만,「독도 문제의 수학적 접근」,『독도연구』5, 영남대학교 독도연구소, 2008, pp. 180~181.

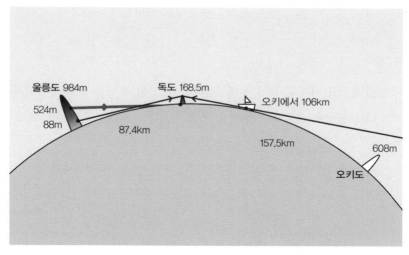

그림 1 울릉도에서 독도를 볼 수 있는 고도.

울릉도가 있다. 현의 정동쪽 바다 가운데에 있다. 신라 때 우산국이라 칭하고, 무릉(武陵) 또는 우릉(羽陵)이라고도 했다. 지방이 1백 리이며 지증왕 12년에 항복하여 왔다. 태조 13년에 그 섬 사람 백길토두(白吉土豆)로 하여금 방물을 바치게 했다. 의종 11년에 왕이 울릉도는 땅이 넓고 토지가 비옥해 옛적에 주현을 두었으며 사람이 살 수 있다는 말을 듣고 명주도 감창 김유립을 보내어 가서 보게 하니 김유립이 돌아와 아뢰기를, "섬 가운데 큰 산이 있어 산정으로부터 동쪽으로 향해 가면 바다에까지 1만여 보가 되고, 서쪽으로 향해 가면 1만 3천여 보가 되고, 남쪽으로 향해 가면 1만 5천여 보가 되며, 북쪽으로 향해 가면 8천여 보가 되며, 촌락의 기지가 7개소 있으며, 석불, 철종, 석탑이 있으며, 시호, 호본, 석남초가 많이 나 있으나, 바위가 많아 사람이 살 수 없다"고 하니 드디어 그 의론을 중지했다. 혹은 말하기를, "우산도와 무릉도는 본래 두 섬으로

서로 거리가 멀지 않고 바람이 불고 날씨가 맑으면 바라볼 수 있다"고 한다.[4]

그런데 조선시대에 들어와 태종대부터 왜구의 침입을 경계해 울릉도 거주민을 본토로 쇄출하는 정책을 쓰게 되었다.

강릉도(江陵道)의 무릉도 거민(居民)을 육지로 나오도록 명령했으니, 감사(監司)의 아룀에 따른 것이었다.[5]

태종·세종대의 거민 쇄출 정책과 그 결과에 대해 『만기요람(萬機要覽)』(1808)에는 다음과 같이 기록하고 있다.

본조 태종 때에 유민들이 이 섬으로 많이 들어갔다는 말을 듣고 삼척의 김인우(金獜雨)를 안무사(按撫使)로 임명해 두 번이나 데려왔다. 세종 20년 현인(縣人)인 만호(萬戶) 남호(南顥)가 수백 명을 거느리고 가서 도망자를 수색해 김환(金丸) 등 70여 인을 잡아 모조리 데려온 뒤엔 이 땅은 텅 비게 되었다.[6]

울릉도에 사람이 살지 않게 되자 그에 대한 정보도 점차 줄어들 수밖에 없었다. 독도와 울릉도에 대한 정보는 오히려 울릉도에 사람이 거주

---

4   『고려사』 권58, 「지리지」 3, 울진현(蔚珍縣).
5   『태종실록』 태종 3년 계미(1403) 8월 11일.
6   『만기요람』 군정(軍政)편 4 해방(海防).

하던 신라시대나 고려시대에 비해 더 부족했을 것이다. 그러나 조선 초
기에는 울릉도와 우산도에 관한 기록이 적지 않다. 태종 16년에는 중앙
정부에서 동해상에 울릉도와 또 하나의 섬이 있다는 것을 인지했고,[7] 이
듬해에는 김인우를 안무사로 삼아 우산, 무릉 등지 주민을 거느리고 육
지로 나오게 한 것으로 기록되어 있다.[8]

태종·세종대의 울릉도와 '우산도' 인지를 통해『세종실록』지리지에
서는 우산, 무릉 두 섬이 동해 가운데에 있고 두 섬은 서로 거리가 멀지
않다고 기술하고 있다.

> 우산, 무릉 두 섬이 동해 가운데에 있고 두 섬은 거리가 멀지 않다. 날씨
> 가 청명한 날에는 바라볼 수 있다. 신라시대에는 우산국 혹은 울릉도라
> 불렀다.[9]

명칭과 위치 관계는 분명하지 않으나, 동해의 두 섬이라면 울릉도와
독도 이외에는 생각할 수 없다. 울릉도 동쪽 2킬로미터에 댓섬(죽도)이,
100여 미터 떨어진 곳에 관음도가 있으나, 이들 섬들은 크기나 위치로
보아 울릉도의 일부를 구성할 뿐, 울릉도와 별개의 이름으로 거론될 성
격의 섬이 아니다. 그리고 흐린 날이거나 태풍이 부는 날에도 보이므로
지리지에 "날씨가 청명한 날에는 바라볼 수 있다"는 말이 필요 없다. 따
라서『세종실록』지리지에 기록된 우산, 무릉은 울릉도와 독도다.

---

7 『태종실록』태종 16년 병신(1416) 9월 2일.
8 『태종실록』태종 17년 정유(1417) 2월 8일.
9 『세종실록』권153,「지리지」'울진현'조. "于山武陵二島 在縣正東海中 二島相去不遠
　風日淸明 則可望見 新羅時稱于山國 一云 蔚陵島."

그림 2 울릉도 북단에서 2킬로미터 떨어진 죽도(댓섬)와 100여 미터 떨어진 관음도.

울릉도와 독도는 조선 초기 왜구의 침략을 경계한 울릉도 거민 쇄출 정책의 엄격한 시행으로 점차 본토로부터의 인적이 끊어진 섬이 되었다. 조선 초기 태종·세종·성종대 이후 조선왕조실록에는 숙종대인 1693년에 이르기까지 우산과 무릉에 관련된 기록을 거의 찾을 수 없다.

울릉도에 몰래 들어간 사람들에 대한 처벌이 강화되자 울릉도와 우산도에 관한 혼란이 발생했다.[10] 『신증동국여지승람』의 부속 지도인 「팔도총도(八道總圖)」에는 동해에 울릉도와 우산도의 두 섬이 그려져 있지만, 울릉도와 우산도는 대등한 크기로, 또한 우산도는 울릉도의 서쪽에 그려져 있다. 안용복과 장한상이 울릉도에 다녀온 이후 고지도의 경우, 우산도는 울릉도의 동쪽 혹은 동남쪽에 실제 위치에 가깝게 그려졌다. 그렇지만 그 후에도 「팔도총도」를 모사해 울릉도의 서쪽에 우산도가 그려진 지도가 완전히 없어지지는 않았다.

10　손승철, 「조선시대 '공도 정책'의 허구성과 '수토제' 분석」, 『이사부와 동해』 창간호, 2010, pp. 290~291.

조선 초기의 울릉도 거민 쇄출 정책으로 울릉도 거주는 금지되어 있었으나, 울릉도 부근의 어로 작업까지 엄격히 금지된 것은 아니었다. 임진왜란과 두 번의 호란을 통해 조선 정부의 공권력이 무너지고, 거기에다 17세기의 소빙기(小氷期)가 닥치자 농업이 막대한 타격을 받아 유리도산(流離逃散)하는 농민이 많아졌다. 그로 인해 조선과 청나라 사이에 범월(犯越) 문제가 생기고, 울릉도에는 동남해 연안 어민들이 숙종조 이전부터 많이 들어갔다.[11] 울릉도에서 조선과 일본 양국 어민들의 충돌은 필연적인 것이어서 조선 숙종 18년(1692) 울릉도에서 대규모로 조업 중이던 조선 어부들이 돗토리번(鳥取藩) 호키주(伯耆州)의 어부들과 충돌하게 되었다.[12] 이듬해인 1693년 다시 울릉도에서 충돌하게 되고, 조선인 안용복과 박어둔이 일본 호키주 어부에 의해 일본으로 납치되는 사건이 발생하자 울릉도를 둘러싼 영유권 분쟁과 외교 교섭이 시작되었다. 이를 '울릉도 쟁계(鬱陵島爭界)'라 하며, 일본에서는 '다케시마잇켄(竹島一件)'이라 한다.

안용복 사건 이전부터 조선 어부들이 울릉도와 부근의 섬에서 조업 활동을 했다는 사실은 『비변사등록(備邊司謄錄)』에도 기록되어 있다.

---

11 김호동, 「조선 숙종조 영토 분쟁의 배경과 대응에 관한 검토: 안용복 활동의 새로운 검토를 위해」, 『대구사학』 94, 대구사학회, 2009, p. 70.
12 울릉도에 조선의 거주민이 없게 되자 일본 어부들이 우연히 울릉도를 발견하게 되고, 1625년부터는 일본 호키주 어부들이 매년 정기적으로 울릉도에 출어해 전복 채취와 바다사자 잡이 등을 하게 되었다. 바다사자는 물개, 강치, 가지, 가제, 가지어(加支漁, 可支漁), 수우(水牛), 해수(海獸), 해록(海鹿) 등 여러 가지 명칭으로 불리고 반드시 같은 종(種)이라고는 할 수 없는데, 이 책에서는 바다사자(Japanese sea lion)로 부르기로 한다. 해달(海獺, 獵虎)도 바다사자와는 다르지만, 대체로 같은 동물을 가리키는 것으로 보인다.

좌의정 목래선(睦來善)이 아뢰기를 "방금 동래부사의 장계를 보니 봉행하는 차왜(差倭)의 말씨가 꽤 온순하여 별로 난처한 사단은 없을 것이라고 했습니다. 경상도 연해의 어민들은 비록 풍파 때문에 무릉도에 표류했다고 칭하고 있으나 일찍이 연해의 수령을 지낸 사람의 말을 들어보니 바닷가 어민들이 자주 무릉도와 다른 섬에 왕래하면서 대나무도 베어 오고 전복도 따 오고 있다 했습니다. 비록 표류가 아니라 하더라도 더러 이익을 취하려 왕래하면서 어채(漁採)로 생업을 삼는 백성을 일체 금단하기는 어렵다고 하겠으나, 저들이 기왕 엄히 조항을 작성해 금단하라고 하니 우리 도리로는 금령을 발해 신칙하는 거조가 없을 수 없겠습니다" 하고, 우의정 민암(閔黯)은 아뢰기를 "접위관(接慰官)이 돌아와봐야 자세히 알 수 있겠으나 우리나라 해변의 주민들은 어채로 업을 삼고 있으니 아무리 엄금하려 해도 어쩌지 못하는 형편입니다. 오직 적발되는 대로 금단할 수밖에 없습니다" 하니, 임금이 이르기를 "바닷가 어민들은 날마다 이익을 따라 배를 타고 바다로 들어가야 하니 일체 금단하여 살아갈 길을 끊을 수는 없는 형편이나, 이 뒤로는 특별히 신칙해 경솔하게 나가지 못하게 하고 접위관도 이런 뜻으로 조사해 대답하는 것이 좋겠다" 했다.[13]

위의 『비변사등록』에서 '무릉도'는 울릉도를 가리키며, '다른 섬'은 독도를 가리키는 것으로 보인다. 안용복 사건 이전부터 자주 울릉도와 독도에까지 출어한 것으로 볼 수 있는 근거가 된다. 『죽도고(竹島考)』 등 일본 문헌에서는 1692년부터 울릉도(竹島)에서 조선인과 만나게 되었

13　『비변사등록』숙종 19년(1693) 11월 14일.

다고 하나, 위 기록을 통해 조선인들이 그 이전부터 울릉도와 다른 섬으로 들어갔다는 것도 알 수 있다.

조선 후기에 울릉도와 독도에 드나든 사람들은 관에 알리지 않고 몰래 들어갔고, 적발이 되면 풍파 때문에 무릉도에 표류했다고 둘러댔기 때문에 조선의 역사서에 울릉도와 독도에 내륙인이 드나들었다는 기록은 많이 남아 있지 않다. 안용복과 박어둔이 울릉도에 갔다가 일본 어부들에 의해 납치되면서 조선 조정은 울릉도와 부근의 다른 섬에 드나들었던 사람들이 안용복 사건 이전에도 많았다는 것을 인지했고, 조선과 일본 에도막부(江戶幕府) 사이에 '울릉도 쟁계', 즉 안용복 사건이 발생하자 적극적으로 대응하게 되었다.

1692년 조선 어부들이 일본 호키주 어부와 조우했을 때의 상황을 기록한 일본 측 문서에서도 독도로 볼 수 있는 섬에 대해 기록하고 있다. 1692년 호키주 어선의 선두(船頭)가 돗토리번에 제출한 「삼가 아뢰는 구상서(乍恐口上之覺)」에는 다음과 같이 기록되어 있다.

> 그래서 배에 태우고 말하길, 어느 나라 사람이냐고 물었더니, 조선 가와텐[國村: 가와지] 사람이라고 말했다. 그래서 이 섬은 장군에게 배령하고 매년 도해하는 섬인데 어찌 왔느냐고 물었더니, 이 섬보다 북쪽에 섬이 있어 3년에 한 번씩 국주(國主)의 명으로 전복을 채취하러 온다, 우리나라에서 2월 21일에 배 11척으로 나왔는데, 난풍을 만나 반이 돌아가고, 결국 5척에 53명이 타고 이 섬에 3월 23일에 표착했다 한다.[14]

---

14 "故乗-せ申候而何國之者と相尋候へ者ちやうせんかわてん(國村:かわじ)之者と申候故此嶋之儀公方様より拝領仕毎年渡海いたし候嶋にて候所ニ何とて参候やと尋候へ〻此嶋

1692년 당시 조선 어부들은 일본 호키주 어부에게 "울릉도보다 북쪽에 섬이 있어서 3년에 한 번씩 국주의 명으로 전복을 채취하러 온다"고 말했다는 것이다. 울릉도에서 일본 어부와 충돌한 상황에서 울릉도보다 일본에 더 가까운 동쪽 방향 독도에 조업하러 간다는 말을 하기는 어려웠을 것이라는 사실을 감안하면, 방향을 실제와는 다르게 말했다고 하더라도 북쪽에 있는 섬은 독도로 추정해볼 수 있다.

1693년 납치된 안용복과 박어둔이 일본에서 한 진술은 섬의 명칭까지 '우산도'라고 언급하고 있다. 『죽도기사(竹島紀事)』의 기록은 다음과 같다.[15]

> 이번에 나간 섬의 이름은 모릅니다. 이번에 나간 섬의 동북에 큰 섬이 있었습니다. 그 섬에 머물던 중에 두 번 보았습니다. 그 섬을 아는 자가 말하기를 우산도라고 부른다고 들었습니다. 한 번도 가본 적은 없지만 대체로 하루 정도 걸리는 거리로 보였습니다.[16]

より北ニ当り嶋有之三年ニ一度宛國主之用にて鮑取ニ参候國元ハ二月廿一日に類舟十一艘出舟いたし難風に逢五艘に以上五拾三人乗し此嶋へ三月廿三日ニ流着."[가와카미 겐조(川上健三), 『일본의 독도 논리: 죽도의 역사지리학적 연구』, 권오엽 역, 백산자료원, 2010, p. 153에서 재인용]

15 김호동, 「울릉도·독도 어로 활동에 있어서 울산의 역할과 박어둔」, 『인문연구』 58, 영남대학교 인문과학연구소, 2010, p. 102; 권정, 「안용복에 관한 한·일의 인식」, 『일본문화연구』 34, 동아시아일본학회, 2010, p. 33.

16 『竹島紀事』元祿 6年(1693) 11月 1日. "今度参候嶋より北東り大き成嶋有之候, 彼地逗留漸二度見江申候, 彼嶋を存たるもの申候ハ于山申候通申聞候, 終二参りたる事ハ無之候, 大路法一日余も可有之相見江申候由候." 『죽도기사』는 향보(享保) 11년(1726) 쓰시마번에 의해 편찬된 것으로 추정된다.

이들이 가본 적이 없다고 진술한 것으로 보아, 안용복은 1693년 납치될 당시에는 우산도라고 하는 섬에 대해 정확한 지식을 가지고 있지 않음을 스스로 인정했다고 할 수 있다.[17] 다케시마문제연구회 회장 시모조 마사오(下條正男)는 이 기록에 나오는 섬, 우산도는 독도가 아니라 댓섬이라고 주장하지만,[18] 울릉도 동쪽 2킬로미터에 있는 댓섬은 하루 거리가 아니다. 다만 우산도의 방향은 독도와 정확히 일치하지는 않는다. 울릉도로부터 '동북 방향'으로 되어 있는데, 실제의 독도 방향인 울릉도 '동동남 방향'과는 다르다. 그러나 그렇다고 하여 이 우산도가 독도가 아니라 댓섬이라고는 할 수 없다.

안용복 납치 사건 이후 일본 쓰시마번(對馬藩)에서는 양국 간에 분쟁 대상이 된 섬에 대한 자체 조사를 실시했는데, 그 당시의 내부보고서에는 다음과 같이 '우루친토(울릉도)' 외에 '부룬세미'라는 섬이 있음을 기록하고 있다.[19]

부룬세미는 다른 섬입니다. 듣자하니 우루친토라고 하는 섬입니다. 부룬세미는 우루친토보다 동북에 있어 희미하게 보인다고 합니다.[20]

---

17 박병섭, 「안용복 사건과 돗토리번」, 『독도연구』 6, 영남대학교 독도연구소, 2009, p. 281. 안용복이 3년 후인 1696년에 자발적으로 도일(渡日)했을 때는 독도에 대해 분명히 인식하고 있었다.

18 下條正男, 「最終報告にあたって[竹島の日]條例から二年」, 『竹島問題に關する調査研究 最終報告書』, 竹島問題研究會, 2007.

19 김호동, 앞의 글 「조선 숙종조 영토 분쟁의 배경과 대응에 관한 검토: 안용복 활동의 새로운 검토를 위해」, pp. 102~104; 권정, 앞의 글 「안용복에 관한 한·일의 인식」, p. 26.

20 『竹島紀事』 元祿 6年(1693) 5月 13日. "ブルンセミ之儀嶋違ニ而御座候, 具承屆候處, ウルチントウト申嶋ニ而御座候, ブルンセミ之儀者ウルチントウト申嶋ニ而御座候, ブルンセミ之儀者ウルチントウより北東に当かすかに相見申由承候事."(원문이 다소 애매하게

『죽도기사』의 이 기록 역시 울릉도 동북에 울릉도와 다른 섬 '부룬세미'가 있는데 희미하게 보인다고 기술하고 있다.

위의 4개 자료에는 모두 울릉도와 다른 섬, 즉 울릉도 동북 또는 북쪽 방향에 있고 희미하게 보이거나 하루 거리에 있는 섬에 관한 내용이 기록되어 있다. 안용복이 우산도라는 섬에 가본 적이 없다고 말한 것도 주목할 필요가 있다. 대체로 정확한 지식을 근거로 기록된 것이라고 보기 어렵다. 그 섬이 『세종실록』 지리지와 마찬가지로 독도로 추정되지만, 자료에 따라 논란의 여지는 있다. 독도에 관한 분명한 지식에 근거한 기록은 안용복의 2차 도일 이후부터다.

울릉도 쟁계 전후의 독도 영유권 인식

『숙종실록』의 '자산도' 명칭

1693년 울릉도에서 일본으로 납치되었다가 풀려난 안용복은 3년 후인 1696년에는 자진해서 도일했는데, 2차 도일 시의 행적에 대해서는 『숙종실록』에 자세하게 기록되어 있다. 조선 초의 『세종실록』 지리지에 비해 『숙종실록』에는 조선 조정의 독도에 관한 보다 분명한 지리적 인식과 그에 바탕을 둔 영유권 의식이 기록되어 있음을 알 수 있다.[21] 독도와 그 영유권에 대해 안용복의 2차 도일 시의 진술을 바탕으로 기록한 1696년 9월 25일자 『숙종실록』의 내용은 다음과 같다.

기록되어 있다.)
21 편년체(編年體) 기록인 실록의 성격상 안용복의 진술을 인용하는 형식으로 되어 있다.

왜선(倭船)도 많이 와서 정박하여 있으므로 뱃사람들이 다 두려워했습니다. 제가 앞장서서 말하기를, "울릉도는 본디 우리 지경인데, 왜인이 어찌하여 감히 지경을 넘어 침범했는가? 너희를 모두 포박해야 하겠다" 하고, 이어서 뱃머리에 나아가 큰소리로 꾸짖었더니, 왜인이 말하기를 "우리는 본디 송도(松島)에 사는데[22] 우연히 고기잡이하러 나왔다. 이제 본소(本所)로 돌아갈 것이다" 하므로, "송도는 자산도로서, 그것도 우리 나라 땅인데 너희가 감히 거기에 사는가?(松島卽子山島, 此亦我國地, 汝 敢住此耶?)" 했습니다.

드디어 이튿날 새벽에 배를 몰아 자산도에 갔는데, 왜인들이 막 가마솥을 벌여 놓고 고기 기름을 달이고 있었습니다. 제가 막대기로 쳐서 깨뜨리고 큰소리로 꾸짖었더니 왜인들이 거두어 배에 싣고서 돛을 올리고 돌아가므로 제가 곧 배를 타고 뒤쫓았습니다. 그런데 갑자기 광풍을 만나 표류하여 옥기도(玉岐島)에 이르렀는데, 도주(島主)가 들어온 까닭을 물으므로, 제가 말하기를 "근년에 내가 이곳에 들어와서 울릉도, 자산도 등을 조선(朝鮮)의 계(地界)로 정하고, 관백(關白)의 서계(書契)까지 있는데, 이 나라에서는 정식(定式)이 없어서 이제 또 우리 지경을 침범했으니, 이것이 무슨 도리인가?" 하자, 마땅히 백기주(伯耆州)에 전보(轉報)하겠다고 했으나, 오랫동안 소식이 없었습니다.

제가 분완(憤惋)을 금하지 못하여 배를 타고 곧장 백기주로 가서 울릉자

---

22 『숙종실록』의 "본디 송도에 사는데"는 당시 호키주 어부들과의 의사소통 등의 문제로 잘못 기록된 것으로 보인다. 송도, 즉 독도는 사람이 살 수 있는 곳이 아니었다. 그 후의 기록인 『성호사설』에는 "송도에서 고기잡이를 했는데(倭云 我等魚採松島 偶至此)"로, 『만기요람』에는 "송도로 가는 길인데(倭對曰 本向松島)"로 기록되어 있다.

산양도감세장(鬱陵子山兩島監稅將)[23]이라 가칭(假稱)하고 사람을 시켜 본도에 통고하려 하는데, 그 섬에서 사람과 말을 보내어 맞이하므로, 저는 푸른 철릭(帖裏)을 입고 검은 포립(布笠)을 쓰고 가죽신을 신고 교자(轎子)를 타고 다른 사람들도 모두 말을 타고서 그 고을로 갔습니다.[24]

이와 같이 조선 정부는 1696년 안용복 일행이 울릉도에서 왜인을 만나 자산도(子山島, 일본명 松島)가 조선 땅임을 주장하고, 왜인을 쫓아 자산도에 가서 왜인의 솥을 부수고, 다시 일본 옥기도(玉岐島)를 거쳐 호키주(伯耆州)에 가서 '울릉자산양도감세장'을 가칭한 것으로 『숙종실록』에 기록해두고 있다.[25]

『숙종실록』에서 독도에 대한 인식이 정확했다는 것은 『원록각서(元禄覺書)』,[26] 『인번지(因幡志)』 등 일본의 고문헌과 연계해볼 때 더욱 분명해진다.

『숙종실록』에는 '울릉자산양도감세장'이라고 안용복이 가칭한 것으로

---

23 이 부분이 한국고전번역원 및 국사편찬위원회(http://sillok.history.go.kr/id/ksa_12209025_002. 2019. 11. 22. 검색) 사이트에는 '울릉 자산 양도 감세'라 가칭한 것으로 잘못 번역되어 혼동을 불러일으켰는데, 필자의 오류 수정 요구를 받아들여 2020년 3월경 한국고전번역원에서는 오류를 바로잡았다.

24 『숙종실록』 숙종 22년 병자(1696) 9월 25일.

25 그런데 일제강점기인 1938년 조선사편수회가 발간한 편년체 역사서인 『조선사』(총 35권)에는 이 내용이 누락되어 있다. 1906년 대한제국에서 일본의 독도 시마네현(島根縣) 편입 결정에 대해 거국적으로 항의해 분쟁화된 적도 있었기 때문에 의도적으로 누락한 것으로 보인다.

26 『원록각서』는 1696년 5월 도일한 안용복 일행 11명에 대해 중간 기착지인 일본 오키도에서 일본 관리가 조사한 내용을 기록한 문서다. 약 300년이 지난 2005년 5월 일본 시마네현 오키도의 민가에서 발견·공개되었다. 문서 표지에는 '원록9병자년 조선주착안일권지각서(元禄九丙子年朝鮮舟着岸一卷之覺書)'라고 쓰여 있다.

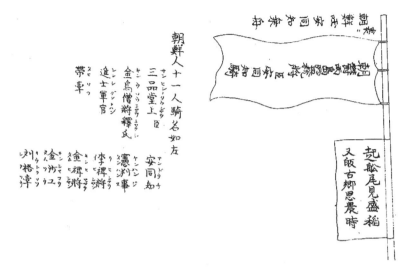

그림 3 1696년 안용복 일행 11명의 명단과 달고 간 '조울양도감세장' 깃발.(『인번지』)

되어 있는데, 일본의 『인번지』에는 그 의미에 대해 상세하게 기록되어
있다.[27] 『인번지』에는 〈그림 3〉과 같이 1696년 안용복 일행이 타고 간
배에 달고 간 깃발이 그려져 있고, 11명의 이름과 직함이 기록되어 있다.
　깃발에 쓰인 '조울양도감세장신안동지기(朝鬱兩島監稅將臣安同知騎)'
중 '조울양도(朝鬱兩島)'의 의미에 대해 『인번지』에서는 다음과 같이 울
릉도와 독도를 가리킴을 분명히 했다.

27　『인번지』는 1795년 일본 돗토리번의 시의(侍醫) 아베 교안(安部恭庵)이 썼다. 『숙종실
　　록』에는 '울릉자산양도감세장'이라고 안용복이 가칭한 것으로 되어 있는데, 일본의 『인번
　　지』에는 '조울양도감세장'으로 기록되어 있어 약간 다르다. 그러나 그 뜻이 같다는 것은
　　쉽게 알 수 있다.

우(右)는, 청옥촌(靑屋村) 다옥구량우위문(茶屋九良右衛門)이라는 자가 소지하고 있다. …… 다음에 그린 선험(船驗)은 원록 9년 6월 5일 조선인 11인 기(騎)의 배가 청옥의 나루에 도착했을 때의 선험의 사본이다. 조울양도는 울릉도[일본에서는 이를 竹島라 부른다], 우산도[우사무스무, 일본에서는 松島라 부른다]다.[28]

『인번지』의 원본에는 우산도의 '于'인지 자산도의 '子'인지 식별이 어려울 정도로 한자가 애매하게 쓰여 있지만, 그 발음[29]은 '우사무스무(ウサムスム)'로 한자와 병기되어 있다. '우사무스무'는 '우산도'의 일본식 발음이다. 당시 '子山島'라는 글자와 상관없이 '우산도'로 불렸음을 증명하고 있다. 그 후의 기록인 이익의 『성호사설』이나 『동국문헌비고(東國文獻備考)』, 『만기요람』 등에서 우산도는 '芋'자를 쓰고 있다. 혼동을 피하기 위해 풀초변(艹)을 붙인 것으로 보인다.

'子山'이라는 명칭에 대해 송병기는 모도(母島)인 울릉도에 대응하는 자도(子島)라는 뜻도 함축되어 있는 것으로 보고 있으며,[30] 김화경은 『원록각서』에 나오는 '소우산(ソウサン)'을 근거로 '작은 우산'이라는 의미로 쓰였을 가능성도 있다는 견해를 제시했다.[31]

28　安部恭庵, 『因幡志』, 1795, 시마네현립박물관 소장. "右ハ, 靑屋村 茶屋九良右衛門ト云者所持ナリ. …… 次ニ圖スル船驗ハ, 元祿 九年 六月 五日 朝鮮人 11人 騎ノ船 靑屋ノ津ニ着ケル時ノ船驗ノ寫シナリ. 朝·鬱兩島ハ鬱陵嶋(日本ニテ是ヲ竹嶋ト称ス)·于山嶋(ウサムスム 日本ニテ松嶋ト乎)是ナリ."

29　한자를 읽기 위해 발음을 병기하는 것을 일본에서는 '요미가나(よみがな)'라고 한다.

30　송병기, 「안용복의 활동과 울릉도 쟁계」, 『역사학보』 192, 역사학회, 2006, p. 176.

31　김화경, 「일본 외무성의 「죽도(竹島) 문제를 이해하기 위한 10의 포인트」 비판: 안용복 진술의 진위와 독도 강탈 과정의 위증」, 『민족문화논총』 44, 영남대학교 민족문화연구소, 2010, p. 85.

당시 조선에서 독도를 어떻게 불렀는지를 파악할 수 있는 또 하나의 일본 측 고문헌은 2005년 시마네현 오키도의 민가에서 발견된 『원록각서』다. 1696년 안용복 2차 도일 당시 오키도 관리의 조사 보고서인 『원록각서』에 의하면, '子山'의 발음은 '소우산(ソウサン)'이라고 기록되어 있다.[32]

> 1. 안용복이 말하기를 竹嶋를 대나무섬이라고 하며, 조선국 江原道[강온타우] 東萊[토우나이]부 내의 鬱陵嶋[운롱타우]라는 섬이 있는데, 이것을 대나무섬이라고 한다고 합니다. 팔도의 지도에 그렇게 쓰여 있는 것을 소지하고 있습니다.
> 1. 松嶋는 같은 강원도 내의 子山[소우산]이라는 섬입니다. 이것을 松嶋라고 한다는데, 이것도 팔도의 지도에 쓰여 있습니다.[33]

이 기록은 일본어가 가능했던 조선인 안용복이 말한 것을 오키도의 일본 관리가 듣고 적은 것이다. 당시 일본어 의사소통이 결코 쉽지 않았다는 것을 감안한다면, '소우산'은 '그렇다'라는 뜻의 '소우데스(そうです)'의 줄임말 '소우(そう)'와 '우산'을 일본 오키도의 관리가 잘못 듣고

---

32 박병섭·나이토 세이추, 『독도=다케시마 논쟁』, 보고사, 2008, pp. 285·294; 손승철, 「1696년, 안용복의 제2차 도일 공술 자료: 『원록9병자년 조선주착안 일권지각서』에 대하여」, 『한일관계사학회, 2006, pp. 260·275·287.
33 『元祿九丙子年朝鮮舟着岸一卷之覺書』. "一 龍福申ハ竹嶋ヲ竹ノ嶋と申朝鮮國江原道(カンヲンタウ)東萊(トウナイ)府ノ内ニ鬱陵嶋(ウンロンタウ)と申嶋御座候. 是ヲ竹ノ嶋と申由申候. 則八道ノ圖ニ記之所持仕候. 一 松嶋ハ右同道ノ内子山(ソウサン)と申嶋御座候. 是ヲ松嶋と申由是も八道ノ圖ニ記申候"; 박병섭·나이토 세이추, 앞의 책 『독도=다케시마 논쟁』, pp. 294~295에서 재인용.

기록한 것으로 추정해볼 수 있다. '소우(そう)+우산'에서 '소우'를 지우면 '子山'의 발음은 '우산'이 된다.

『인번지』와 『원록각서』의 '子山'의 발음에 관한 기록을 종합하면, 당시 조선에서는 '于山'을 '子山'으로 잘못 적은 기록이 있었지만, 부르는 것은 '우산'으로 불렀다는 결론에 이르게 된다. 『숙종실록』과 일부 고지도에 '子山島'라고 기록되어 있다 하더라도 역사적으로 독도를 '자산도'라고 불렀다고 일반화하기는 어렵다고 본다.[34]

우산도에 관한 다케시마문제연구회 측의 주장과 그 비판

전술한 바와 같이, 『죽도기사』의 기록을 보면 1693년 납치 당시에 안용복과 박어둔이 독도를 제대로 인식했는지는 의문이다.[35] 안용복도 우산도에 가본 적은 없다고 진술한 것으로 기록되어 있다. 그러나 1696년 2차 도일 시에는 독도를 정확하게 인지했다. 이는 『숙종실록』뿐만 아니라 일본의 『인번지』와 『원록각서』 등에 의해서도 입증된다.

그런데도 다케시마문제연구회의 시모조 마사오는 『죽도기사』에 기록된 안용복 등의 납치 당시(1693년) 진술만을 근거로 하여, "우산도는 독도가 아니라 울릉도 동북 2킬로미터에 있는 댓섬이고, 그것이 『동국문헌비고』에 실렸다"고 주장하고 있다.[36] 시모조는 사실상 조선 문헌의 독

---

34 이영훈은 '조선시대에는 독도에 관한 인식이 없었다', '조선왕조는 독도의 존재를 인지하지 못했다'고 주장했는데(이영훈 외 5명, 『반일종족주의』, 미래사, 2019, pp. 151·160), 1696년 9월 25일자 『숙종실록』은 『동국문헌비고』, 『만기요람』 등과 함께 조선시대에 독도를 '우산도'라 하여 조선 땅으로 분명하게 인식한 중요한 근거 중 하나다.

35 박병섭, 앞의 글 「안용복 사건과 돗토리번」, p. 336.

36 김호동, 「『죽도 문제에 관한 조사연구 최종보고서』에 인용된 일본 에도시대 독도 문헌 연구」, 『인문연구』 55, 영남대학교 인문과학연구소, 2008, p. 10.

도에 관한 기록을 전부 부인하고 있는 것이다.

막부의 명을 받아 조선 측과 교섭한 쓰시마번은 교섭의 경위를 문헌을 중심으로 편년체로 정리해 『죽도기사』로 묶었다. 그중에는 쓰시마번의 조사를 받은 안용복의 증언이 기록되어 있는데, 우산도에 대한 안용복의 인식을 알 수 있다. 그것에 의하면, 안용복은 울릉도보다 "북동쪽에 큰 섬이 있다", "그 섬을 아는 이가 말하길 우산도라 한다"라고 증언하고 있다. 이 증언에서 보아도 안용복이 주장하는 우산도는 지금의 다케시마(竹島)가 아니다. 안용복이 본 것은 지도상에서 '소위우산도'라고 되어 있는 댓섬(竹嶼)이다. 댓섬은 안용복이 어로 활동을 하던 울릉도의 저동(苧洞)에서 동북에 위치하고, 다케시마는 울릉도의 동남에 있기 때문이다. 그러나 우산도를 마쓰시마(松島)라고 한 안용복의 증언은 『동국문헌비고』의 분주(分註)에 실려 역사적 사실이 되어버렸다.[37]

안용복 납치 당시의 우산도 인식은 『숙종실록』, 『동국문헌비고』 등에서의 '우산도는 조선 땅' 기록과는 아무런 관련이 없다. 『숙종실록』의 '우산도는 왜가 말하는 송도'라는 기록 및 그 영유권이 조선에 있다는 기록은 『죽도기사』에 있는 안용복 납치 당시의 우산도에 관한 부정확한 지식[38]을 근거로 한 것이 아니라, 안용복의 2차 도일(1696년) 이후, 즉

37　下條正男, 「最終報告にあたって[竹島の日]條例から二年」, 『竹島問題に關する調査研究 最終報告書』, 竹島問題研究會, 2007.

38　여기에서 간과해서는 안 될 것은 안용복이 납치 당시에 독도를 제대로 인지하지 못했다고 하더라도, 안용복이 납치 당시에 "독도가 조선 땅이라 주장하고 호키주에서 외교 문서(書契)를 받았다"는 『숙종실록』, 『성호사설』 등의 기록을 허구라고 단정할 수는 없다

안용복이 우산도의 위치를 정확하게 인지하고 우산도를 거쳐 일본 오키도와 호키주에 갔다 온 후의 진술을 근거로 한 것이다.

시모조 마사오는 안용복 납치 당시(1693년)『죽도기사』의 우산도 기록을 끌어다가, 안용복 2차 도일(1696년) 이후의『숙종실록』의 기록과 그 후의『동국문헌비고』등 기록들의 신빙성을 부인하고 있는 것이다.

『숙종실록』과 그 후의 안용복 기록에 나오는 '우산도'가 댓섬이 아니라 독도라는 것을 증명하는 보다 분명한 근거는 앞에서 살펴본『원록각서』다. 그중 독도 인식과 관련된 내용은 다음과 같다.

1. 안용복이 말하기를 竹嶋를 대나무섬이라고 하며, 조선국 江原道[강온타우] 東萊[토우나이]부 내의 鬱陵嶋[운롱타우]라는 섬이 있는데, 이것을 대나무섬이라고 한다고 합니다. 팔도의 지도에 그렇게 쓰여 있는 것을 소지하고 있습니다.

1. 松嶋는 같은 강원도 내의 子山[소우산]이라는 섬입니다. 이것을 松嶋라고 한다는데, 이것도 팔도의 지도에 쓰여 있습니다.

1. 당자(當子) 3월 18일 조선국에서 아침을 먹은 후에 배를 타고 떠나서 그날 저녁 竹嶋에 도착해 저녁을 먹었다고 합니다.

1. 배 13척에 사람은 1척에 9인, 10인, 11인, 12~13인, 15인 정도씩 타

는 것이다. 다소 막연하게 '울릉도 부근에 있는 섬도 조선 땅'이라고 독도 영유권을 주장했을 가능성도 있고, '울릉도에 대해서만 조선 땅'이라고 주장했는데도 호키주에서 '울릉도와 독도 둘 다 조선 땅'이라고 외교 문서를 써 주었을 가능성도 없지 않다. 왜냐하면 호키주 입장에서 울릉도와 독도는 별다른 이득은 없으면서 관할 구역에 대한 책임만 지게 되는 귀찮은 지역이었기 때문이다.『죽도기사』에서 살펴본 바와 같이 호키주 어부들은 울릉도 어획물에 대해 호키주에는 세금도 내지 않았다.

그림 4 절벽으로 둘러싸인 죽도(댓섬). 죽도에는 나선형 계단이 유일한 통로로서, 『숙종실록』에서 안용복이 말한 "우산도에 갔더니 왜인들이 가마솥으로 고기 기름을 끓이고 있었다"는 곳은 죽도가 아닌 독도라는 것을 시각적으로 증명하고 있다.

고 竹嶋까지 갔는데, 사람 수를 물으니 전혀 답하지 못했습니다.

1. 오른편 13척 가운데 12척은 竹嶋에 미역과 전복을 따고 대나무를 벌채하러 간 것인데, 올해는 전복도 많지 않았다고 합니다.

1. 안용복이 말하기를, 자신의 배의 11인은 호키주에 가서 돗토리 호키주 태수에게 담판을 지을 일이 있어서 지나가는 길이라고 합니다. 바람이 사나워 당지에 들렀는데, 순해지면 호키주로 도해할 것이라 했습니다. 5월 15일 竹嶋를 출선해 동일 松嶋에 도착했고, 16일 松嶋를 떠나 18일 아침에 오키도(隱岐嶋) 내의 니시무라(西村) 해안에 도착, 20일 오쿠무라(大久村) 나루에 들어갔다고 합니다. 니시무라의 해안은 거친 해안이어서 동일 나카무라(中村)의 나루로 들어갔는데, 다음 날인 19일에

떠나 동일 저녁 오쿠무라 내의 가요이포(浦)라는 곳에 배를 묶어두고, 20일에 오쿠무라로 갔다고 합니다.

1. 竹嶋와 조선 사이는 30리, 竹嶋와 松嶋 사이는 50리라고 합니다.[39]

조선에서 인지한 섬이 일본 측에서 주장하는 '댓섬'이 아니라 '독도'라는 것은 『숙종실록』과 위의 『원록각서』에 명시된 울릉도에서 자산도까지의 거리, 방향, 자산도의 모습 등에 의해 입증된다.

첫째, 울릉도에서 자산도(松嶋)까지의 거리에 의해 자산도는 댓섬이 아니라 독도다.

『원록각서』에서 안용복은 "울릉도와 조선 사이는 30리, 울릉도와 자산도 사이는 50리(竹嶋ト朝鮮ノ間三十里竹嶋ト松嶋ノ間五十里コレ在ル由申シ候)"라고 진술한 것으로 기록되어 있다. 실제 동해안에서 울릉도까지의 거리는 130.3킬로미터, 울릉도와 독도 사이의 거리는 87.4킬로

---

39 『元祿九丙子年朝鮮舟着岸一卷之覺書』. "一 安龍福申候ハ竹嶋ヲ竹ノ嶋と申朝鮮國江原道(カンヲンタウ)東萊(トウナイ)府ノ內ニ鬱陵嶋(ウンロンたう)と申嶋御座候. 是ヲ竹ノ嶋と申由申候. 則八道ノ圖ニ記之所持仕候. 一 松嶋ハ右同道ノ內子山(ソウサン)と申嶋御座候. 是ヲ松嶋と申由は も八道之圖ニ記申候. 一 當子三月十八日朝鮮國朝飯後ニ出船, 同日竹嶋へ着夕夕飯給申候由申候. 一 舟數十三艘ニ人壹艘ニ九人, 十人, 十壹人, 十貳三人, 十八人程宛乘り, 竹嶋迄參候由, 人數之高問候而も一圓不申候. 一 右十三艘之內十貳艘ハ竹嶋ニ而和布鮑ヲ取, 竹ヲ伐リ申候. 此事ヲ只今仕候. 當年者鮑多も無之由申候. 一 安龍福申候ハ, 私乘參候船ニハ拾壹人伯州江參取鳥伯著守樣江御斷之義在之罷越申候. 順風惡布候而当地へ寄申候. 順風惡布候而当地へ寄申候. 順次第ニ伯州江渡海可仕候. 五月十五日竹嶋出船, 同日松嶋江着, 同十六日松嶋ヲ出十八日之朝隱岐嶋之內西村之磯へ着, 同卄日ニ大久村江入津仕由申候. 西村之磯ハあら磯ニ而御座候ニ付, 同日中村江入津是湊惡候故, 翌十九日彼所出候而同日晚ニ大久村之內かよい浦と申所ニ舟懸り仕, 卄日ニ大久村江參懸り居申候. 一 竹嶋と朝鮮之間三十里, 竹嶋と松嶋之間五十里在之由申候"; 박병섭·나이토 세이추, 앞의 책 『독도=다케시마 논쟁』, pp. 294~295에서 재인용.

미터다. 안용복은 울릉도와 자산도 사이의 거리를 울릉도와 조선 간 거리보다 더 먼 50리라고 진술했다. 자산도는 울릉도 동쪽 2킬로미터에 있는 댓섬은 절대로 아니라는 것을 증명하고 있다. 자산도는 댓섬이 아니라 바로 독도를 가리킨다.

둘째, 『숙종실록』과 『원록각서』에 명시된 자산도의 방향을 볼 때 자산도는 독도다.

『원록각서』에는 자산도는 울릉도에서 일본 오키도 가는 방향에 있다고 기록되어 있다. "5월 15일 울릉도를 출선해 동일 자산도에 도착했고, 16일 자산도를 떠나 18일 아침에 오키도 내의 니시무라 해안에 도착"했다는 것이다. 『숙종실록』에는 안용복이 "자산도에 가서 왜인들의 솥을 깨트리고 다시 왜인들을 쫓아 옥기도에 이르렀다"[40]고 말한 것으로 기록되어 있다. 즉, 『숙종실록』에 기록된 안용복이 일본에 간 경로는 울릉도 → 자산도(일본명 松島) → 옥기도(玉岐島) → 호키주(伯耆州)다. 옥기도는 그 발음으로 보아 오키도(隱岐島)임이 틀림없다.

『숙종실록』에서의 경로는 『원록각서』에서의 울릉도 → 자산도(松嶋) → 오키도의 경로와 일치한다. 『숙종실록』과 『원록각서』 모두 울릉도에서 일본 오키도 가는 방향에 자산도가 있음을 나타내고 있다. 시모조 마사오는 우산도는 독도가 아니라 댓섬이라고 주장하지만,[41] 울릉도 동북에 있는 댓섬은 오키도 가는 방향과는 다르다. 『숙종실록』과 『원록각서』

---

40 『숙종실록』 숙종 22년 병자(1696) 9월 25일. "遂以翌曉, 扡舟入子山島, 倭等方列釜 鬵煮魚膏. 渠以杖撞破, 大言叱之, 倭等收聚載船, 擧帆回去, 渠仍乘船追趁, 猝遇 狂飇, 漂到玉岐島."
41 下條正男, 「最終報告にあたって[竹島の日]條例から二年」, 『竹島問題に關する調査研究 最終報告書』, 竹島問題研究會, 2007.

그림 5 독도의 동도와 서도 사이의 평지. 『숙종실록』에서 안용복이 말한 '왜인들이 고기 기름을 끓이고 있었던 곳'으로 추정된다.

에서의 자산도는 그 방향으로 볼 때 댓섬이 아니라 독도다.

셋째, 우산도의 '모습'을 미루어 짐작할 수 있는 『숙종실록』의 기록을 보아도 우산도는 댓섬이 아니라 독도라는 것을 알 수 있다.

독도의 모습에 대해서는 『원록각서』에서는 언급이 없고, 『숙종실록』에서만 언급되어 있다. "이튿날 새벽에 배를 몰아 자산도에 갔는데, 왜인들이 막 가마솥을 벌여 놓고 고기 기름(魚膏)을 달이고 있었습니다"라는 진술이 그것이다. 당시 일본 호키주 어부들의 울릉도 2대 특산물은 말린 전복과 바다사자 기름이었다. 호키주 어부들이 자산도에서 고기 기름을 끓이고 있었다는 것은 독도에서 바다사자 기름을 끓이고 있었다는 것을 말한다. 독도는 동도와 서도, 두 섬으로 이루어져 있지만, 주변에 수많은 암초와 얕은 바다가 있어서 배를 정박하고 고기 기름을 끓일 정도의 공간은 충분히 있다. 그 반면에 댓섬은 사방이 절벽으로 둘러싸여 있어 현재도 섬 남쪽의 나선형 계단이 유일한 진입로다. 배를 정박하거나 솥을 걸고 고기 기름을 끓일 공간이 댓섬에는 없다. 자산도의 모습에 대한『숙종실록』의 간단한 기록만으로도 자산도는 댓섬이 아니라 독도라는 것을 알 수 있다.

다만 안용복이 1696년 일본 호키주 가는 길에 자산도에서 왜인과 충돌해 솥을 깨트렸다는『숙종실록』진술 내용은 일본 문헌에 의해서는 확인되지 않는다. 그렇다고 하여 사실이 아니라고 단정할 수는 없을 것이다. 박병섭은 그 전해에 있었던 일로 추정하고 있다.[42]

독도-오키도 간의 거리는 157.5킬로미터나 되는 먼 거리이고, 망망대해를 거쳐야 한다는 사실을 감안하면, 당시 안용복 일행이 일본 어부를 따라가지 않고는 오키도 가는 방향조차 알기 어려웠을 것이다. 이로써 미루어 보면『숙종실록』의 "왜인의 솥을 깨트렸다"는 안용복의 진술 내용은 그 전해가 아니라『숙종실록』에 기록된 대로 그해에 있었던 사실로 추정된다.

이와 같이『숙종실록』의 자산도는 왜인들이 말하는 松島로서, 그 거리, 방향, 모습은 현재의 독도와 대략 일치함을 알 수 있다. 오늘날의 경위도에 의한 위치 표시와 위성 지도와 같이 정확한 것은 아니라고 하더라도『숙종실록』의 자산도가 독도를 가리키는 것은 분명하며, 울릉도 동쪽 2킬로미터에 있고 사방이 절벽으로 둘러싸인 댓섬이 아님은 명백하다. 조선 숙종대인 1696년에 이르러 조선은 독도를 정확히 인지하고 실

---

42 박병섭, 앞의 글「안용복 사건과 돗토리번」, p. 281.

록에 기록한 것이다.

『숙종실록』의 '독도는 조선령' 인식 및 영유권 주장

시모조 마사오와 이영훈은 조선의 독도 인지 자체를 부인하고 있지만,[43] 조선시대에 동해의 두 섬인 울릉도와 독도에 대한 영유권 의식은 분명했다고 할 수 있다. 두 섬 간의 거리나 방향에 대한 구체적인 설명은 없으나, 『세종실록』 지리지에는 동해의 우산, 무릉, 두 섬이 조선 영토임을 기록하고 있으며, 『신증동국여지승람』 부속 지도인 「팔도지도」에도 동해에 울릉, 우산 두 섬이 동서 방향으로 그려져 있다.

숙종대에 안용복은 울릉도에서 왜인을 만나 "왜인들이 말하는 松島는 자산도로서 조선 영토(松島卽子山島 此亦我國地)"라고 독도 영유권을 주장했으며, 오키도에 가서도 "울릉도와 자산도를 조선의 지계로 정했다(鬱陵子山等島 定以朝鮮地界)"고 영유권을 주장했음은 앞에서 인용한 『숙종실록』을 통해 알 수 있다.[44]

또한 『원록각서』에 의하면, "松嶋는 같은 강원도 내의 子山이라는 섬이다. 이것을 松嶋라고 한다는데, 이것도 팔도의 지도에 쓰여 있다(松嶋 ハ右同ジ道ノ內 子山ト申ス嶋御座候 是ヲ松嶋ト申ス由, 是モ八道ノ図ニ記シ申シ候)"라고 되어 있는데, 안용복은 가지고 간 「팔도지도」(현존하지 않음)를 보여주면서 "울릉도(竹嶋)와 독도(松嶋)가 강원도에 속하는 섬(江原道 此道中 竹嶋松嶋有之)"이라고 영유권을 주장했다.

안용복 일행 11명은 독도와 일본 오키도(隱岐, 玉岐島)를 경유해 일본

---

43 이영훈 외 5명, 앞의 책 『반일종족주의』, pp. 151~160.
44 『숙종실록』 숙종 22년 병자(1696) 9월 25일.

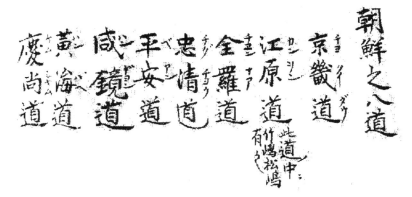

그림 6 『원록각서』상의 독도 영유권 주장 내용. "울릉도(竹嶋)와 독도(松嶋)는 강원도에 속하는 섬이다(江原道 此道中 竹嶋松嶋有之)."

호키주에 가서는 '조울양도감세장'을 가칭하고 조선의 독도 영유권을 주장했다. 이에 관한 『숙종실록』의 기록은 다음과 같다.

저는 도주와 청(廳) 위에 마주 앉고 다른 사람들은 모두 중계(中階)에 앉았는데, 도주가 묻기를 "어찌하여 들어왔는가?" 하므로, 답하기를 "전일 두 섬의 일로 서계를 받아낸 것이 명백할 뿐만이 아닌데, 대마도주(對馬島主)가 서계를 빼앗고는 중간에서 위조해 두세 번 차왜(差倭)를 보내 법을 어겨 함부로 침범했으니, 내가 장차 관백에게 상소해 죄상을 두루 말하려 한다" 했더니, 도주가 허락했습니다. 드디어 이인성(李仁成)으로 하여금 소(疏)를 지어 바치게 하자, 도주의 아비가 백기주(伯耆州)에 간청하여 오기를, "이 소를 올리면 내 아들이 반드시 중한 죄를 얻어 죽게 될 것이니 바치지 말기 바란다" 했으므로, 관백에게 품정(稟定)하지는 못했으나, 전일 지경을 침범한 왜인 15인을 적발해 처벌했습니다. 이어서 저에게 말하기를, "두 섬은 이미 너희 나라에 속했으니, 뒤에 혹 다시 침범해 넘어가는 자가 있거나 도주가 혹 함부로 침범하거든 모두 국서(國書)를 만들어 역관(譯官)을 정해 들여보내면 엄중히 처벌할 것이다" 하고, 이어서 양식을 주고 차왜를 정해 호송하려 했으나, 제가 데려가는 것은 폐단이 있다고 사양했습니다.[45]

'전일 두 섬의 일로 서계를 받았다'는 것은 3년 전인 1693년 납치 당시에 '울릉도와 독도가 조선 땅이라는 서계'를 받았다는 것을 말한 것으로 보인다. 일본 호키주 태수는 1693년부터 울릉도가 호키주의 관할이 아니라고 답변했으며,[46] 1695년에는 에도막부의 질문에 대해 울릉도뿐만 아니라 독도도 호키주 영토가 아니라는 답변을 했다.[47] 이 점에서 『숙종실록』의 기록과 일맥상통한다.

이와 같이 『숙종실록』에는 안용복이 1696년 2차 도일 시 호키주에 가서도 "전일 두 섬의 일로 서계를 받아낸 것이 명백(前日以兩島事, 受出書契, 不番明白)" 하다고 하여 영유권을 주장하고, 호키주 태수는 "두 섬은 이미 너희 나라에 속했다(兩島旣屬爾國)"고 안용복의 주장을 인정한 것으로 기록되어 있다. 설사 명시적으로 인정하지는 않았다고 하더라도 묵시적으로 인정한 것은 분명하다.[48] 안용복이 2차 도일 시에 울릉

---

45 『숙종실록』 숙종 22년 병자(1696) 9월 25일.
46 『竹島紀事』 元祿 6年(1693) 5月 13日. "竹嶋与申所ハ伯耆様御領內にても無之因幡より百六十里程も有之所ニ而御座候."
47 『죽도지서부(竹島之書附)』와 『기죽도사략(磯竹島事略)』에 기록되어 있다. 이에 대해서는 제2장 '에도막부의 독도 인식'에서 자세히 살펴본다.
48 김병렬, 「독도 영유권과 관련된 일본 학자들의 몇 가지 주장에 대한 비판: 원록 9년 조사 기록을 중심으로」, 『국제법학회논총』 50(3), 대한국제법학회, 2005, pp. 90~91.

도뿐만 아니라 독도도 조선 땅이라고 영유권을 주장[49]한 데 대해 일본 측에서 반론을 제기한 기록은 전혀 찾을 수 없다.

요컨대, 안용복 사건 당시 조선에서는 독도의 위치, 거리, 모습 등에 대해 분명하게 인식하고 있었으며, 그 영유권에 대한 인식은 '독도는 조선령'이라는 것이었다.

안용복의 2차 도일은 뇌헌(雷憲), 이인성 등 11명의 참여하에 행해졌음에도 불구하고[50] 안용복 한 사람에 초점이 맞추어져, 다른 일행은 안용복의 꼬임이나 협박에 넘어가서 따라간 것으로 잘못 알려져 왔다. 그런데 최근에 공개된 『원록각서』 등에 의하면, 『숙종실록』에 나오는 '순천 승(僧) 뇌헌' 등은 임진왜란 때부터 의승수군(義僧水軍) 주둔 사찰이었던 지금의 여수 흥국사 승려로서, 뇌헌은 일본 오키도에서는 안용복과 같이 독도에 대한 영유권 주장 및 일본 정부에 제출할 소장(訴狀)을 쓰는 일을 주도하고, 돗토리번에서는 금오승장(金鳥僧將)을 자칭했다.

1690년에 중창(重創)[51]된 여수 흥국사의 대웅전 불벽 5미터 높이에는 뇌헌의 화상(畵像)과 함께 '시주뇌헌비구(施主雷軒比丘)'라는 글자가 쓰

---

49 안용복 일행은 오키도에서는 "울릉도와 독도는 조선의 강원도에 소속된 섬(江原道 此道中 竹嶋松嶋有之)"이라고 주장했으며(『원록각서』), 백기주에 가서는 "울릉도와 독도를 관할하는 감세장(朝鬱兩島監稅將)"을 자칭하고 울릉도와 독도가 조선 땅임을 주장했다.(『인번지』)

50 동래 사람 안용복, 흥해 사람 유일부(劉日夫), 영해 사람 유봉석(劉奉石), 평산포 사람 이인성, 낙안 사람 김성길(金成吉)과 순천 승 뇌헌·승담(勝淡)·연습(連習)·영률(靈律)·단책(丹責)과 연안 사람 김순립(金順立) 등과 함께 배를 타고 울릉도에 가서 일본국 백기주로 들어가 왜인과 서로 송사한 뒤에 양양현(襄陽縣) 지경으로 돌아왔으므로 강원감사 심평(沈枰)이 그 사람들을 잡아 가두고 치계(馳啓)했는데, 비변사(備邊司)에 내렸다.[『숙종실록』 숙종 22년 병자(1696) 8월 29일]

51 진옥 편저, 『호국의 성지 흥국사』, 우리출판사, 2003, pp. 98~100.

그림 7 흥국사 대웅전 불벽에 그려진 화상과
'시주뇌헌비구'.

여 있으며,[52] 1703년에 세워진 흥국사중수사적비에도 '판사 뇌헌(判事
雷軒)'이라 하여 뇌헌의 이름이 새겨져 있다.[53] 안용복의 2차 도일은 뇌
헌의 적극적인 참여와 지원하에 이루어졌으며, 뇌헌이 주도한 것으로
볼 여지도 없지 않다.[54]

울릉도 쟁계 이후 독도 영유권 인식의 지속

안용복 사건 당시의 독도 인식은 『숙종실록』과 당대의 실학자 이익의
『성호사설』(1740년경)을 거쳐 왕명으로 편찬된 『동국문헌비고』(1770)와
『탁지지(度支志)』(1788), 『만기요람』(1808) 등으로 이어졌다. 이들 『숙종
실록』 이후의 문헌에서는 안용복의 진술을 인용하는 형식이 아닌 객관

---

52 흥국사중수사적비와 흥국사 불벽의 뇌헌(雷軒)은 다른 기록의 뇌헌(雷憲)과는 한자가
　　서로 다른데, 두 글자 헌(軒)과 헌(憲) 모두 '높다', '높이다'라는 뜻이 있다.

53 "'독도는 조선 땅' 안용복 뒤에 스님 있었다", 『불교신문』 2008년 7월 26일자; 진옥 편저,
　　앞의 책 『호국의 성지 흥국사』, 「有名朝鮮全羅道順天靈鷲山興國寺重修事蹟碑銘並
　　序」, pp. 224~227.

54 정태상, 「안용복 2차 도일 당시 순천 승 뇌헌의 역할」, 『세계 역사와 문화 연구』 54, 한국
　　세계문화사학회, 2020, p. 52.

적인 사실로 기록했고, 거기에 추가해 "울릉, 우산은 우산국 땅(鬱陵于山皆于山國地)"이라는 것도 기록되어 있다. 조선 정조대의 『일성록(日省錄)』(1793)에도 '울릉외도(蔚陵外島)'로서 독도에 관한 내용이 기록되어 있다.

『삼국사기』, 『고려사』 등에 나오는 신라의 우산국 정벌 기록만 가지고 신라시대 512년부터 독도가 한국령이라고 주장하는 것은 근거가 다소 약하다. 그렇지만 17세기 조선 숙종 이후 『동국문헌비고』, 『만기요람』 등 많은 문헌에서 '우산국에는 울릉도와 독도가 있다'고 기록하고 있고, 그들 고문헌과 김부식의 『삼국사기』 등 우산국 정벌 기록을 연계해 보면 신라시대 512년부터 독도는 한국령이 되었다는 근거는 확실해진다.

그러므로 '우산국에 독도가 포함되어 있지 않다'는 국내 학계 일부의 주장[55]은 결과적으로 숙종 이후에 '우산국에는 울릉도와 독도가 포함된다'는 조선 정부의 명백한 공식 기록들을 부정하는 것이다. '우산국에는 독도가 포함된다'는 기록들이 전혀 없다고 하더라도 '우산국에 독도가 포함되어 있지 않다'고 단정할 수는 없다. 왜냐하면 독도는 울릉도의 부속 섬적인 위치에 있어서 기록이 없더라도 우산국인이 독도에서 어로 활동을 한 것으로 얼마든지 추정할 수 있기 때문이다.

왕명으로 편찬된 『동국문헌비고』와 『만기요람』에서는 『숙종실록』의 안용복 이야기와 함께 가장 분명하게 우산국에 독도가 포함되었음을 기록하고 있다. 둘 다 같은 내용이다. 이들 문헌에서 우산도(일본명 松島)가 독도를 말한다는 것에 대해서는 이론의 여지가 없다.

---

55 배성준, 「울릉도·독도 명칭 변화를 통해서 본 독도 인식의 변천」, 『진단학보』 94, 2002, pp. 31~32; 이영훈 외 5명, 앞의 책 『반일종족주의』, p. 153.

『여지지(輿地志)』에 의하면 울릉, 우산 모두 우산국 땅이다. 우산은 왜가 말하는 松島다(輿地志云 鬱陵于山 皆于山國地 于山則倭所謂松島也). …… 용복은 松島까지 쫓아가서 또 꾸짖기를, "松島는 곧 우산도(芋山島)다. 너희는 우산도가 우리의 영토라는 말을 못 들었느냐?(松島 卽芋山島 爾不聞 芋山亦 我境乎)"하고는, 몽둥이를 휘둘러 가마솥을 부수니 왜인들은 매우 놀라 달아나버렸다.[56]

일반적으로 앞 문단의 『여지지』 인용 부분에만 관심을 기울이는데, 뒷 문단의 『숙종실록』을 인용한 안용복 이야기도 '우산도는 일본명 松島이고 조선 영토'임을 밝히고 있다. 『여지지』와 『숙종실록』 두 개의 출처에서 인용한 기록 모두가 독도의 영유권이 조선에 있음을 분명히 하고 있는 것이다. 또 하나 주목해야 할 것은 독도를 조선 영토라 하지 않고, 우산국 땅이라 하여 신라의 우산국 정벌 이후부터 독도가 신라, 고려, 조선으로 계승되었음을 기록하고 있다는 점이다.

독도는 옛날 우산국 땅으로, 독도를 왜인들은 松島라고 불렀다는 것은 정조 12년(1788) 왕명으로 편찬된 『탁지지』 외편에도 기록되어 있다.

『여지지』에 의하면 울릉, 우산 모두 우산국 땅이다. 우산은 왜가 말하는 松이니 하나다.[57]

---

56 『만기요람』 군정편 4 '해방'.
57 『탁지지』 외편, 판적사(版籍司) 부(附) 동계(東界) 울릉도. "輿地志云 鬱陵于山 皆于 山國地 于山則倭所謂松一也." 『탁지지』는 조선시대 호조의 모든 사례를 모은 책으로, 정조 12년(1788) 박일원(朴一源)이 왕명을 받아 편찬했다.

『탁지지』의 기록에서 위의 『만기요람』과 다른 것은 '于山則倭所謂松島也'가 '于山則倭所謂松一也'로 바뀐 것뿐이다. 독도의 위치를 정확하게 인식하고, 그 영유권이 조선에 있음을 공적인 문서에 기록한 것이다.

실학자 이익도 『성호사설』에서, 울릉도는 우산국이라고도 하는데, 그 부속된 섬 우산도는 왜인들이 말하는 松島로서 본래부터 조선 영토라고 기록하고 있다. 즉, 512년 신라가 정벌한 우산국에는 울릉도와 부속된 섬 독도가 포함된다고 기록하고 있는 것이다. 이익은 안용복 사건이 있었던 시대에 살았던 실학자로서, 『성호사설』은 공적인 문헌은 아니지만 당대의 기록으로서 그만큼 사료적 가치가 크다.

> 울릉도는 동해 가운데 있는데, 우산국(于山國)이라고도 한다(鬱陵島在東海中一名于山國). …… 우릉도(羽陵島)라고 하든, 의죽도라고 하든, 어느 칭호를 막론하고 울릉도가 우리나라에 속하는 것은 너무나도 분명한 일이며, 그 부근의 섬 또한 울릉도의 부속에 지나지 않는 것이다. …… 용복이 왜인들과 논란하니 왜인들이 노해 잡아가지고 오랑도(五浪島)로 돌아가 구금했다. 용복이 도주에게 "울릉, 우산은 원래 조선에 속(鬱陵芋山本屬朝鮮)하며, 조선은 가깝고 일본은 멀거늘 어찌 나를 구금하고 돌려보내지 않는가?" 하니, 도주가 백기주로 돌려보냈다. ……
> 여름에 용복이 울분을 참을 수 없어 판승(販僧) 5인과 사공(沙工) 4인과 배를 타고 다시 울릉도에 이르니, 우리나라 상선 세 척이 먼저 와서 정박하고 고기를 잡으며 대나무를 벌채하고 있었는데, 왜선이 마침 당도했다. 용복이 여러 사람을 시켜 왜인들을 포박하려 했으나 여러 사람이 두려워하여 쫓지 않았으며, 왜인들이 "우리는 松島에서 고기잡이를 하다

가 우연히 이곳에 왔을 뿐이다" 하고 곧 물러갔다. 용복이 "송도도 원래 우리 우산도(松島亦我芋山島)"라 하고 다음 날 우산도로 달려가니, 왜인들이 돛을 달고 달아나거늘 용복이 뒤쫓아 옥기도(玉岐島)로 갔다가 백기주에까지 이르렀다.[58]

『성호사설』에는 안용복이 1693년 납치 시에도 일본에서 "울릉, 우산은 원래 조선에 속한다(鬱陵芋山本屬朝鮮)"고 하여 울릉도와 독도의 영유권을 주장한 것으로 기록되어 있다. 그러나 과연 1693년 납치 시에도 독도에 대한 영유권을 주장했는지는 논란의 여지가 다소 있다. 국왕의 국정에 관한 기록인 정조대의 『일성록』(1793)에도 '울릉외도'로서 옛 우산국 땅인 '松島'가 기록되어 있다. 같은 날짜 『승정원일기(承政院日記)』도 내용은 같은데, 다만 '울릉외도'가 '울릉열도(鬱陵列島)'로 기록되어 있을 뿐이다.

> 이복휴가 아뢰기를, "신이 예조의 등록(謄錄)을 살펴보니 울릉외도는 그 이름이 송도(松島)로, 바로 옛 우산국(于山國)입니다. 신라 지증왕 때 이사부가 섬사람들을 나무로 만든 사자(獅子)로 겁을 주어 항복을 받았습니다. 지금 송도에 비를 세우고 이사부의 옛 자취를 기술한다면 송도가 우리나라 땅임을 증빙할 수 있을 것입니다" 했다.[59]

이복휴는 일본과의 외교를 담당하는 예조의 등록을 보고 그것을 바탕

---

58   이익, 『성호사설』 권3 「천지문(天地門)」 '울릉도'.
59   『일성록』 정조 17년 계축(1793) 10월 1일.

으로 자신의 의견을 말하고 있다. 대일 외교를 담당하는 정부기관의 등록에 독도의 일본 명칭인 '松島'가 기록되었다는 것은 그 '松島', 즉 독도가 외교 교섭의 대상이 되었다는 것을 추정하게 한다. 예조의 등록에는 독도의 지리적 위치, 역사, 울릉도와 독도를 둘러싼 외교 교섭 등에 대한 보다 자세한 기록이 있었을 것이다. 그러나 안타깝게도 독도를 둘러싼 외교 교섭의 구체적인 내용은 전해지지 않고 있다.

이와 같이 안용복 사건 이후 확립된 독도에 대한 지리적 인식과, 역사적으로 독도가 우산국 땅으로서 조선 영토라는 영유권 의식은 그 후에도 변함없이 유지되었다. 다만, 거민 쇄출과 수토(搜討) 정책이 계속되어 울릉도 거주가 공식적으로는 금지되어 있었기 때문에 독도에 관한 보다 자세한 기록은 많이 전해지지 않고 있다.

2

에도막부의 독도 인식

호키주 어민의 울릉도 도해와 에도막부의 독도 인식

에도막부의 울릉도 도해 금지와 처벌

512년 신라의 우산국 정벌부터 시작해 한반도에 부속된 섬으로서 울릉도의 역사는 오래되었다. 그런데 조선 초기 태종·세종대부터 울릉도 거주를 금지하고 조정에서 관리를 보내 울릉도에 거주하고 있는 백성들을 색출해 본토로 이주시키는 거민 쇄출 정책을 엄격히 시행한 결과 울릉도가 무인도화되자, 이는 곧 울릉도에 대한 일본인의 관심을 불러일으켰다.

태종 7년(1407)에는 대마도주 종정무(宗貞茂)가 여러 부락을 거느리고 울릉도에 옮겨 살기를 청했으나 거절당했으며,[60] 그 후 광해군 6년(1614)에도 대마도의 왜인이 울릉도에 와서 살고 싶어 했으나 『여지승

---

60 『태종실록』 태종 7년 정해(1407) 3월 16일.

람(輿地勝覽)』을 근거로 불가함을 통보한 것으로 기록되어 있다.[61] 울릉
도를 둘러싼 양국 간의 외교 마찰이 있었음을 보여준다.

그러나 울릉도를 둘러싼 이러한 외교 마찰은 울릉도의 잠상(潛商)을
일본이 처벌하는 것을 계기로 매듭지어졌다. 즉, 1620년 조선 측의 항
의로 야자에몬(弥左衛門) 등이 조선국 속도(屬島)인 울릉도를 무대로 잠
상을 했다는 이유로 에도막부의 명에 따라 대마번에 의해 체포되어 교
토(京都)로 보내져 처벌되었다.[62] 이에 대해 일본 측 자료인 『통항일람
(通航一覽)』 권129에는 다음과 같이 기록되어 있다.

> 원화(元和) 6 경신년(1620), 종 대마수 의성(宗對馬守義成) 명에 의해 竹
> 島[조선국 속도]에서 잠상 두 명을 붙잡아 교토로 보냈다[그 죄과 소견 없
> 음].[63]

또한 1637년 왜관의 대마번사는 울릉도에서 돌아가는 길에 조선에
표착했던 무라카와(村川)가의 선원 일행을 인수하면서 "울릉도에 도해
하는 것은 장군님의 금령(法度)이라고 알고 있다"고 말했다는 기록이
있다.[64] 이와 같이 잠상을 처벌한 1620년을 기점으로 에도막부와 조선·

---

61 『광해군일기』 광해군 6년 갑인(1614) 9월 2일.
62 內藤正中, 『竹島(鬱陵島)をめぐる日朝關係史』, 多賀出版, 2001, pp. 34~35; 남기훈, 「17
    세기 조·일 양국의 울릉도·독도 인식」, 『한일관계사연구』 23, 한일관계사학회, 2005, p.
    11.
63 『通航一覽』 卷129, 「朝鮮國部百五」, '貿易'(潛商罪科, 耶蘇禁制告諭, 商賣金高幷銅
    渡方). "元和六庚申年, 宗對馬守義成, 命によりて, 竹島[朝鮮國屬島]に於て潛商のも
    の二人を捕へて京師に送る[その罪科いま所見なし]."
64 『深見彌右衛門古帳之寫』 寬永 14年 7月 9日. "今程竹嶋ニ船渡申上候事, 從公儀御
    法度樣ニ承及申上候"; 池內敏, 「竹島渡海と鳥取藩——元祿竹島一件考·序說」, 『鳥取

일본 간 외교 교섭 창구 역할을 한 대마번에는 '울릉도는 조선 땅'이라는 인식이 정착되어 있었다. 이 시기의 일본 문헌에는 독도가 전혀 나타나지 않는다. 17세기 초 호키주 어민의 울릉도 도해 이전 일본에서 독도에 대한 인식은 전혀 없었다고 할 수 있다.

호키주 어민의 울릉도 도해 이후 울릉도 · 독도 인식

울릉도(竹島)에 도해한 것은 대마도의 왜인들뿐만이 아니었다. 1625년부터는 호키주 어민 오야·무라카와 양가가 에도막부로부터 도해 면허를 받고 매년 정기적으로 울릉도에 도해해 어렵(漁獵)을 했다. 도해 면허 연도는 『태정관지령(太政官指令)』 부속 문서[65] 등에는 1618년으로 되어 있으나 1625년 설이 유력하다. 도해 면허에서 주목해야 할 것은 '이번(今度)'의 도해에 대한 면허이고, '이후(今後)'에 대해서는 언급하고 있지 않다는 것이다.[66] 그런데도 오야·무라카와 양가는 1회용 도해 면허 사본을 가지고 그 이후에도 1690년대 안용복 납치 사건이 발생할 때까지 울릉도 도해를 계속해왔다. 매년 봄 양가가 윤번제로 울릉도에 도해했으나 거주하지는 않았다.

전술한 바와 같이 1620년 에도막부는 대마번에 명해 울릉도에 있던 잠상을 처벌하도록 했다. 그런 에도막부가 1625년에는 호키주 어민들에게 울릉도 도해를 허가했다. 오야가의 기록인 『죽도도해유래기발서공(竹

地域史研究』 1号, 1999, p. 43에서 재인용.

65 시마네현 질의서 첨부 문서인 '유래의 대략(原由ノ大畧)'에는 원화 4년 정사(1618)로 기록되어 있다.

66 池內敏, 「竹島渡海と鳥取藩──元禄竹島一件考·序說」, 『鳥取地域史研究』 1号, 1999, pp. 33~34.

島渡海由來記拔書控)』에 의하면, 호키주 어민들은 새로운 섬을 발견한 것으로 에도막부로부터 인정을 받은 것으로 기록되어 있다.[67]

> 장군님에게 공물을 상납한 일은 없습니다만, 공허의 섬을 진키치(甚吉) 가 실제로 발견해 일본의 토지를 넓힐 수가 있었던 것은 목록을 받는 것 과 같은 영예이고, 발군의 공적이라고 칭찬을 들을 수 있었습니다.[68]

에도막부는 조선 땅 울릉도가 아닌 새로운 섬을 발견한 것으로 보고 울릉도 도해를 허가한 것이었다.[69] 이는 다른 기록을 통해서도 증명된 다. 『죽도문담(竹島文談)』에는 대마번의 유학자 스야마 쇼에몬(陶山庄右 衛門)이 안용복 사건 초기에 대마번에서 에도막부에 울릉도의 사정을 충분히 보고하지 않고 교섭에 임한 것에 대한 비판적 입장에서 다음과 같이 말한 것으로 기록되어 있다.[70]

> 일본 막부는 그 섬의 내력을 조금도 알지 못합니다. 그래서 재작년(1693 년)에 대마번에 이 교섭을 명하시어 다시는 조선인이 건너오지 않도록 하라고 명하신 것입니다. 그 취지를 확실히 저쪽에 전하라고 엄중히 명

---

67 권정, 「안용복의 울릉도 도해의 배후」, 『일본어문학』 55, 일본어문학회, 2011, p. 507.
68 "御公儀貢物上納ハ雖不仕ト誠二空居之島甚吉見顯日本之土地廣御式帳戴之如拔 群之功ト御称美."(권오엽·오니시 토시테루, 『죽도도해유래기발서공』 상, 한국학술정보, 2010, p. 64)
69 호사카 유지, 「다케시마(竹島) 도해 면허의 불법성 고찰」, 『일본문화연구』 23, 동아시아일 본학회, 2007, pp. 152~153.
70 송휘영, 「울릉도 쟁계(竹島一件)의 결착과 스야마 쇼에몽(陶山庄右衛門)」, 『일본문화학 보』 49, 한국일본문화학회, 2011, p. 277.

령하셨습니다.[71]

에도막부가 '다케시마(竹島)'라고 불리는 섬, 울릉도의 내력에 대해
잘 모르고 있었다는 것을 밝히고 있다. 이에 대해서는 1877년 『태정관
지령』 부속 문서 중 '제1호 구정부 평의의 지의(旨意)'라는 제목으로 첨
부되어 있는 1696년 1월 28일자 문서에서 가장 명쾌하게 설명하고 있
다. 동 문서에는 에도막부의 로주(老中)[72]가 대마도주에게 울릉도(竹島)
도해 금지를 시달한 내용 및 그 도해를 금지하는 이유에 대해 실무자에
게 자세히 설명하고 조선에 전달할 것을 지시한 내용이 포함되어 있다.

제1호 병자년 1696년(원록 9년) 1월 28일
…… 다케시마(竹島)는 원래 확실히 모른다. 호키주(伯耆)에서 도해해 고
기잡이해왔던 까닭에 대해 마쓰다이라(松平) 호키주 태수에게 물어보니
이나바(因幡)·호키에 부속하는 것도 아니라고 한다. …… 위와 같은 경
위로 도해해 고기잡이를 해왔을 뿐이고, 조선의 섬을 일본에서 취하고자
한 것은 아니다. 일본인은 거주하지 않는다. 거리를 물어보니 호키주에
서 160里(해리, 필자 주) 정도라고 한다. 조선에서는 40里 정도라고 한다.
그러면 조선의 울릉도가 아닌가? 그리고 원래 일본인이 거주하든가 이
쪽에서 취한 섬이라면 지금에 와서 (조선에) 넘겨주기 어려운 것이지만

---

71 "日本之公儀は彼島之來歷援少しも御知も不被成候故, 去々年御國へ之被仰付に,
重て朝鮮人彼島に不罷越樣に被申付候得之旨, 急度申渡候へとの御事に御座候."
(권오엽·오니시 토시테루, 『죽도문담: 고문서의 독도』, 한국학술정보, 2010, p. 185에서
재인용)

72 최고 권력자인 쇼군(將軍)의 보좌역이다.

이 같은 증거도 없으니까 이쪽에서는 관여하지 않는 것이 어떤가? ……
원래 취한 섬이 아니기 때문에 돌려준다고 하는 것도 사리에 맞지 않는
다.[73]

에도막부는 그 섬 '다케시마(竹島)'에 대해 잘 모르고 도해 면허를 내
주었고, 나중에 안용복 사건 이후에 알고 보니 조선 땅 울릉도이므로 원
래부터 다케시마는 일본 땅이 아니라는 것이다. 이와 같이, 안용복 사건
이전 에도막부는 다케시마가 조선 땅 울릉도인 줄 모르고 호키주 어부
들이 새로 발견한 섬으로 착각하고 있었다.

일본 문헌에 독도가 등장하는 것은 1660년대 무렵이다. 마쓰에번사
(松江藩士) 사이토 호센(齋藤豊仙)이 울릉도 도해에 관여하고 있던 오키
주 사람들의 이야기를 기초로 썼다는 1667년의 『은주시청합기(隱州視
聽合記)』에는 울릉도와 독도에 대해 다음과 같이 기록되어 있다.[74]

서북 방향으로 2일 1야를 가면 마쓰시마(松島)가 있다. 또 하루 거리에
다케시마(竹島)가 있다. 속언에 이소다케시마(磯竹島)라고 하는데, 대나
무와 물고기와 바다사자가 많다. 이 두 섬은 무인도인데, 고려를 보는 것

---

73 『太政類典』第2篇 2A-9-太-318. "一号 丙子 元祿九年正月二十八日 …… 竹島元
シカト不相知事ニ候 伯耆ヨリ渡リ漁イタシ來リ候由ニ付 松平伯耆守殿ヘ相尋候處因
幡伯耆ヘ附屬ト申ニテモ無之候 …… 右ノ首尾ニテ罷渡リ 漁仕來候マテニテ朝鮮ノ島
ヲ日本ヘ取候ト申ニテモ無之 日本人居住不仕候 道程ノ儀相尋候ヘハ伯耆ヨリハ
百六十里程有之 朝鮮ヘハ四十里程有之由ニ候 然ハ朝鮮國ノ蔚陵島ニテモ可有之候
哉 夫トモニ日本人居住仕候カ此方ヘ取候島ニ候ハハ今更遣シカタキ事ニ候ヘトモ左
樣ノ証據等モ無之候間此方ヨリ構不申候樣ニ被成如何可有之哉 …… 元取候島ニテ
無之候上ハ返シ候ト申筋ニテモ無之候."

74 김병렬·나이토 세이추, 『한일 전문가가 본 독도』, 다다미디어, 2006, p. 181.

이 마치 운주(雲州)에서 오키도를 보는 것과 같다. 그러한즉 일본의 서북
한계는 이 주까지로 한다.[75]

'이 주'는 오키도를 말한다. 따라서 일본에서 독도를 인지하기는 했지
만 일본의 서북 한계는 '이 주', 즉 오키도로 한다는 구절은 독도를 일본
영토로는 인식하고 있지 않았다는 근거가 된다.

이때부터 메이지(明治) 초기까지 일본에서 독도는 '마쓰시마(松島)'라
고 불렸다.[76] 울릉도에는 대나무가 많았기 때문에 먼저 '다케시마(竹島)'
로 명명되었고, 그다음에 발견된 독도는 '다케시마 근처에 있는 섬'으로
인식해 송(松)·죽(竹) 한 쌍을 이루는 의미에서 '마쓰시마'로 명명된 것
으로 보인다.

이 시기 독도(松島) 도해와 관련해 막부의 관리 아베 시로고로(阿部四
郎五郎)의 가신 가메야마 쇼자에몬(龜山庄左衛門)이 오야가에 보낸 문
서에는 '죽도도해근송도(竹島渡海筋松島)', '죽도근소지소도(竹島近所之
小島)', '죽도지내송도(竹島之內松島)'라고 기록되어 있다.[77] '울릉도 가
는 길목에 있는 섬', '울릉도 부근에 있는 섬', '울릉도 영역 내에 있는
섬'이 그 당시 독도에 대한 인식이었다. 그만큼 철저하게 독도를 울릉도

75 『隱州視聽合紀』 卷1, 「國代記」. "戌亥間 行二日一夜 有松島 又一日程 有竹島 俗言
磯竹島 多竹, 魚, 海鹿 此二島 無人之地 見高麗 如自雲州望隱岐然則日本之乾地
以此州爲限矣."
76 이하 이 책에서 '다케시마(竹島)'는 울릉도, '마쓰시마(松島)'는 독도를 의미하는 것으로
한다. 1905년 이후에는 명칭을 바꾸어 독도를 '다케시마(竹島)'라고 부르고 있으므로,
그 후의 '다케시마(竹島)'는 독도를 가리키는 것으로 한다. '죽도'는 울릉도 동쪽 2킬로미
터에 위치하는 섬(댓섬)을 가리키는 명칭이기도 하다.
77 池內敏, 「竹島渡海と鳥取藩」, 『鳥取地域史硏究』 1, 鳥取地域史硏究會, 1999, pp.
35~36.

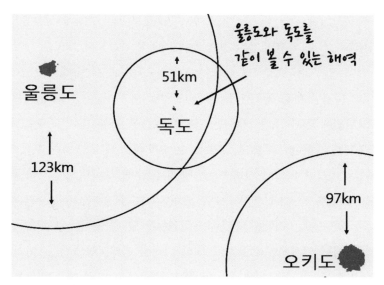

울릉도와 독도를
같이 볼 수 있는 해역

울릉도

51km

독도

123km

97km

오키도

그림 8 독도와 울릉도 및 오키도를 볼 수 있는 해역.

와 한 세트를 이루는 섬 또는 울릉도의 부속 섬으로 보았다는 것이다. 다케시마(竹島)를 조선의 울릉도인 줄 모르고 도해 면허를 내주고 도해를 묵인한 것으로 보아, 그 부속 섬 마쓰시마(松島), 즉 독도에 대해서도 인지는 하고 있었지만 영유권 의식이 있었다고는 할 수 없다.

〈그림 8〉은 해수면에서 울릉도와 독도 및 오키도를 볼 수 있는 해역을 그림으로 나타낸 것이다.[78] 수학적인 계산 결과이므로 그날의 날씨에 따라 약간 다를 수 있지만, 울릉도와 독도 간 전 해역에서 항상 울릉도

---

[78] 해발 일정 고도에서의 가시거리 계산공식 $d ≒ 3.9236\sqrt{h}$를 이용해 계산한 결과다. 이 공식에서 d는 수평선까지의 시달거리(킬로미터), h는 목표 지점의 높이(미터)다(정태만, 앞의 글 「독도 문제의 수학적 접근」, pp. 175~176); 정태만, 「태정관지령 이전 일본의 독도 인식」, 『사학지』 45, 단국사학회, 2012, pp. 9~10.

를 볼 수 있다. 독도를 중심으로 반경 51킬로미터 이내에서는 독도를 육안으로 볼 수 있으며, 상당히 넓은 해역에서 울릉도와 독도를 같이 볼 수 있다. 또한 울릉도의 평지(해수면)에서는 독도를 볼 수 없지만, 36킬로미터 나가면 바로 독도를 볼 수 있다.[79]

그 반면에 일본 오키도에서는 평지에서는 물론이고 오키도 정상에서도 독도를 전혀 볼 수 없고, 독도를 보려면 배를 타고 망망대해를 거쳐 106킬로미터나 나와야 한다.[80] 망망대해 가운데 보이는 울릉도와 독도를 가상해보면 과거에 일본 어부들조차도 독도를 울릉도에 부속된 섬으로 인식하는 것은 지극히 당연한 일이었음을 알 수 있다. 독도의 지리적 위치는 과거 역사적으로 독도에 대한 인식에 결정적인 영향을 미쳐 자연스럽게 독도를 울릉도에 부속된 섬 또는 울릉도와 한 쌍을 이루는 섬으로 인식되게 했다. 일본에는 독도에 관해 상대적으로 한국보다 더 자세하고 많은 고문헌과 지도가 남아 있는데도 불구하고 거의 전부가 독도를 조선 땅으로 기록한 것은 바로 이러한 지리적인 위치 때문이다.

울릉도 쟁계 당시의 '독도 조선령' 확인

기록상 에도막부가 울릉도를 호키주 땅이 아닌 것으로 인식하게 된 것은 도해금지령을 내리기 3년 전인 1693년이다. 『죽도기사』에 의하면,

---

79　울릉도-독도 간 거리 87.4킬로미터에서 〈그림 8〉의 51킬로미터를 빼면 36.4킬로미터가 된다.

80　오키도-독도 간 거리 157.5킬로미터에서 〈그림 8〉의 51킬로미터를 빼면 106.5킬로미터가 된다.

막부는 1693년 5월 13일, 대마번의 에도 연락관에게 나가사키(長崎)에서 납치된 안용복과 박어둔을 인수해 조선에 송환하라는 명을 내리면서 다음과 같이 말했다.[81]

> 위의 다케시마(竹島)라고 하는 곳은 호키주 태수(伯耆守)의 영내가 아니다. 이나바에서는 160리 정도나 되는 곳이라고 한다.[82]

에도막부에서도 안용복 납치 후에는 울릉도가 돗토리번 땅이 아니라는 것을 알게 된 것이다.

그리고 약 1주일 후인 5월 22일 돗토리번 에도 연락관 이바 시치로자에몬(伊庭七郎左衛門)은 에도막부 마쓰다이라 미노노카미(美濃守)의 질문에 대해 울릉도와 관련해 다음과 같은 답서를 올렸다.[83]

> 1. 호키주(伯耆國) 요나고(米子)에서 다케시마(竹島)까지는 해상으로 약 160里 정도 된다고 합니다(伯耆國米子より竹嶋江海上凡百六十里程有之由候). 보통 요나고에서 출선해 이즈모(出雲)로 가서 오키도에 도해해 다케시마로 건너갑니다. 요나고에서 직접 다케시마로 건너갈 수는 없다 합니다.

---

81 권정, 「『숙종실록』 기록으로 본 안용복: 안용복 진술의 타당성에 관해」, 『일본언어문화』 19, 한국일본언어문화학회, 2011, p. 427.
82 『竹島紀事』元禄 6年(1693) 5月 13日. "竹嶋与申所ハ伯耆様御領内にても無之因幡より百六十里程も有之所ニ而御座候."
83 권정, 앞의 글 「『숙종실록』 기록으로 본 안용복: 안용복 진술의 타당성에 관해」, pp. 425~426.

1. 무라카와 이치베(村川市兵衛)와 오야 규에몬(大屋九右衛門)이 에도에 와서 장군 알현을 명 받았을 때, 다케시마의 전복을 헌상합니다.

1. 다케시마에서 전복을 잡는 세금은 없습니다(竹島江て鮑取候運上は無之候). 호키주 태수가 헌상하는 전복도 위의 두 사람에게 우리가 조정해서 바치는 것입니다.

1. 다케시마에서 바다사자를 잡아서 그곳에서 기름을 채취해 돌아와서 판매합니다. 그리고 기름의 세금도 없습니다.

1. 다케시마는 멀리 떨어진 섬으로 사람이 살지 않습니다. 더구나 호키주 태수가 지배하는 곳도 아닙니다. 위와 같습니다(竹島ははなれ嶋二て人住居は不仕候. 尤, 伯耆守支配所二ても無之候. 右之通にて御座候).

1. 다케시마 도해에 대해 자세한 것은 이곳에서 잘 알지 못합니다.

1. 다케시마 도해에 대한 주인(朱印)은 없는 것으로 알고 있습니다. 또 지금부터 조사해 보고하겠습니다. 또한 봉서(奉書)의 사본도 이곳에는 없습니다.

1. 다케시마 도해선(渡海船)에 어문(御紋)을 새긴 깃발을 단다는 것은 이곳에서는 모르는 일입니다.

1. 무라카와 이치베와 오야 규에몬이 당지에 몇 년에 한 번 오는가 그러한 내용은 여기서는 확실히 알지 못합니다.

위와 같이 본국(國許)에 연락해 바로 보고하겠습니다.

이상 5월 22일[84]

---

84 『御用人日記』元祿 6年(1693) 5月 22日; 권정 편역, 『어용인일기』, 선인, 2010, pp. 52~87; 『어용인일기』는 호키주를 관할하는 돗토리번주의 측근인 어용인(御用人)의 일기다.

어렵에 대한 세금은 징수하지 않고, 울릉도(竹島)가 돗토리번의 영지가 아니라는 것이 주된 내용이다. 대체로 울릉도 도해는 돗토리번과는 상관없는 일이라는 답변이다. 돗토리번의 호키주는 안용복 납치 사건이 발생한 그해(1693년)부터 울릉도와의 관련을 부인한 것이다.

이와 같이 1693년 시점에는 돗토리번이 울릉도에 대해 돗토리번 땅이 아니라고 답했지만, 독도에 대해서는 언급이 없었다. 그런데 조선·일본 양국 간 울릉도 영유권을 둘러싼 외교 교섭이 교착 상태에 이른 1695년 12월 에도막부와 돗토리번의 문답 과정에서 독도도 일본 땅이 아니라는 사실이 새로이 밝혀지고 또한 확인되었다.

당시 에도막부의 "울릉도는 언제부터 돗토리번 땅이 되었는가?", "울릉도 이외에 돗토리번에 소속된 섬이 있는가?" 하는 질문에 대해 돗토리번에서는 "울릉도는 돗토리번에 부속된 섬이 아니다"라고 답하고, 에도막부에서 언급하지도 않은 독도를 포함해 "울릉도(竹島)와 독도(松島), 그 외에도 돗토리번에 소속된 섬은 없다"라고 답했기 때문이다.[85]

---

[85] 박병섭·나이토 세이추, 앞의 책 『독도=다케시마 논쟁』, pp. 16~22; 당시 돗토리번은 호키주와 이나바주를 관할했다. 질문과 회답은 다음과 같다.
에도막부의 돗토리번에 대한 질문[『기죽도사략』 원록 8년(1695) 12월 24일]
"이나바주·호키주에 부속하는 울릉도는 언제부터 이나바주·호키주에 부속되었는가?(因州伯州江附候竹嶋者, いつの頃より兩國江附候哉)."
"울릉도 외에 이나바주·호키주에 부속하는 섬이 있는가?(竹島之外兩國江附屬之嶋有之候哉)."
막부의 질문에 대한 돗토리번 마쓰다이라 호키주 태수의 회답[『기죽도사략』 원록 8년 (1695) 12월 25일]
"울릉도는 이나바주·호키주에 부속하는 섬이 아니다(竹嶋者因幡伯耆附屬ニ而者無御座候)."
"울릉도·독도는 이나바주·호키주에 부속하는 섬이 아니고, 그 외에도 부속하는 섬은 없다(竹嶋松嶋其外兩國江附屬之嶋無御座候事)."

에도막부에서 언급하지도 않은 독도에 대해 돗토리번이 돗토리번 땅이 아니라고 답변하자, 에도막부는 다시 독도, 즉 마쓰시마(松島)에 대해 질문했는데, 1696년 1월 25일자 답변 내용은 『죽도지서부(竹嶋之書附)』에 의하면 다음과 같다.

각서

......

1. 후쿠우라(福浦)로부터 마쓰시마(松島)까지 80리(里)[86]

1. 마쓰시마에서 다케시마(竹島)까지 40리

이상

1696년 1월 25일

별지

1. 마쓰시마는 호키국(伯耆國)으로부터 해로 120리 정도입니다.

1. 마쓰시마에서 조선까지는 80~90리 정도 되는 것으로 알고 있습니다.

1. 마쓰시마는 (일본) 어느 지방에 속하는 섬이 아닌 것으로 알고 있습니다.

1. 마쓰시마에 어렵을 가는 것은 다케시마(竹島)에 도해할 때 길목에 있기 때문에 들러서 어렵합니다. 타지방에서 어렵을 가는 것은 없는 것으

---

86 후쿠우라는 일본 오키도에 있는 지명이다. 따라서 『기죽도사략』과 『죽도지서부』에서 오키도-독도(80里), 독도-울릉도(40里) 거리는 『태정관지령』에서의 거리와 정확히 일치한다는 것을 알 수 있다. 일본에서 바다의 거리를 나타내는 단위로 리(里), 리(浬), 리(哩) 등 여러 한자가 혼용되었는데, 대부분 해리(海里, nautical mile)를 가리킨다. 1해리는 1.852킬로미터다.

로 알고 있습니다. 이즈모·오키도 사람은 요나고 사람과 동선(同船)해 갑니다.[87]

이와 같이 일본 중앙정부는 독도가 돗토리번 땅이 아니라는 것을 단순히 인식만 한 것이 아니라 문서로 공식 확인한 것이다. 한편 에도막부는 마쓰에번(松江藩)에 대해서도 관할 지역의 울릉도 도해에 대해 조회해 1월 26일자 회답서에서 오키·이즈모 사람은 울릉도 도해에 직접적인 관련이 없음을 확인했다.[88]

에도막부가 공식적으로 확인한 것은 울릉도와 독도 모두 일본 땅이 아니라는 것과 당초부터 조선 땅이라는 것이었다. 1696년 1월 9일 에도막부 로주 아베 분고노가미(阿部豊後守)는 대마번의 에도 연락관 히라타 나오에몬(平田直右衛門)을 불러 울릉도 문제에 대해 아래와 같이 통고하고,[89] 1월 28일 울릉도 도해금지령을 내렸다. 울릉도 도해금지령은 시마네현에는 7개월 후인 1696년 8월에, 조선에는 그 이듬해인 1697년

---

87 『竹嶋之書附』元祿 9年(1696) 1月 25日. "小谷伊兵衛差出候竹嶋之書附 覺 ……
一 福浦より松嶋江八拾里程 一 松嶋より竹嶋江四拾里程 以上 子 正月廿五日. 別紙
一 松嶋江伯耆國より海路百貳拾里程御座候事 一 松嶋より朝鮮國江は八,九拾里程
も御座候様及承候事 一 松嶋は何れ之國江附候嶋ニても無御座候由承候事 一 松
嶋江獵參候儀,竹嶋江渡海之節道筋ニて御座候故立寄獵仕候. 他領より獵參候儀は
不承候事. 尤, 出雲國,隠岐國之者は, 米子之者と同船ニて參候事 以上." 돗토리번 마
쓰다이라 호키주 태수의 에도 연락관 고타니 이헤이(小谷伊兵衛)가 제출한 것으로 되
어 있다.
88 池內敏, 「江戶時代における竹島および松島の認識について」, 『독도연구』6, 영남대학교
독도연구소, 2009, p. 184.
89 池內敏, 위의 글 「江戶時代における竹島および松島の認識について」, p. 183; 송휘영,
앞의 글 「울릉도 쟁계(竹島一件)의 결착과 스야마 쇼에몽(陶山庄右衛門)」, pp.
279~280.

1월에 정식으로 통보되었다.[90]

> 다케시마(竹島)가 이나바에 속해 있다고 하지만 아직 일본인이 거주한
> 적이 없다. 태덕군(台德君)[도쿠가와 히데타다(德川秀忠), 필자 주] 때 요나
> 고촌(米子村)의 마을 사람(街人)이 그 섬에 가서 어채하고자 청원함에
> 따라 이를 허락했던 것이다. 지금 그곳의 지리를 헤아려보건대 이나바로
> 부터는 160里 정도, 조선으로부터는 40里 정도 떨어져 있다. 이는 일찍
> 이 그들의 지계(地界)임에 틀림없는 것이다. 국가가 만약 병위(兵威)로써
> 이에 임한다면 무엇이든 얻지 못할 것이 없다. 부질없이 쓸모없는 소도
> (小島)를 가지고 이웃 나라와 우호를 상실하는 것은 좋은 일이 아니다.
> 더욱이 당초에 이 섬을 조선에서 빼앗은 것이 아니므로 지금 다시 이것
> 을 돌려준다고 말할 수 없다. 단지 일본인이 가서 어채하는 것을 금지해
> 야 할 따름이다.[91]

당시 도해금지령을 내린 이유에 대해 에도막부가 대마번에 설명한 내
용이다. '울릉도에는 일본인이 거주한 적이 없고, 고기잡이만 했을 뿐 원
래부터 조선 땅'이라는 것이 내용의 요지다. 이 내용은 앞에서 설명한

---

90 송병기, 『울릉도와 독도, 그 역사적 검증』, 역사공간, 2010, pp. 98·103.
91 『朝鮮通交大紀』 卷8. "竹島の地因幡に屬せりといへとも又我人居住の事なし台德君の
時にありて米子村の街人其の島に漁せん事を願ひしによりて此れを許されし也今其地理
を計るに因幡を去るもの百六拾里許朝鮮を距る四十里許也これ曾て而彼の地界たる其
の疑なきに似たり國家若し兵威を以てこれに臨まば何を求むとしてか得べからざらむ但無
用小島の故を以て好みを隣國に失する計の得たるに非ずしかも其初是を彼に取に非ざる
時は今又此れを返すを以て詞とすべからず唯我人住き漁するを禁ぜらるべきのみ." 『조선
통교대기』(1725)는 대마번의 유학자 마쓰우라 가쇼(松浦霞沼)가 중세부터 향보 1년
(1716)까지 대마번과 조선과의 통교에 관해 기록한 책이다.

『태정관지령』 부속 문서 제1호와, 같은 일본 측 자료인『통항일람』권 137에도 기록되어 있다. 울릉도가 원래부터 일본 땅이 아니라면 그 부속 섬인 독도도 원래부터 일본 땅이 아닌 것으로 해석된다.

더 나아가서, 울릉도와 그 부속 섬인 독도가 원래부터 일본 땅이 아니었다면, 1625년부터 1693년까지 약 70년 동안 일본 호키주의 어부들이 울릉도(독도 포함)에 도해해 어렵을 한 행위를 어떻게 규정할 것인가? 나이토 세이추(內藤正中)는 이에 대해 명쾌한 답을 내놓고 있다. 나이토 세이추는 호키주 요나고 어민들이 무인도에 도해해 어렵을 계속해온 것을 "주인 없는 빈집에 들어가 귀중품을 들고 나오는 것"에 비유하면서, "이러한 도적질을 일본 외무성 홈페이지에서 실효적 지배에 근거한 영유권 확립"이라고 할 수는 없는 것이라고 결론을 내리고 있다.[92]

요컨대, 1690년대 안용복 사건 당시 일본 에도막부의 독도에 대한 인식은 '독도는 울릉도의 부속 섬으로서, 울릉도와 독도는 원래부터 일본 땅이 아니라는 것'이었다. 이는 곧 1696년 일본 어부의 울릉도 도해금지령으로 나타났고, 이러한 인식은 그 이후에도 계속되었다.

독도 조선령 인식의 정착

일본 외무성 사이트에서는 '독도에 대한 일본의 영유권'이 확립된 것은 울릉도에 도해하던 호키주 어민이 그 길목에 있는 독도에도 들르기 시작한 17세기 중반이며, 안용복 사건 당시의 '죽도 도해금지령'은 독도

---

92 內藤正中,「竹島は日本固有領土か」,『世界』, 2005年 6月號, 岩波書店, p. 56.

에는 적용되지 않는 것이라고 주장하고 있다.

> 다케시마(독도, 필자 주)는 역사적 사실에 비추어 보아도, 국제법상으로도
> 명백히 아국 고유 영토입니다. …… 일본은 17세기 중반에는 다케시마
> 의 영유권을 확립했습니다. …… 일본은 17세기 말, 울릉도에의 도해는
> 금지하는 한편, 다케시마에의 도해는 금지하지 않았습니다.[93]

그러나 다음의 일본 측 자료들을 통해 '죽도 도해금지령'에는 독도가
포함되었고, 그 후 '독도 조선령' 인식이 정착되었다는 것을 확인할 수
있다.

1722년 이와미주(石見州) 어민의 울릉도 밀항 사건이 발생하자 에도
막부는 대마번에 대해 안용복 사건 때의 죽도 도해금지령이 독도에도
적용되는지에 대해 조회했는데, 그에 대한 대마번의 답변은 다음과 같
다.[94]

> (마쓰시마 또한) 다케시마와 마찬가지로 일본인들이 건너가 고기잡이를
> 하는 것을 금지했다고 생각할 수 있습니다. 그러나 꼭 그렇게 했다고는
> 답변하기 어렵습니다.[95]

---

93 外務省, 『竹島問題を理解するための10のポイント』, 外務省 北東アジア課, 2014, pp.
    2·9.
94 남기훈, 앞의 글 「17세기 조·일 양국의 울릉도·독도 인식」, p. 31.
95 『대마도종가문서(對馬島宗家文書)』, 국사편찬위원회 소장. "控ニ相見申候 松島之儀
    元祿年 御老中 阿部豊候守様より御尋之節 竹島近所ニ松島と申嶼有て 此所江モ日
    本人 罷渡御仕候様 下下之風說ニ承候様 御答申候由 留書ニ相見申候 竹島同樣
    日本人罷渡致漁候儀 御停止之嶋與ハ 被考候得共 差極候儀ハ 御答仕兼候"; 김병

단정할 수는 없다는 듯한 애매한 표현을 추가하기는 했지만, 1690년 대 안용복 사건 때의 '죽도 도해금지령'으로 독도(松島)에 대해서도 도해가 금지되었다는 것이다. 안용복 사건 당시의 외교 교섭 결과 일본 어부의 독도 도해도 금지되었다는 것은 그 후 죽도 도해금지령 해제 청원 과정에서 오야가 막부에 진술한 문서에서도 나타난다. 『대곡씨구기(大谷氏舊記)』 등에 의하면, 1740년 오야 가쓰후사(大谷勝房)는 에도막부의 지샤부교(寺社奉行)[96]에 대해 다음과 같이 진술한 것으로 기록되어 있다.[97]

다케시마(竹島)·마쓰시마(松島) 양도(兩島) 도해가 금지된 이후에는 호키주의 요나고 성주가 가엾게 여겨주신 덕택에 생활하고 있다고 청원서에 썼더니 봉록(扶持) 등은 받고 있는가라고 물으셨다.[98]

안용복 사건으로 울릉도와 독도, 두 섬의 도해가 금지되었다고 오야 가쓰후사는 에도막부에 진술한 것이다. 독도도 도해가 금지되었다는 인

렬, 『독도: 독도 자료 총람』, 다다미디어, 1998, pp. 307~308; 박병섭, 「안용복 사건 이후의 독도 영유권 문제」, 『독도연구』 13, 영남대학교 독도연구소, 2012, p. 144.

96 지샤부교는 에도막부의 직명으로, 절이나 신사 및 그 영지를 관리하고 소송을 담당했다. 마치부교(町奉行)·간조부교(勘定奉行)와 함께 산부교(三奉行)로 불렸으며, 그중 최상위로, 쇼군 직속기관이었다.

97 윤유숙, 「근세 돗토리번(鳥取藩) 町人의 울릉도 도해」, 『한일관계사연구』 42, 한일관계사학회, 2012, p. 450.

98 四代目九右衛門勝房, 『村川氏舊記』, 「延享元年於江戸表奉願上候一件. "竹嶋松嶋 兩嶋渡海禁制ニ被爲仰付候以後は, 伯州米子之御城主より御憐愍を以, 渡世仕罷. 在候由, 原書以서顯し候段, 然者扶持杯請申候哉與, 御意被爲成候, 隨而申上候"; 『大谷氏舊記』 卷3, 「御公儀江御訴訟之御請幷竹嶋渡海之次第先規より書附之寫」; 윤유숙, 앞의 글 「근세 돗토리번(鳥取藩) 町人의 울릉도 도해」, p. 450에서 재인용.

그림 9 「죽도방각도」(모사도).

식은 오야·무라카와가의 어민, 외교 교섭 창구인 대마도와 중앙정부인 에도막부에까지 일반화되었다고 할 수 있다.

1836년 12월 23일, 이마즈야 하치에몬(今津屋八右衛門)이 '죽도 도해 금지령'을 어기고 몰래 울릉도를 드나들며 울릉도의 산물을 가져와 교역을 하다가 처벌되어 사형을 당했다. 그때 하치에몬이 그린 지도인 「죽도방각도(竹島方角圖)」에는 울릉도와 독도가 그려져 있다. '조선국'과 '竹島'와 '松島'는 붉은색으로 채색되어 있고, 일본은 노란색으로 채색되어 있다.[99]

안용복 사건 때의 '죽도 도해금지령'이 독도에도 적용된다는 해석은

---

99   박병섭, 앞의 글 「안용복 사건 이후의 독도 영유권 문제」, p. 143.

에도시대를 거쳐 메이지시대에도 그대로 이어졌다. 메이지시대의 지리학자 다나카 아카마로(田中阿歌麻呂)는 '에도시대에 독도를 조선에 준 것'으로 기록하고 있다.

> 지금 이 섬(독도, 필자 주)의 연혁을 생각해보면 그 발견 연대는 불명(不明)이나, 프랑스선 리앙쿠르호의 발견보다 훨씬 이전에 본방인(本邦人)이 알게 되었다. 도쿠가와(德川)시대에 그것을 조선에 준 것이다. 그전에는 이 섬은 오키(隱岐) 혹은 호키(伯耆), 이와미(石見)에 속했다.[100]

위에서 '도쿠가와시대'란 안용복 사건이 일어난 시기를 말하는 것으로 해석된다. 다나카 아카마로는 안용복 사건 때의 외교 교섭에 의해 울릉도뿐만 아니라 독도도 조선 영토가 된 것으로 설명하고 있다. 엄밀히 말하면, 안용복 사건 당시 외교 교섭으로 일본에서 조선에 독도를 주어서 조선령이 된 것이 아니라 '조선령인 것으로 확인된 것'이다. 어쨌든 안용복 사건 때의 외교 교섭으로 인한 '죽도 도해금지령'에 의해 울릉도뿐만 아니라 그 부속 섬인 독도도 도해가 금지된 것으로 메이지시대의 지리학자는 해석하고 있는 것이다.

에도시대의 '죽도 도해금지령'과 독도 조선령 인식은 그 후 메이지시대에 들어 외무성의 『조선국교제시말내탐서(朝鮮國交際始末內探書)』(1870)와 『태정관지령』(1877) 등으로 이어졌다. 『조선국교제시말내탐서』

---

100 田中阿歌麻呂,「隱岐國竹島に關する舊記」,『地學雜誌』200號, 東京地學協會, 1905, p. 594. "今此島の沿革を考えふるに其發見の年代は不明なれとも, フランス船リアンクール號の發見より遙かに以前に於て本邦人の知る所なり, 德川氏の時に於て之れを朝鮮に與へたるが如きも, 其の以前において, 此島は或は隱岐或は伯耆, 石見に屬したり."

는 1869년 12월 일본 외무성 관리 사다 하쿠보(佐田白茅) 등이 조선에 파견되어 조선을 정탐하고 1870년에 제출한 보고서다. 조사 항목 가운데 '울릉도와 독도가 조선의 부속이 된 경위(竹島松島朝鮮附屬ニ相成候始末)'가 포함되어 있어 울릉도와 독도를 조선의 영토로 인식하고 있음을 보여주고 있다. 뿐만 아니라, 원록 이후[101]의 울릉도 상황을 설명하고 있는 것으로 보아 안용복 사건 당시의 죽도 도해금지령을 검토한 결과임을 알 수 있다.[102] 또한 1877년의 『태정관지령』은 1696년 당시 외교 교섭의 결과로 내려진 일본 어부의 울릉도 도해금지령에는 울릉도뿐만 아니라 독도도 포함되었음을 공식적으로 확인한 것이다.[103] 『태정관지령』에 대해서는 제2부에서 자세히 살펴보기로 한다.

---

101 원록(元祿)은 일본 에도시대 1688년부터 1704년까지의 연호다.
102 外務省, 「竹島松島朝鮮附屬ニ相成候始末」, 『朝鮮國交際始末內探書』, 1870. "松島ハ竹島ノ隣島ニシテ松島ノ儀ニ付 是迄揭載セシ書留モ無之 竹島ノ儀ニ付テハ元祿度後ハ暫クノ間 朝鮮ヨリ居留ノ爲差遣シ置候處 當時ハ以前ノ如ク無人ト相成."
103 호사카 유지, 앞의 글 「다케시마(竹島) 도해 면허의 불법성 고찰」, p. 156.

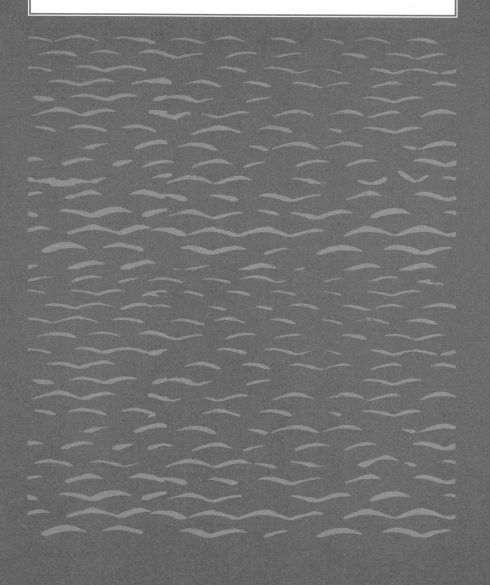

2부
———
메이지 초기 『태정관지령』의 '독도는 조선령' 인정

1

『태정관지령』이 내리게 된 경위

시마네현 지적 편찬에 관한 질의서의 작성 경위

『태정관지령』의 발단은 일본 내무성 지리료(地理寮)의 시마네현에 대한 조회서다. 지적(地籍) 편찬을 위해 시마네현을 출장 중이던 내무성 관리가 울릉도(당시 일본명 竹島)를 시마네현의 지적에 포함해야 하는지의 여부를 구두로 조회한 후, 내무성은 메이지 9년(1876) 10월 시마네현의 오래된 기록이나 고지도 등을 조사해 내무성에 질의서를 올릴 것을 지시하는 내용의 공문을 보냈다.

귀 현 관할인 오키도의 건너편에 종래 다케시마(竹島: 울릉도를 말함, 필자 주)라고 불리는 고도(孤島)가 있다고 듣고 있다. 원래 구 돗토리번의 상선이 왕복한 선로도 있다. 요청서의 취지는 구두로 조사 의뢰 및 협의를 했다. 덧붙여 말하면, 지적 편제에 관한 지방관 유의서 제5조의 취지도 있는데, 유념해 협의한 대로, 위의 제5조에 비추어 오래된 기록이나 고지도 등을 조사해 내무성 본성에 질의를 해주었으면 하여 이에 조회한다.

메이지 9년(1876) 10월 5일 지리료 12등 출사 다지리 겐신(田尻賢信)

지리대속 스기야마 에이조(杉山榮藏)

시마네현 지적편제계 귀중[104]

내무성에서는 처음부터 지도를 첨부할 것을 지시했으며, 이에 따라 '죽도외일도(竹島外一島)'가 어떤 섬인지를 보다 분명하게 밝혀주는 「기죽도약도(磯竹島略圖)」가 첨부되었다. 내무성의 지시에서는 독도에 대해 언급하지 않았다. 그렇지만 시마네현에서는 내무성으로부터 '울릉도', 즉 '竹島'에 대해 질의할 것을 지시받았음에도 불구하고 '울릉도와 독도', 즉 '죽도외일도'를 합해 시마네현의 지적에 올릴지 여부에 대한 질의를 했다. 이는 시마네현에서 독도가 일본 땅이라는 근거를 찾을 수 없었고, 울릉도의 부속 섬인 독도를 울릉도와 분리시켜서 영유권을 판단하는 것이 사리에 맞지 않다고 보았기 때문이다.

그보다 180여 년 전인 1695년 12월 "울릉도는 언제부터 돗토리번 땅이 되었는가?", "울릉도 이외에 돗토리번에 소속된 섬이 있는가?" 하는 에도막부의 조회에 대해 당시 돗토리번은 에도막부에서 언급하지도 않은 독도를 추가해 "울릉도와 독도는 돗토리번의 땅이 아니다"라고 답

---

104 『公文錄』內務省之部一, 明治 十年 三月, 2A-10-公-2032. "御管轄內隱岐國某方ニ當テ從來竹島ト相唱候孤島有之哉ニ相聞 固ヨリ舊鳥取藩商船往復ノ船路モ有之趣右ハロ演ヲ以テ調査方及御協議置候儀モ有之加フルニ地籍編製地方官心得書第五條ノ旨モ有之候得トモ尙爲念及御協議候 條右五條ニ照準而テ舊記古圖等御取調本省へ御伺相成度 此段及御照會候也. 明治九年十月五日 地理寮 十二等出仕 田尻賢信 地理大屬 杉山榮藏 島根縣 地籍編製係 御中."

했고,[105] 『태정관지령』 당시인 1876년에는 '울릉도를 시마네현의 지적에 올릴 것인가'에 대한 질의서를 올리라는 지시를 받았음에도 불구하고, 시마네현은 울릉도에 '외일도', 즉 독도를 추가해 질의서를 올렸다. 어느 경우든 에도시대의 돗토리번과 메이지 초기 시마네현 모두 독도를 울릉도에 부속된 섬으로, 울릉도와 따로 떼어서 다루어서는 안 될 섬으로 본 것이다. 1696년과 1877년 독도 영유권 귀속에 관한 두 번의 결정적인 판단이 내려진 계기가, 독도를 울릉도와 따로 떼어서 다루어서는 안 된다는 지방정부의 인식에서 비롯되었다. 만약 당시 지방정부에서 독도를 울릉도의 부속 섬으로 보지 않았다면 울릉도만을 대상으로 일본령인지 아닌지를 확인하는 데 그쳤을 것이다.[106]

1876년 10월 16일 시마네현에서 내무성에 올린 울릉도와 독도의 지적 편찬에 관한 질의는 다음과 같다.

일본해 내 죽도외일도 지적 편찬 질의(日本海內竹島外一島地籍編纂方伺)

---

105 박병섭·나이토 세이추, 앞의 책 『독도=다케시마 논쟁』, pp. 16~22; 당시 돗토리번은 호키주와 이나바주를 관할했다. 질문과 회답은 다음과 같다.
에도막부의 돗토리번에 대한 질문[『기죽도사략』 원록 8년(1695) 12월 24일]
"이나바주·호키주에 부속하는 울릉도는 언제부터 이나바주·호키주에 부속되었는가?(因州伯州江附候竹嶋者, いつの頃より兩國江附屬候哉)"
"울릉도 외에 이나바주·호키주에 부속하는 섬이 있는가?(竹島之外兩國江附屬之嶋有之候哉)"
막부의 질문에 대한 돗토리번 마쓰다이라 호키주 태수의 회답[『기죽도사략』 원록 8년(1695) 12월 25일]
"울릉도는 이나바주·호키주에 부속하는 섬이 아니다(竹嶋者因幡伯耆附屬ニ而者無御座候)."
"울릉도·독도는 이나바주·호키주에 부속하는 섬이 아니고, 그 외에도 부속하는 섬은 없다(竹嶋松嶋其外兩國江附屬之嶋無御座候事)."
106 정태만, 앞의 글 「태정관지령 이전 일본의 독도 인식」, p. 11.

귀 성(내무성)의 지리료 직원이 지적 편찬 확인을 위해 본 현을 순회한 바, 일본해 내에 있는 다케시마(竹島) 조사의 건으로 별지 을 제28호와 같은 조회가 있었습니다. 이 섬은 영록(永祿) 연간(1558~1569)에 발견되었다고 합니다만, 구 돗토리번 때, 1618년(원화 4년)부터 1695년(원록 8년)까지 대략 78년간 같은 번 영내 호키국 요나고 마을의 상인 오야 규우에몬(大谷九右衛門)과 무라카와 이치베가 에도막부의 허가를 얻고 매년 도해해 섬의 동식물을 어획해 내지에서 판매하고 있었습니다. 이것에 대해서는 확증이 있습니다. 현재까지 고서(古書)나 오래된 서신(舊狀)이 전하고 있어, 별지와 같이 '유래의 대략(原由ノ大畧)'과 지도를 덧붙여 우선 보고합니다.

이번에 섬 전체를 실검(實檢)한 후 상세를 덧붙여 기재해야 마땅하지만, 원래 본 현(島根縣)의 관할로 확정된 것도 아니고, 또 북해 백여 리 떨어져 항로(線路)도 확실하지 않고, 보통의 돛단배로는 쉽게 왕복할 수 없기 때문에 위 오야·무라카와의 전기(傳記) 등 상세에 따라 말씀드립니다. 그래서 여러 가지 추측하건대, 관내 오키도의 북서에 위치해 산인(山陰) 일대의 서부에 부속된다고 본다면 본 현의 지도에 기재해 지적에 편찬하는 등의 건은 어떻게 다루어야 할지 지령을 받고자 합니다.

　　1876년(메이지 9년) 10월 16일 현령 사토 노부히로(佐藤信寬) 대리

　　　　　　　시마네현 참사 사카이 지로(境二郎)

　　　　　　　내무경 오쿠보 도시미치(大久保利通) 귀하[107]

---

107 『公文錄』內務省之部一, 明治 十年 三月, 2A-10-公-2032. "日本海內竹島外一島
　　地籍編纂方伺 御省地理寮官員地籍編纂苢檢ノ爲メ本縣巡回ノ砌日本海中ニ在ル竹
　　島調査ノ儀ニ付キ別紙乙第二十八号ノ通リ照會有之候處 本島ハ永祿中發見ノ由ニテ
　　故鳥取藩ノ時 元和四年ヨリ元祿八年マテ凡七十八年間 同藩領內伯耆國米子町ノ商

시마네현의 질의서는 아래의 문서들로 구성되어 있다. '울릉도(竹島)' 와 '외일도(外一島)'에 대한 상세한 내용과 17세기 일본 호키주 어부들 의 죽도 도해에 관한 기록들이다.

① 시마네현에서 내무성에 올린 질의서

② 내무성 지리료에서 시마네현에 내려 보낸 질의요청서(乙第二十八號)

③ '유래의 대략' 중 '죽도외일도'에 대한 정의

④ 도해 유래 및 막부의 도해 허가서

⑤ 도해 금지의 경위 및 막부의 도해금지령

⑥ 시마네현의 후기(後記)

⑦ 「기죽도약도」

에도시대 외교 교섭 자료를 검토한 내무성의 의견과 질의

시마네현의 질의서는 1876년 10월 16일 내무성에 제출되었고, 이를 접수한 내무성에서는 오랫동안 검토·판단한 끝에 울릉도와 독도가 일

大谷九右衛門村川市兵衛ナル者舊幕府ノ許可ヲ経テ每歳渡海 島中ノ動植物ヲ積歸 リ 內地ニ賣却致シ候ハ已ニ確証有之今ニ古書舊狀等持傳ヘ候ニ付 別紙原由ノ大畧 圖面トモ相副 不取敢致シ上申候今回全島實檢ノ上委曲ヲ具ヘ記載可致ノ處固ヨリ本縣 管轄ニ確定致候ニモ無之且北海百余里ヲ懸隔シ線路モ不分明 尋常帆舞船等ノ能ク 往返スヘキニ非ラサレハ右大谷某村川某カ傳記ニ就キ追テ詳細ヲ上申可致候而シテ其 大方ヲ推按スルニ管內隱岐國ノ乾位ニ當リ山陰一帶ノ西部ニ貫附スヘキ哉ニ相見候ニ 付テハ本縣國圖ニ記載シ地籍ニ編入スル等ノ儀ハ如何取計可然哉 何分ノ御指令相 伺候也. 明治九年十月十六日 縣令 佐藤信寬 代理 島根縣參事 境二郎 內務卿 大 久保利通殿."

본 영토가 아니라는 결론을 내린 다음, 1877년 3월 17일 최고국가기관인 태정관[108]에 다음과 같이 다시 질의했다.

일본해 내 죽도외일도 지적 편찬 질의

다케시마(竹島) 관할의 건에 대해서 시마네현으로부터 별지의 질의가 있어 조사했는데, 해당 섬은 1692년(원록 5년)에 조선인이 입도한 이래, 별지 서류에 적채(摘採)한 것처럼, 1696년(원록 9년) 1월 '제1호 구정부의 평의의 지의(旨意)', '제2호 역관에의 달서(達書)', '제3호 해당국(조선, 필자 주)으로부터 온 서간', '제4호 일본 회답 및 구상서' 등으로 보아 1699년(원록 12년) 외교 교섭이 끝나 일본과 관계없다고 사료됩니다만, 영토의 취사는 중대 사건이므로 별지 서류를 첨부해, 만약을 위해 이 건에 대해 질의합니다.

1877년(메이지 10년) 3월 17일 내무경 오쿠보 도시미치 대리

내무소보 마에지마 히소카(前島密)

우대신 이와쿠라 도모미(岩倉具視) 귀하[109]

---

108 태정관은 직위의 명칭이 아니라 정부기관 명칭이다. 태정관은 일본 메이지 초기 내무성, 외무성을 비롯한 8개 성을 관할하던 최고국가기관으로서, 1885년 내각제도 발족과 함께 폐지되었다.

109 『公文錄』內務省之部一, 明治 十年 三月, 2A-10-公-2032. "日本海內竹島外一島地籍編纂方伺 竹島所轄ノ儀ニ付島根縣ヨリ別紙伺出取調候處該島ノ儀ハ元祿五年朝鮮人入島以來別紙書類ニ摘採スル如ク元祿九年正月第一号旧政府評議ノ旨意ニ依リ二号譯官へ達書三号該國來柬四号本邦回答及ヒロ上書等ノ如ク則元祿十二年ニ至リ夫々往復相濟本邦關係無之相聞候ヘトモ版圖ノ取捨ハ重大ノ事件ニ付別紙書類相添爲念此段相伺候也. 明治十年 三月十七日 內務卿 大久保利通代理 內務少輔 前島密 右大臣 岩倉具視殿."

위의 내무성 질의서에 나오는 내무경 오쿠보 도시미치와 태정관 우대신 이와쿠라 도모미는『태정관지령』보다 4년 전인 1873년 정한론(征韓論)을 두고 사이고 다카모리(西鄕隆盛)와 대립할 때 내치우선론을 주장한 중심 세력이다.

내무성에서 울릉도와 독도를 조선 영토로 판단한 후, 영토의 취하고 버림은 중요한 것이므로 다시 최고국가기관인 태정관에 상신해 최종 결정을 구한 것이다. 내무성의 질의서에는 시마네현의 질의서와 첨부 문서 이외에 다음의 문서들이 추가되었다.

① 내무성에서 태정관에 올린 질의서
② 도해 금지 결정의 이유(第一号 舊政府評議之旨意)
③ 일본 어민의 도해 금지를 조선에 통보한 외교 문서(第二号 譯官へ達書)
④ 조선에서 받은 외교 문서(第三号 該國來柬)
⑤ 조선에서 받은 외교 문서를 에도막부에 전달했다는 대마도의 회신(第四号 本邦回答)
⑥ 외교 교섭 창구인 대마도 실무자가 조선에 보낸 문서(第二拾一号 口上之覺)

열거된 문서들은 모두 조선 숙종대(1690년대) 울릉도와 독도 영유권을 둘러싼 양국 어민 충돌 사건, 즉 안용복 사건 때의 조선·일본 양국 간 외교 교섭에 관한 문서다.

『태정관지령』은 시마네현에서 수집·작성한 6개 문서, 내무성에서 수집·작성한 6개 문서 및 태정관에서 작성한 2개 문서와「기죽도약도」로 구성되어 있다. 울릉도와 독도의 시마네현 지적 편입 여부에 대해 시마네현과 상급 기관인 내무성이 각각 단계별로 관련 자료들을 수집·작성해 태정관에 제출했고, 그 문서들은 그대로 『태정관지령』 부속 문서로서 첨부되어 있다.

시마네현은 울릉도와 독도의 1876년 당시 명칭, 위치, 모습, 산물, 지도와 17세기 호키주 어민의 울릉도·독도 어렵 작업의 유래, 도해 금지 경위 등의 자료를 수집·제출했고, 내무성은 1690년대 안용복 사건 당시 조선 - 일본 간 외교 교섭 창구였던 대마도를 경유한 외교 교섭 문서를 수집·첨부해 태정관의 최종적인 결정을 구했다.

내무성 질의서에는 관련 자료를 '적채'하여 제출한다고 되어 있으므로 첨부되지 않은 자료에 대해서도 검토했을 것이다. 1690년대 안용복 사건 당시 돗토리번에서 울릉도와 독도가 돗토리번 땅이 아니라고 에도 막부에 답변한 내용이 기록된 『기죽도사략』, 『죽도지서부』 등이 검토되었을 것으로 추정된다.

태정관의 결재와 지령 하달 및 공시

『태정관지령』은 모두 14개의 문서와 부속 지도로 구성되어 있다. 따라서 『태정관지령』은 독도 영유권의 귀속을 판단하는 데 근거가 되는 일본 고문서들의 집합체라고 할 수 있다. 그중 가장 핵심적인 자료는 '울릉도와 독도는 일본과 관계없다'는 지령문을 확정하고 그 판단의 근거는 1690년대의 외교 교섭 결과에 있음을 밝히고 있는 『태정관지령』 결재품의서다. 내무성으로부터 공문을 접수한 태정관에서는 내무성의 의견대로 지령안(指令案)이 작성되어 3월 20일 태정관 결재 서류로 품의되었고, 3월 29일 당시 장관 이상의 실권을 가졌던 세 명의 참의(參

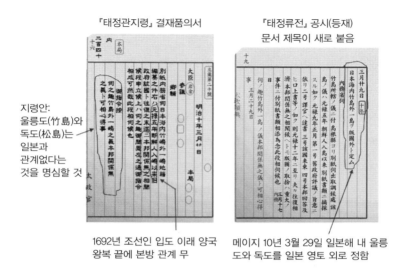

「태정관지령」 결재품의서

지령안:
울릉도(竹島)와
독도(松島)는
일본과
관계없다는
것을 명심할 것

「태정류전」 공시(등재)
문서 제목이 새로 붙음

1692년 조선인 입도 이래 양국
왕복 끝에 본방 관계 무

메이지 10년 3월 29일 일본해 내 울릉
도와 독도를 일본 영토 외로 정함

그림 10 「태정관지령」 결재품의서와 「태정류전」 공시(등재) 내용(모사도).

議)와 우대신 이와쿠라 도모미의 최종 결재로 확정되었다. 다음은『공문
록』에 있는『태정관지령』의 결재품의서다.

메이지 10년(1877) 3월 20일

별지 내무성이 질의한 일본해 내 죽도외일도 지적 편찬 건, 우(右)는 원
록 5년(1692) 조선인 입도 이래, 구정부와 해당국과의 외교 교섭 결과,
일본과 관계없다고 하여 신립해온바, 질의의 취지를 받아들여, 좌(左)와
같이 지령을 내리는 이 건에 대해 품의합니다.

지령안: 질의한 죽도외일도 건은 일본과 관계없다는 것을 유념할 것.[110]

110 『公文錄』內務省之部一, 明治 十年 三月, 2A-10-公-2032. "明治十年三月廿日 別

결재품의서 공문을 작성한 날짜는 메이지 10년(1877) 3월 20일이다. 결재품의서는 울릉도와 독도가 일본 땅이 아니라고 판단한 근거를 "원록 5년 조선인 입도 이래 구정부 해국과 왕복지말(元祿五年 朝鮮人入嶋 以來 旧政府 該國卜往復之末)"이라고 밝히고 있다. 원록 5년(1692, 조선 숙종 18년)은 조선과 일본 어부들이 울릉도에서 처음 충돌한 해다. 그다 음 해인 1693년 울릉도에서 다시 충돌해 안용복, 박어둔이 일본으로 납 치됨으로써 양국 간 외교 교섭이 시작되었고, 1699년 최종적으로 타결 되었다. '구정부 해국과 왕복지말'은 에도막부와 조선과의 외교 교섭 끝 에, 즉 외교 교섭 결과에 근거한 것임을 의미한다.

『태정관지령』의 최초 발단은 일본 내무성 지리국 직원이 전국적인 지 적 편찬 작업의 일환으로 시마네현 순회 시에 질의서를 올릴 것을 지시 한 것이므로, 시마네현에서 질의한 1876년 10월 이전부터 사실상 검토 되었다고 보아야 한다. 따라서 5개월 이상의 장기간 동안 검토되었음을 알 수 있으며, 시마네현, 내무성, 태정관의 여러 기관에서 단계별로 충분 히 검토한 끝에 내린 결론이 바로 '울릉도와 독도는 조선 땅'이라는 것 이었다.

태정관은 지령문을 확정해 내무성을 통해 시마네현에 하달한 후, '일 본해 내 죽도외일도를 일본 영토 외로 정함(日本海內竹島外一島ヲ版圖 外卜定ム)'이라는 제목을 새로 붙여 관보 성격의 『태정류전』에 정서(淨

紙 內務省伺 日本海內竹嶋外一嶋 地籍編纂之件 右ハ元祿五年 朝鮮人入嶋以來 旧政府 該國卜往復之末 遂ニ本邦關係無之相聞候段 申立候上ハ伺之趣御聞置 左 之通 御指令相成可然哉 此段相伺候也御指令按伺之趣 書面竹島外一嶋之義 本 邦關係無之義卜可相心得事."

書)해 기록했다.[111] 오늘날의 관보에 공시(公示)한 것과 큰 차이가 없다.[112]

1877년(메이지 10년) 3월 29일

일본해 내 울릉도와 독도(竹島外一島)를 일본 영토 외로 정함

내무성 질의

竹島 관할의 건에 대해서 시마네현으로부터 별지의 질의가 있었으므로 조사했는데, 해당 섬은 1692년(원록 5년)에 조선인이 입도한 이래, 별지 서류에 적채한 것처럼, 1696년(원록 9년) 1월 '제1호 구정부의 평의의 지의', '제2호 역관에의 달서', '제3호 해당국으로부터 온 서간', '제4호 일본 회답 및 구상서' 등으로 보아 1699년(원록 12년) 외교 교섭이 끝나 일본과 관계없다고 사료됩니다만, 영토의 취사는 중대 사건이므로 별지 서류를 첨부해, 만약을 위해 이 건에 대해 질의합니다. 3월 17일

내무

질의한 죽도외일도 건은 일본과 관계없다는 것을 유념할 것.

3월 29일[113]

---

111 일본의 관보는 『태정관지령』(1877) 이후인 메이지 16년(1883)에 창간되었다.

112 『태정관지령』은 일반에게 널리 알린 것이 아니라 하여 공시라는 표현은 잘못된 것이라는 주장도 있으나, 공적으로 명시한다는 의미도 있어 부적절한 표현은 아니라고 본다. 『태정관지령』을 처음 공개한 호리 가즈오(堀和生)는 "선언했다"는 표현을 썼다.

113 『太政類典』第2篇 2A-9-太-318. "三月二十九日 十年 日本海內竹島外一島ヲ版圖外卜定ム 內務省伺 竹島所轄ノ儀二付島根縣ヨリ別紙伺出取調候處該島ノ儀ハ元祿五年朝鮮人入島以來別紙書類二摘採スル如ク元祿九年正月第一号旧政府評議ノ旨意二依リ二号譯官へ達書三号該國來柬四号本邦回答及ヒロ上書等ノ如ク則元祿十二年二至リ夫々往復相濟本邦關係無之相聞候ヘトモ版圖ノ取捨ハ重大ノ事件二付別紙書類相添爲念此段相伺候也內務 三月十七日 伺ノ趣竹島外一島ノ儀本邦關係

위에서 보는 바와 같이, 내무성에서 질의한 날짜는 1877년 3월 17일, 태정관 우대신의 최종 결재로 확정된 날짜는 1877년 3월 29일이다. 3월 20일은 결재품의서를 작성한 날짜다. 『공문록』에 첨부된 질의서에는 '일본해 내 죽도외일도 지적 편찬 질의'라는 제목이 있지만, 『공문록』에 첨부된 결재품의서에는 제목이 붙어 있지 않은데, 한 번 더 정서해 기록한 관보 성격의 『태정류전』에는 제목이 새로 붙여져 있다. '일본해 내 울릉도와 독도를 일본 영토 외로 정함'이라는 제목이다. 태정관의 지령, 즉 회신문 "질의한 죽도외일도 건은 일본과 관계없다는 것을 유념할 것"은 4월 9일 내무성을 거쳐 시마네현에도 하달되었다.

無之儀ト可相心得事 三月二十九日."

2

『태정관지령』에서의 '죽도외일도' 논란

'죽도외일도'에 대한 정의

　『태정관지령』의 발단이 된 '시마네현에서 내무성에 올린 질의서'에는 '일본해 내 죽도외일도 지적 편찬 질의'라는 제목이 붙어 있을 뿐 '죽도외일도'가 어떤 섬인지는 명기하고 있지 않다. 그 대신, '죽도외일도'에 관한 '유래의 대략'과 지도를 첨부했음을 질의서에 명기하고, 첨부된 '유래의 대략'과 「기죽도약도」에서 '죽도외일도'에 대해 자세히 설명하고 있다.

　　일본해 내 죽도외일도 지적 편찬 질의
　　…… 현재까지 고서나 오래된 서신이 전하고 있기 때문에 별지와 같이 '유래의 대략'과 지도를 첨부해 우선 말씀드립니다. 이번에 섬 전체를 실검(實檢)한 후 상세를 덧붙여 기재해야 마땅하지만, 원래 본 현(시마네현, 필자 주)의 관할로 확정된 것도 아니고, 또 북해 백여 리 떨어져 항로도

확실하지 않고, 보통의 돛단배로는 쉽게 왕복할 수 없기 때문에 우(右)의 오야·무라카와의 전기(傳記) 등 상세에 따라 말씀드립니다.[114]

시마네현에서 내무성에 올린 질의서 별지 '유래의 대략'에서는 '죽도 외일도', 즉 다케시마(竹島)와 다른 하나의 섬 마쓰시마(松島)의 명칭, 거리, 위치, 크기, 형상, 산물에 대해 아주 구체적으로 정확하게 설명하고 있다.

이소다케시마(磯竹島) 혹은 다케시마(竹島)라고 칭한다. 오키도의 북서 120里 정도에 있다. 둘레 대략 10里이다. 산은 험준하고 평지는 적다. 강은 세 줄기 있다. 또 폭포가 있다. 그러나 골짜기는 깊고 수목과 대나무가 울창해 그 원천을 알기 어렵다. …… 어패류는 일일이 다 들 수 없을 정도다. 특히 전복과 바다사자가 대표적인 산물이다. 전복을 잡기 위해 저녁에 대나무를 바다에 넣어 두었다가 아침에 끌어올리면 전복이 나뭇가지와 잎에 가득 붙는다. 그 맛은 절륜하며, 바다사자 한 마리에서 몇 두(斗)의 기름을 얻을 수 있다.

다음으로 섬이 하나 더 있다. 마쓰시마(松島)라 부른다. 둘레 30町(3.3킬로미터, 필자 주)이다. 다케시마와 같은 항로에 있다. 오키도와의 거리는 80里 정도다. 수목이나 대나무는 거의 없다. 울릉도와 마찬가지로 어류

---

114 『公文錄』, 內務省之部一, 明治 十年 三月, 2A-10-公-2032. "日本海內竹島外一島地籍編纂方伺 …… 今ニ古書舊狀等持傳候ニ付 別紙原由ノ大畧圖面共相副 不取敢致上申候 今回全島實檢ノ上委曲ヲ具ヘ記載可致ノ處固ヨリ本縣管轄ニ確定致候ニモ無之且北海百余里ヲ懸隔シ線路モ不分明 尋常帆舞船等ノ能ク往返スヘキニ非ラサレハ右大谷某村川某カ傳記ニ就キ追テ詳細ヲ上申可致候."

와 짐승(바다사자, 필자 주)을 잡을 수 있다.[115]

　또한 별지 첨부 지도인 「기죽도약도」에서 한 번 더 시각적으로 '죽도외일도'에 대해 설명하고 있다. 「기죽도약도」에서 '외일도', 즉 마쓰시마(松島)는 오키도로부터 80리, 기죽도로부터 40리 위치에 있다는 설명과 함께 동서 2개의 큰 섬과 여러 개의 작은 암초로 그려져 있다.

　일반적으로 법령에서 사용되는 용어 중 여러 가지 뜻으로 해석될 여지가 있는 것은 그 용어의 정의(定義)를 해두고, 일반적인 의미나 다른 문서에서의 용어의 뜻에 우선해 그 문서에서의 정의에 따르도록 하고 있다. 『태정관지령』도 '유래의 대략'과 「기죽도약도」에서 '죽도외일도'의 의미에 대해 정의하고 있다. 이 둘을 종합해 『태정관지령』의 '외일도'에 대해 다시 정의하면 다음과 같다.

　'외일도'는 시마네현에서 오래전부터[116] 마쓰시마라 부르는 섬이다. 둘레 30町이다. 다케시마와 같은 항로에 있다. 오키도에서 80里, 다케시마에서 40里[117] 정도다. 수목이나 대나무는 거의 없다. 울릉도와 마찬가지로 어류와 짐승(바다사자를 말함)을 잡을 수 있다. 「기죽도약도」에서 보는 바와 같이 동서 2개의 큰 섬과 여러 개의 작은 암초로 이루어져 있다.

115　『公文錄』, 內務省之部一, 明治十年 三月, 2A-10-公-2032. "…… 次ニ一島アリ松島ト呼
　　フ周回三十町許竹島ト同一線路ニ在リ隱岐ヲ距ル八十里許樹竹稀ナリ亦魚獸ヲ産ス."
116　17세기 안용복 사건 당시 일본에서는 울릉도를 다케시마(竹島), 독도를 마쓰시마(松島)
　　라고 불렀는데, 메이지 초기 『태정관지령』에서도 두 섬의 명칭은 17세기의 것을 그대로
　　따랐다.
117　'오키도에서 80리, 이소다케시마에서 40리'는 「기죽도약도」에도 기재되어 있다. 「기죽도약
　　도」에는 울릉도가 이소다케시마로 표기되어 있다.

『태정관지령』의 '외일도'가 독도인지 아닌지는 위의 정의에 독도가 부합하는지 여부를 검토함으로써 밝혀진다. 결론부터 말하자면, '외일도가 독도'라는 것은 명명백백하다.

'외일도'가 독도라는 근거

'외일도'의 명칭 '마쓰시마'

앞에서 본 바와 같이, 시마네현 질의서의 부속 문서 '유래의 대략'에서는 울릉도에 대한 설명에 이어 "다음으로 섬이 하나 더 있다. 마쓰시마(松島)라 부른다(次ニ一島アリ松島ト呼フ)"라고 기술하고 있다. '외일도의 명칭=松島'라는 문장 하나만으로도 외일도가 독도라는 근거는 충분하다. 왜냐하면 일본 에도시대 17세기부터 일본에서는 울릉도를 '다케시마(竹島)' 또는 '이소다케시마(磯竹島)'로, 독도를 '마쓰시마(松島)'라고 불렀기 때문이다. 뿐만 아니라 『태정관지령』의 일부를 구성하는 시마네현 질의서에서는 오야·무라카와가의 기록을 근거로 하여 '유래의 대략'과 「기죽도약도」를 작성했음을 밝히고 있다.

오야·무라카와 양가의 기록은 바로 17세기에 울릉도를 '竹島'로, 독도를 '松島'로 부르던 당시의 기록이다. 과거에는 일본에서도 독도를 울릉도의 부속 섬으로 인식해 송죽(松竹)의 한 쌍을 의미하는 송도와 죽도로 이름 붙였다.

다음은 '유래의 대략'의 맨 끝부분이다.

금번 오야가에서 전하는 향보 연간(1716~1735)에 만든 지도를 축사(縮

寫)해 첨부한다. 또한 양가가 소장하는 고문서 등은 나중에 등사(謄寫)가
되는 것을 기다려 완비하기로 한다.[118]

독도를 松島로 표기한 일본 고문서는 『은주시청합기』(1667), 『원록9
병자년 조선주착안 일권지각서』(1696), 『죽도지서부』(1724), 『죽도기사』
(1726), 『인번지』(1795), 『죽도고』(1828), 『기죽도사략』(에도시대), 『백기
지(伯耆志)』(1868년경), 『죽도도해유래기발서(竹嶋渡海由來記拔書)』
(1868), 『조선국교제시말내탐서』(1870) 등이 있으며, 독도를 松島로 표
기한 고지도로는 「소곡이병위차출후죽도지회도(小谷伊兵衛差出候竹嶋之
繪図)」(1696), 「죽도지도(竹嶋之図)」(1724), 「죽도고도설 죽도송도지도(竹
島考圖說 竹島松島之圖)」(1828) 등이 있다. 일본 에도시대 울릉도와 독
도에 관한 기록은 전부가 다 울릉도를 '竹島'로, 독도를 '松島'로 표기
하고 있다고 해도 과언이 아니다.

따라서 『태정관지령』의 '松島'는 기록상 1667년의 『은주시청합기』부
터 메이지 초기까지 전해져 내려오는 독도를 가리키는 명칭이며, 또한
민간인인 오야가부터 시작해 지방정부인 시마네현, 중앙정부 소관 부처
인 내무성과 중앙 부처 최고기관인 태정관이 공통적으로 인식한 명칭
이다.

『태정관지령』의 '松島'가 독도라는 것은 조선의 기록에 의해서도 입
증된다. 『숙종실록』에서는 "송도는 자산도로서, 그것도 우리나라 땅(松

---

118 『公文錄』內務省之部一, 明治 十年 三月, 2A-10-公-2032; 『太政類典』第2篇
    2A-9-太-318. "今大谷氏傳フ所享保年間ノ製圖ヲ縮寫シ是ヲ附ス尙兩家所藏ノ古
    文書等ハ他日謄寫ノ成ルヲ俟テ全備セントス."

島卽子山島, 此亦我國地)"이라 하여,[119] 당시 일본 어민들에 대한 안용복의 주장을 인용해 일본의 松島는 子山島, 즉 독도임을 밝히고 있으며, 『동국문헌비고』, 『만기요람』 등에서는 "울릉·우산은 모두 우산국 땅이며, 이 우산을 왜인들은 '松島'라고 부른다(鬱陵于山皆于山國地于山則倭所謂松島也)"라고 하여,[120] 일본에서 말하는 松島는 조선의 우산도, 즉 독도에 해당함을 밝히고 있다. 요컨대 『태정관지령』의 '외일도'는, '松島'라는 명칭만으로도 독도라는 것이 입증된다.

'외일도'의 위치

시마네현 질의서의 부속 문서 '유래의 대략'에서는 오키도-竹島 간 거리는 120里, 오키도-松島 간 거리는 80里이며, 松島는 竹島와 같은 항로에 있음을 명시하고 있다. 또한 부속 지도인 「기죽도약도」에서는 松島의 위치와 모습을 시각적으로 표시하는 것 외에도 오키도-松島 간 거리 80里, 竹島-松島 간 거리는 40里라고 거리를 보다 분명하게 기록하고 있다.

『태정관지령』에서 오키도-竹島 간의 거리 120里의 里를 해리(1,852킬로미터)로 하여 계산하면 222킬로미터로, 오키도와 울릉도 간의 실제 거리 244.9킬로미터[121]와 거의 일치한다. 또한 오키도와 松島 간의 거리 80里의 里를 해리로 하여 계산하면 148.2킬로미터로, 오키도와 독도 간의 실제 거리 157.5킬로미터와 거의 일치한다. 따라서 『태정관지령』의

---

119 『숙종실록』 숙종 22년 병자(1696) 9월 25일.
120 『만기요람』 군정편 4 '해방(동해)'.
121 오키도에서 독도 경유 울릉도까지의 실제 거리는 157.5킬로미터+87.4킬로미터=244.9킬로미터다.

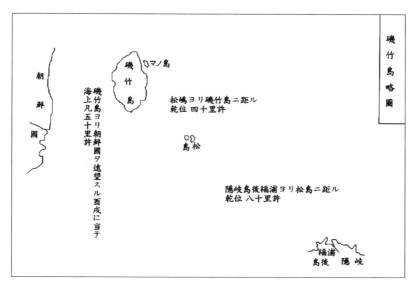

그림 11 『태정관지령』 부속 지도인 「기죽도약도」(모사도).

里는 해리를 의미하고, 『태정관지령』의 竹島, 松島는 거리에 의해서도 울릉도와 독도라는 것이 증명된다.

　『태정관지령』의 里가 해리라는 것은 『태정관지령』 이전과 이후의 문헌에 의해서도 입증된다. 『태정관지령』 이전 에도시대의 문헌인 『죽도지서부』(1724)와 『기죽도사략』에는 호키주 요나고 마을로부터 각 기항지마다 독도·울릉도를 거쳐서 조선까지의 거리 단위가 里로 표기되어 있다.

　1. 호키주 요나고에서 이즈모주(出雲國) 구모쓰(雲津)까지 10里 정도
　1. 이즈모주 구모쓰에서 오키주 다쿠히야마(燒火山)까지 23里 정도
　1. 오키주 다쿠히야마에서 오키주 후쿠우라까지 7里 정도

1. 후쿠우라에서 마쓰시마(松嶋)까지 80里 정도

1. 마쓰시마에서 다케시마(竹嶋)까지 40里 정도

1. 마쓰시마까지 호키주로부터 해로 120里 정도

1. 마쓰시마로부터 조선국까지 80~90里로 듣고 있다. 이상.

1월 23일[122]

위의 후쿠우라는 오키도의 후쿠우라를 말하므로, 『죽도지서부』와 『기죽도사략』에서도 『태정관지령』과 같이 오키도-松島 간 거리 80里, 松島-竹島 간 거리 40里로 표기되어 里가 해리를 의미하고 있음을 알 수 있다. 그 외에 「소곡이병위차출후죽도지회도」(1696)에도 오키도와 松島 간 거리가 『태정관지령』과 같이 80里로 표기되어 있으며, 「죽도고도설 죽도송도지도」(1828)에는 70里로 표기되어 있다.

『태정관지령』 이후의 자료에 의해서도 『태정관지령』의 里는 해리를 의미한다는 것을 알 수 있다. 군함 아마기(天城)의 보고서(1880)에는 오키도에서 울릉도까지의 거리가 140里로 기록되어 있다.[123] 해군 수로부에서 발행한 1883·1886년의 『환영수로지(寰瀛水路誌)』, 1894·1899년의 『조선수로지(朝鮮水路誌)』에서도 모두 울릉도의 경도, 위도까지 명시

---

122 『磯竹島事略』元祿 9年(1696) 1月 23日. "一 伯耆國米子より出雲國雲津迄, 道程拾里程 一 出雲國雲津より隱岐國燒火山迄, 道程貳拾三里程 一 隱岐國燒火山より同國福浦迄七里程 一 福浦より松嶋江八拾里程 一 松嶋より竹嶋江四拾里程 一 松嶋江伯耆國より海路百貳拾里程 一 松嶋より朝鮮國江者, 八九拾里程茂御座候樣承及候, 已上 正月二十三日."

123 北澤正誠, 『竹島考證下』, 1881; 北澤正誠, 『독도자료집 2: 죽도 고증』, 정영미 옮김, 바른역사정립기획단, 2006, pp. 502~506.

하면서 울릉도는 오키도에서 140里 [124] 떨어진 섬으로 설명하고 있다. 따라서 『태정관지령』에서의 里는 그 전후 문헌에서의 거리 표기 방식을 보았을 때도 해리를 의미하며, 『태정관지령』에서의 里를 해리로 하여 송도까지의 거리를 계산하면 松島는 바로 독도에 해당함을 알 수 있다.

『태정관지령』에서의 오키도-松島-竹島 간 거리는 거리의 비율 면에서도 실제 거리 비율과 거의 일치한다. 오키도-독도 간 거리(157.5킬로미터) 대 울릉도-독도 간 실제 거리(87.4킬로미터)의 비율은 1.8 : 1로, 『태정관지령』에서의 거리 비율인 80里 : 40里 = 2 : 1과 큰 차이가 없음을 알 수 있다. 요컨대 『태정관지령』의 '외일도'는 그 위치에 의해서도 독도라는 것이 입증된다.

'외일도'의 형태, 산물

『태정관지령』에서 '외일도'가 어떤 섬인지는 부속 문서에서 '松島'라는 명칭과 함께 자세하게 기술되어 있고, 「기죽도약도」에도 松島가 시각적으로 자세하게 그려져 있다. 〈그림 11〉과 같이 「기죽도약도」에서는 부속 문서의 설명과 같은 위치에 '磯竹島', '松島', '隱岐'가 그려져 있고, 송도 부분은 아주 자세하게 큰 섬 2개와 주변의 작은 바위들까지 그려져 있다. 실제 지도와 비교해보면 「기죽도약도」의 '磯竹島', '松島', '隱岐'는 울릉도와 독도, 일본 오키도를 나타내고 있다는 것을 한눈에 알 수 있다. 특히 松島가 동도와 서도로 구성되어 있는 독도를 가리킨다는 것은 삼척동자도 알 수 있을 정도로 명백하다.

독도는 돌로 된 섬이기 때문에 시마네현 질의서의 부속 문서 중 '외

---

[124] 140해리는 259.3킬로미터로서, 실제 거리 244.9킬로미터보다 조금 멀 뿐이다.

일도'에 대한 설명에서 "수목이나 대나무는 거의 없다(樹竹稀ナリ)"는 것도 실제 독도와 정확히 일치한다. 독도 주변은 얕은 바다에 수많은 돌섬이 있기 때문에 좋은 어장을 이루고 있다. 또한 지금은 멸종되고 없지만 바다사자가 많이 잡혔다. 따라서 '외일도' 설명의 끝부분 "(울릉도와) 마찬가지로 물고기와 짐승을 잡을 수 있다(亦魚獸ヲ産ス)"는 것도 독도와 일치한다.

다케시마문제연구회 측 주장에 대한 비판

'외일도'가 울릉도라는 다케시마문제연구회 측의 주장과 비판

1987년 『태정관지령』을 발견·공개한 호리 가즈오(堀和生)는 그의 논문에서 "당시(1877년) 일본의 최고국가기관인 태정관은 시마네현과 내무성이 상신해온 '竹島=울릉도'와 '松島=독도'를 세트라고 이해하고 두 섬이 일본 땅이 아니라고 공적으로 선언한 것이다"라고 밝혔다.[125] 2006년에는 『태정관지령』의 부속 지도인 「기죽도약도」가 우루시자키 히데유키(漆崎英之)에 의해 발견·공개되어 보다 분명하게 『태정관지령』의 '죽도외일도'가 울릉도와 독도라는 것이 밝혀졌다.

『태정관지령』은 그 후에도 주로 일본계 연구자들에 의해 연구되었다. 박병섭과 나이토 세이추는 『태정관지령』에 대한 연구 결과를 책으로 펴내고, 『태정관지령』과 그 부속 지도인 「기죽도약도」에 대한 상세한 내용

125　堀和生, 「1905年 日本の竹島領土編入」, 『朝鮮史研究會 論文集』 24, 朝鮮史研究會, 1987, p. 104.

을 공개했다.[126]

위의 독도 연구자들은 공통적으로『태정관지령』의 '죽도외일도'가 울릉도와 독도를 가리킨다는 것은 이론의 여지가 없이 명백한 것으로 보고 있다.

그러나 다케시마문제연구회를 중심으로 일부 일본의 독도 연구자는 여전히『태정관지령』의 '외일도'가 독도를 가리킨다는 사실을 극력 부인하고 있다. 다케시마문제연구회의 좌장인 시모조 마사오, 고문인 스기하라 다카시(杉原隆)와 쓰카모토 다카시(塚本孝), 오니시 토시테루(大西俊輝) 각각의 '외일도'에 대한 주장은 다음과 같다.

우선 시마네현 다케시마문제연구회의 좌장 시모조 마사오는『다케시마 문제 조사연구 최종보고서』(2007. 3.)에서『태정관지령』의 '외일도'에 관해 다음과 같이 주장하고 있다.

『태정관지령』의 '竹島他一島 본방지 관계없음'에는, 현재의 竹島(독도, 필자 주)는 포함되어 있지 않다. ……

그런데 태정관이 '관계없음'이라고 한 '竹島他一島'를『공문록』이나 『태정류전』에 수록된 관련 문서에서 보면 울릉도에 해당하는 竹島와 '돗토리번 요나고의 오야가 표착한' 松島에 관한 기재가 있을 뿐, 현재의 竹島에 대해서는 아무것도 쓰여 있지 않다. 결론부터 말하자면, 태정관이 '관계없음'이라고 한 '竹島他一島'는 두 개의 울릉도를 가리키고 있었고, 현재의 竹島와는 관계가 없었던 것이다. 이것은 당시 사용되

---

126 필자는 2012년 국내에서는 처음으로 24면에 달하는『태정관지령』전체를 번역·해설한 책자(『태정관지령이 밝혀주는 독도의 진실』)를 발간했다.

고 있던 지도에 기인된다. 그 지도에는 실제로 존재하지 않는 竹島[알고노트섬]와 松島[다쥬레섬]의 두 섬이 그려져 있었기 때문이다. 그 원인은 시볼트가 서구에 전한 「일본도」에 있다. ……

『태정관지령』으로부터 3년 후, 태정관이 '他一島'라고 한 松島[다쥬레섬]는 울릉도였다는 것이 판명되었다. 1880년, 외무성이 아마기함을 松島에 파견해 측량 조사를 명했기 때문이다. 측량을 마친 아마기함은 "松島, 한인 이를 울릉도라 칭한다"라고 보고해, 松島는 한국의 울릉도인 것이 확인되었다. ……

1877년의 『태정관지령』은 두 개의 울릉도를 '본방 이와 관계없음'이라 했는데, 아마기함의 보고로 松島는 울릉도인 것이 확인되어 있었다. 당시 리양코도라고 불리던 竹島는 『태정관지령』과는 관계가 없었던 것이다.[127]

『태정관지령』에서는 '외일도'는 松島라고 밝히고, 松島의 위치, 형상, 산물 등에 관해 상세히 기술하고 있다. 또한 부속 지도인 「기죽도약도」에도 '외일도', 즉 松島가 어떤 섬인지 자세히 표기되어 있다. 그런데도 시모조 마사오는 『태정관지령』에는 "현재의 竹島(독도)에 대해서는 아무것도 쓰여 있지 않다"고 단정하고 이를 근거로 하여 논리를 펴고 있다. 시모조 마사오는 '죽도외일도'는 현재의 竹島(독도)와는 관계가 없으며, 두 개의 울릉도를 가리키고 있고, 『태정관지령』의 '외일도', 즉 松島가 울릉도라는 것은 일본 군함 아마기에 의해 밝혀졌다고 주장하고 있다. 1880년 군함 아마기의 보고서는 다음과 같다.

127　竹島問題研究會, 『竹島問題に關する調査研究 最終報告書』, 2007. 3., p. 2.

제24호 수로 보고 제33호

이 기록은 아마기함 승무원 해군 소위 미우라 시게사토(三浦重鄕)의 간략도 및 보고 관련 기록이다.

일본해

松島[한인, 이를 울릉도라 칭한다]에서 정박지 발견

松島는 아국 오키도에서 북서쪽으로 140里 떨어진 곳에 있다. 그 섬은 종래에는 바닷사람의 정밀한 검사를 거치지 않아서 그 가박지(假泊地) 유무 등을 아는 자가 없었다. 그런데 이번에 우리 아마기함이 조선에 갔을 때 그 섬에 들러서 그 섬의 동쪽 해안에서 정박지를 발견했다. 즉 다음의 그림과 같다. 위와 같이 보고합니다.

메이지 13년(1880) 9월 13일 수로국장 해군 소장 야나기 나라요시(柳楢悅)[128]

이와 같이 『태정관지령』 3년 후의 군함 아마기의 보고서는 『태정관지령』의 '松島'가 어떤 섬인지를 조사한 보고서가 아니다. 단순히 울릉도를 조사하고 울릉도를 '松島[한인, 이를 울릉도라 칭한다]'라고 표기한 울릉도에 대한 보고서일 뿐이다. 군함 아마기의 보고서 어디에도 『태정관지령』에 대해서는 언급이 없다.

---

128 北澤正誠, 『竹島考證下』, 1881; 北澤正誠, 앞의 책 『독도자료집 2: 죽도 고증』, pp. 502~506. "第二拾四號 水路報告 第三十三號 此記事ハ現下天城艦 乘員 海軍少尉 三浦重鄕ノ略畵報道スル所ニ係ル 日本海 松島[韓人之ヲ鬱陵島ト称ス] 錨地ノ發見 松島ハ我隱岐國ヲ距ル北西四分三約一百四十里ノ處ニアリ該島從來海客ノ精檢ヲ經ザルヲ以テ其假泊地ノ有無等ヲ知ルモノナシ然ルニ今番 我天城艦朝鮮ヘ廻航ノ際此地ニ寄港シテ該島東岸ニ假泊ノ地ヲ發見シタリ卽左ノ圖面如シ 右報告候也. 明治 十三年九月十三日 水路局長 海軍少將 柳楢悅."

울릉도를 松島로 표기한 보고서나 기록은 군함 아마기 보고서뿐만이 아니다. 메이지 초기에는 정부기관 내에서도 외무성과 해군 수로부를 중심으로 독도를 '리앙쿠르암'으로 부르거나 울릉도를 '松島'라고 부르는 등 몇 가지 명칭이 혼용되고 있어서 1883년 해군 수로부에서 발행한 『환영수로지』와 1883년 외무성 내부 통달[129]도 울릉도가 '竹島 또는 松島'로 불리고 있음을 기록하고 있다. 중요한 것은 이들 기록 어디에도 『태정관지령』에 대해 언급하고 있지 않다는 것이다. 울릉도가 '松島'라는 명칭으로 불린다는 것을 기록하고 있을 뿐이다. 그런데도 시모조 마사오는 많은 명칭 혼동 사례 중 군함 아마기 보고서만을 골라서 군함 아마기 보고서에 의해 『태정관지령』의 松島는 독도가 아니라 울릉도라는 것이 판명되었다고 주장하고 있다.

각기 다른 문서에서 용어의 정의는 그 문서에 따라야 한다. 군함 아마기의 보고서에 울릉도가 松島라고 기록되었기 때문에 『태정관지령』의 松島는 울릉도라는 주장은 "일본 관광 안내 책자에 松島가 센다이(仙台)에 있는 3대 절경 중의 하나로 나오므로 『태정관지령』의 松島는 센다이에 있는 관광 명승지다"라고 주장하는 것만큼이나 황당무계한 주장이다. 군함 아마기 보고서를 비롯한 다른 문서의 松島는 『태정관지령』의 松島와는 아무런 관련이 없다. 『태정관지령』에서 松島라는 명칭 외에 '외일도'에 대한 설명이 아무것도 없다면 그러한 주장을 할 일말의 여지라도 있지만, 『태정관지령』에서는 명칭 외에도 위치, 형상, 산물 등

---

129 『公文類聚』第7篇, 明治 16年 第14卷. 1883년 일본인의 울릉도 도항 상륙을 금지하는 내용의 외무성 내부 통달에는 "蔚陵島(我邦人 竹島 또는 松島라고 부른다)"라고 기록되어 있다.

에 대해 아주 구체적으로 정의하고 있으며, 독도 말고는 동해 어디에도 그에 해당되는 섬은 없다.

또한 스기하라 다카시는 『제2기 竹島 문제에 관한 조사연구 중간보고서』(2011. 2.)에서 『태정관지령』으로부터 4년 후의 「송도개간원(松島開墾願)」[130]을 끌어들여, 메이지 14년(1881) 「송도개간원」에서 松島가 울릉도를 뜻하므로 『태정관지령』의 松島는 울릉도라는 주장을 하고 있다.

> 1881년(메이지 14년)의 오야 겐스케(大屋兼助) 외 1명의 「송도개간원」은 1876년(메이지 9년)에 시마네현이 제출한 질의서의 '죽도외일도'라는 용어는 개간 가능한 松島, 즉 울릉도였다는 것, 1877년(메이지 10년)의 『태정관지령』의 경우에도 마찬가지라는 것을 명확히 한 점에서 중요한 문서다.[131]

메이지 초기에 명칭의 혼동이 일어나 울릉도를 오래된 명칭인 '竹島'로 부르지 않고 '松島'라고 부르기도 했다는 것은 부인할 수 없는 사실이다. 또한 「송도개간원」에서의 松島는 분명히 울릉도로 보인다. 그런데 「송도개간원」의 '松島' 역시 군함 아마기의 '松島'와 마찬가지로 『태정관지령』의 松島와는 아무런 관련이 없다. 스기하라는 『태정관지령』의 '외일도', 즉 松島라는 섬의 뜻을 해석하는 데 『태정관지령』에서의 松島

---

130 고종의 울릉도 개척령(1882) 이전에 조선인이 울릉도에 거의 거주하지 않는다고 하여, 일본인이 울릉도를 개간하겠다는 신청을 일본 정부에 잘못 한 것이다.
131 竹島問題研究會, 『第2期 竹島問題に關する調査研究 中間報告書』, 2011, p. 16. (http://www.pref.shimane.lg.jp/soumu/web-takeshima/takeshima04/takeshima04-02/index.data/-04.pdf, 2014. 6. 20. 검색)

의 정의에 의하지 않고, 그보다 4년 후의 문서 「송도개간원」을 끌어들여 "「송도개간원」에서 松島는 울릉도를 뜻하므로 『태정관지령』의 松島도 울릉도다"라고 주장하고 있는 것이다.

쓰카모토 다카시도 표현은 다소 다르지만 『태정관지령』의 '죽도외일도'는 둘 다 울릉도라고 주장하고 있는 점에서는 다케시마문제연구회 측 주장과 같다.

> 다만, 이 松島는 시마네현의 질의에서는 에도시대의 松島, 즉 오늘날의 竹島(독도, 필자 주)를 가리키고 있었지만, 메이지 초기에는 서양 기원의 지도·해도에 따라 울릉도를 松島라고 했기 때문에, 중앙(내무성, 태정관)에서는 竹島, 松島 모두 울릉도라는 인식이 작용했을 가능성도 있다.[132]

쓰카모토는 당시 시마네현에서는 松島를 독도라고 인식했지만, 중앙 정부(내무성과 태정관)는 松島를 울릉도로 인식했다고 주장하고 있다. 쓰카모토의 주장대로 백번 양보해 설사 내무성과 태정관이 松島를 울릉도라고 생각했다고 하더라도 『태정관지령』의 松島는 독도지 울릉도는 될 수 없다. 왜냐하면 법령에서 용어의 해석은 그 입법자의 생각에 따르는 것이 아니라 법령의 문맥과 그 법령에서의 용어의 정의에 따라야 하기 때문이다. 『태정관지령』에서는 '松島'에 대해 분명하게 독도라고 정의하고 있으며, 또한 「기죽도약도」에 의해 시각적으로도 '松島는 독도'라고 정의하고 있다.

---

132 塚本孝, 「竹島領有權問題の経緯」 第3版, 『調査と情報: ISSUE BRIEF』, No. 701, 國立國會図書館, 2011, p. 5.

오니시 토시테루도 명칭의 혼동과 관련시키는 점에서는 다케시마문제연구회 측 주장과 같다. 다만 그는 조선 고문헌의 기록을 끌어다가 '외일도'는 독도가 아니라는 논리를 펴고 있는 점에서 다르다.

> 당시 松島란 어떤 섬이었나? 다즈레도인 松島인가, 리앙쿠르암인 松島인가, 우산도인 松島인가? 그 구별조차 되어 있지 않다. 그러나 태정관은 그 구별을 해서 견해를 내야 한다. 따라서 이 해역에 리양코도[리앙쿠르암, 호넷트암], 松島[다즈레도, 우산도], 竹島[아르고노트도, 무릉도]라고 하는 배치를 상정했다. 그런 중에서의 판단이다.
> 당시 竹島만이 조선령이라고 확정되어 있었다. 리양코도도 松島도 귀속불명이다. 그래서 태정관 조사국은 조선령인 우산·무릉을 양도(竹島와 松島)에 일치시켰다. '죽도외일도'다. 여기에 귀속불명의 松島는 '본방과는 관계없는(本邦とは關係無之義)' 섬으로서 조선령이라는 판단이 내려졌다. 그러면 남은 리양코도는 어떤가? 그것은 아직 귀속불명이다. 초목도 자라지 않는 무인의 암초에 유신정부는 당시 아무런 의의도 인정하지 않았다.[133]

'우산', '무릉'은 "우산, 무릉 두 섬이 동해 가운데에 있고⋯⋯(于山武陵二島 在縣正東海中⋯⋯)"로 시작하는 『세종실록』 지리지에 나오는 명칭들이다. 일본의 내무성과 태정관이 시마네현 질의서의 松島가 어떤 섬인지 판단하는 데 시마네현 질의서에 첨부된 松島의 정의와 첨부된 「기죽도약도」는 보지 않고, 조선의 『세종실록』 지리지를 보고 판단했다

133　大西俊輝, 『日本海と竹島』, 東洋出版, 2003, pp. 55~56.

고 주장하는 것이나 마찬가지다. 황당무계한 주장이 아닐 수 없다.

이와 같이,『태정관지령』에 나오는 섬이 독도가 아니라는 일본 다케시마문제연구회 측 주장은 어느 것이든 전혀 설득력이 없는 코미디 같은 주장이다.『태정관지령』문서에 첨부된 지도인「기죽도약도」를 안 보고 서양인이 잘못 그린 지도를 보고 혼동을 일으켰다고 주장하고 있으며,『태정관지령』문서에 명시된 '외일도', 즉 松島에 대한 정의 규정은 완전히 무시하고, 시모조 마사오는『태정관지령』3년 후의 군함 아마기 보고서를 끌어들여 군함 아마기 보고서의 松島가 울릉도이므로『태정관지령』의 松島도 울릉도라고 주장하고 있으며, 스기하라 다카시는『태정관지령』4년 후의「송도개간원」을 끌어들여 같은 주장을 하고 있다. 또한 오니시 토시테루는 먼 과거로 거슬러 올라가『태정관지령』500년 전 조선 초기의『세종실록』지리지 등의 '우산, 무릉' 기록을 끌어들여『태정관지령』의 松島는 독도가 아니라고 주장하고 있다.

이와 같은『태정관지령』에 대한 설득력 없는 주장들은『태정관지령』이 그만큼 결정적으로 중요한 문서라는 것을 반증하는 동시에, '독도가 일본의 고유 영토'라는 일본 외무성 주장의 허구성을 여실히 증명하고 있다.

'외일도'가 댓섬 또는 가공의 섬이 될 수 없는 근거

앞에서 본 바와 같이, '죽도외일도'에서 '외일도'가 울릉도가 아니라는 것은 '외일도'의 정의 부분과 울릉도가 전혀 맞지 않는다는 점에서 간단하게 입증된다. 또한 이는 '죽도외일도'라는 용어 그 자체만 보아도 자명하다. '죽도외일도'라는 단어를 풀어쓰면 '죽도와, 죽도가 아닌 다른 하나의 섬'이 된다. 즉, '죽도외일도'는 두 개의 섬을 말하며, 두 섬은 서로 다른 섬이다. 따라서『태정관지령』에서 '竹島'가 울릉도라는 것에 대해서는 이론의 여지가 없으므로, '죽도외일도'는 '울릉도와, 울릉도가 아닌 다른 하나의 섬'[134]이 된다.

만약 일본 다케시마문제연구회 측 주장대로 '외일도'도 울릉도라면 『태정관지령』의 '죽도외일도'는 '울릉도와, 울릉도가 아닌 다른 하나의 섬인 울릉도'가 되어 기본적인 어법조차 맞지 않는 이상한 문장이 되고 만다.

다만 '죽도외일도'라는 용어만 가지고 판단했을 때 '외일도'가 독도가 아닌 울릉도 주변의 다른 섬, 또는 가공의 섬일 여지가 없지는 않다. 울릉도 주변에 '울릉도가 아닌 다른 하나의 섬'으로 볼 여지가 조금이라도 있는 섬으로는 독도 이외에 댓섬이 있다.

댓섬(현재 한국명 죽도)은 독도와 비슷한 크기의 섬으로, 대나무가 무성하여 붙여진 이름이다. 일본에서는 죽서도(竹嶼島)라고 한다. 사방이 절벽으로 둘러싸여 있어 섬 남쪽에 있는 나선형 계단이 유일한 진입로다. 댓섬은 울릉도 북단에서 동쪽 2킬로미터 거리에 있으므로 울릉도의 중심에서는 북동 방향이다. 울릉도 도동항에서 유람선을 타고 15분 정도면 도착한다. 위치 관계로 인해 역사적으로 독도와 혼동을 일으키기도 했다. 울릉도에서 남동 방향에 있는 독도와 달리, 댓섬은 일본 오키도에서 울릉도로 가는 항로에 있지 않다. 댓섬은 『태정관지령』의 부속지도인 「기죽도약도」에도 松島와 별개로 '마노도(マノ嶋)'로 표기되어 있다. 따라서 『태정관지령』의 '외일도'는 댓섬이 될 수 없다.

『태정관지령』의 '외일도'가 독도가 아니라고 주장하는 일본 측 연구자들이 흔히 주장하는 것은 그 당시에 유럽인이 울릉도를 두 개로 잘못

---

[134] 영어로 표현하면 'Ulleungdo and one other island'가 될 것이다.

그린 지도의 영향으로 혼동을 일으켰다는 것이다.

> 결론부터 말하자면, 태정관이 '관계없음'이라고 한 '竹島他一島'는 두
> 개의 울릉도를 가리키고 있었고, 현재의 竹島와는 관계가 없었던 것이
> 다. 이것은 당시 사용되고 있던 지도에 기인된다. 그 지도에는 실제로 존
> 재하지 않는 竹島[알고노트섬]와 松島[다쥬레섬]의 두 섬이 그려져 있었
> 기 때문이다. 그 원인은 시볼트가 서구에 전한 「일본도」에 있다.[135]

공문서에 첨부된 지도인 「기죽도약도」를 안 보고, 서양인이 잘못 그린
지도를 보고 혼동을 일으켰기 때문에 『태정관지령』의 '외일도'는 독도가
아니라고 주장하고 있다. '외일도'는 가공의 섬이라고 주장하고 있는 것
이다.

『태정관지령』의 '외일도'에 대한 설명 항목별로 독도와 댓섬, 울릉도
중 어느 섬이 해당되는지를 분석해보면 〈표 1〉과 같다.

'외일도'에 대한 설명 중 울릉도에 해당하는 것은 '물고기, 바다사자를
잡을 수 있다'는 것뿐이며, 댓섬과 일치하는 것은 섬의 크기뿐이다. 독도
는 6개 항목 전부 해당된다. 다만, 바다사자에 관한 것은 현재의 독도에
는 해당되지 않는다. 바다사자는 남획으로 멸종되었기 때문이다. 따라서
『태정관지령』의 '외일도'는 댓섬도 아니고, 울릉도도 아니며, 가공의 섬
도 아닌 바로 독도다.

『태정관지령』에서의 독도 인식은 지리적·역사적으로 아주 구체적이
고 정확했으며, 영유권은 분명하게 '독도는 조선 영토'라는 것이었다.

135　島根縣 竹島問題研究會, 『竹島問題に關する調査研究 最終報告書』, 2007. 3.

표 1 '외일도'에 대한 설명과 그에 해당되는 섬

외일도에 대한 설명	해당되는 섬	이유
외일도의 명칭은 松島다.	독도	일본 에도시대부터 울릉도를 竹島로, 독도를 松島로 불렀다.
울릉도에서 40리, 일본 오키도에서 서북 방향 80리, 같은 항로에 위치	독도	댓섬은 울릉도에 인접(2킬로미터)해 있다
둘레 30정(3.3킬로미터)	독도, 댓섬	독도와 댓섬은 크기가 비슷하다.
물고기, 바다사자를 잡을 수 있다.	독도, 울릉도	독도에서는 전복을 채취하고, 바다사자를 잡을 수 있었으나, 절벽으로 둘러싸인 댓섬에서는 어로 작업이 불가능하다.
수목이나 대나무는 거의 없다.	독도	독도는 돌로 된 섬이어서 나무가 전혀 없으나, 댓섬에는 대나무와 소나무가 무성하고 지금도 밭농사를 짓고 있다.
동서 두 개로 된 섬이다.	독도	부속 지도인 「기죽도약도」에 그려진 것처럼 울릉도, 댓섬은 각각 하나의 섬이다.

3

『태정관지령』의 중요성

독도 영유권 귀속의 조약상 근거 공식 확인

영토 문제에 대한 역사적 기록은 학자, 여행가, 어민 등 민간인의 기록, 지방정부의 기록, 중앙정부의 기록 등 다양하게 있을 수 있다. 『태정관지령』은 이 대부분을 갖추고 있다. 1876년 지방정부인 시마네현에서는 울릉도·독도에 매년 번갈아 가면서 조업해왔던 17세기 호키주 어민들의 기록을 주로 첨부했고, 지방정부로부터 질의서를 접수한 내무성은 1690년대의 조선·일본 간 외교 교섭 문서를 첨부해 최고국가기관인 태정관에게 판단을 요청하는 공문을 올리고, 태정관은 최종적으로 내무성의 의견대로 울릉도와 독도는 조선 영토인 것으로 결정했다. 그러므로 『태정관지령』은 단순히 개인의 사적인 기록이나 지방정부의 기록과는 차원이 다른 중앙정부 최고 의사결정기구의 공식적인 판단과 정책 결정 기록이다.

또한 같은 중앙정부의 기록이라 하더라도 영유권을 판단하는 데 있어서 중요도에는 많은 차이가 있다. 예를 들어, 일본 해군 수로지에서 독도를 조선 영해에 기록한 것은 단순히 해군의 독도 영유권에 대한 인식을 나타낸 것이며, 외무성의 『조선국교제시말내탐서』(1870)는 독도를 조선 영토로 인식한 일본 외무성 관리의 보고서에 불과하다고도 볼 수 있다. 『태정관지령』은 이들 다른 중앙정부 문서보다도 더 결정적이다. 『태정관지령』은 울릉도와 독도를 시마네현의 지적에 편입시켜야 하는가 하는 영토 문제가 직접적인 발단이 되어, 영토 문제를 담당하는 중앙정부 기관인 내무성의 신중한 검토를 거쳐 최종적으로 최고국가기관인 태정관이 울릉도와 독도가 일본 땅이 아니라고 판단한 것이므로 가장 확실하고 권위 있는 독도 영유권에 대한 판단 결과물이다.

당시 태정관 회의에는 우대신 이와쿠라 도모미의 주재하에 각 성경(省卿)을 겸직하는 참의가 참석했다. 『태정관지령』 결재품의서에 결재 날인을 한 참의는 대장경(大藏卿) 겸직 오쿠마 시게노부(大隈重信), 사법경 겸직 오키 타카토(大木喬任), 외무경 겸직 테라시마 무네노리(寺島宗則)다.[136] 당시 태정관에 상신한 것은 내무성이므로 『태정관지령』은 내무성, 대장성, 사법성, 외무성의 4개 성(省)과 최고국가기관인 태정관이 총체적으로 참여한 의사 결정의 결과물이다.

국제사법재판소의 판례(니카라과 사건과 망끼에·에끄레오 사건)에 의하면, 정부 고위 관리의 자국에 '불리한' 성명, 진술, 사실 인정에 특별한 증명력을 부여하고 있다.[137] 일본 최고국가기관인 태정관이 조선의 독도

---

136 박삼헌, 「메이지 초년 태정관 문서의 역사적 성격」, 『독도·울릉도 연구: 역사·고고·지리학적 고찰』, 동북아역사재단, 2009, p. 153.
137 박현진, 「독도 영유권과 지도·해도의 증거능력·증명력」, 『국제법학회논총』 52, 대한국제법학회, 2007, p. 120.

영유권을 인정한 『태정관지령』은 국제법적으로도 독도 영유권에 관한 결정적 증거가 되는 것이다.[138]

앞에서 본 바와 같이, 『태정관지령』은 지령 결재품의서에서 울릉도와 독도를 조선 영토로 판단한 근거를 "1692년 조선인들과 울릉도에서 조우한 이래(元祿五年朝鮮人入嶋以來)", "에도막부와 조선과의 외교 교섭 결과(旧政府該國ト往復之末遂ニ)"라고 밝히고 있다.[139] 당시 외교 교섭은 대마도를 창구로 하여 이루어졌으며, 안용복을 비롯한 조선인들은 직접 일본에 가서 울릉도와 독도의 영유권을 주장하기도 했다.

조약법에 관한 비엔나협약(Vienna Convention on The Law of Treaties) 제2조에 의하면, 조약은 그 특정의 명칭에 관계없이 서면 형식으로 국가 간에 체결되며, 국제법에 의해 규율되는 국제적 합의를 의미한다고 되어 있다. 『태정관지령』에 첨부된 1690년대 조선과 일본 간의 왕복 문서는 현대 국제법상 '교환공문(Exchange of Letters)'의 법적 성격과

---

138 이영훈은 '한국 정부가 독도가 역사적으로 그의 고유한 영토임을 증명하기 위해 국제사회에 제시할 증거는 하나도 존재하지 않는 실정'이라고 주장했으나(이영훈 외 5명, 앞의 책 『반일종족주의』, p. 169), 이 주장이 근거 없는 주장이라는 것은 바로 이 『태정관지령』에 의해 결정적으로 증명된다. 또한 독도를 한국 영역으로 표기해 샌프란시스코조약 비준 과정에서 일본 정부가 조약의 부속 지도로 국회에 제출(1951년 10월)한 「일본영역참고도」 역시 국제사법재판소 판례상 일본이 당시 독도의 한국 영유권을 인정한 결정적인 증거가 될 것이다.

139 『태정관지령』에 첨부된 안용복 사건 당시의 외교 문서에는 울릉도만 언급되어 있으나, 안용복 사건 당시 일본에서 에도막부가 독도도 울릉도와 같이 조선 영토인 것으로 판단·확인했음은 에도막부의 질문에 대한 돗토리번의 답변으로 확인되며(『죽도지서부』, 『기죽도사략』), 에도막부는 돗토리번뿐만 아니라 오키도를 관할하는 마쓰에번에도 울릉도 도해와 무관함을 확인했다. 실제로 그 후 울릉도와 독도에 대한 일본인의 도해가 금지되자 도명조차 혼동을 일으켜 오랫동안 '松島'로 불리던 독도가 리앙쿠르암으로 불리다가 1905년부터 '竹島'로 바뀌어 명명되었다.

지위를 가지는 것으로서 약식 조약에 해당한다.[140] 따라서 1877년의 『태정관지령』은 그보다 약 180년 전 1690년대에 양국 간에 체결된 '울릉도(독도 포함)의 영유권이 조선에 귀속한다'는 조약이 유효함을 공식적으로 한 번 더 확인한 것이다.[141] 또한 1696년 당시 외교 교섭의 결과로 내려진 일본 어부의 '죽도 도해금지령'에는 울릉도뿐만 아니라 독도도 포함된다는 것도 『태정관지령』에 의해 공식적으로 확인되었다.[142]

　『태정관지령』의 중요성은 아무리 강조해도 지나치지 않다. 오카다 다카시(岡田卓己)는 『태정관지령』에 대해 "한일 시민의 우호를 위해 역사가 준 훌륭한 선물"이라고 표현했다.[143] 독도의 영유권 귀속을 명백히 하여 분쟁의 소지를 없앨 수 있는 결정적인 문서로 본 것이라고 해석된다.

　일본 외무성은 자체 제작한 팸플릿에서 "다케시마는 역사적 사실에 입각해 봐도, 국제법상으로도 명백한 일본 고유의 영토입니다"라고 주장하고 있다.[144] 일본 정부의 '독도 고유 영토' 주장은 『태정관지령』과 명백히 모순되는 주장이다. '고유 영토'라는 말은 원래부터 일본 영토라는 뜻인데, 『태정관지령』은 원래부터 독도는 일본 영토가 아니라고 일본 메이지 정부 스스로가 공식적으로 확인한 것이기 때문이다.

140　박현진, 「17세기 말 울릉도 쟁계 관련 한·일 '교환공문'의 증명력: 거리 관습에 따른 조약상 울릉·독도 권원 확립·해상국경 묵시 합의」, 『국제법학회논총』 58(3), 대한국제법학회, 2013, pp. 191~192.

141　박현진, 위의 글, pp. 191~192; '조선과의 외교 교섭 결과 독도가 일본 땅이 아니라고 확인한 것'은 곧 조선 땅이라 확인한 것이 된다.

142　호사카 유지, 앞의 글 「다케시마(竹島) 도해 면허의 불법성 고찰」, p. 156.

143　岡田卓己, 「1877年 太政官指令 「日本海內 竹島外一島ヲ 版圖外ト定ム」 解說」, 『독도연구』 12, 영남대학교 독도연구소, 2012. 6., p. 199.

144　外務省, 『竹島問題を理解するための10のポイント』, 外務省 北東アジア課, 2014, p. 2.

'독도 조선령' 공시와 그 후 무주지 주장의 허구성 증명

『태정관지령』은 결재품의서와 많은 첨부 서류, 그리고 울릉도·독도의 위치 관계를 명백히 하는 지도인 「기죽도약도」가 그대로 『공문록』에 첨부되어 보관되어 있을 뿐만 아니라, 『태정류전』에도 같은 내용이 등재되어 있다. 『태정류전』은 일본 메이지 초기 최고국가기관인 태정관 제도가 존속하던 시기의 문서철이다. 일본 국립공문서관에 의하면, 『태정류전』은 '게이오(慶応) 3년(1867)부터 메이지 14년(1881)까지의 태정관 일기 및 일지, 『공문록』 등에서 전례 조규(선례·법령 등)를 채록·정서해 제도, 관제, 관규, 의제 등 19부문으로 분류해 연대순으로 편집한 것'으로 정의되고 있다.[145] 실제로는 당시 정부의 중요한 결정문만을 모아서 편집해둔 것이다. 『태정관지령』은 작성자가 각기 다른 문서의 결합체이기 때문에 『공문록』에는 초서체부터 정자체까지 글자체가 다양한 데 비해, 옮겨 적은 『태정류전』에는 정자체로 정서되어 있다. 또한 『태정류전』에는 「기죽도약도」가 첨부되어 있지 않은 대신 '일본해 내 울릉도와 독도를 일본 영토 외로 정함'이라는 『공문록』에 없는 제목이 새로이 붙여져 있다.[146]

『태정관지령』이 울릉도와 독도가 한국령임을 단순히 확인하는 데 그

---

145 國立公文書館(https://www.digital.archives.go.jp/dajou/, 2019. 11. 22. 검색). "太政類典は, 慶応3年(1867)から明治14年(1881)までの太政官日記及び日誌, 公文錄などから典例條規(先例·法令等)を採錄·淨書し, 制度, 官制, 官規, 儀制等19部門に分類し, 年代順に編集したものです."

146 「기죽도약도」가 첨부되어 있지 않은 것은 당시 기술적으로 지도의 사본을 그리기가 쉽지 않았고, 「기죽도약도」가 없더라도 첨부된 문서만으로도 '죽도외일도'가 울릉도와 독도를 가리킨다는 것을 쉽게 알 수 있음을 의미한다.

치지 않고 '공시' 내지 '선언'했다고 할 수 있는 것은『태정류전』에 정서해 등재되어 있을 뿐만 아니라 그 제목도 '일본해 내 울릉도와 독도를 일본 영토 외로 정함'이라고 붙여져 선언문 형식을 취하고 있기 때문이다. 호리 가즈오도『태정관지령』은 울릉도와 독도가 '일본령이 아님을 공적으로 선언한 것'이라고 밝혔음은 전술한 바와 같다.[147]『태정관지령』은 비록 상대국에 통보된 문서는 아니지만, 일본 정부의 일반적인 내부 보고서와는 성격이 크게 다르다. 중앙정부의 결정으로서 지방정부인 시마네현에 시달되었을 뿐만 아니라『태정류전』에 공시된 문서다.

 1905년 2월 일본은 무주지라는 이유를 붙여 독도를 시마네현에 편입 결정했다. 무주지 주장이 허구라는 것은 무엇보다도『태정관지령』에 의해 입증된다. 거기에다 일본이 그 영유권 귀속을 공식적으로 인정했던 조선에도 통보하지 않고, 중앙정부의 관보에 고시하지도 않았다. 불과 28년 전인 1877년에 일본 정부에서『태정관지령』에 의해 공식적으로 독도가 조선 영토임을 확인·공시하고, 그 후에도 여러 차례에 걸쳐 공적 간행물을 통해 조선 영토임을 인정한 독도를 1905년 갑자기 무주지라는 이유를 붙여 일본 영토로 편입 결정한 것이다.

 일본 외무성의『통상휘찬(通商彙纂)』제234호(1902. 10.)와『통상휘찬』제50호(1905. 7.), 농상무성의『수산무역요람(水產貿易要覽)』(1903. 5.), 시마네현의「죽도해려실황각서(竹島海驢實況覺書)」(1905)[148] 등에서

---

147 堀和生,「1905年 日本の竹島領土編入」,『朝鮮史研究會 論文集』24, 朝鮮史研究會, 1987, p. 104.

148 김수희,「일본의 독도 어장 편입을 통해서 본 한국 어장의 식민지화 과정」,『영남대학교 독도연구소 학술대회』, 영남대학교 독도연구소, 2012, p. 112; 島根縣 總務部 總務課 編,「竹島關係資料集 第2集」,『島根縣所藏行政文書 1』, 2011, pp. 91~92.

는 『태정관지령』 이후 울릉도 어부들의 독도 조업에 대해 기록하고 있다. 일본 해군성은 『환영수로지』(1886. 12.), 『조선수로지』(1899. 2.) 등에서 독도를 '조선동안(朝鮮東岸)'편에 기록했다. 일본 정부 관계자가 추천 서문을 쓴 『한해통어지침(韓海通漁指針)』(1903. 1.)과 『최신한국실업지침(最新韓國實業指針)』(1904. 7.) 등에도 독도를 수록했는데, 책의 제목('한해', '한국')에서부터 독도를 한국에 소속된 섬으로 인식했음을 알 수 있다.

이들 『태정관지령』 이후의 공적 문헌들은 『태정관지령』과 마찬가지로 독도를 조선 영토로 인정하고, 일본의 독도 편입 결정(1905. 2.) 당시 '독도는 무주지' 주장의 허구성을 입증하고 있다. 이에 대해서는 제3부에서 상세히 검토하기로 한다.

3부

대한제국과 일제강점기의 독도 인식

1

대한제국기의 독도 인식

고종의 '울릉도 개척령'과, 독도 관할을 공포한 칙령 제41호

안용복 사건 이후 조선에서는 여전히 울릉도 거주를 금지했지만, 정부에서 관리를 보내 울릉도 일대를 순찰하고 점검하는 수토 정책이 시행되었다. 1800년경부터 80년간 울릉도에 관리를 보내지 않았다는 주장이 있으나,[149] 이는 사실과 다르다. 1841년 울릉도를 수색할 때 붙잡힌 잠상의 선척(船隻)을 뇌물을 받고 풀어준 월송만호(越松萬戶)를 처벌한 기록을 비롯해 『비변사등록』과 『승정원일기』에는 그 기간 중 여러 번에 걸쳐 울릉도에 관리를 보내 수토한 내용이 기록되어 있다.[150] 울릉도

---

[149] "그런데 19세기에 접어들면서 조선은 80년이 넘도록 울릉도 등지에 관리를 파견하지 않았다."(호사카 유지, 『대한민국 독도』, 성안당, 2019 개정판, p. 16)

[150] "함경감사 조병헌(趙秉憲)의 장계를 보니, 울릉도를 수색할 때 붙잡힌 잠상의 선척을 뇌물을 받고 풀어준 월송만호 오인현(吳仁顯)의 죄상에 대해서는 담당 관사에서 품처하게 해달라고 청하고, 각종의 뇌물 등을 책자로 만들어 올려 보냈으며, 속공(屬公)의 여부

의 수토는 2~3년마다 삼척영장(三陟營將)과 월송만호가 교대로 했는데, 실제 현지 바다 사정 등으로 수토가 지연되기도 하고 형식적으로 행해지기도 했다. 울릉도 수토에도 불구하고 동해안 및 남해안 어민들의 울릉도·독도 근해로의 출어와 벌목을 근원적으로 막을 수는 없었다.

1881년 5월 울릉도 수토관(搜討官)의 보고를 근거로 통리기무아문(統理機務衙門)이 고종에게 올린 보고는 울릉도에 대한 수토 정책에 일대 변화를 가져오는 중요한 계기가 되었다.

> 박해철이 통리기무아문의 말로 아뢰기를, "방금 강원감사 임한수(林翰洙)의 장계를 보니, 울릉도 수토관의 보고를 일일이 들면서 말하기를, '순찰할 때 어떤 사람이 나무를 베어 해안에 쌓고 있었는데, 머리를 깎고 검은 옷을 입은 사람 일곱 명이 그 곁에 앉아 있기에 글을 써서 물어보니,「일본 사람인데 나무를 베어 원산과 부산으로 보내려 한다」고 대답했습니다. 일본 선박이 요사이 대중없이 오가며 이 섬을 눈독 들였으니 그 폐단이 없을 수 없습니다. 통리기무아문으로 하여금 품처하게 하소서' 했습니다.
>
> 봉산(封山)은 원래 중요한 땅이고, 조사하는 것도 정해진 규식이 있는 것입니다. 그런데 일본 사람들이 남몰래 나무를 베어서 가만히 실어 가는 것은 변방의 금법에 관계되므로 엄격하게 방지하지 않을 수 없습니다. 이 사실을 서계(書契)를 지어 동래부의 왜관에 내려보내서 외무성에 전

를 본사에 논보(論報)했습니다. 수색 토벌의 행정이 얼마나 엄중한 것인데, 자신이 진장(鎭將)이면서 뇌물을 받고서 몰래 풀어주는 일을 이처럼 낭자하게 했으니, 변방의 금령을 생각할 때 너무도 놀랍습니다."[『비변사등록』 헌종 7년(1841) 6월 10일]

달하게 하소서.

다만 생각건대, 이 섬은 망망대해 가운데 있는데 그대로 텅 비워두는 것은 대단히 허술한 일입니다. 그 형세가 요충지가 될 만한가, 방어를 빈틈없이 할 수 있는가를 응당 두루 돌아보고 처리해야 할 것입니다.

본 아문에서 천거한 사람인 부호군 이규원(李奎遠)을 울릉도 검찰사(檢察使)로 차하해 정관(政官)을 패초해 정사를 열어 하비해 가까운 시일 내로 달려가서 철저히 헤아려보고 의견서를 작성해 보고하게 해 품처하도록 하는 것이 어떻겠습니까?" 하니, 윤허한다고 전교했다.[151]

강원감사 임한수는 일본인이 울릉도의 삼림을 함부로 벌목하고 일본 선박이 울릉도를 왕래하고 있다는 수토관의 보고를 받고 통리기무아문으로 하여금 품의해 처리하도록 건의했음을 알 수 있다. 통리기무아문은 이러한 실태를 국경 침범으로 간주해 동래부의 왜관을 통해 일본 외무성에 항의 문서를 보내고, 망망대해 가운데 있는 울릉도를 비워두는 것은 대단히 허술한 일이니 이규원을 울릉도 검찰사로 임명해 그 형세를 살펴 대책을 강구할 것을 제안했다. 이를 고종이 승인함으로써 오랜 기간 계속되어온 울릉도 거민 쇄출과 수토 정책에 일대 변화가 일어나게 되었다. 울릉도 검찰사로 임명된 이규원은 일행 102명과 함께 1882년 4월 30일부터 5월 10일까지 11일 동안 울릉도에 체류하면서 세밀하게 조사한 결과를 기록으로 남겼다.[152]

이규원의 『울릉도검찰일기(鬱陵島檢察日記)』에 의하면, 그동안 정기

151　『승정원일기』 고종 18년(1881) 5월 22일.
152　송병기, 앞의 책『울릉도와 독도, 그 역사적 검증』, pp. 148~149.

적인 수토 정책에도 불구하고 울릉도 체류자는 조선인이 140명, 일본인
도 78명이나 되었다. 조선인 체류자 140명 가운데는 전라도 출신이 115
명으로 82퍼센트에 달했다. 울릉도에 전라도인이 많았다는 것은 후술하
는 바와 같이 거문도인들이 오래전부터 울릉도와 독도에서 어로 작업을
했다는 기록과도 일맥상통한다. 또한 '石島', '獨島'라는 명칭이 '돌섬'
의 전라도와 경상도 북부 지방의 방언인 '독섬'에서 유래한다는 주장도
뒷받침한다.[153]

고종은 울릉도를 검찰하고 돌아온 이규원이 1882년 6월 5일 국왕에
게 복명하는 자리에서 일본 측에 항의 서계를 보냄은 물론이고, 울릉도
개척을 속히 서두를 것을 명했다.[154] 이른바 '울릉도 개척령'이 내려진
것이다.

내륙인의 울릉도 이주는 울릉도 개척령 이듬해인 1883년부터 이루어
졌다. 조선 태종·세종대 울릉도 거주를 금지한 거민 쇄출 정책이 실시
된 후 처음이었다. 울릉도 개척령과 이에 따른 내륙인의 울릉도 이주는
조선 정부가 울릉도 일대를 지속적으로 조선의 영토로 인식하고 있었다
는 상징적인 사례다. 1883년 4월 약 30명이 이주하고, 뒤이어 약 20명
이 이주해 총 이주 인원은 16호 54명이었다.[155]

울릉도 개척령 이후 조선인이 울릉도뿐만 아니라 독도를 조선 영토로

---

153 돌을 '독'이라고 하는 것은 전라도뿐만이 아니다. 경상도 북부 일부 지방에서도 돌을 '독'
  이라고 한다.
154 송병기, 앞의 책 『울릉도와 독도, 그 역사적 검증』, p. 177.
155 『光緒九年七月 日 江原道鬱陵島 新入民戶人口 姓名年歲及田土起墾 數爻成冊』,
  서울대학교 내 규장각 소장; 송병기, 앞의 책 『울릉도와 독도, 그 역사적 검증』, p. 179에
  서 재인용.

인식하고 독도에서 어로 작업을 한 사실은 울릉도에 이주한 지 60년 된 홍재현의 증언을 통해서도 입증된다. 당시(1947년) 85세의 홍재현은 울릉도 개척 당시(1883년)에 울릉도민은 독도를 울릉도의 부속 섬으로 인식하고 있었으며, 미역 채취와 바다사자 포획을 위해 독도에 여러 번 출어했다는 사실을 밝혔다.

> - 독도가 울릉도의 속도라는 것은 본도 개척 당시부터 도민이 주지하는 사실이다.
> - 나도 당시 김양윤(金量潤)과 배수검(裵秀儉) 동지들을 작반(作伴)해 거금(距今) 45년 전(묘년)부터 사오차(四五次)나 감곽(甘藿) 채취, 엽호(獵虎) 포획차(捕獲次)로 왕복한 예가 있음.
> - 최후에 갈 시는 일본인의 본선을 차대(借貸)해 선주(船主)인 촌상(村上)이란 사람과 대상(大上)이란 선원을 고용해 같이 포획을 한 예도 있습니다.[156]

홍재현의 증언에서 묘년(卯年)은 계묘년(1903)을 말한다. 즉, 홍재현은 1903년부터 4~5차례 미역 채취와 바다사자 포획을 위해 김양윤, 배수검 등과 함께 독도를 왕래했으며, 마지막에는 일본인 배를 빌려 선주 무라카미(村上)와 선원 오가미(大上)를 동반하고 바다사자 잡이를 했다고 증언한 것이다.[157]

---

156 신석호, 「독도 소속에 대하여」, 『사해(史海)』 1, 조선사연구회, 1948; 신석호, 「독도의 내력」, 『사상계』 8월호, 사상계사, 1960; 정병준, 『독도 1947』, 돌베개, 2011, pp. 163~167에서 재인용.
157 정병준, 위의 책 『독도 1947』, p. 167.

최근에는 전라도 남해의 거문도 거주민이 오래전부터 울릉도를 거쳐 독도에서 바다사자를 잡고 미역, 전복 등을 채취했다는 내용의 신문 기사가 발견·공개되었다.[158] 1962년 3월 20일자 『민국일보(民國日報)』에 게재된 당시 87세 김윤삼 옹의 증언에 의하면, 김윤삼 일행은 1895년부터 1904년까지 천 석짜리 배를 타고 울릉도에 가서 다시 뗏목으로 갈아타고 독도에 가서 바다사자 잡이를 하고 미역, 전복 등을 채취했다. 또한 김윤삼의 할아버지 때인 1822년부터 거문도 주민들이 독도에서 바다사자 잡이를 했다는 이야기를 들었다고 증언하고 있다.

> 김 노인이 20세(1895) 되던 여름철에 '천 석짜리' 무역선 5~6척이 원산을 거쳐 울릉도에 도착하여 그 울창한 나무들을 찍어 뗏목을 지었다. 날이 맑은 때면 동쪽 바다 가운데 어렴풋이 보이는 섬이 보였다. 나이 많은 뱃사공에게 저것이 무엇이냐고 물었다. "저 섬은 돌섬(石島 = 獨島의 별칭)인데 우리 삼도(거문도)에 사는 김치선(지금부터 1백 40년 전) 할아버지 때부터 꼭 저 섬에서 많은 '가제'를 잡아 간다"고 가르쳐주었다[지금 그 김치선 씨의 증손 김철수(57세) 씨가 장촌 부락에 살고 있다]. 일행 수십 명은 원산 등지에서 명태 등을 실은 배를 울릉도에 두고 뗏목을 저어 이틀 만에 약 2백 리 되는 '돌섬'에 도착했다. 섬이 온통 돌바위로 되어 있었는데, 사람이라곤 한 사람도 없었다 한다. 돌섬은 큰 섬 두 개, 그리고 작은 섬이 많이 있었는데, 큰 두 섬 사이에 뗏목을 놔두고 열흘 남짓 있으면서 '가제(海狗 = 웃도세이)'도 잡고 미역, 전복 등을 바위에서 땄다. 그리고 울

---

158 김수희, 「'죽도의 날' 제정 이후 일본의 독도 연구 동향: 이케우치 사토시의 '석도' 논의를 중심으로」, 『독도연구』 10, 영남대학교 독도연구소, 2011, pp. 171~200.

릉도에 다시 돌아와 부산이나 대마도로 가서 일본 사람들에게 팔았는데, '가제'를 퍽 좋아했다 한다. '가제'의 살은 먹고 가죽을 가지고 신발 등도 해 신었다 한다. 그가 마지막 다녀온 것이 28세(1904) 때라 하는데, 세상이 어수선해서 그 후에는 '돌섬'에는 못 갔는데 아직도 기억이 생생하다고 말했다. 그리고 현재 서도리 김윤식(35세) 씨 집 재목은 옛날 울릉도에서 가져온 송목(松木)이라 한다. 우리가 잡은 가제를 일본 사람들이 돈과 물건을 주고 사 갔는데, 그때 일본 사람들은 돌섬을 알지도 못하고 있었으며, 돌섬에서 일본 배조차 본 일이 없는데, 그 섬이 일본 섬이라니 고약한 일이라고 김 노인은 흥분하는 것이었다.[159]

『민국일보』 기사는 울릉도 거주는 금지되어 있었으나 1882년 고종의 울릉도 개척령이 있기 훨씬 이전부터 이미 조선인들이 울릉도와 독도로 도해하고 있었다는 것을 입증하고 있다.[160] 1963년에는 거문도인 박운학 옹도 러일전쟁 이전에 직접 울릉도·독도에 가서 조업했다는 사실을 증언했다.[161] 거문도인들에게 독도는 조상 전래의 어장이었다. 다만 아쉬운 것은 울릉도 거주가 법으로 금지되어 있었기 때문에 적극적으로 기록을 남기지 않았다는 점이다.

울릉도 개척령 이후 거문도 출신 오성일(吳性鎰)은 울릉도의 목재를

---

159 「천 석짜리 뗏목배로 내왕」, 『민국일보』 1962년 3월 20일자.
160 거문도 주민들이 독도의 존재를 인지하고 있었으며, 독도를 '돌섬'이라고 부르고 있었다는 사실은 독도의 명칭과 관련해서도 주목해야 할 내용이다. '돌섬'은 전라도 사투리로 '독섬'이 되고, '독섬'은 '石島', '독도'가 되었기 때문이다. 경상도 북부 지방에서도 '돌'은 '독'으로 불린다.
161 「바다의 개척자」, 『조선일보』 1963년 8월 11일자.

그림 12 거문도 서도리에 있는 거문도 출신 오성일 울릉도 도감 묘소.

둘러싸고 일본인 벌목공과의 충돌이 극심했던 시기에 울릉도 도감(島監)으로 임명되어 울릉도 주민을 이끌었으나, 1900년 조선 조정에서 울릉도에서 배 만드는 일을 금지하자 거문도인들은 울릉도에서 철수했다.[162]

일본이 독도를 시마네현에 불법 편입 결정한 1905년 이전 조선인의 독도 영유권에 대한 인식은 1899년의 『황성신문(皇城新聞)』기사에 잘 나타나 있다. 9월 23일자 『황성신문』별보에서는 '울릉도사황(鬱陵島事況)'이라는 제목으로 "울릉도 부속 도서 중 가장 두드러진 것(最著者)은 우산도와 죽도"라고 밝히고 있다.

---

162 우용정, 『울도기(鬱島記)』, 鬱陵島在留日本人調査要領 韓日人分日査問, 六月 三日 再次審問 裵季周及 日人福間等 對質.(신용하 편, 『독도 영유권 자료의 탐구 3』, 독도 연구보전협회, 2000, pp. 76~77)

그림 13 '독도=우산도'로서 조선 땅임을 밝힌 『황성신문』(1899).

울진지동해(鬱珍之東海)에 일도(一島)가 유(有)하니 왈(曰) 울릉(鬱陵)이라, 기(其) 부속(附屬)한 소육도중(小六島中)에 최저자(最著者)는 우산도(于山島) 죽도(竹島)니 대한지지(大韓地誌)에 왈(曰) 울릉도는 고우산국(古于山國)이라.[163]

우산도는 독도를 가리키고, 죽도는 울릉도 북단에서 동쪽 2킬로미터에 있는 댓섬을 가리킨다. 『황성신문』 기사에서 주목해야 할 것은 울릉도 부속 도서의 열거를 우산도, 죽도의 순서로 하고 있다는 점이다.

역사적 기록에서 울릉도와 우산도 두 섬만 표기되어 있고 우산도의 위치가 분명하지 않은 경우, 우산도는 독도가 아니라 댓섬(죽도)이라는 주장이 제기되기도 한다. 그런데 『황성신문』 기사는 댓섬과 별도로, 댓섬보다 더 큰 섬으로 우산도를 명기하고 있어서, 우산도가 곧 독도이고 조선 영토임을 분명히 하고 있다.[164]

---

163 「울릉도사황」, 『황성신문』 별보, 광무 3년(1899) 9월 23일자.
164 『숙종실록』, 『동국문헌비고』, 『만기요람』 등에서도 독도를 '于山島'라 하여 조선 영토로

대한제국 정부도 독도를 대한제국의 영토로 인식하고 있었다. 이는 1900년 10월 25일 대한제국 정부에서 공포한 칙령 제41호에 잘 나타나 있다. 칙령 제41호는 울릉도를 울도군으로 승격하고, 도감을 군수(郡守)로 개정하며, 관할 구역을 공포한 것인데, 그 내용은 다음과 같다.

> 제1조. 울릉도를 울도(鬱島)라 개칭해 강원도에 부속시키고, 도감을 군수로 개정해 관제 중에 편입하고, 군등(郡等)은 5등으로 한다.
> 제2조. 군청 위치는 태하동으로 정하고, 구역은 울릉전도(鬱陵全島)와 죽도(竹島), 석도(石島)를 관할한다.[165]

칙령 제41호에는 세 가지 중요한 내용이 담겨 있다. 첫째, 울릉도를 울도군으로 개칭해 강원도에 부속시킨다는 것이다. 둘째, 도감을 군수로 개정한다는 것으로, 관제상 울릉도의 도감을 울도군 군수로 칭한 것이다. 그리고 셋째는 울도군의 관할 구역을 언급한 것인데, 죽도와 석도를 울도군의 관할 구역으로 공포했다.

대한제국 칙령에서 죽도는 울릉도 동북쪽 2킬로미터 지점에 있는 댓섬을 가리키고, 석도는 돌로 된 섬, 즉 독도를 말한다. 대한제국은 독도를 대한제국의 영토로 인식하고 있었고, 칙령 제41호에 의해 독도가 대한제국의 영토임을 분명하게 공포한 것이다. 1905년 일본이 독도를 시마네현에 불법 편입 결정하기 5년 전의 일이다. 일본 측에서는 석도는 관음도를 가리킨다고 주장하기도 하나, 〈그림 14〉에서 보는 바와 같이

기록하고 있다. 『숙종실록』의 '子山島'는 '于山島'를 잘못 기재한 것이다.
165 「울릉도를 울도로 개칭하고 도감을 군수로 개정한 건」, 『황성신문』 1900년 10월 29일자.

그림 14 소나무가 무성한 관음도(좌)와 돌로 된 섬 독도(우).

관음도는 돌로 된 섬 석도라고 할 수 없다.

일본의 독도 불법 편입 결정에 대한 대한제국 정부의 대응

1905년 2월 일본 정부는 독도를 불법적으로 시마네현에 편입 결정했다. 일본은 1905년 2월 22일 독도를 시마네현에 편입시켰다고 주장하지만, 당시 이 사실을 일본 중앙정부는 어디에도 공포한 일이 없다. 대한제국 정부에도 통보하지 않았다.[166]

대한제국 정부가 이 사실을 알게 된 것은 1년이 지난 1906년 3월이었다. 울도군수 심흥택의 보고를 통해서였다. 러일전쟁 발발(1904. 2.)과 함께 일본군의 무력 점령하에 놓이고, 을사조약(1905. 11.)으로 외교권마저 박탈당한 후였다. 심흥택은 1906년 3월 28일 독도를 관찰·조사하고 돌아가던 시마네현 사무관 진자이 요시타로(神西由太郎)의 방문을 받고,

---

166　절차 문제는 논외로 하고, 『태정관지령』을 비롯해서 수차례에 걸쳐 한국령으로 인정한 독도를 무주지라는 이유를 붙여 일본에 편입시켰으니, 그것만으로도 불법이 된다.

이들과 대화하는 과정에서 일본의 독도 불법 편입 결정 사실을 알게 되었다. 심흥택은 '본 군 소속 독도가 일본 영지로 편입되었다고 한다'는 내용을 곧바로 강원도 관찰사 이명래(李明來)에게 보고했다.[167] 심흥택의 보고를 받은 이명래는 4월 29일 이를 다시 의정부 참정대신 박제순(朴齊純)에게 보고했다.[168] 보고 내용은 다음과 같다.

> 울도군수 심흥택 보고서 안에, 본 군 소속 독도가 본부 바깥바다 백여 리 밖에 있었는데, 이달 초 4일 9시경에 증기선 한 쌍이 우리 군 도동포에 도착해 정박했고, 일본 관원(官員) 일행이 관사에 도착해 스스로 말하기를 독도가 이번에 일본의 영지가 되었기에 이번에 시찰차 나온 것이라고 하는바, 그 일행은 일본 시마네현 은기도사(隱岐島司) 東文輔와 사무관 神西由太郎, 세무감독국장 吉田平吾, (경찰)분서장 影山巖八郎과 경찰 한 명, (의회) 의원 한 명, 의사·기술자 각 한 명, 그 외 수행 인원 10여 인이고, 먼저 가구, 인구, 토지와 생산의 많고 적음을 물어보고, 인원과 경비 등 제반 사무를 조사하여 적어 갔으므로 이에 보고하오니 살펴주시기를 엎드려 청하옵니다.[169]

---

167 송병기, 앞의 책 『울릉도와 독도, 그 역사적 검증』, p. 251.

168 참정대신 박제순과 내부대신 이지용(李址鎔)은 일제가 1905년 11월 을사조약을 강제 체결할 당시 조약에 서명한 대신으로서, 을사5적(乙巳五賊)으로 불린다. 그러나 독도 문제에서는 나름대로 소신을 지켰다고 할 수 있다.

169 議政府 外事局, 『各觀察道案 1』, 규장각 소장. "報告書號外 鬱島郡守 沈興澤 報告書 內開에 本郡所屬 獨島가 在於本部外洋百餘里外이삽더니 本月初四日辰時量에 輪船一雙이 來泊于郡內道洞浦而 日本官人一行이 到于官舍ᄒᆞ야 自云獨島가 今爲日本領地故로 視察次來到이다 이온바 其一行則 日本島根縣隱岐島司東文輔及 事務官神西由太郎 稅務監督局長吉田平吾 分署長警部 影山巖八郎 巡査一人 會議員一人 醫師技手各一人 其外隨員十餘人이 先問戶摠人口土地生産多少ᄒᆞ고 且問人員

울도군수 심흥택의 보고를 통해 일본의 독도 편입 결정 사실을 알게 된 대한제국 정부는 참정대신과 내부대신 명의로 지령을 내려보냈는데, 1906년 5월 20일자 참정대신 지령 제3호는 다음과 같다.

> 올라온 보고는 다 읽었고, 독도 영지 운운하는 설은 전혀 그 근거가 없으니(全屬無根), 그 섬의 형편과 일본인의 동향을 다시 조사해 보고하라.[170]

의정부 최고책임자인 참정대신은 일본의 독도 편입 결정에 대해 '전혀 근거가 없다(全屬無根)'하여 일본의 독도 편입을 인정하지 않고, 독도가 대한제국의 영토임을 분명히 한 것이다.

내부대신의 지령은 5월 1일자 『대한매일신보(大韓每日申報)』에 다음과 같이 인용 보도되었다.

> 무변불유(無變不有)
> 울릉도군수 심흥택 씨가 내부(內部)에 보고하되, 일본 관원 일행이 우리 군에 와서, 본 군 소속 독도가 일본의 속지라 스스로 칭하고 토지와 호구를 기록해 갔다고 했는데, 내부에서 지령하기를, 유람하러 온 길에 토지 경계와 인구를 기록해 가는 것은 괴이함이 없다고 용납(容或無怪)할 수

及經費幾許 諸般事務를 以調査樣으로 錄去이옵기 玆에 報告ᄒ오니 照亮ᄒ시믈 伏望等因으로 准此報告ᄒ오니 照亮ᄒ시믈 伏望. 光武十年 四月二十九日 江原道觀察使署理春川郡守 李明來 議政府參政大臣 閣下"; 송병기, 앞의 책 『울릉도와 독도, 그 역사적 검증』, p. 251에서 재인용.

170 議政府 外事局, 『各觀察道案 1』, 규장각 소장. "來報ᄂ 閱悉이고 獨島領地之說은 全屬無根ᄒ니, 該島 形便과 日人 如何行動을 更爲査報 ᄒ올 事"; 송병기, 앞의 책 『울릉도와 독도, 그 역사적 검증』, p. 250에서 재인용.

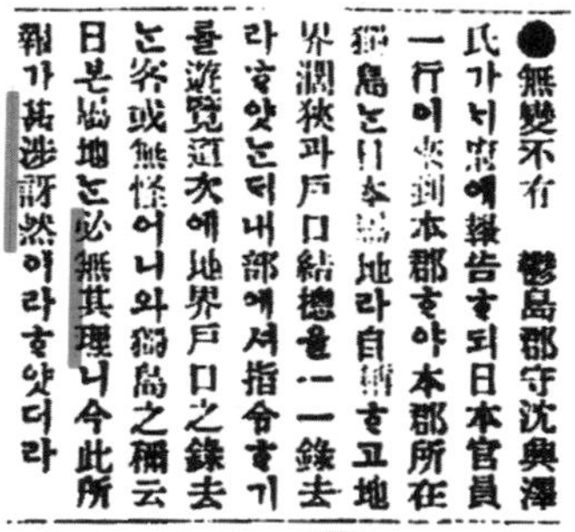
●無變不有 鬱島郡守沈興澤氏가내部에報告ᄒᆞ되日本官員一行이來到本郡ᄒᆞ야本郡所在獨島ᄂᆞᆫ日本屬地라自稱ᄒᆞ고地界闊狹과戶口結摠을一一錄去라ᄒᆞ얏ᄂᆞᆫ데내部에셔指令ᄒᆞ기를遊覽途次에地界戶口之錄去ᄂᆞᆫ容或無怪어니와獨島之稱云日본屬地ᄂᆞᆫ必無其理니今此所報가甚涉訝然이라ᄒᆞ얏더라

그림 15 1906년 5월 1일자 『대한매일신보』.

있을지 모르지만, 독도가 일본 속지라 칭해 운운하는 것은 전혀 그 이치가 없는 것(必無其理)이니, 이제 보고받은 바가 아연실색(甚涉訝然)할 일이라 하였더라.[171]

내부대신도 일본의 독도 편입은 "전혀 그 이치가 없는 것(必無其理)"이라 하여 이를 부인하고 대한제국의 영유권을 주장한 것이다. 내부대신의 지령은 5월 1일자 『제국신문(帝國新聞)』에도 보도되었다.[172] 일본의 독도 편입 결정은 당시 언론을 통해 널리 알려졌다. 5월 9일자 『황성신문』은 심흥택의 보고를 인용해 이 사실을 크게 보도했다.

울쉬보고 내부(鬱倅報告內部)

울릉도군수 심흥택 씨가 내부에 보고하되 본 군 소속 독도가 외양(外洋)

---

171 「무변불유」, 『대한매일신보』 광무 10년(1906) 5월 1일자.

172 홍정원, 「근대 문헌에 보이는 독도(우산도, 석도) 연구」, 『근대 이행기의 한일 경계와 인식에 대한 연구』, 2012, pp. 132~133.

백여 리 밖에 있는데, 본월 4일에 일본 관인(官人) 일행이 우리 군에 와서 독도가 일본 영지가 되었기에 시찰차 왔다고 하는바, 그 일행은 일본 시마네현 은기도사 東文輔 및 사무관 神西癲太郎과 세무감독국장 吉田坪五, 분서장 경부(警部) 影山岩八郎과 순사 1인, 회의 1인, 의사·기수 각 1인, 그 외 수행원 십여 인이 호총인구(戶總人口)와 토지 생산 다소(多少)와 인원 및 경비 기허(幾許)와 제반 사무를 조사 기록해 갔다 하였다더라.[173]

일반인들에게도 일본의 독도 편입 결정이 알려졌다. 경술국치(1910) 직후 자결·순국한 우국지사 황현(黃玹)이 그의 문집 『매천야록(梅泉野錄)』과 『오하기문(梧下記聞)』에 일본의 독도 편입 사실을 기록하고 있는 것이 그 예다.

울릉도의 바다에서 동쪽으로 100리 거리에 있는 한 섬이 있어 독도라고 부르며, 울릉도에 구속(舊屬)했는데, 왜인이 그 영지(領地)라고 억지로 칭(勒稱)하고 심사해 갔다.[174]

외교권이 박탈된 상황에서도 대한제국의 중앙정부, 지방정부, 언론기관, 학자 등이 거국적으로 항의한 것이다.[175]

---

173 「울쉬보고내부」, 『황성신문』 광무 10년(1906) 5월 9일자.
174 황현, 『매천야록』, 광무 10년(1906) 병오 4월조. "距鬱陵島洋東百里 有一島 曰獨島 舊屬鬱陵島 倭人 勒稱 其領地 審査以去"; 신용하, 『독도의 민족영토사 연구』, 지식산업사, 1996, p. 230에서 재인용.
175 이영훈은 "울릉군수가 '본 군 소속의 독도가 일본으로 편입되었다'고 보고하지만, 중앙정

일본의 독도 편입 결정이 알려지면서 대한제국 정부는 이에 관해 일제 통감부에 직접적으로도 항의했던 것 같다. 대한제국 정부가 구체적으로 어떻게 항의했는지는 알 수 없지만, 내부에서 통감부에 항의했던 것 같고, 이에 대해 통감부에서 내부에 공함(公函)을 보냈던 것으로 보인다. 1906년 7월 13일자 『황성신문』의 「울도군의 배치 전말」이라는 제목의 보도 기사가 그것을 짐작케 한다.

> 울도군의 배치 전말
>
> 통감부에서 내부에 공함하되, 강원도 삼척군 관하 소재 울릉도에 부속하는 도서와 군청이 처음 설치된 연월을 자세히 알리라(示明) 하였다. 이에 공함하되, 광무 2년(1898) 5월 20일에 울릉도감으로 설립했다가 광무 4년(1900) 10월 25일에 정부 회의를 거쳐 군수를 배치했으니, 군청은 무태동(霧台洞)에 두고, 이 군이 관할하는 섬은 죽도와 석도요, 동서가 60리요 남북이 40리니 합 200여 리라고 하였다더라.[176]

대한제국 정부가 통감부에 일본의 독도 편입에 대해 항의하자 통감부에서 내부에 공함을 보내 "울릉도에 부속하는 도서와 군청이 처음 설치

부는 그에 대해 별다른 반응을 보이지 않았다"고 주장했는데(이영훈 외 5명, 앞의 책 『반일종족주의』, p. 169), 이는 사실과 다른 주장이다. 앞에서 본 바와 같이 당시 대한제국은 별다른 반응을 보이지 않은 것이 아니라 사실상 거국적으로 항의했다.

176 「울도군의 배치 전말」, 『황성신문』 1906년 7월 13일자. "鬱島郡의 配置顚末. 統監府에서 內部에 公函하되 江原道 三陟郡 管下에 所在 鬱陵島에 所屬島嶼와 郡廳設始 年月을 示明하라는 故로 答函하되, 光武二年五月二十日에 鬱陵島監으로 設始 하얏다가 光武四年十月二十五日에 政府會議를 經由하야 郡守를 配置하니 郡廳은 霧台洞에 在하고 該郡所管島는 竹島石島오, 東西가 六十里오 南北이 四十里니, 合 二百餘里라고 하얏다더라."

된 연월을 상세히 알리라"고 한 것으로 생각된다. 이에 내부에서는 1898년 5월 20일 울릉도감으로 설립했다가 1900년 10월 25일 정부 회의를 거쳐 군수를 배치했다는 사실, 그리고 군청은 무태동에 두었으며, 울도군은 죽도, 석도를 관할한다는 내용의 답변을 보낸 것이다.

대한제국은 이후에도 일본의 독도 편입을 인정하지 않았다. 대한제국에서 발간된 공적 문헌과 저술들에 독도를 대한제국의 영토로 서술하고 있는 것이 이를 말해준다. 1907년 6월 발간된 장지연(張志淵)의 『대한신지지(大韓新地誌)』가 그러한 예다. 장지연은 이를 저술하면서 '경상북도'편에 울도를 설명했는데, 그 말미에 "우산도는 그 동남에 재하니라"고 하여, 우산도, 즉 독도가 대한제국의 영토로 울릉도의 동남쪽에 위치해 있음을 밝히고 있다.[177] 같은 해 9월 발간된 『초등대한지지(初等大韓地誌)』에서도 울도에 대해 설명하면서, "우산도는 그 동남에 재하니라"라고 『대한신지지』와 똑같은 내용으로 서술했다.[178] 또한 1908년의 『증보문헌비고(增補文獻備考)』는 『동국문헌비고』의 우산도에 관한 기술에 "지금은 울도군이 되었다(續今爲鬱島郡)"를 추가하여 '우산도', 즉 독도가 울도군의 관할 구역이 되었음을 밝히고 있다.[179]

대한제국 칙령 제41호에서의 '석도'나 그 후 울도군수 심흥택 보고서의 '독도'라는 명칭을 쓰지 못하고 그 이전의 '우산도' 명칭을 쓴 것은

---

177 장지연, 『대한신지지』 권2, 휘문관, 1907, p. 43; 홍정원, 앞의 글 「근대 문헌에 보이는 독도(우산도, 석도) 연구」, pp. 136~137.

178 안종화, 『초등대한지지』, 휘문관, 1907, p. 26; 홍정원, 앞의 글 「근대 문헌에 보이는 독도(우산도, 석도) 연구」, p. 138.

179 이영훈은 대한제국 칙령 이후 우산은 어느 자료에도 나타나지 않는다고 주장했으나, 위와 같이 전혀 사실과 다른 주장이다.(이영훈 외 5명, 앞의 책 『반일종족주의』, p. 164)

독도를 포함하는 영토 관련 출판물에 대한 탄압 때문인 것으로 추정된다. 이미 일본군에 의한 무력지배하에서 외교권을 박탈당하고 언론 출판의 자유마저 없는 상태에서 일본과의 영유권 분쟁 대상이 된 독도에 대해 더 자세하고 강하게 영유권을 주장하는 내용의 출판물은 출판 자체가 불가능한 상황이었다.

또한 최근 홍정원의 연구에 의하면, 1908년 1월 울도군수 심능익(沈能益) 보고서에는 울도군의 '동쪽 경계를 일본 오키도(東 日本國 隱岐縣 海里1千里)'라고 기술하고 있다.[180] 이는 울도군수가 동쪽의 경계를 오키도로 하여 독도가 울도군에 속함을 우회적으로 표현한 것으로 볼 수 있다.[181]

---

180 『南巡行時日記』卷2, 第9號, 進獻品明細表;『內閣日記』卷7, 隆熙 3年(1909) 1月 14日; 홍정원, 앞의 글 「근대 문헌에 보이는 독도(우산도, 석도) 연구」, pp. 141~142에서 재인용.

181 홍정원, 앞의 글 「근대 문헌에 보이는 독도(우산도, 석도) 연구」, p. 148.

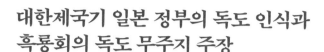

2

대한제국기 일본 정부의 독도 인식과
흑룡회의 독도 무주지 주장

독도를 조선령으로 인식한 일본의 각 정부기관

내무성

메이지시대 일본 정부에서는 영토 업무를 담당하고 있는 내무성에서부터 독도를 조선령으로 인식하고 있었다. 이는 내무성에서 발간한 자료, 그리고 내무성에서 제작한 지도에 독도가 일본 영토로 표기되어 있지 않은 것을 통해 알 수 있다.

우선 일본 내무성에서 발간한 자료에 독도를 일본 영토로 기술하지 않았다. 메이지 정부 초기 내무성 지리국에서 에도시대부터 전해져 내려오던 『기죽도사략』이란 문서를 책자로 재발간했다.[182] 재발간한 책자

---

182 박병섭, 「일본 메이지(明治) 정부의 다케시마＝독도 인식」, 『일본 독도 전문가 초청 강연 및 토론회 논문집』, 경상북도, 2009, pp. 43~44; 다만 문서의 제목은 『의죽도각서(礒竹島覺書)』로 되어 있어 명칭의 혼동이 있었음을 보여주고 있다. 『기죽도사략』의 재발간 연도는 알 수 없으나 용지와 붓글씨 서체로 보아 1877년의 『태정관지령』과 비슷한 시기

에 '내무성', '회의용'으로 날인되어 있는 것으로 보아 당시 내무성에서 관계자 간에 널리 읽힌 것으로 보인다. 『기죽도사략』에는 안용복 사건 당시 '독도는 일본 영토가 아니라는 것'을 내용으로 하는 에도막부와 돗토리번의 문답 내용이 기록되어 있다.[183] 메이지 초기 내무성에서는 독도가 일본 영토가 아니라고 인식한 것이다.

일본 내무성에서 발간한 지도에도 독도는 일본 영토로 표기되어 있지 않다. 내무성 지리국 측량과에서는 1871년부터 1883년까지 매년 「대일본국전도(大日本國全圖)」라는 지도를 발간했는데, 이 지도 어디를 보아도 울릉도와 독도가 기록되어 있지 않다. 「대일본국전도」는 일본의 영토를 표기한 지도다. 이러한 지도에 울릉도와 독도를 표기하지 않았다는 것은 일본 내무성이 독도를 일본 영토로 인식하지 않았다는 것을 나타내는 것이다.

1874년에 편찬한 『일본지지제요(日本地誌提要)』에도 독도를 일본 영토로 표기하지 않았다. 『일본지지제요』는 내무성 지리국의 전신인 태정관정원(太政官正院)[184] 지지과(地誌課)에서 편찬한 것으로, 오키의 소도 179개를 혼슈(本州)의 속도(屬島)로 기록하고, 그 이외에 마쓰시마(松島, 독도), 다케시마(竹島, 울릉도), 조선을 기록하고 있다.

에 쓰인 것으로 보인다.

183 울릉도는 언제부터 돗토리번 땅이 되었는가 하는 에도막부의 질문에 대해 돗토리번은 울릉도와 독도(당시 일본명 '松島')는 돗토리번 땅이 아니고[『기죽도사략』 원록 8년 (1695) 12월 25일], 독도는 어느 지방에도 속하는 섬이 아니라고 답했다.[『기죽도사략』 원록 9년(1696) 1월 23일]

184 정원(正院)은 메이지 4년(1871)의 관제 개혁으로 설치된 태정관의 최고관청이다. 태정관은 정원, 좌원(左院), 우원(右院)의 3원으로 구분되었으며, 정원은 정무 일반을 담당했다.

○ 혼슈(本州)의 속도(屬島). 치부군(知夫郡) 45. 아마군(海士郡) 16. 수키군(周吉郡) 75. 오치군(穩地郡) 43. 합계 179. 이를 총칭(總称)해 오키의 소도(小島)라 한다.

○ 또 서북 방향에 마쓰시마(松島)·다케시마(竹島) 두 섬이 있다. 지역 주민들 간에 전해져 내려온다. 오치군 후쿠우라항으로부터 마쓰시마에 이른다. 해로 약 69리(里) 35정(町). 다케시마에 이른다. 해로 약 100리 4정여. 조선에 이르는 해로 약 136리 30정.[185]

혼슈의 속도 항목에 다케시마(竹島), 마쓰시마(松島)를 기록하지 않고 별도 항목에 기록했다는 것은 울릉도, 독도를 일본 땅으로 보지 않고, 단지 과거 1600년대의 울릉도, 독도 도해의 흔적을 남기고자 한 것에 불과하다.[186]

1879년에 발간한 「대일본부현관할도(大日本府縣管轄圖)」에도 울릉도와 독도가 표기되어 있지 않다. 「대일본부현관할도」는 일본 각 지방 부현(府縣)을 표기한 상세한 지도다. 그러나 이 지도에도 울릉도와 독도는 표기되어 있지 않다. 독도를 일본 영토로 여기지 않았음을 말해주는 것이다.

1881년에 발간된 「대일본부현관할도」도 마찬가지다. 이 지도에는 조

185　地誌課 編, 『日本地誌提要』, 明治 7年(1874) 12月, p. 6. "○ 本州ノ屬島. 知夫郡四拾五. 海士郡壹拾六. 周吉郡七拾五. 穩地郡四拾三. 合計壹百七拾九. 之ヲ總称シテ隱岐ノ小島ト云. ○ 又西北に方リテ松島竹島ノ二島アリ. 土俗相傳テ云フ. 穩地郡福浦港ヨリ松島ニ至ル. 海路凡六拾九里三拾五町. 竹島ニ至ル. 海路凡百里四町餘. 朝鮮ニ至ル海路凡百三拾六里三拾町."
186　박병섭, 앞의 글 「일본 메이지(明治) 정부의 다케시마＝독도 인식」, pp. 42~43.

선 지도와 함께 울릉도와 독도가 표기되어 있지만, 독도 방향에 위치한 「돗토리·시마네·오카야마 삼현도(鳥取島根岡山三縣圖)」에 독도는 그려져 있지 않다.[187] 더욱이 3개 현 관할 구역에 대해 상세하게 설명하고 있으면서도 독도는 전혀 기록되어 있지 않다.

내무성에서 발간한 지도에 독도를 일본 영토로 표기하지 않았다는 사실과 그 이유를 잘 설명해주는 자료가 있다. 1905년 8월 『지학잡지(地學雜誌)』 제200호에 게재된 다나카 아카마로의 「오키국 다케시마에 관한 옛 기록(隱岐國竹島に關する舊記)」이 그것이다. 이에 의하면, 메이지 초기 최고국가기관인 태정관정원 지지과를 중심으로 독도를 일본 영토로 기록하지 않았다는 사실을 다음과 같이 설명하고 있다.

> 메이지 초기에 정원 지지과에서 (독도가) 일본 영토인 것을 전혀 인정하지 않아, 그 후 출판한 지도는 대부분 그 소재를 나타내지 않은 것 같다. 메이지 8년(1875) 문부성에서 출판한 미야모토 미히라(宮本三平) 씨의 「일본제국전도」에는 그것을 게재했으나, 제국의 영토 외에 두어 도색(塗色)하지 않고, 또 아(我) 해군 수로부의 『조선수로지』에는 리안코르트암이라고 제목을 붙여, 리안코르트호(號)의 발견, 기타 외국인의 측량 기사(紀事)를 게재할 뿐이어서……[188]

---

187 박병섭, 앞의 글 「일본 메이지(明治) 정부의 다케시마=독도 인식」, p. 48.
188 田中阿歌麻呂, 「隱岐國竹島に關する舊記」, 『地學雜誌』 第200號, 1905, p. 594. "明治の初年に到り正院地誌課に於て其の本邦の領有たることを全然非認したるを以て, 其の後の出版にかかる地圖は多く其の所在を示さざるが如し. 明治八年 文部省出版 宮本三平氏の日本帝國全圖には之れを載すれども, 帝國の領土外に置き塗色せず, 又 我海軍水路部の朝鮮水路誌には, リアンコールト岩と題し, リアンコールト號の發見 其他外國人の測量紀事を載するのみなり 故に……"

『지학잡지』제200호는 일본 정부가 독도를 어떻게 인식하고 있었는가를 보여주는 대단히 중요한 자료다. 더욱이 일본이 독도를 편입 결정(1905. 2. 22.)한 이후에 발간되었다는 점을 주목할 필요가 있다. 다나카 아카마로의 주장은 메이지 정부 초기 태정관정원 지지과에서 독도가 일본 영토임을 인정하지 않았기 때문에 그 후 발간한 지도에도 독도를 표기하지 않았다는 것이다.

요컨대, 에도시대인 1696년의 '죽도 도해금지령' 이후 독도가 조선 영토라는 인식은 메이지시대에도 그대로 이어졌다. 메이지 초기 최고국가기관인 태정관정원 소속 지지과에서 독도를 조선령으로 인식했고, 이는 내무성, 해군성 등 정부 각 기관에 영향을 미쳤다. 태정관정원 지지과는 그 후 내무성 지리국으로 소속이 바뀌었는데, 1877년에는 내무성 지리국 주관으로『태정관지령』에 의해 독도를 조선령으로 공식 확인하고,『태정류전』에 한 번 더 정서·등재해 명확히 했다.

해군성

일본 내무성뿐만 아니라 해군성에서도 독도를 한국의 영토로 인식하고 있었다. 일본은 섬나라로 사면이 바다로 둘러싸여 있고, 해군성은 일본의 해양 방위뿐만 아니라 해양에 있는 영토를 관리하는 중요한 기관이라 할 수 있다. 때문에 해군성에서 해양에 있는 독도를 어떻게 인식하고 있었는가 하는 문제는 매우 중요하다.

일본 해군성에서는 해양에 있는 영토와 관련해 수로지를 발간하고 있었다. 1883년에『환영수로지』제2권,[189] 그리고 1886년 12월 이를 개정

---

189 『환영수로지』의 환영(寰瀛)은 육지와 바다, 세계, 천하를 뜻한다.

한 『환영수로지』 제2권 제2판을 발간했는데, 여기에 울릉도와 독도에 관해 비교적 상세하게 기록되어 있다. 『환영수로지』 제2권 제2판에 수록된 울릉도와 독도에 관한 내용은 다음과 같다.

'리양코르트'열암

이 열암(列岩)은 1849년 프랑스 선박 '리양코르트(Liancourt)'호가 처음으로 이를 발견해, 선명을 취해 '리양코르트'열암이라고 이름 붙였다. 그 후 1854년 러시아 '프리게이트'형 함선 '팔라스'호는 이 열암을 '메나라이' 및 '오리부차'열암이라 칭하고, 1855년 영국 함선 '호르넷트'호는 이 열암을 탐검해 '호르넷트'열도라고 이름 붙였다. 그 함장 '호루시스'의 말에 의하면, 이 열암은 북위 37도 14분, 동경 131도 55분에 위치하는 불모의 2암서(岩嶼)로서, 새똥이 항상 섬 위에 쌓여 있어 섬의 색이 이 때문에 희다. 북서미서(北西微西)로부터 남동미동(南東微東)에 이르는 길이 약 1里이고, 두 섬 간의 거리는 1/4里로서, 보이는 곳에 암초맥(一礁脈)이 있어 이를 연결한다. 서도(西嶼)는 해면으로부터의 높이가 약 410척(尺)으로서 형상은 당탑(糖塔)과 비슷하다. 동도(東嶼)는 비교적 낮고 평평한 정상으로 되어 있다. 이 열암 부근의 수심은 상당히 깊은 것 같아도 그 위치는 하코다테(函館)를 향해 일본해를 항상(航上)하는 선박의 직수도(直水道)에 해당하므로 상당히 위험하다.

울릉도 일명 松島, 서양 명칭 '다게렛트', 해군해도(海軍海圖)……를 참고할 것.

이 섬은 오키에서 북서 3/4, 약 140里, 조선 강원도 해안에서 약 80里의 바다 가운데 고립해 있다. 섬 전체가 높고 험한 원추형 구릉의 집합으로서 수목이 울창하고……[190]

위 1886년의 개정판에서는 독도와 울릉도의 소속을 보다 분명히 하여, '제4편 조선동안'에 독도와 울릉도를 기록하고 있다. 독도를 보다 분명하게 조선 영토로 인식한 것이다.

울릉도의 명칭은 '울릉도(일명 松島)'로 기록하고 있어 명칭의 혼동이 이미 있었음을 나타내고 있다. 독도에 대해서는 1849년 프랑스 선박 리앙쿠르의 발견과, 독도에 대한 리앙쿠르암 명명(命名)부터 그 후 러시아 함선이 붙인 이름까지 상세하게 기록하고 있으면서도 에도시대부터의 일본 명칭인 '松島'에 대해서는 전혀 언급이 없다. 어느 수로지에도 일본인 또는 한국인이 독도를 어떻게 부르는지에 대해서는 언급이 없다. 그 반면에 지리적 위치에 대해서는 리양코르트열암의 경도, 위도까지 '북위 37도 14분, 동경 131도 55분'으로 자세하게 기록되어 있다.[191]

『환영수로지』는 독도의 형태에 대해, 동도와 서도 두 섬의 높이와 주변의 암초에 대해서도 기록하고 있을 정도로 자세하다. 독도의 높이는

---

190 海軍水路部, 『寰瀛水路誌』第2卷 第2版, 1886. 12., pp. 397~398. "「リヤンコールト」列岩 此列岩ハ一千八百四十九年佛國船「リヤンコールト」號初テ之ヲ發見シ船名ヲ取テ「リヤンコールト」列岩ト名付ケリ其後一千八百五十四年露國「フリゲート」形艦「パルラス」號此列岩ヲ「メナライ」及ビ「ヲリヴツァ」列島ト稱シ一千八百五十五年英艦「ホルネット」號此列岩ヲ探撿シテ「ホルネット」列島ト名付ケリ該艦ノ艦長「フォルシス」曰ク該列岩ハ北緯三十七度十四分東經一百三十一度五十五分ノ處ニ位セル濯濯無産ノ二岩嶼ニシテ鳥糞常ニ嶼上ニ充積シ嶼色爲メニ白シ北西微西ヨリ南東微東ニ至ルノ長サ共計ル一里而シテ二嶼相距ル四分里一ナルモ疑ラクハ一礁脈アリテ之ヲ相連ルナラン西嶼ハ海面上高サ四百十尺ニシテ形チ糖塔ノ如シ東嶼ハ較ク低クシテ平頂ナリ此列島附近水頗ル深キカ如シト雖モ其位置恰モ函館ニ向テ日本海ヲ航上スル船舶ノ直水道ニ當レルヲ以テ頗ル危險ナリトス 鬱陵島一名松島 洋名「ダゲレット」○ 海軍海圖……號ヲ參觀ス 此島ハ隱岐ヲ距ル北西四分三西約一百四十里朝鮮江原道海岸ヲ距ル約八十里ノ洋中ニ孤立ス全島嵯峨タル圓錐形丘陵ノ集合シタルモノニシテ樹木鬱然トシテ……"

191 현재 일본 시마네현 사이트에 올라와 있는 독도 좌표는 동경 131도 52분, 북위 37도 14분으로, 『환영수로지』(1886. 12.)의 좌표와 거의 일치한다.

서도가 168.5미터, 동도가 98.6미터인데, 『환영수로지』에서는 "동도는 비교적 낮고 평평하다(東嶼ハ較ク低クシテ平頂ナリ)"고 기술하고 있다. 현재 독도의 등대와 선착장은 모두 평평한 동도에 위치하고 있다. 불모의 섬(濯濯無産ノ二岩嶼ニシテ)이라는 것은 『태정관지령』과도 일치한다. 『태정관지령』에서도 松島, 즉 독도에 "수목은 거의 없는 것(樹竹稀ナリ)"으로 기록되어 있다.

『환영수로지』에는 독도의 영유권 귀속에 관한 직접적인 기술은 없다. 그러나 일본 서해안이 아닌 '조선동안'편에 기록했다는 것은 독도와 울릉도의 영유권이 조선에 있다고 인식한 것이다. 이는 역사적인 근거를 찾아보지 않고 지리적인 위치만으로 판단하더라도 독도는 당연히 조선 영토인 것으로 인식된다는 것을 의미하기도 한다.

1891년 일본 해군 수로부에서는 해군해도 제95호로 「일본 혼슈·규슈·시코쿠 부조선(日本 本州九州及四國 附朝鮮)」 지도를 발간했다. 발간 날짜는 메이지 24년(1891) 11월 20일, 발간자는 수로부장 해군 대좌 기모쓰키 가네유키(肝付兼行)라고 지도 왼편에 기록되어 있다.

이 지도에서 독도는 '리앙코르트암(リアンコールト岩)'으로, 동경 132도선 바로 왼편, 북위 37도선 바로 위에 동서 두 개의 섬으로 그려져 있다. 그 위치는 현재의 지도와 정확히 일치할 정도로 아주 정밀하다. 경선은 1도 간격으로, 위선은 2도 간격으로 그려져 있는데, 북위 36도선과 38도선의 한가운데를 그려보면 독도는 이 지도상 북위 37도선 바로 위에 위치함을 알 수 있다. 울릉도는 '鬱陵島(松島)'로 표기되어 있다. 울릉도의 위치도 아주 정확함은 물론이다.

「일본 혼슈·규슈·시코쿠 부조선」 지도는 독도를 '리앙코르트열암'이란 이름으로 '조선동안'편에 기록한 『환영수로지』와 비교해 볼 때 보다 더 시각적으로 '독도는 조선 영토'라는 인식을 나타낸 것임을 알 수 있다. 실제로 그 후에 발간된 『조선수로지』는 이 지도를 참고하도록 명시하고 있다.

일본 해군성은 1889년부터는 『환영수로지』를 더 이상 발간하지 않았다.[192] 그 대신, 『일본수로지(日本水路誌)』와 『조선수로지』를 별도의 책으로 구분해 발간했다. 이 경우, 독도를 어느 수로지에 기록하는가 하는 것은 영유권 인식을 판단하는 데 중요한 근거가 된다.[193] 『조선수로지』는 1894년 11월에 발간되었는데, 독도는 『일본수로지』에 기록되지 않고 '리앙코르트열암'으로 『조선수로지』에 기록되어 있다. 명칭은 '리양'코르트(リヤンコールト)열암에서 '리앙'코르트(リアンコールト)열암으로 약간 달라졌다.

리앙코르트열암

이 열암은 서기 1849년 프랑스 선박 '리앙코르트(Liancourt)'가 처음으로 이를 발견해 칭호를 그 선박의 이름에서 취했다. 그 후 1854년 러시아 '프레가트'형 함선 '팔라스'는 이 열암을 메나라이 및 오리부차열암이라고 명명하고, 1855년 영국 함선 '호르넷트'는 이 열암을 탐검해 호르넷트열도라고 이름 붙였다. 그 함장 호루시스의 말에 의하면, 이 열암은 북위 37도 14분, 동경 131도 55분에 위치하는 두 개의 불모의 바위섬으로, 새똥이 항상 섬 위에 쌓여 있어 섬의 색이 이 때문에 희다. 북서

---

192 堀和生, 「1905年 日本の竹島領土編入」, 『朝鮮史研究會論文集』 24, 朝鮮史研究會, 1987, p. 105.
193 신용하, 앞의 책 『독도의 민족영토사 연구』, p. 175.

서(北西ゟ西)로부터 남동동(南東ゟ東)에 이르는 길이는 약 1里이고, 두 섬 간의 거리는 1/4里로서, 보이는 곳에 암초맥이 있어 이를 연결한다. 서도(西嶼)는 해면으로부터의 높이가 약 410척으로 형상은 봉당(棒糖)과 비슷하다. 동도(東嶼)는 비교적 낮고 평평한 정상으로 되어 있다. 이 열암 부근의 수심은 상당히 깊은 것 같아도 그 위치는 하코다테를 향해 일본해를 항행하는 선박의 직수도에 해당하므로 상당히 위험하다.

울릉도[일명 松島], 해군해도 제54호, 제95호를 볼 것.

오키에서 북서 3/4 약 140里, 조선 강원도 해안에서 약 80里의 바다 가운데 고립해 있다. 섬 전체가 높고 험한 원추형 구릉의 집합으로서 수목이 울창하고…….[194]

『조선수로지』(1894)는 '해군해도 제95호'를 참고하도록 명시하고 있는데, '해군해도 제95호'는 전술한 「일본 혼슈·규슈·시코쿠 부조선」 지도를 말한다. 1886년의 『환영수로지』에 비해 『조선수로지』는 문어체에

---

[194] 水路部, 『朝鮮水路誌』, 1894, pp. 255~256. "リアンコールト列岩 此列岩ハ洋紀一八四九年佛國船「リアンコールト」號初テ之ヲ發見シ船名ヲ取テリアンコールト列岩ト名ツク. 其後一八五四年露國「フレガット」形艦「パラス」號ハ此列岩ヲメナライ及ヲリヴ゙ツァ列岩ト称シ, 一八五五年英艦「ホルネット」號ハ此列岩ヲ探撿シテホルネット列島ト名ツケリ. 該艦長フォルシィスノ言ニ據レバ此列岩ハ北緯三七度一四分, 東経一三一度五五分ノ處ニ位スルニ坐ノ不毛岩嶼ニシテ鳥糞常ニ嶼上ニ堆積シ, 嶼色爲メニ白シ而シテ北西ゟ西至南東ゟ東ノ長サ凡一里ニ嶼ノ間距離一/四里ニシテ見タル所一礁脈アリテ之ヲ連結ス. ○ 西嶼ハ海面上高サ凡四一〇呎ニシテ形チ糖塔ノ如シ. 東嶼ハ較ク低クシテ平頂ナリ. ○ 此列岩附近水頗ル深キカ如シト雖モ, 其位置ハ實ニ函館ニ向テ日本海ヲ航行スル船舶ノ直水道ニ當レルヲ以テ頗ル危險ナリトス. 鬱陵島(一名松島)海軍海図第五四號第九五號ヲ見ヨ隠岐島ヲ距ル北西3/4西凡一四〇里朝鮮江原道海岸ヲ距ル凡八十里ノ海中ニ孤立ス全島嵯峨タル圓錐山ノ集合ニシテ樹木鬱然繁茂ス而シテ……."

서 좀 더 구어체로 바뀌었을 뿐, 전체적으로 그 내용은 『환영수로지』와 같다. 일본 해군성이 『조선수로지』에 독도를 기록했다는 것은 『환영수로지』에서 '조선동안'편에 독도를 기록한 것보다 한층 더 분명하게 독도를 조선 영토로 인식했음을 의미한다.

1896년에는 다시 해군해도 제21호로 「조선전안(朝鮮全岸)」 지도를 발간했다. 발간 날짜는 메이지 29년(1896) 4월 15일, 발간자는 수로부장 기모쓰키 가네유키라고 지도 왼편에 기록되어 있다. 해군해도 제95호와 마찬가지로 울릉도와 독도는 '鬱陵島(松島)', '리앙코르트암(リアンコールト岩)'으로 각각 표기되어 있고, 그 위치는 현재의 지도와 정확히 일치할 정도로 아주 정밀하다. 해군해도 제95호 「일본 혼슈·규슈·시코쿠 부조선」 지도에는 일본과 조선이 같은 지도에 그려져 있는 데 비해 해군해도 제21호로 간행된 「조선전안」 지도는 조선만 따로 지도로 제작했다는 점에서 다를 뿐이다. 일본 해군성은 수로지뿐만 아니라 지도를 통해서도 독도를 조선의 영토로 인식했음을 보여주고 있다.

일본 해군성은 1899년 2월에는 『조선수로지』 제2판을 발간했다. 독도에 관한 내용은 1894년의 『조선수로지』와 달라진 것이 없다. 독도는 여전히 '리앙코르트열암'으로, '제4편 조선동안'에 자세하게 기록되어 있다. 제1판에 비해 토씨 정도만 달라졌을 뿐이다. '울릉도 일명 松島'편에서는 명칭 옆에 기록되었던 '해군해도 제54호, 제95호를 볼 것'은 '해군해도 제21호, 제95호를 볼 것'으로 바뀌었다.

리앙코르트열암
이 열암은 서기 1849년 프랑스 선박 '리앙코르트'가 처음으로 이를 발견해 칭호를 그 선박의 이름에서 취했다. 그 후 …… 울릉도 일명 松島, 해

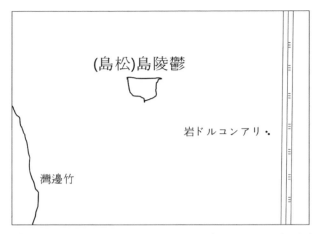

그림 16 1896년 해군해도 제21호 「조선전안」 지도의 울릉도 · 독도 부분(모사도).

군해도 제21호, 제95호를 볼 것…….[195]

해군해도 제95호는 전술한 「일본 혼슈·규슈·시코쿠 부조선」 지도를 말하며, 제21호는 「조선전안」 지도를 말한다. 1899년 당시 수로지와 해도 양면에서 상호 연계하에 독도를 조선 영토로 인식했다는 것을 증명하고 있다.

1880년대 해군 수로부의 『환영수로지』와 1890년대의 『조선수로지』, 해군해도 제95호 「일본 혼슈·규슈·시코쿠 부조선」 지도(1891), 해군해도 제21호 「조선전안」 지도(1896) 등에서 알 수 있는 것은, 독도의 명칭

---

195 水路部, 『朝鮮水路誌』第2版, 1899, p. 263. "リアンコールト列岩 此列岩ハ洋紀一八四九年佛國船「リアンコールト」初テ之ヲ發見シ稱呼ヲ其船名ニ取ル. 其後 …… 鬱陵島一名松島 海圖第二一號第九五號ヲ見ヨ……"

과 독도의 영유권 귀속에 대해 일본 정부 해군성의 공식적인 자료는 일관되게 독도의 명칭은 '리앙코르트열암', 독도의 영유권 귀속은 조선으로 인식했다는 것이다.

일제강점기에 발간된 『오키도지(隱岐島誌)』(1933)는 메이지 초기 일본 해군 수로부의 수로지와 해도에 독도를 조선 영토로 기재하게 된 경위를 상세히 설명하고 있다. 다만 그 경위에 대해, 전술한 지리학자는 태정관정원 지지과에서 독도를 일본 땅으로 인정하지 않았기 때문이라고 설명하고 있는 데 반해(1905. 8.『지학잡지』제200호), 『오키도지』는 착오에 의한 것으로 설명하고 있다.

그리고 해군 수로부의 『조선수로지』 및 해도에 '울릉도 일명 다케시마(竹島: 松島를 잘못 기록, 필자 주)'로 오전(誤傳)된 이래, 마쓰시마(松島)·다케시마(竹島)의 명칭에 혼동이 생기게 되었다. 따라서 두 섬이 공히 절해의 고도임을 이유로 학자의 것을 답사하지 않고 무학(無學)인 어부의 말을 듣고, 상상적(想像的)으로 일본해 중에 마쓰시마·다케시마 두 섬이 있다는 억설(臆說)에 의해, 리앙코르트암은 구기(舊記)의 다케시마(竹島, 울릉도)에 해당하는 것으로 오인되었고, 다케시마는 원록 이래 조선의 소속으로 정해졌기 때문에 리앙코르트암을 조선의 판도(版圖)에 넣어서 해도에 표기하기에 이르렀다.[196]

---

[196] 島根縣 隱岐支廳, 『隱岐島誌』, 1933, p. 257. "然るに, 海軍水路部の朝鮮水路誌及び 海圖に, 「鬱陵島一名竹島」と誤傳せられし以來, 松島竹島の名稱の混同を生ずるに至れり. 加え, 二島は共に 絶海の孤島なるを以て, 學者の之を踏査せるものなく, 無學なる漁夫の言を聞きて, 想像的に, 日本海中に, 松島·竹島の二島ありとの臆說により, リアンコールト岩は, 舊記の竹島に当れるものと誤認せられ, 而して, 竹島は, 元祿以來, 朝鮮の所屬

그러한 경위에 대한 사실 여부는 논외로 하고, 어쨌든 메이지 초기 해군 수로부가 독도를 조선 땅으로 인식한 것은 지방정부 편찬 자료인 『오키도지』에 의해서도 분명하다는 것을 알 수 있다.

외무성

내무성과 해군성에 이어 외무성에서도 독도를 한국의 영토로 인식하고 있었다. 외무성에서는 외국과의 국제 관계에 관한 많은 보고서와 통상관계 책자 등을 발간했다. 이 중 울릉도, 독도와 관련한 내용이 들어 있는 것으로 1870년의 『조선국교제시말내탐서』, 1902년 발간된 『통상휘찬』제234호 등이 있다.

『조선국교제시말내탐서』는 메이지 정부 초기 외무성의 내부보고서다. 메이지 정부는 1869년 교착 상태에 빠진 조·일 외교 관계를 타개하고 조선 침략의 발판을 마련하기 위해 외무성 관료를 내밀히 조선에 파견해 조선의 실상을 조사했다. 이 조사는 당시 최고국가기관인 태정관의 결재를 받아 이루어진 것으로, 사다 하쿠보 등 외무성 관리들이 약 6개월간 조선에 체류하면서 각 분야에 걸쳐 조사한 결과를 보고했다. 그 보고서가 『조선국교제시말내탐서』다. 여기에 울릉도와 독도에 대해 다음과 같이 서술되어 있다.

다케시마·마쓰시마 조선 부속이 된 시말(竹島松島朝鮮附屬ニ相成候始末) 이 건에 대해서, 마쓰시마(松島)는 다케시마(竹島)의 인도(隣島)로, 마쓰시마의 건은 지금까지 게재된 서류도 없다. 다케시마의 건에 대해서는,

---

と決せる故. リアンコルト岩をば, 朝鮮の版圖に加へて, 海圖に表記せらるに至れり."

원록 무렵 이후 얼마 동안 조선에서 거류를 위해 사람을 보내고 있었는데, 당시 이전과 같이 무인(無人)이 되어, 죽목(竹木) 또는 대나무보다 큰 갈대(葭)를 산출하고, 인삼 등도 자연 그대로 나고, 물고기도 상응하게 있는 것으로 듣고 있다.[197]

『조선국교제시말내탐서』에서 '다케시마'는 울릉도이고 '마쓰시마'는 독도를 말한다. 이 책은 '다케시마·마쓰시마 조선 부속이 된 시말'이라는 제목을 붙여 울릉도와 독도가 조선 영토임을 기정사실화하고 그 경위에 대해 설명하고 있다. 다만 독도에 관한 내용에서는 "마쓰시마는 다케시마의 인도로서 자료가 없다"라고 하여, 독도가 조선 영토가 된 구체적인 경위에 대해서는 언급이 없다.

울릉도에 대해서는 "원록 무렵 이후 얼마 동안 조선에서 거류를 위해 사람을 보내고 있었는데, 당시 이전과 같이 무인이 되었다"고 설명하고 있다. '원록'은 1688년부터 1704년까지의 일본의 연호로, 이 시기에 울릉도에서 조업 중이던 양국 어민 충돌과 울릉도·독도를 둘러싼 영유권 분쟁인 안용복 사건이 있었다. 이 책에서의 다케시마와 마쓰시마에 대한 인식은 1690년대 안용복 사건 당시의 인식에 바탕을 두고 있음을 알 수 있다. 마쓰시마는 안용복 사건 당시 독도를 가리켰음은 물론이다. 당시 일본 외무성은 마쓰시마, 즉 독도를 울릉도의 인도로서 조선 영토로

---

197 外務省出仕 佐田白茅 外 二人,「朝鮮國交際始末內探書」,『朝鮮事件』, 1870, 일본 국립공문서관 소장. "竹島 松島 朝鮮附屬ニ相成候始末 此儀ハ 松島ハ竹島ノ隣島ニシテ松島ノ儀ニ付 是迄揭載セシ書留モ無之 竹島ノ儀ニ付テハ元祿度後ハ暫クノ間 朝鮮ヨリ居留ノ爲差遣シ置候處 當時ハ以前ノ如ク無人ト相成 竹木又ハ竹ヨリ太キ葭ヲ産シ 人參等自然ニ生シ 其餘漁産モ相應ニ有之趣相聞ヘ候事."

보았다.

    메이지시대 일본 외무성이 독도를 조선 땅으로 인식한 근거는『조선 국교제시말내탐서』이외에 1902년 10월 일본 외무성 통상국에서 발간한『통상휘찬』제234호에서도 찾을 수 있다.『통상휘찬』제234호에서는 「한국 울릉도 사정(韓國鬱陵島事情)」이라는 제목으로 울릉도와 독도에 대해 상세히 설명하고, '리양코도(독도)'가 울릉도 동쪽 50해리에 있고, '리양코도'를 일본인들은 '松島'라고 부른다고 기술하고 있다.

> 본도(울릉도, 필자 주)의 정동쪽 약 50해리(海里)에 3소도가 있다. 이를 리양코도라 하며, 본방인은 松島라 칭한다. 그곳에서 다소의 전복을 산출하므로 본도에서 출어하는 사람이 있다. 그러나 동 섬에 음료수가 없으므로 오랫동안 출어하는 것은 가능하지 않기 때문에 4~5일간 있다가 본도에 귀항한다.[198]

    독도를 '울릉도'편에 기록한 것은 울릉도의 부속 섬으로서 한국령으로 인식했음을 나타내는 것이다. 1902년 외무성『통상휘찬』제234호의 마쓰시마(松島)는 1870년 외무성『조선국교제시말내탐서』의 마쓰시마(松島)와도 일치한다. 따라서 외무성 내탐서의 마쓰시마가 독도라는 것은 이를 통해서도 입증된다.[199]

---

198 外務省 通商局, 「韓國鬱陵島事情」, 『通商彙纂』第234號, 1902, p. 46. "韓國鬱陵島事情 又本島ノ正東約五十海里ニ三小島アリ之ヲリャンコ島ト云ヒ本邦人ハ松島ト稱ス, 所ニ多少ノ鮑ヲ産スルヲ以テ本島ヨリ出漁スルモノアリ然レトモ同島ニ飲料水乏シキニヨリ永ク出漁スルコト能ハサルヲ以テ四五日間ヲ經ハ本島ニ歸港セリ."

199 다케시마문제연구회 측에서는『조선국교제시말내탐서』의 마쓰시마(松島)는 독도가 아니

심지어 독도를 시마네현에 편입 결정(1905. 2. 22.)한 후에도 독도를 조선 땅으로 보는 외무성의 인식은 변하지 않았다. 1905년 7월 외무성 통상국 편찬『통상휘찬』제50호에서도 1902년의『통상휘찬』제234호와 마찬가지로 '울릉도 현황'편에 독도에서의 바다사자 잡이에 대해 기록하고 있다.

> '바다사자'라고 칭하는 해수(海獸)는 울릉도에서 동남쪽 약 25리(里) 위치에 있는 랑코도(독도, 필자 주)에 서식해, 작년 무렵부터 울릉도민이 그것을 포획하기 시작했다.[200]

『통상휘찬』제50호에서는 1904년경부터 울릉도민이 바다사자 포획을 시작했다고 기술하고 있다.『통상휘찬』제234호와 함께 독도를 시마네현에 불법 편입 결정하기 전에 울릉도민이 독도를 조선 땅으로 인식하고 독도에서 어로 작업을 해왔음을 입증하는 동시에, 1905년 일본 시마네현에 불법 편입한 후에도 독도를 울릉도에 부속된 섬으로 보는 외무성의 인식은 크게 달라지지 않았음을 입증하고 있다.

농상무성 등 기타 기관의 '독도는 조선령' 인식

1903년 5월 일본 농상무성 수산국에서는『수산무역요람』을 발간했다. 「한국 울릉도 어업의 상황(韓國鬱陵島漁業の狀況)」이라는 제목의 글에

라고 주장하고 있다.

200　外務省 通商局,「鬱陵島現況」,『通商彙纂』第50號, 1905, pp. 49~50, 일본 국립국회도서관 소장. "トドト稱スル海獸ハ鬱陵島ヨリ東南約二十五里ノ位置ニアルランコ島ニ棲息シ昨年頃ヨリ鬱陵島民之レヲ捕獲シ始メタリ."

기록된 독도에 관한 내용은 다음과 같다.

> 본도(울릉도, 필자 주)의 정동쪽 약 50해리(海里)에 3소도가 있다. 이를 리
> 양코도(독도, 필자 주)라 하며 본방인은 松島라 칭한다. 그곳에서 다소의
> 전복을 산출하므로 본도에서 출어하는 사람이 있다. 그러나 동 섬에 음
> 료수가 없으므로 오랫동안 출어하는 것은 가능하지 않기 때문에 4~5일
> 간 있다가 본도에 귀항한다.[201]

내용은 외무성에서 발간한 『통상휘찬』 제234호(1902. 10.)와 같다. 농
상무성에서도 독도를 조선령으로 인식한 것이다.

또한 농상무성 수산국장이 서문을 쓴 1903년의 『한해통어지침』은 비
록 흑룡회가 출판한 책이고 명칭과 거리가 부정확하지만, 독도를 울릉
도에 부속된 섬으로, 또한 '한해(韓海)'에 있는 섬으로 기록하고 있다.
이에 대해서는 뒤에서 자세히 설명한다. 이 『한해통어지침』에 당시 농상
무성 수산국장 마키 보쿠신(牧朴眞)이 추천 서문을 썼다는 것은 곧 농
상무성에서도 독도를 한국령으로 인식했다는 것을 의미한다.

그 외에 육군성과 문부성 발간 지도를 통해서도 독도를 조선령으로
인식했음을 알 수 있다. 육군 참모국에서 발간한 「대일본전도」(1877)에
는 울릉도와 독도가 표기되어 있지 않으며,[202] 문부성 발간 「일본제국전

---

201 農商務省 水産局, 「韓國鬱陵島漁業の狀況」, 『水産貿易要覽』, 1903, pp. 491~492.
"又本島ノ正東約五十海里ニ三小島アリ之ヲリャンコ島ト云ヒ本邦人ハ松島ト稱ス, 同所
ニ多少ノ鮑ヲ産スルヲ以テ本島ヨリ出漁スルモノアリ然レトモ同島ニ飲料水乏シキニヨリ
永ク出漁スルコト能ハサルヲ以テ四五日間ヲ經ハ本島ニ歸港セリ."
202 박병섭, 앞의 글 「일본 메이지(明治) 정부의 다케시마=독도 인식」, p. 48.

도」(1875)에는 울릉도와 독도가 무채색으로 되어 있다.[203] 문부성에서 독도를 일본 영토로 인식하지 않았다는 것은 앞에서 설명한 『지학잡지』 제200호(1905. 8.)에도 기록되어 있다.

일본 해군을 비롯한 메이지 정부 각 기관의 독도 인식에 대해 『태정 관지령』을 발견·공개한 호리 가즈오는 다음과 같이 서술하고 있다.

> 결국 19세기 말에 일본 해군 수로부 당국이 다케시마(竹島=독도)를 조선 령으로 인식한 것은 의심할 여지가 없다.
> 이상 요컨대, 메이지유신 이후 일본 정부가 다케시마에 독자적인 관심을 표시한 것은 전혀 없었다. 그리고 인식의 정도에 차이는 있지만, 일본 정 부의 관계 기관 전부가 이 섬을 울릉도와 같이 조선령이라고 본 것은 명 백한 것이다.[204]

위의 글에서 다케시마는 현재의 독도를 가리킨다. 호리 가즈오는 19 세기 말 일본 메이지 정부의 관료와 정부기관 전부가 독도를 조선령으 로 인식했음을 밝히고 있다. 뿐만 아니라, 후술하는 바와 같이, 일본 어 부와 학계에서도 독도를 조선 영토로 인식하고 있었다. 그러나 이러한 인식은 흑룡회에 의해 1901년부터 조금씩 왜곡되어 갔다.

---

203 박병섭, 앞의 글 「일본 메이지(明治) 정부의 다케시마=독도 인식」, p. 48; 田中阿歌麻 呂, 「隠岐國竹島に關する舊記」, 『地學雜誌』 第200號, 1905, p. 594
204 堀和生, 「1905年 日本の竹島領土編入」, 『朝鮮史研究會論文集』 24, 朝鮮史研究會, 1987, p. 106.

흑룡회의 '양코'섬 발견 주장과 무주지 주장

흑룡회의 '양코'섬 발견 주장

1901년 일본의 신문·잡지에서 갑자기 '양코'라는 섬이 동해에 등장한다. 그것도 지도에 없는 새로운 섬을 발견했다는 것이다. 새로운 섬이니 당연히 무주지다. 이러한 주장을 한 것은 흑룡회다.[205] 흑룡회는 한반도와 대륙 침략의 첨병 역할을 했던 국수주의 단체다.[206] 이 흑룡회에서는 기관지 『회보(會報)』를 발간했는데, 1901년 3월에 발간된 제1호에서 「일본해 중 미발견의 한 섬(日本海中未發見の一嶋)」이라는 제목으로 '양코'라는 섬에 대해 다음과 같이 기술하고 있다.

조선의 울릉도에서 동남으로 가기를 30리, 우리 제국의 오키주에서 서북으로 거의 같은 거리 해중(海中)에 세상 사람이 알지 못하는 무명의 섬이 있다. 이 섬은 아직 영국 해도에도 실리지 않고 일본과 러시아 해도에

---

205 흑룡회는 우치다 료헤이(內田良平), 구즈우 슈스케(葛生修亮) 등이 1901년 2월 설립한 단체로서, 흑룡회의 명칭은 중국과 러시아의 국경지대를 흐르는 흑룡강(아무르강)에서 비롯되었다. 만주의 흑룡강 일대까지 침탈하겠다는 기대와 욕구를 담은 명칭이다.(김채수, 「1895년~1914년 일본의 우익 연구: 단체·운동·사상을 중심으로」, 『동북아문화연구』 12, 동북아시아문화학회, 2007, pp. 413~414; 한상일, 『일본 제국주의의 한 연구: 대륙 낭인과 대륙 팽창』, 까치, 1980, p. 68)

206 흑룡회의 활동은 그 명칭에서 알 수 있듯이 한반도와 대륙 침략의 첨병 역할이라고 할 수 있다. 흑룡회는 『회보』, 『흑룡』을 발간해 조선과 만주, 시베리아의 사정을 널리 일본에 알리는가 하면, 대(對)러시아 전쟁을 주장하고 선동했다. 강제 병합 이전에는 친일단체인 일진회를 통해 '한일합방' 공작을 배후 조종했다. 흑룡회는 서구 열강의 식민 지배는 수탈과 착취를 위한 것이지만, 한일 간의 '합방'은 한국과 일본이 차별이나 수탈이 없는 상호시혜적인 것이라고 선동했다.(강창일, 「일진회의 합방운동과 흑룡회」, 『한국민족문화』 30, 2007, p. 220)

도 실리지 않았다. 또 조선의 판도에도 속하지 않는다. 그렇지만 그 섬이 존재하는 것은 사실로서 실제로 울릉도에서 돌아온 자는 맑은 날 이 섬이 산봉우리의 높은 곳에서 동남쪽으로 멀리 섬이 있는 것을 알 수 있다고 했다. …… 섬의 형태는 매우 굴곡이 많고 어선을 정박해 풍랑을 피하기에는 매우 좋은 위치에 있다. …… 참고로 말하자면 일한 어민은 이 섬을 부르기를 '양코'라고 한다.[207]

일본이 러일전쟁(1904. 2.)을 일으키기 3년 전의 일이다. 해군성의 독도 인식에서 살펴본 바와 같이, 1901년 이전에 일본은 이미 러시아와의 해전을 앞두고 동해의 울릉도와 독도에 대한 완벽한 지식을 가지고 있었다. 더구나 1899년 『조선수로지』 등 수로지는 붓글씨로 쓴 근대 이전의 문헌과는 달리 현대식 활판 인쇄체로 공간(公刊)된 책자다. 해군성에서 발간했지만 군 관계자는 물론이고 어업 종사자들 간에도 읽혔을 것이라는 사실을 쉽게 짐작할 수 있다. 울릉도에서 육안으로도 보이는 상당한 크기의 섬, '양코'가 영국, 일본, 러시아 어느 지도에도 없었다는 것은 있을 수 없는 일이다.

흑룡회의 『회보』에서는 '양코'가 울릉도와 일본 오키도로부터 거의 같은 거리에 있으며, 울릉도에서 '양코'가 보인다고 기술하고 있다. 그 반면에 새로 발견한 섬의 기본적인 형태, 동도와 서도로 이루어진 섬이라는 것 등에 대해서는 전혀 설명하고 있지 않다. 새로 발견한 섬인데도

---

207 雜報, 「日本海中未發見の一嶋」, 『會報』 第1集, 1901, pp. 107~108; 內田良平文書研究會, 『黑龍會關係資料集』 1, 柏書房, 1992 ; 윤소영, 「1900년대 초 일본 측 조선 어업 조사 자료에 보이는 독도」, 『한국독립운동사연구』 41, 독립기념관 한국독립운동연구소, 2012, p. 24에서 재인용.

양국 어민들에게 공통적으로 불리는 '양코'라는 이름이 있다는 주장도 설득력이 약하다. 독도는 울릉도의 부속 섬이라 할 정도로 울릉도에서 더 가까운데도 '양코'는 울릉도와 일본 오키도의 대략 중앙에 있다고 기술하고 있다.

울릉도에서 일본 방향으로 보이는 섬이라면 독도임이 분명하다. 독도를 가리키는 것으로 생각하게 하면서도, 위치는 일본 쪽에 가깝게 해서 쉽게 독도라고 단정할 수는 없게 하고, 이름도 '양코'로 바꾸어, 지도에도 없는 새로운 섬을 발견했다고 주장하고 있다. 또한 "조선의 판도에도 속하지 않는다"고 하여, 독도를 무주지로 인식시키고자 하는 의도를 그대로 드러내고 있다.[208]

흑룡회는 『회보』 등 출판물을 통해 조선과 만주, 시베리아의 사정을 일본에 알리는가 하면, 대(對)러시아 전쟁을 주장하고 선동했다. 『회보』의 기고자들은 본명 이외에 필명 혹은 호나 아명 등 다양한 이름을 사용하고 있어 기고자의 다양함을 의도적으로 강조하고자 했던 것으로 보인다. 우치다 료헤이(內田良平)의 경우, 기고자 명의로 경석(硬石)이라는 호 이외에 아명인 갑(甲) 등을 사용했다.[209] 다케다 한시(武田範之)는 보령산인(保寧山人)과 홍주(洪疇), 요시쿠라 오세이(吉倉汪聖)는 길주우(吉州牛)와 비장군(飛將軍)이라는 필명을 사용했으며, 주요 집필자는 우치다 료헤이, 구즈우 슈스케, 요시쿠라 오세이 등이다.[210] 이 외에도 잡보

---

208 날조된 양코도 기록에 대해서는 김수희, 「'양코도'와 독도 무주지설」, 『독도연구』 11, 영남 대학교 독도연구소, 2011, pp. 119~126 참조.
209 황미주, 『『흑룡』의 한국 관련 기사를 통해 본 일본의 아시아주의 전개 양상」, 『한국민족 문화』 30, 2007, pp. 141~142.
210 강창일, 앞의 글 「일진회의 합방운동과 흑룡회」, p. 185.

형식의 기사에는 기고자의 이름이 없는 것이 일반적이다.

흑룡회는 『회보』, 『흑룡』 외에 『동아월보(東亞月報)』, 『내외시사월함(內外時事月函)』 등의 잡지를 출간했으며, 다른 저작물도 다수 출판했다. 「최신만주도(最新滿洲圖)」(1901. 4.), 『노서아망국론(露西亞亡國論)』(1901. 9.), 『노서아론(露西亞論)』(1901. 11.), 「노국동방경영부면전도(露國東方經營部面全圖)」(1902. 5.), 『한해통어지침』(1903. 1.), 「만한신도(滿韓新圖)」(1904. 3.), 『군국경제론(軍國經濟論)』(1904) 등이다. 주로 대륙 침략을 선동하는 저작물과 군사적 전략 지도다.[211]

이 중 「최신만주도」는 일본에서 가장 정확한 지도라고 자처했으며,[212] 「노국동방경영부면전도」는 일본 정부의 지원을 받아 제작한 것이다.[213] 일본 정부에서 지도 제작을 의뢰할 정도로 흑룡회의 지리적 지식은 상당한 수준이었다.

그런 흑룡회가 동해에 '양코'라는 지도에도 나오지 않는 섬을 새로 발견했다고 그 기관지 『회보』(1901. 3.)에 게재하고, 내용을 약간만 고쳐서 다시 「한국연해사정(韓國沿海事情)」(『흑룡』 제1권 제2호, 1901. 6.), 『한해통어지침』(1903. 1.)에 연이어 게재한 것이다.

양코 새로운 섬 발견설은 1901년 5월 『지학잡지』 제13집 제149권에도 게재되었다. 『지학잡지』를 발간한 동경지학협회는 현재도 존속하고

---

211 황미주, 앞의 글 「『흑룡』의 한국 관련 기사를 통해 본 일본의 아시아주의 전개 양상」, p. 137; 강창일, 『근대 일본의 조선 침략과 대아시아주의: 우익 낭인의 행동과 사상을 중심으로』, 역사비평사, 2003, p. 186.

212 조항래, 「일본 국수주의 단체 '현양사'의 한국 침략 행적」, 『한일관계사연구』 1, 한일관계사학회, 1993, pp. 145 · 169.

213 강창일, 앞의 책 『근대 일본의 조선 침략과 대아시아주의: 우익 낭인의 행동과 사상을 중심으로』, p. 187.

있고,『지학잡지』도 그대로 발간하고 있다. 그런데『지학잡지』는 '양코' 새로운 섬 발견 기사를 그대로 싣고 거기에다 지학 전문지로서의 의견을 부가했다. '일본해 중의 한 섬(양코)'이라는 제목의『지학잡지』게재 기사는 다음과 같다.

지난 4월 중순 도쿄 발행 각 신문은 일본해에서 한 섬을 발견했다고 보도했다. 그에 의하면, 한국 울릉도에서 동남으로 30리, 아(我) 일본국 오키에서 서북으로 거의 같은 거리 해상에서 아직 세상에 알려지지 않은 한 섬을 발견했는데, 이 섬은 아직 일본의 해도에 실리지 않고 영국의 해도에도 기재되지 않았지만 그 섬의 존재는 확실하며, 실제로 울릉도에 있는 일본인은 맑은 날 산의 높은 곳에서 동남을 바라보면 아득히 섬 윤곽을 볼 수 있다고 한다.

지금 이 섬 발견에 관한 역사를 들어보니, 1~2년 전 규슈 근방에서 잠수기선 한 척이 어족(魚族)을 쫓아 멀리 해중에 나갔다가 못 보던 곳에 섬이 하나 있는 것을 발견하고 기뻐하며 이를 근거지로 삼아 바다 사방 고기를 찾아다녔는데, 그 근처는 서식하는 어족이 굉장히 많아도 바다사자 수백 마리가 떼를 지어 잠수기선을 막았기 때문에 결국 목적을 이루지 못하고 돌아왔다고 한다. 배 안에 있던 잠수기 업자가 가본 것을 말한 바에 따르면, 이 섬은 길이가 30정에 가깝고 구릉은 높지 않다. 곳곳에 진망무예(蓁莽無穢), 섬의 형태는 매우 굴곡이 많고 어선을 정박해 풍랑을 피하기에 아주 좋다. 다만, 지상에서 수척간은 이를 파도 물을 얻을 수 없어 지금으로서는 수산물 제조장으로서의 가치는 부족해서, 학자와 실업가는 아직 탐검을 할 여지를 남겼다. 일한 어민은 이 섬을 양코라고 부른다고 한다.[214]

『지학잡지』를 통해 알 수 있는 것은 1901년 3월 흑룡회『회보』제1집에 게재된 '양코'라는 새로운 섬 발견 주장이 그다음 달인 4월 도쿄의 각 신문에도 보도되었다는 것이다.

『지학잡지』제13집(1901. 5.)의 '양코' 관련 기사는 흑룡회의 『회보』제1집(1901. 3.)과 일견 같다고 할 수 있지만, 주목해야 할 것은 『지학잡지』에서는 '양코'가 'Liancourt rocks[리앙코르트 락]'에 해당된다는 내용의 기사를 부가했다는 것이다.

> 이상의 기사에 의하면, 그 위치가 애초에 확실하지 않고, 생각하건대 이 섬은 아직 해도에 나타나지 않는다고 해도 그 기사 및 칭호에서 이를 살펴보면 흡사 Liancourt rocks[리앙코르트 락]에 부합하고, 혹 이를 가리킨다는 데 의문을 가진다고 해도 아직 그 정확한 단정은 정세(精細)한 보고를 득(得)한 후가 아니면 안 된다. 일단 참조를 위해 좌(左)에 『조선수

---

214 雜報, 「日本海中の一島嶼(ヤンコ)」, 『地學雜誌』, 第13集 第149卷, 1901. 5., pp. 301~302. "去る四月中旬東京發行の各新聞紙は日本海中に一島嶼を發見せることを報せり, 其いふ所に從へは韓國鬱陵島を東南に去ること三十里我日本國隱岐を西北に距ること殆んと同里數の海上に未た世人に知られさる一島嶼を發見せり, 該島は未だ本邦の海圖には載らすイキリスの海圖にも亦之を記せされとも其の存在は確實にして, 現に鬱陵島にありし, 日本人は晴天の日山の高所より東南を望みたるに遙に島影を認めたりといへり, 今此の島發見の歷史を聞くに一兩年前九州邊の一潜水器船が魚族を追ふて遠く海中に出てたるに, 見慣れさる所に一島嶼の存せることを發見し喜んで之を根據地と定め其四隣の海中を漁り回りたるに, 此の邊魚族の棲息せるもの頗る多かりしも海馬數百群を爲して潜水器船を沮みたれば終に目的を終へすして引還したりといふ, 此の船中にありし潜水業者の實見したり所なりとて報する所によれは其島は長さ三十町に近く丘隆甚た高からされとも處々に蓁莽蕪穢島形又極めて屈曲に富み漁船を泊し風浪を避くるに最も便あり, 只地上より數尺の間は之を鑽るも水を得す從て現今の所にては水産物製造場としての價値は乏しといふべし, 故に學者實業家は猶充分なる探撿を施すの餘地を留む, 日韓漁民之を指してヤンコと呼へりといふ."

로지』 제2판[1899년 수로부 간행] 제263항으로부터 리앙코트도에 관한 기사를 초록한다.

리앙코르트열암

이 열암은 서기 1849년 프랑스 선박 'Liancourt'가 처음 발견해 칭호를 그 선박의 이름에서 취했다. 그 후 1854년 러시아 '프레가트'형 함선 'Pallas'는 이 열암을 'Menalai' 및 'Ollivutsa'열암이라고 명명하고, 1855년 영국 함선 'Hornet'는 이 열암을 탐검해 '호르넷트'열도라고 이름 붙였다. 그 함장 'Forsyth'의 말에 의하면, 이 열암은 북위 37도 14분, 동경 131도 55분에 위치하는 두 개의 불모의 바위섬으로서 새똥이 항상 섬 위에 쌓여 있어 섬의 색이 이 때문에 희다. 북서서(北西ㄣ西)로부터 남동동(南東ㄣ東)에 이르는 길이 약 1리이고, 두 섬 간의 거리는 약 2연(鏈) 반으로서, 보이는 곳에 암초맥이 있어 이를 연결한다. 서도(西嶼)는 해면으로부터 높이가 약 410척(呎)으로서 형상은 봉당(棒糖)과 비슷하다. 동도(東嶼)는 비교적 낮고 평평한 정상으로 되어 있다. 이 열암 부근의 수심은 상당히 깊은 것 같아도 그 위치는 하코다테를 향해 일본해를 항행하는 선박의 직도(直道)에 해당하므로 상당히 위험하다.[215]

---

[215] 雜報,「日本海中の一島嶼(ヤンコ)」,『地學雜誌』, 第13集 第149卷, 1901, pp. 301~302. "以上の記事に據るに其位置固より確實ならず, 想ふに此の島はまだ海圖に示されすといふも其記事及び稱呼より之を擦せば恰もLiancourt rocks(リアンコールートロック)に符合せり, 或は之を指すに非ずやと疑はるるも尙其精確なる斷定は精細なる報告を得たる後に非れば下す能はず, 且らく參照の爲に左に朝鮮水路誌第二版(明治三十二年水路部刊行)二六三頁よりリアンコート島に關する記事を抄錄せん. リアンコールト列岩 此列岩は洋紀一八四九年佛國船「Liancourt」初て發見し稱呼を其船名に取る. 其後一八五四年露國「フレガット」形艦「Pallas」は此列岩を「Menalai」及「Ollivutsa」列岩と名つけ, 一八五五年英艦「Hornet」は此の列岩を探撿して「ホルネット」列島と名つけり. 該艦

위와 같이 『지학잡지』(1901. 5.)에서는 '4월 중순 도쿄 발행 각 신문'
에서의 '양코 새로운 섬 발견' 주장은 그 위치가 부정확함을 지적했다.
그리고 '양코'라는 섬은 리앙코르트섬, 즉 독도라고 보고, 그 근거로서
해군 수로부 발간 『조선수로지』 제2판(1899. 2.)의 독도 부분을 연이어
서 그대로 게재했다. 극우단체의 기관지인 『회보』 제1집(1901. 3.) 등에
실린 내용을 그대로 받아들이지 않고, 해군 수로부의 『조선수로지』 기록
과 대조해, 무주지의 새로운 섬을 발견했다는 흑룡회의 주장을 사실상
부인한 것이다. 그럼에도 양코에 관한 흑룡회의 주장은 그 후 흑룡회의
다른 잡지에 게재되고, 흑룡회 발간 책자에도 수록된다.

흑룡회의 '양코' 무주지 주장

'양코'에 관한 기사는 대한제국의 신문에도 게재되었다. 1901년 4월
1일자 『제국신문』에는 "울릉도 동남 삼십 리 해중에 양코라 하는 섬을
일본에서 얻었는데, 그 섬은 천하 지도에도 오르지 아니하였고……"라
고 되어 있어[216] 흑룡회의 양코도 발견설이 일본에서뿐만 아니라 한국
에도 유포되었음을 알 수 있다.

흑룡회의 『회보』는 1901년 4월 일본 내무성에 의해 발간 금지 처분

長「Forsyth」の言に據れば此列岩は北緯三七度一四分, 東経一三一度五五分の處に位
する二座の不毛岩嶼にして鳥糞常に嶼上に堆積し, 嶼色爲めに白し而して北西イ西至
南東イ東の長さ約一里に嶼の間距離約二鏈半にして見たる所一礁脉ありて之を連結す.
○ 西嶼は海面上高さ約四一○呎にして其形棒糖の如し. 東嶼は較低くして平頂なり. ○
此列岩附近は水頗深きか如しと雖, 其位置は實に函館に向て日本海を航行する船舶
の直道に當れるを以て頗危險なりとす."

[216] 『제국신문』 광무 5년(1901) 4월 1일자; 유미림, 「근대기 조선 지리지에 보이는 일본의 울릉
도·독도 인식: 호칭의 혼란을 중심으로」, 『영토해양연구』 2, 동북아역사재단, 2011, p. 115.

을 받았다. 『회보』 제2집의 「러·일 간의 실력을 계산해 강화와 전쟁의 이해를 논급하다(日露間の實力を算し和戰の利害に及ぶ)」라는 제목의 글이 외교상 불온하다는 것이 그 이유였다고 한다.[217] 『회보』는 이후 『흑룡』으로 이름을 바꾸어 계속 발간되었다.

1901년 9월에는 흑룡회 주간 우치다 료헤이의 『노서아망국론』을 흑룡회에서 출판했는데, 러시아와의 개전(開戰)을 주장하는 과격한 내용으로 인해 당시 일본 정부에 의해 발매 금지, 압수당하는 사건이 발생하기도 했다.[218]

그 후 '양코'에 관한 기사는 흑룡회의 새로운 기관지 『흑룡』에 다시 게재되었다. 『흑룡』의 발행인 겸 편집인인 구즈우 슈스케는 『흑룡』에 「한국연해사정」을 연재했는데, 『흑룡』 제1권 제2호(1901. 6.)에서는 「한국연해사정」의 '강원도'편에 울릉도의 일부로서 '양코'에 대해 다음과 같이 기록하고 있다.

울릉도[春川府 직할]

평해군, 월송포의 남미북(南微北)에 해당하며, 40여 里의 해중(海中)에 있는 고도(孤島)로서, 별명으로 이를 무릉(武陵) 또는 우릉(羽陵)이라고도 쓴다. 즉, 옛 우산국이며, 일본인은 이를 松島라고 부른다. 세상 사람들은 이 섬을 대소 6개의 도서, 혹은 竹島, 松島 두 섬으로 이루어진다고도 하고, 지도에 종종 이를 병기하는 것을 보기도 하는데, 이 같은 것

---

217 윤소영, 앞의 글 「1900년대 초 일본 측 조선 어업 조사 자료에 보이는 독도」, p. 17; 강창일, 앞의 책 『근대 일본의 조선 침략과 대아시아주의: 우익 낭인의 행동과 사상을 중심으로』, p. 187.

218 葛生能久, 『日韓合邦秘史』 上卷 附錄, 黑龍會出版部, 1930, p. 8.

은 모두 오류다. ……

울릉도에서 동남쪽 약 30里, 아(我) 오키주에서 서북으로 거의 같은 거리의 바다 가운데에 사람이 살지 않는 섬이 있다. 맑은 날에 산봉우리의 높은 곳에서 이를 볼 수 있다. 한인 및 본방 어민은 이를 양코라고 부른다. 길이 거의 10여 정(町), 연안의 굴곡이 아주 많아서 어선을 정박해 풍랑을 피하기 좋다. 그렇지만 땔나무와 음료수를 얻는 것은 아주 곤란하다. 지상에서 몇 척이나 뚫어도 용이하게 물을 얻을 수 없다고 한다. 이 섬에는 바다사자가 아주 많이 서식하고, 근해에는 전복, 해삼, 우뭇가사리 등이 풍부하다. 수년 전에 야마구치(山口)현의 잠수기선이 기대를 걸고 출어한 적이 있는데, 잠수할 때 무수한 바다사자 무리가 방해해서 음료수 부족으로 만족하게 영업할 수 없어서 돌아왔다고 한다. 살피건대 당시의 계절은 아마 5~6월로서 바다사자의 산기(産期)에 해당돼서 특히 방해를 받은 것이 아닌가? 또한 부근에 상어잡이에 좋은 어장이 있다. 수년 전부터 5~6월 무렵이 되면 오이타(大分)현의 상어잡이 배가 출어하곤 한다. 작년 봄 여기에서 귀항한 어부에게 들어보니 출어는 아직 두세 번에 불과해 충분한 효과를 얻었다고 할 수 없지만, 매년 상당한 어획량이 있고, 종래의 경험상 어장의 상태 및 상어류 서식 모습 등에서 관찰하건대 장래 아주 유망한 어장임을 의심치 않는다고 한다. 생각하건대 해당 업자를 위해서는 여전히 충분히 탐검할 가치가 있을 것이다.[219]

---

219 葛生修亮,「韓國沿海事情」,『黑龍』第1卷 第2號, 1901, p. 93. "鬱陵島[春川府直轄] 平海郡, 越松浦の南微北に當り, 四十余里の海中にある孤島にして, 別名之れを武陵又た羽陵とも書す, 卽ち古の于山國にして本邦人は松島と呼ぶ. 世人の本島は大小六箇の島嶼, 若くは竹島, 松島の二島より成れりと爲し, 成は地圖に之れを記入しあるは往々見る所なれとも, 是れ等は何れも誤りなるが如し …… 鬱陵島より東南の方約三十里, 我が

위와 같이 구즈우는 「한국연해사정」(1901. 6.)에서는 '울릉도'라는 소제목을 달아 '양코'에 대한 설명을 울릉도의 설명에 포함했다. 울릉도의 부속 섬으로서 독도의 지리적 위치로 인해 그렇게 할 수밖에 없었을 것이다. 『회보』 제1집(1901. 3.)의 내용과 대조해 보면, 지도에 없는 새로운 섬을 발견했다는 주장은 삭제되었음을 알 수 있다. 그러나 그 이외에 위치, 명칭, 배를 정박하기 쉬운 섬 등 왜곡된 내용은 그대로다.

그런데 새로운 내용이 추가되었다. 상어잡이 어장으로 유망하다는 것이다. 「한국연해사정」의 기고자인 구즈우는 처음 『회보』 제1집에 '양코' 관련 기사가 나간 이후에도 '양코'라는 섬에 대해 지속적인 관심을 가지고 조사해 새로운 내용을 추가했다고 볼 수도 있는데, 그렇다면 한 달 전에 나온 『지학잡지』(1901. 5.)의 기사와 그 『지학잡지』에서 언급한 『조선수로지』(1899. 2.) 등은 왜 참고하지 않았는지 의문이다. 상어잡이 어장으로 유망하다는 주장은 독도에 관심을 끌기 위한 것으로 보인다. 이

隱岐國を西北に距る殆んど同里數の海中に於て, 無人の一島あり. 晴天の際山峯の高處よりそれを望むを得べし. 韓人及び本邦漁人はそれをヤンコと呼び, 長き殆んど十余町, 沿岸の屈曲極めて多く, 漁船を泊し風浪を避くるに宜し. 然れども薪及び飲料水を得るは甚た困難にして, 地上數尺の間はそれを穿ども容易に水を得ずと云う. 此島には海馬非常に棲息し, 近海には鮑・海鼠・石花菜等に富み, 數年以前山口縣潛水器船の望を屬して出漁したるものありしが, 潛水の際, 無數の海馬の爲に妨げられたると. 飲料水の缺乏との爲に, 充分營業することを得すして還りたりと云ふ. 察するに當時の季節は恰も五六月にして, 海馬の産期に當りしを以て, 殊に其妨害を受けたるものならんか. 又た, 附近に鱶漁の好網代あり. 數年以來五六月の候に至れば大分縣鱶繩船の出漁するものあり. 昨年春季同處より歸航したる漁夫に就てそれ聞くに, 出漁未た二三回に過ぎざるが故に, 充分の好果を得たりと云うべからずと雖も, 每季相應の漁獲あり. 從來の經驗上, 其網代の狀態及び鱶類棲息の多さとより觀察するに, 必ずや良好の漁場たるを疑わずと. 盖し營業者の爲めには尚ほ充分探檢の價値あるべきを信ずるなり(其要領は會報第一集に載せたり參照せよ).″

주장에 대해 김수희는 최근의 논문에서 당시의 다른 기록과 대조해 볼때 상어잡이 어장으로 유망하다는 것은 근거 없는 주장이라고 반박했다.[220]

구즈우는『흑룡』에 기고한「한국연해사정」에서 양코가 무주지라고 직접 주장하지는 않고 있다. 그러나 양코를 일본 오키도와 울릉도의 중간지점에 있는 것으로 지리적 위치를 왜곡하고, 양코의 과거 명칭이나 역사에 대해 전혀 언급하지 않음으로써 간접적으로 양코가 무주지라는 것을 강조하고 있다.

요컨대 흑룡회의『회보』(1901. 3.)에서 처음으로 제기된 '양코 발견설'은『지학잡지』(1901. 5.) 등에서 반론을 제기하자,『흑룡』에 게재된「한국연해사정」(1901. 6.)부터는 '양코 무주지' 주장으로 바뀌어 계속 유포되었다.

흑룡회의 무주지 주장을 받아들인 일본 정부

흑룡회의 '양코' 무주지 주장은 1903년부터는 일본 정부에 의해 적극적으로 받아들여졌다. 이는 '양코도' 무주지 주장을 수록한『한해통어지침』과『최신한국실업지침』책자에 농상무성, 외무성 등 정부 관계자가 대거 추천 서문을 쓴 것으로 알 수 있다.

『지학잡지』(1901. 5.),『통상휘찬』(1902. 10.) 등 공간된 출판물에서 사실에 근거한 독도 관련 기사가 연이어 게재되었음에도 불구하고 양코도 무주지 주장은 1903년 1월 흑룡회가 출판한『한해통어지침』책자에 다시 등장한다. 저자 구즈우 슈스케는 1901년 우치다 료헤이와 함께 흑룡

---

220 김수희, 앞의 글「'양코도'와 독도 무주지설」, pp. 126~135.

회를 조직해 간사로 활동하다 우치다 료헤이 사후에는 흑룡회 주간으로 활동한 인물이다.

『한해통어지침』에는 명성황후 시해 사건 가담자인 다케다 한시가 '보령산인 한시(保寧山人範之)'라는 이름으로 서문을 썼다. 보령산인은 다케다 한시의 필명 중 하나다. 저자 구즈우는 책의 총론 첫 페이지부터 침략 의도를 노골화하고 있다.

> 총론
>
> 한해(韓海) 통어의 긴요한 점은 두 개 있는데, 하나는 국가상에서 본 필요, 다른 하나는 어업상에서 본 이익이다.
>
> 국가상에서 본 필요:
>
> 한국은 일본에 가장 접근해 지리적으로 서로 순치보차(脣齒輔車)의 관계에 있으며, 특히 금일과 같은 시세(時勢)에는 차국(此國)에 대해 일본의 세력을 부식(扶植)하고, 친린(親隣)의 의(誼)를 두텁게 하는 길을 찾는 것은 급세(急勢) 중의 급무라고 말하지 않을 수 없고, 또한 일본의 내정을 돌아보면 인구가 해마다 번식(繁殖)해 이것이 적당한(好個) 배설(排泄) 공간을 다른 데서 구할 필요가 많다. 그런데 다행히 한해 어업은 오래전부터 본방인의 통어권 내에 속하며, 그 어업 구역은 아직 여유 있게 수천의 어선을 수용하기에 족한 여지가 있다. 그리하여 어리(漁利)로써 국가, 국민을 유익하게 할 것이 적지 않다. 따라서 현재 규슈, 시코쿠, 산요(山陽) 여러 주의 한해에 접근하는 지방에 충일(充溢)하는 어민을 방출해 이후 더욱더 그들에게 향하게 하는 것은, 일면에 일본의 세력을 부식하고 친린의 의를 두텁게 하는 길을 찾음과 동시에, 타면에 일본의 인구를 배설하는 데 가장 필요로 하는 것이다.

『한해통어지침』은 조선 연안의 어업에 필요한 상세한 내용을 담고, 조선 연안의 어장 침탈을 목적으로 쓴 책이다. 그런 목적이 아니라면 일본인이 일본인을 대상으로 한국 근해 어업에 대해 책을 펴낼 아무런 이유가 없다. 한국과 '친린의 의'를 두텁게 하고자 한다는 미사여구를 썼지만, 일본인들을 한국에 보내 한국 어장을 침탈하게 하는 것을 부추기는 것이 책을 쓴 목적이라는 것을 저자인 구즈우는 감추지 않고 있다. 『한해통어지침』 중 울릉도, 독도에 대한 내용은 다음과 같다.

◎ 鬱陵島[우량토]

구 춘천부 직할. 메이지 34년(1901) 8월 이래 새로 군수를 파견해 이를 통치하게 했다. 북위(동경의 오기, 필자 주) 130도 45분부터 53분 50초, 동경(북위의 오기, 필자 주) 37도 34분 40초부터 31분 50초 사이에 위치한다. 평해군 월송포 남쪽 40여 리의 해중에 있는 고도로서, 한인은 별명으로

---

221 葛生修亮, 『韓海通漁指針』, 「總論」, 黑龍會出版部, 1903, p. 1. "總論 韓海通漁の緊要なる所以二あり, 一は國家の上より見たる必要, 他は漁業の上より見たる利益卽ち是なり國家上より見たる必要 韓國は我邦と最も接近し地理上互に脣齒輔車の關係ありて, 特に今日の時勢に在りては, 此國に對して我邦の勢力を扶植すると共に, 親隣の誼を厚ふするの道を講するは急勢中の急務と謂はざるべからず, 且つ我邦の內情を顧みれば人口年々繁殖して之れが好箇の排泄場を他に求むるの必要多々なり, 然るに幸にして韓海漁業は疾くより本邦人の通漁權內に屬し, 其漁業區域は猶ほ裕に數千の漁船を容るるに足るの餘地を存し, 而して漁利の以て國家國民を益すべきもの尠なからず, 故に現今九州, 四國, 山陽諸州の韓海に接近せる地方に充溢する漁民を驅て, 爾後 益々彼に赴かしむるは, 一面に於て我邦の勢力を扶植し, 及び親隣の誼を厚ふする道を求むると同時に他面に於ては我邦の人口を排泄するに於て最も必要とする所以なり漁業の上より見たる利益……."

이를 무릉(武陵) 또는 우릉(羽陵)이라고도 쓴다. 즉, 옛 우산국이며, 중국인(支那人)은 이를 松島라 부른다.

덧붙여서 기록하자면, 세상 사람들은 혹 이 섬을 대소 6개의 도서 집합이라고도 하고, 혹은 竹島, 松島 두 섬의 총칭이라 하고, 심지어는 왕왕지도 중에도 이를 병기하는 것을 본다. 이 같은 것은 실로 큰 오류다.
……

△ 양코도

울릉도에서 동남쪽 약 30里, 아(我) 오키주에서 서북으로 거의 같은 거리의 바다 가운데에 사람이 살지 않는 섬이 있다. 맑은 날에 울릉도의 산봉우리 높은 곳에서 이를 볼 수 있다. 한인 및 본방 어민은 이를 양코도라고 부른다. 길이 거의 10여 정, 연안의 굴곡이 아주 많아서 어선을 정박해 풍랑을 피하기 좋다. 그렇지만 땔나무와 음료수를 얻는 것은 아주 곤란하다. 지상에서 몇 척이나 뚫어도 용이하게 물을 얻을 수 없다고 한다. 이 섬에는 바다사자가 아주 많이 서식하고, 근해에는 전복, 해삼, 우뭇가사리 등이 풍부하다. 수년 전에 야마구치현의 잠수기선이 기대를 걸고 출어한 적이 있는데, 잠수할 때 무수한 바다사자 무리가 방해해서 음료수 부족으로 만족하게 영업할 수 없어서 돌아왔다고 한다. 살피건대 당시의 계절은 아마 5~6월로서 바다사자의 산기에 해당돼서 특히 방해를 받은 것이 아닌가? 또한 부근에 상어잡이에 좋은 어장이 있다. 수년 전부터 5~6월 무렵이 되면 오이타현의 상어잡이 배가 연이어서 여기에 출어한 적이 있다. 작년 봄 여기에서 귀항한 어부에게 들어보니 출어는 아직 두세 번에 불과해 충분한 효과를 얻었다고 할 수 없지만, 매년 상당한 어획량이 있고, 종래의 경험상 어장의 상태 및 상어류 서식 모습 등에서 관찰하건대 장래 아주 유망한 어장임을 의심치 않는다고 한다. 생각

하건대 해당 업자를 위해서는 여전히 충분히 탐검할 가치가 있을 것이
다.[222]

그 이전까지의 '양코'라는 호칭을 '양코도'로 바꾸고, 울릉도에는 큰
제목을 의미하는 '◎'를, 양코도에는 작은 제목을 의미하는 '△'를 붙였
다. 또한 울릉도에 이어서 양코도를 설명하고 있어 독도를 울릉도에 부
속되는 섬으로 본 것에는 변함이 없다. 『한해통어지침』(1903. 1.)의 울릉
도 부분에서는 그 이전의 「한국연해사정」(1901. 6.)에서는 없던 좌표를
추가로 기입하면서도 양코도 부분에는 좌표를 기입하지 않고 그대로 두

---

222 葛生修亮, 『韓海通漁指針』, 黑龍會出版部, 1903, pp. 123~124. "◎ 鬱陵島[ウーリャ
ント一] 奮と春川府直轄なりし處, 三十四年八月以來新たに郡守を遣はして之れに統治
せしむ. 北緯百三十度四十五分乃至五十三分五十秒, 東経三十七度三十四分四十秒
乃至三十一分五十秒の間に位置し, 平海郡越松浦の南四十余里の海中に在る孤島に
して, 韓人は別名之を武陵又は羽陵とも書す, 乃ち古の于山國にして, 支那人之れを松島
と呼ぶ, 因に記す, 世人或は本島と以て, 大小六箇の嶋嶼集合せるものなりとし, 若くは
竹嶋, 松嶋の二嶋の總稱なりとし, 甚だしきは往々地圖中にも之れを竝記しわるを見る,
此の如きは實に誤謬の大なるものとす…… △ ヤンコ島. 鬱陵島より東南の方約三十里,
我が隱岐國を西北に距ること殆ど同里數の海中に於て, 無人の一島あり, 晴天の際 鬱
陵島山峯の高所より之れを望むを得べし. 韓人及び本邦漁人は之れをヤンコと呼び, 長
さ殆んど十餘町, 沿岸の屈曲極めて多く, 漁船を泊し風浪を避くるに宜し. 然れども薪材
及び飲料水を得るは頗る困難にして, 地上數尺の間は之れを穿てども容易に水を得ずと
云う. 此島には海馬非常に棲息し, 近海には鮑・海鼠・石花菜等に富み, 數年以前山
口縣潛水器船の望を屬して出漁したるものありしが, 潛水の際, 無數の海馬群に妨げら
れたると, 飲料水欠乏との爲に, 滿足に營業すること能はずして還りたりと. 察するに當時
の季節は恰も五六月にして, 海馬の産期に當りしが故に, 特にその妨害をうけたるものな
らんか. また, 付近に鱶漁の好網代あり. 數年以來五六月の候に至れば大分縣鱶繩船
の引き續き之に出漁するものあり. 昨年春, 同處より歸航したる漁夫に就て之れ聞くに,
出漁未た二三回に過ぎざるが故に, 未だ充分の好果を得たりと云うべからざれ共, 毎季
相應の漁獲あり. 從來の經驗上, その網代の狀態, 及び鱶類棲息の模樣等より觀察す
るに, 將來頗る有望の漁場たるを疑わずと. 同島は, 盖し營業者の爲めには尙は充分探
檢の價値あるべし."

었다. 울릉도의 호칭에서 "일본인은 松島라고 부른다"고 했던 것을 "중국인(支那人)은 松島라고 부른다"고 바꾸었다. 양코도 설명 부분은 「한국연해사정」에 비해 거의 변함이 없다. 다만, 추가로 '울릉도에서'를 넣어 울릉도에서 양코가 보인다는 것을 분명히 한 반면에, 상어잡이의 설명 구절에 '연이어서'를 추가 기입해 상어잡이를 계속해왔음을 강조·주장하고 있다.

『한해통어지침』에는 부속 지도로서 「한해연안약도(韓海沿岸畧圖)」가 새로이 첨부되어 있다. 〈그림 17〉에서 보는 바와 같이 「한해연안약도」에는 울릉도만 표기되어 있고, '양코도'는 없다.[223] 『한해통어지침』의 저자 구즈우는 "이 지도는 해군성 수로부에서 출판한 「조선전안」 지도를 기초로 하여……(此圖ハ海軍省水路部出版ノ朝鮮全岸圖ヲ基礎トシ……)"라고 하여, 「조선전안」 지도를 참고로 『한해통어지침』의 부속 지도인 「한해연안약도」를 제작했음을 명기하고 있다.[224] 「조선전안」 지도는 전술한 바와 같이 1896년에 제작한 〈그림 16〉의 해군해도 제21호 「조선전안」 지도를 말한다. 「조선전안」 지도에는 독도가 '리앙코르트암(リアンコール ト岩)'으로 표기되어 있고, 그 위치도 현재의 지도와 정확히 일치할 정도로 아주 정밀하다. 구즈우는 「조선전안」 지도를 참고로 해서 그렸다고 하여 상당히 신빙성 있는 공적인 자료를 참고로 한 것처럼 가장하면서도, 그 공적인 자료를 조작해 거기에 기입되어 있는 '리앙코르트암', 즉

---

223 김수희, 앞의 글 「양코도'와 독도 무주지설」, pp. 124~125.

224 葛生修亮, 『韓海通漁指針』, 黑龍會出版部, 1903. "此圖ハ海軍省水路部出版ノ朝鮮
    全岸圖ヲ基礎トシ予及朝鮮海運通漁組合理事東毅雄氏ガ夛年實地巡廻踏査シタル
    結果ヲ合セテ編製シタルモノナレバ自ラ他ト其撰ヲ異ニスルモノアルニ付特ニ之レヲ附記
    ス 明治三十五年六月 葛生修亮識."

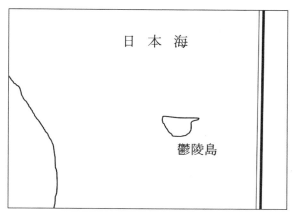

그림 17 『한해통어지침』 부속 지도 「한해연안약도」의 울릉도 · 독도 부분 (모사도). 독도를 누락시켰다.

독도는 지워버린 것이다.

구즈우는 리앙쿠르가 독도라는 것을, 또한 그 섬이 울릉도에 더 가깝다는 것을 잘 알면서도 의도적으로 '양코도'라 이름 붙이고, 울릉도와 일본 오키도의 한가운데 있는 것으로 하여 지도에도 누락시킨 것으로 보인다. 그래서 독도는 조선, 일본 어느 나라에도 귀속되지 않는 섬이라는 것을 암시하고 있다.[225]

『한해통어지침』에는 다케다 한시 이외에도 농상무성 수산국장 마키보쿠신이 맨 앞면에 서문을 썼다. 조선 어장 침탈을 선동하는 내용의 책에 정부 관계자가 서문을 썼다는 것은 그것이 일본 정부의 방침이라는

---

225 김수희는 독도 무주지설은 1900년대 조선 해상권을 둘러싼 일본과 러시아의 각축 시기에 만들어진 흑룡회의 자작극이었다고 주장했다.(김수희, 앞의 글 「'양코도'와 독도 무주지설」, p. 106)

것을 의미한다. '양코도 무주지' 주장도 마찬가지다. 독도에 '양코도'라는 이름을 붙여 양코도가 울릉도와 오키도로부터 같은 거리에 있다는 등의 왜곡된 인식을 유포하는 데 일본 정부 관계자가 적극 관여하기 시작했음을 보여주고 있다. 양코도 무주지 주장을 일본 정부가 받아들인 것이다. 이때부터 독도에 대한 인식과 주장의 괴리가 발생하기 시작했다. 일본 정부는 독도를 조선 땅으로 인식하고 있으면서도 흑룡회에서 교묘하게 사실상 독도(양코도)를 무주지라고 주장하는 데 동조하기 시작한 것이다.

『한해통어지침』 이후 리앙쿠르섬(독도)에 관한 사실에 근거한 책자가 다시 한 권 발간되었다. 앞에서 살펴본 농상무성 수산국에서 발간한 『수산무역요람』(1903. 5.)이다. 독도에 관한 내용은 외무성에서 발간한 『통상휘찬』 제234호(1902. 10.)와 같다. 울릉도 동쪽 50해리(海里)에 있는 리얀코도라는 섬을 일본인은 松島라 하는데, 전복을 따기 위해 울릉도에서 출어한다는 내용이다.[226]

그러나 그 후 1904년 7월 발간된 『최신한국실업지침』은 이와 같은 비교적 정확한 자료는 무시하고 흑룡회가 출판한 『한해통어지침』의 틀을 그대로 이어받았다.

울릉도

일설에 무릉(武陵) 또는 우릉(羽陵)이라고 한다. 옛 우산국으로 일본인

---

[226] 農商務省 水産局, 「韓國鬱陵島漁業ノ狀況」, 『水産貿易要覽』, 1903, pp. 491~492.
"又本島ノ正東約五十海里ニ三小島アリ之ヲリャンコ島ト云ヒ本邦人ハ松島ト稱ス, 同所ニ多少ノ鮑ヲ産スルヲ以テ本島ヨリ出漁スルモノアリ然レトモ同島ニ飮料水乏シキニヨリ永ク出漁スルコト能ハサルヲ以テ四五日間ヲ經ハ本島ニ歸港セリ."

및 중국인은 松島라 부른다. ……

양코도

울릉도 및 아(我) 오키도의 중간 30리(里) 해상에 있으며, 섬 전체에 주민은 없다. 연안은 정박에 편하지만 땔감 및 음료수를 얻기 어렵고, 또한 근해에 전복, 해삼, 우뭇가사리 등을 산출하고 상어의 서식이 많아도 바다사자 무리의 방해를 받아 어획 효과를 얻기 어렵다고 한다.[227]

『최신한국실업지침』은 『한해통어지침』에 비해 간략하게 서술되어 있다. 『한해통어지침』에 있던 울릉도에서 독도가 보인다는 기술은 삭제되었고, 『한해통어지침』에서 주장되던, 양코도-오키도 간 거리는 울릉도-독도 간에 비해 '거의 같은 거리'에서 '울릉도와 오키도의 중간'으로 더욱더 사실과 멀어졌다. 그러나 상어잡이에 대해서는 '어획 효과를 얻기 어렵다'고 하여 조금 더 사실에 가까워졌다. "한일 어민들에게 양코라고 불린다"는 내용도 삭제되었다. 그것이 신뢰할 수 없는 주장인 데다 한인도 모르는 무주지로 하는 것이 유리하다고 판단한 것으로 보인다.

『최신한국실업지침』은 흑룡회가 출판하고 흑룡회의 간사 구즈우 슈스케가 쓴 『한해통어지침』과 마찬가지로 한반도 침탈을 목적으로 쓴 책이다. 이는 외무성 정무국장 야마자 엔지로(山座圓次郎)의 서문에 명시되어 있다. 야마자는 초임 외교관 시절 부산에서 법률사무소 겸 낭인들의

---

227 岩永重華 編, 『最新韓國實業指針』, 寶文館, 1904, pp. 293~294. "鬱陵島 一に武陵又は羽陵と云ふ, 古の于山國にして本邦人及支那人之を松島と呼ぶ, …… ヤンコ島 鬱陵島及我隱岐島の中間三十里の海上あり, 全島居民なし, 沿岸碇泊に便なれども薪材及飲料水を得難し, 近海鮑海鼠石花菜等を産し, 又鱶の捷息饒多なれども海馬の群に妨ばられ漁獲好果を得ずと云ふ."

그림 18 일본 정부 관계자가 대거 관여한 1904년 7월 발간 『최신한국실업지침』.

합숙소인 오자키(大崎)법률사무소를 후원하면서 낭인들과 관계를 유지해온 인물이다.

> 귀 저(著) 『최신한국실업지침』 정히 배독(拜讀)했습니다. 정치상에서 일한 양국 친교의 기초는 과반(過半) 조인된 의정서에 의해 확정되었어도 이는 정부 간의 공약(公約)에 그치고, 진정으로 양국의 교의(交誼)를 긴밀하게 하는 것은 일본 실업가가 많이 한반도에 진입해 쌍방인 민간에 친밀한 이해관계를 발달시키는 것에 의해 비로소 득(得)할 수 있다고 확신합니다. …… 금일(今日)까지 한반도에 아직 일본 실업가의 충분한 발달을 볼 수 없는 것은 심히 유감으로 생각합니다.[228]

---

228 岩永重華 編, 『最新韓國實業指針』, 寶文館, 1904. "貴著 最新韓國實業指針 正に

한일 양국의 친교를 위한 것이라고 미사여구를 늘어놓았지만, 야마자는 한반도 침탈은 군과 정부만으로는 안 되고, 민간인이 가세해야 한다는 주장을 하고 있다. 야마자는 또한 한반도에서 러시아와의 충돌을 암시하는 내용도 서문에서 쓰고 있다.

> 원래 일본은 소위 문호개방주의를 취해서 한반도에 있어서도 털끝만큼도 타국의 경쟁을 질시(嫉視)하지 않지만, 이와 아울러 일본인이 자유경쟁에 있어서 타국인에 우세를 점해 일한 양국의 특수한 관계를 더욱더 발달시키는 것은 소생이 밤낮으로 희망하는 바이어서……[229]

이는 사실과 다른 위선적인 주장이다. 일본은 문호개방주의를 취하고 있고, 한반도에서도 자유경쟁을 하면서 일한 양국의 특수 관계를 발달시키는 데 이 책 『최신한국실업지침』이 유용하다는 것이다. 1904년 2월 러일전쟁을 일으켜 러시아를 한반도에서 축출하고 한반도를 무력으로 점령하고 있는 상황에서 '문호개방주의', '자유경쟁' 운운하면서 공정 경쟁인 양 위장하고 있다.

『최신한국실업지침』에는 명성황후 시해 사건 가담자와 외무성 정무국

拜讀仕候 政治上に 於ける 日韓兩國親交の 基礎は 過半調印の 議定書に 依り 確定致候得共 右は政府間の公約に止まり眞に 兩國の交誼を 緊密ならしむるは 我實業家 多く半島に入込み雙方人民間に親密なる利害關係を 發達せしむるに依りて始めて得らるることと確信仕候…今日迄半島に於て未た我實業家の 十分なる發達を見る能はざりしは甚だ遺憾とする處に有之候."

[229] 岩永重華 編, 『最新韓國實業指針』, 寶文館, 1904. "元來我邦においては所謂門戶開放主義を取るものにして隨て韓半島に於ても毫も他國の競爭を嫉視せざるものに有之候得共之と同時に我邦人が自由競爭に於て他國人に優勝を占めも以て日韓兩國の特殊なる關係を益益發達せしめんことは小生の夙夜希望する處にして……."

장을 비롯한 정부 관계자가 대거 관여했다. 추천 서문을 쓰거나 교열 또는 편집자로 관여한 인원이 열 명이나 된다. 이 중 명성황후 시해 사건 가담자는 두 명이다. 책의 교열자인 구니토모 시게아키(國友重章)는 당시 『한성신보』 주필로서 명성황후 시해 사건에 직접 가담했으며,[230] 명성황후 시해 사건 당시 하버드 및 펜실베이니아 대학 유학생 출신으로 주모자급으로 가담한 중의원 의원 시바 시로(柴四朗)[231]는 다섯 번째로 서문을 썼다. 네 번째로 서문을 쓴 삿사 도모후사(佐々友房)는 명성황후 시해 사건 당시 구마모토(熊本) 출신 낭인 결집에 중요한 역할을 한 『한성신보』 사장 아다치 겐조(安達謙藏)의 스승이다.[232] '법과대학교수 법학박사'라는 직명으로 서문을 쓴 도미즈 히론도(戶水寬人)는 도쿄대 법학부 교수로서 러일전쟁 직전 침략전쟁을 적극적으로 부추긴 인물이다. 도미즈는 1903년 6월 대러시아 개전을 촉구하는 건의서를 도쿄대학 법학부 교수를 중심으로 한 여섯 명의 박사와 함께 일본 수상과 외상에게 제출하기도 했다.[233] 이를 일본에서는 '7박사 사건'이라 한다.

『최신한국실업지침』에 관여한 정부 관계자를 보면, 현직 관료로는 야마자 엔지로와 가토 마스오(加藤增雄)가 서문을 썼다. 『최신한국실업지침』에 명시된 그의 직위 '한국 정부 농상공부 고문'은 이른바 '고문정치(顧問政治)' 당시의 고문으로 보인다. 현직 외무성 관료 이외에도 중의

---

230 강창일, 앞의 책 『근대 일본의 조선 침략과 대아시아주의: 우익 낭인의 행동과 사상을 중심으로』, p. 137.

231 김채수, 앞의 글 「1895년~1914년 일본의 우익 연구: 단체 · 운동 · 사상을 중심으로」, pp. 379~448.

232 강창일, 앞의 책 『근대 일본의 조선 침략과 대아시아주의: 우익 낭인의 행동과 사상을 중심으로』, p. 140.

233 박양신, 「러일전쟁 개전론과 '7박사'」, 『진단학보』 95, 2003, p. 114.

원 의원 세 명이 서문을 썼다. 삿사 도모후사, 시바 시로, 오가와 헤이키치(小川平吉)다.

『최신한국실업지침』에도 『한해통어지침』과 마찬가지로 지도가 첨부되어 있다. 「한국전도(韓國全圖)」라는 이름이 붙어 있는데, 〈그림 19〉에서 보는 바와 같이, '양코도'는 표기되어 있지 않고, '울릉도'의 왼편에 울릉도보다 작은 크기의 '竹島'가 그려져 있다. 메이지시대에 유포된 적이 있었던 '울릉도를 두 개로 잘못 그린 지도'와 비슷하다. 해군 수로부에서 발간한 정확한 지도가 있었고, 정부 관계자가 책의 편집에 대거 관여한 것으로 볼 때, 편저자가 쉽게 정확한 지도를 입수할 수 있었음에도 불구하고 의도적으로 잘못 그려진 지도를 첨부한 것으로 보인다.

요컨대 20세기에 들어 느닷없이 울릉도에서 보이는 '지도에도 안 나오는 새로운 섬, 배를 정박하기에도 좋은 섬', '양코'를 발견했다는 흑룡

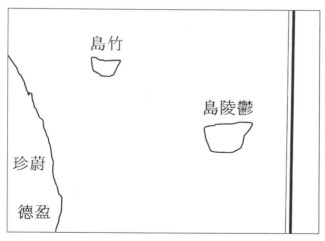

그림 19 『최신한국실업지침』 부속 지도 「한국전도」의 울릉도 · 독도 부분(모사도).
독도를 누락시키고, 울릉도의 왼편에 죽도(竹島)를 그려 넣었다.

회『회보』(1901. 3.)의 황당무계한 주장은 많은 관심을 끌고 언론에도 보도가 되었으나, 지리 전문지인 『지학잡지』(1901. 5.)에 의해 근거가 없는 것으로 부인되었다. 그런데도 상어를 많이 잡을 수 있는 섬으로 조작·보완되어 흑룡회의 기관지 『흑룡』(1901. 6.)에 한 번 더 게재되었고, 다시 흑룡회 발간 책자인 『한해통어지침』(1903. 1.)에 게재되어 유포되었다. 교묘한 방법으로 독도가 무주지이면서 활용 가치가 큰 섬이라는 그릇된 인식이 유포된 것이다.

양코도 무주지 주장은 흑룡회의 『회보』에서 시작해 일본 정부 관계자와 명성황후 시해 사건 가담자 등 열 명이 대거 출판에 관여한 『최신한국실업지침』에서 완성되었다고 할 수 있다. 그리고 일본 정부 관리의 사주를 받은 어부 나카이 요사부로(中井養三郎)의 「랴꼬도(독도) 영토 편입 및 사용 허가 신청서(りゃんこ島領土編入並に貸下願)」를 거쳐 일본 각의(閣議)의 영토 편입 결정(1905. 1. 28.)으로 이어졌다. 독도를 조선 영토로 인식했음에도 인식과는 전혀 다른 결정을 한 것이다.

1906년 6월 지리학자 다나카 아카마로는 독도에 대한 상세한 연구 결과를 『지학잡지』 제210호에 게재했다. 흑룡회의 양코도에 관한 주장과는 상당히 다른 내용이다.

이전에 일본 해군이 울릉도에서 이 섬의 실견자로부터 듣고, 이어서 제국 모 군함이 그 섬을 조사하고, 1904년 8월에 이르러는 시마네현 지사의 섬 시찰 등이 있었다. 우리는 이상의 여러 보고를 종합해 竹島(독도를 말함, 필자 주)에 대한 지리학상의 지식을 초록한다.

竹島는 북위 37도 14분, 동경 131도 55분에 위치하며, 해도상에는 세 점으로 표시된다. 오키에서 85리(哩), 하마다(濱田)에서 150리, 또 울릉도에서 50리, 해상 아득히 이를 볼 수 있다. 일본인은 울릉도를 松島라고 칭하는 데 대해 이에 竹島라고 이름 붙였는데, 외국인은 1849년 처음 발견해, 프랑스 선박 리앙쿠르호의 이름을 따서 그 이름을 리앙코르트도라고 한다. 한인은 이를 독도라 쓰고, 일본 어부 등은 일반적으로 '리안코'도라고 칭한다. …… 요컨대, 이 섬은 일본해의 항로여서 항해자에게는 알맞은 목표라고 해도, 피박지(避泊地)가 없고 음료수가 없으면 아무런 쓸모가 없다. 다만 바다표범(海豹)이 많이 있어서 그 포획업이 약간 유망할 뿐이다.[234]

한인들이 독도(獨島)라고 썼다는 것은 1904년 일본 군함 니타카(新高)호의 보고서[235]에 이어서 여기서도 등장한다. "독도를 양코도라 부른다. 독도는 울릉도와 일본 오키도의 가운데 있다. 주변에 상어가 잡힌다. 정박하기 쉽다"는 흑룡회의 주장은 전부 사실이 아님을 보여주고 있다.

234　田中阿歌麻呂,「隱岐國竹島に關する地理學上の智識」,『地學雜誌』第210號, 1906, pp. 415~419. "曩に我海軍が鬱陵島に於て此島の實見者より聞き取り, 屬で帝國軍艦某の其島を調査し, 越えて38年8月に至りては島根縣知事の同島視察等あり. 吾人は以上の諸報告を綜合し以て竹島に關する地理學上の智識を抄錄せん. 竹島は北緯37度14分, 東經131度55分に當り海圖上には三点を以て示され, 隱岐より85哩, 濱田より150哩, 又鬱陵島よりは50哩, 海上遙かに之れを望むを得べし. 邦人は鬱陵島を松島と稱するに對し之に竹島と命名すと雖も外人は1849年始めて發見せしフランス船リアンク__ル號の名に因みて其名をリアンコ__ルト島と云ひ, 韓人は之れを獨島と書し, 本邦の漁夫等は一般に「リアンコ」島と稱せり. …… 之を要するに, 此島は日本海の航路に当り航海者の爲には恰好の目標となりと雖も, 避泊地なく又飲料水に亡しきを以て何等の用をなすこと能はず. 啻に海豹多く産するを以て其補獲業のやや有望なるのみなり."

235　『軍艦新高行動日誌』,「明治 37年 9月 軍艦新高戰時日誌」. "二十五日(月) …… 松島ニ於テ「リアンコルド」岩實見者ヨリ聽取リタル情報 「リアンコルド」岩韓人之ヲ獨島ト書シ本邦漁夫壽畧シテ「リャンコ」島ト呼稱セリ."

양코도 무주지설은 그 후에도 몇 개의 문헌에서 기록되다가 사라졌다. 그러나 그 파급 효과는 결코 적지 않았다. 첫째, 독도가 무주지라는 잘못된 인식, 둘째, 독도의 위치가 한국과 일본의 중앙에 있다는 잘못된 인식, 셋째, 한일 양국인이 모두 양코라는 이름으로 부르고, 독도에는 한국명이 없다는 거짓된 인식은 그 후 1905년 독도를 시마네현에 불법 편입 결정할 때도 큰 영향을 미쳤다.

흑룡회의 지리적 인식 왜곡 수법은 일본의 패전 후 대일평화조약 초안 작성 과정에서도 이용되었고, 현재에도 일본 외무성은 독도를 울릉도와 오키도의 중간에 그려 놓은 지도를 외무성 사이트에 올려놓고 있다(〈그림 28〉 참조). 그리고 흑룡회의 양코도 관련 기록들은 현재에도 국내의 연구자들에 의해 무비판적으로 인용되기까지 한다. 현재 국내에서도 독도를 아무 개념 없이 적당히 중간에 그려 놓은 지도가 유포되고 있다. 개탄스러운 일이 아닐 수 없다.

그러나 『한해통어지침』, 『최신한국실업지침』 등 양코도 무주지 주장 자료들의 독도 영유권 귀속에 관한 사료(史料)로서의 의미는 결코 적지 않다. 왜냐하면 무주지라고 하면서도, 책의 제목에서 알 수 있듯이, 한국의 울릉도에 관한 기술에서 '울릉도의 부속 섬'으로 양코도를 기술하고 있기 때문이다. 한국 영토로 인식하지 않았다면 굳이 한국 어업과 실업에 관한 책자에, 그것도 울릉도편에 양코도를 기록하지는 않았을 것이다. 실제로 독도는 울릉도에서 육안으로 보일 정도로 거리가 매우 가깝고, 일본 어부들도 울릉도를 근거로 하여 독도에서 조업할 정도로 상대적으로 일본 오키도와는 거리 차이(1.8배 거리)가 많이 난다.

해석상 『최신한국실업지침』(1904. 7.)에 서문을 쓴 당시 일본 외무성 관리, 중의원 의원, 학계를 대표하는 도쿄대학 교수, 명성황후 시해 사건에 가담한 극우 국수주의자 모두 한결같이 독도를 한국 영토로 인식한 것이다.

일본의 독도 불법 편입 결정

나카이의 독도 어업 청원

나카이 요사부로는 독도를 일본 영토에 편입하고 독도에서 독점적으로 바다사자 포획 어업 허가를 내줄 것을 내용으로 하는 「량코도 영토 편입 및 사용 허가 신청서」라는 청원서를 제출해 독도를 일본 시마네현 땅으로 불법 편입 결정하는 구실을 제공한 인물이다. 당시 나카이가 독도의 귀속을 어떻게 인식했는가는 그가 현지의 사정을 가장 잘 알 수 있는 입장이었기 때문에 아주 중요하다. 1923년의 『시마네현지(島根縣誌)』는 이에 대해 다음과 같이 상세히 기록하고 있다.

메이지 36년(1903) 호키의 나카이 요사부로가 이 섬[량코암]의 어획을 기획하고 일장기를 세웠다. 다음 해인 메이지 37년(1904)에는 각 방면에서 경쟁 남획하게 되어 여러 가지 폐해가 생겼다. 이에 나카이는 이 섬을 조선의 영토라고 생각하고, 상경해 농상무성에 말해 동 정부(조선 정부, 필자 주)에 임대의 청원을 하려고 했다. 마침 해군 수로부도 량코암의 소속을 확인하려고 한일 양국에서 거리를 측정했는데, 일본이 10리(里)가 깝고, 또한 일본인이 섬의 경영을 하고 있기 때문에 일본령에 편입하는 것으로 했다. 그래서 나카이는 「량코도 영토 편입 및 사용 허가 신청서」를 내무·외무·농상무의 3성에 제출했고, 3성은 시마네현청의 의견도

들고 각의에서 영토 편입을 결정하고 이름을 竹島로 명명해 오키도사의 소관으로 했다.[236]

독도에 대해 가장 잘 알고 있었을 것으로 짐작되는 기업형 어부 나카이 요사부로가 독도를 조선 영토로 생각하고, 조선 정부에 바다사자 잡이 어업 허가를 신청하려고 하다가 일본 정부 관계자의 사주로 일본 정부에 독도의 일본 영토 편입 및 독점 어업 허가를 신청한 것이다. 독도를 시마네현에 편입하기 직전까지 일본 정부뿐만 아니라 민간인도 독도를 한국령으로 인식하고 있었다는 것을 입증하고 있다.

『시마네현지』에 기록된 독도를 일본 영토로 편입하는 논리는 일본에서 10리 더 가깝고, 일본인이 경영하고 있다는 것이다. 독도의 위치를 울릉도 또는 일본 오키도에서부터의 거리로 하지 않고 본토에서부터의 거리로 설명하려는 시도는 이 시기에 처음으로 등장한다. 새로운 억지 논리를 개발한 것이다.『기죽도사략』,『죽도지서부』,『태정관지령』등 일본 에도시대부터의 고문헌들은 한결같이 '오키도에서 80리, 울릉도에서 40리' 등으로 표기하고, 본토에서의 거리로 표기하지는 않았다.[237]

군(郡) 단위의 섬, 울릉도와 오키도를 제쳐두고 본토에서부터의 거리

---

236 島根縣教育會 編,『島根縣誌』, 1923. 6., p. 691. "明治三十六年伯耆の人中井養三郎此の島(リヤンコ岩)の漁獵を企て日章旗を建つ. 翌三十七年各方面よりの競爭濫獲あり. 種々の弊害を生ぜんとせり. 是に於て中井は此の島を朝鮮領土なりと思考し, 上京して農商務省に説き同政府に貸下の請願を爲さんとせり. 偶々我が海軍水路部も亦リヤンコ岩の所屬を確めんとし日韓兩國よりの距離を測定せしに, 日本の方十里近く且つ邦人にして同島經營に從事せる上は日本領に編入すべきものとせり. よりて中井はリャンコ島の領土編入並に貸下願を內務, 外務, 農商務三省に提出し, 三省は島根懸廳の意見を徵し閣議にて領土編入に決し其の名稱を竹島と命ずることなし隱岐島司の所管と定めらる."
237 거리가 조금 다른 고문헌도 있으나, 본토로부터의 거리로 위치를 나타낸 것은 없다.

로 독도의 위치를 설명하는 잘못된 방식은 그 후 제2차 세계대전 종전 후에도 몇 번 사용되었다. 울릉도는 한때 최대 인구 3만 명, 지금도 1만 여 명이 살고 있는 군 단위의 큰 섬이다. '일본에서 10리 더 가깝다'[238] 는 거리의 정확도는 차치하고라도, 울릉도의 부속 섬으로서의 지리적 위치를 무시하고 본토로부터의 거리를 기준으로 하는 것은 사리에 맞지 않는다. 나카이의 「량코도 영토 편입 및 사용 허가 신청서」와 1905년 1월의 각의 결정문도 '울릉도 또는 오키도로부터의 거리'로 위치를 나타 내고 있다.

또한 '일본인이 섬의 경영을 하고 있다'는 것도 사실과 다르다. 왜냐 하면 한국인도 독도에서 어업을 하고 있었기 때문이다. 『통상휘찬』 제 234호(1902. 10.), 『통상휘찬』 제50호(1905. 7.), 군함 니타카 행동 일지 등에 의해서도 쉽게 입증된다. 또한 최근에는 거문도 어민이 오래전부 터 러일전쟁(1904) 이전까지 조상 전래의 어장 독도에서 조업했다는 사 실이 밝혀졌다.[239]

그런데 과거 한일 정부 간의 논쟁에서 일본 정부는 이와 같은 『시마 네현지』의 기술을 편자(編者)의 오해라고 둘러댔다.[240] 그러나 나카이가

---

238 奧原碧雲의 『竹島及鬱陵島』에는 "일한 양국 연안에서의 거리는 일본 쪽이 10리 근거
리인데(日韓兩方沿岸よりの距離は日本の方十浬の近距離なるに)"라고 하여(伊藤政彦,
「奧原碧雲 『竹島及鬱陵島』の和歌の特徴」, 『日本文化學報』 第46集, 韓國日本文化
學會, 2010, p. 95에서 재인용), 양국 본토로부터의 거리가 10리 더 가깝다고 주장한
것으로 되어 있다.

239 김수희, 「개척령기 울릉도와 독도로 건너간 거문도 사람들」, 『한일관계사연구』 38, 2011,
pp. 200~216; 김수희, 앞의 글 「'죽도의 날' 제정 이후 일본의 독도 연구 동향: 이케우치
사토시의 '석도' 논의를 중심으로」, pp. 171~200; 정태상, 「거문도인의 독도 조업: 김윤
삼·박운학의 증언을 중심으로」, 『독도연구』 27, 영남대학교 독도연구소, 2019, p. 173.

240 外務省 編, 『海外調査月報』, 昭和 29年 11月號, 1954, p. 68; 堀和生, 「1905年 日本

독도를 조선 영토로 생각했다는 것은 나카이가 오키도청에 제출한 이력서의 부속서류에 「사업경영개요(事業經營槪要)」라는 제목으로 기록되어 있으며, 오쿠하라 후쿠이치(奧原福市)의 『竹島 및 울릉도(竹島及鬱陵島)』와 『竹島 경영자 나카이 요사부로 씨 입지전(竹島經營者中井養三郞氏立志傳)』에도 기록되어 있어 이론의 여지가 없다.

「사업경영개요」는 조선 정부에 독도 임대 청원을 하려고 했던 나카이가 어떻게 해서 영토 편입 청원을 하게 되었는지 그 경위를 좀 더 자세히 설명하고 있다.

> 이 섬이 울릉도에 부속한 한국의 영토라는 생각이 들어 장차 통감부(조선의 통감부를 말함. 필자 주)에 가야 할 바가 있지 않을까 하여 상경해서 여러 가지 획책하던 중에 당시의 수산국장 마키 보쿠신 씨의 주의(注意)로 말미암아 반드시 한국령에 속하는 것은 아니지 않을까 하는 의문이 생겨 그 조정을 위해 여러 가지로 분주히 한 끝에 당시의 수로국장 기모쓰키 장군의 단정에 의거해서 이 섬은 전적으로 무소속이라는 것을 확인했다. 그리하여 경영상 필요한 이유를 자세히 구진(具陳)해 이 섬을 일본의 영토에 편입하고 또 대여해줄 것을 내무·외무·농상무 3대신에게 청원하는 원서를 내무성에 제출했다. 내무성 당국자는 이 시국에 즈음해 [日露開戰中] 한국의 영토일지 모르는 황량한 일개 불모의 암초를 취해 여러 외국에게 우리가 한국 병합의 야심이 있는 것을 의심하게 하는 것은 이익은 극히 작은 데 반해 일은 결코 용이하지 않다고 하여 아무리 진

の竹島領土編入」,『朝鮮史硏究會論文集』第24號, 朝鮮史硏究會, 1987, p. 116에서 재인용.

변(陳辯)해도 출원은 각하될 것이라고 했다. 그러나 좌절해서는 안 되므로 나카이는 외무성으로 달려가 당시의 정무국장 야마자 엔지로에게 논진(論陳)했다. 야마자는 시국이야말로 영토 편입을 급히 필요로 하고 있다, 망루를 건축해서 무선 또는 해저전선을 설치하면 적함(敵艦)을 감시하는 데 매우 좋지 않겠는가, 특히 외교상 내무와 같은 고려는 요하지 않는다, 모름지기 속히 원서를 본성(本省)에 회부하도록 해야 한다고 의기헌앙(意氣軒昂)했다. 이와 같이 하여 본도는 본방 영토에 편입되었다.[241]

「사업경영개요」에 의해 알 수 있는 사실은 다음과 같다.

첫째, 내무성 관료는 독도 영토 편입에 반대했다는 것이다.[242] 내무성에서는 1877년 『태정관지령』으로 독도가 조선 영토임을 공식적으로 확인하고 공시했다. 이를 계승해 영토 담당 정부기관인 내무성은 독도를

---

241 中井養三郎, 「事業經營槪要」(堀和生, 「1905年 日本の竹島領土編入」, 『朝鮮史硏究會論文集』第24號, 朝鮮史硏究會, 1987, p. 117에서 재인용). "本島ノ鬱陵島ノ附屬シテ韓國ノ所領ナリト思ハルルヲ以テ將ニ統監府ニ就テ爲ス所アラントシ上京シテ種種劃策中時ノ水産局長牧朴眞氏ノ注意ニ由リテ必ラズシモ韓國領ニ屬セザルノ疑ヲ生ジ其調整ノ爲メ種種奔走ノ末時ノ水路部長肝付將軍斷定ニ賴リテ本島ノ全ク無所屬ナルコトヲ確カメタリ依テ經營上必要ナル理由ヲ具陳シテ本島ヲ本邦領土ニ編入シ且ツ貸付セラレンコトヲ內務外務農商務ノ三大臣ニ願出テ願書ヲ內務省ニ提出シタルニ內務當局者ハ此時局ニ際シ(日露開戰中)韓國領地ノ疑アル蕞爾タル一箇不毛ノ暗礁ヲ收メテ環視ノ諸外國ニ我國ガ韓國倂呑ノ野心アルコトノ疑ヲ大ナラシムルハ利益ノ極メテ小ナルニ反シテ事體決シテ容易ナラズトテ如何ニ陳辯スルモ願出ハ終ニ却下セラレントシタリ斯クテ挫折スベキニアラザルヲ以テ直ニ外務省ニ走リ時ノ政務局長山座圓二郎氏ニ就キ大ニ論陳スル所アリタリ氏ハ時局ナレバコソ其領土編入ヲ急要トスルナリ望樓ヲ建築シ無線若クハ海底電信ヲ設置セバ敵艦監視上極メテ屈竟ナラズヤ特ニ外交上內務ノ如キ顧慮ヲ要スルコトナシ須ラク速カニ願書ヲ本省ニ回附セシムベレト意氣軒昂タリ此ノ如クニシテ本島ハ本邦領土ニ編入セラレタリ."

242 堀和生, 「1905年 日本の竹島領土編入」, 『朝鮮史硏究會論文集』第24號, 朝鮮史硏究會, 1987, p. 117.

조선 영토로 인식하고 일본 영토 편입에 반대한 것으로 보인다.

둘째, 관료들의 사주에 의해 나카이가 「량코도 영토 편입 및 사용 허가 신청서」를 제출했는데, 그 관료들 각각이 모두 독도를 조선 영토로 인식하고 있던 인물이었다.[243] 우선 기모쓰키 가네유키부터 보면, 해군 수로부에서는 『환영수로지』 제2권 제2판(1886)에서 독도를 조선 동해안의 섬으로 기록하고, 1894년과 1899년의 『조선수로지』에 독도를 기록했으며, 『조선수로지』의 부속 지도에 해당하는 「조선전안」(1896) 지도에는 제작자명으로 기모쓰키 본인의 이름을 올렸다. 일본 어부 나카이를 사주한 해군성 수로부장 기모쓰키 가네유키는 철저하게 독도를 한국령으로 인식하고 있었던 것이다.

농상무성 수산국장 마키 보쿠신은 흑룡회가 출판한 『한해통어지침』(1903. 1.)에 서문을 썼다. 『한해통어지침』은 조선 어장 침탈을 목적으로 흑룡회 간사 구즈우 슈스케가 쓰고, 거리, 산물 등이 왜곡되어 있지만, 양코도, 즉 독도를 울릉도의 부속 섬으로 기술하고 있다는 점에서 독도를 조선 영토로 인정한 것이다. 또한 농상무성 수산국에서는 『수산무역요람』(1903. 5.)을 발간했는데, 「한국 울릉도 어업의 상황」이라는 제목의 글에서 독도를 울릉도 내의 섬으로 기술하고 있다.[244] 농상무성 수산국장 마키 보쿠신도 독도를 한국령으로 인식한 것이다.

외무성 정무국장 야마자 엔지로는 '시국이야말로 독도를 일본 영토로 편입할 때'라고 어부 나카이를 적극적으로 사주한 것으로 기록되어 있다. 야마자는 초임 외교관 시절 부산에서 법률사무소 겸 일본 낭인들의

---

243 김병렬 · 나이토 세이추, 앞의 책 『한일 전문가가 본 독도』, pp. 97~98.
244 내용은 외무성의 『통상휘찬』 제234호와 같다.

합숙소인 오자키법률사무소를 후원한 인물로서, 외무성 내에서도 대외 강경·대륙침략 정책의 추진자로서 알려져 있었다.[245]

외무성에서는 1870년 『조선국교제시말내탐서』에서 독도를 조선 영토로 기록했으며, 1902년 10월에 발간한 『통상휘찬』 제234호도 마찬가지다. 야마자는 1904년 7월에는 기업가에 의한 한국 침탈을 목적으로 쓴 책인 『최신한국실업지침』의 서문을 썼다. 『최신한국실업지침』은 『한해통어지침』과 마찬가지로 기업의 한국 침탈을 선동하기 위해 쓴 책이지만, 양코도(독도)를 '조선 강원도'편에 울릉도에 이어서 기술하고 있기 때문에 독도를 조선 영토로 인정한 것이다.

독도 일본 편입에 관여한 농상무성·해군성·외무성 관료 모두가 독도를 조선령으로 인식하고 있었음을 알 수 있다.

셋째, 일본의 독도 편입(1905. 2.)은 일개 어부의 어업권을 보장하기 위한 것이 아니라 러일전쟁 수행이라는 군사적 필요에 의한 것이다.[246] 또한 당면한 러일전쟁 수행이라는 '시국'을 독도 편입의 이유로 내세웠지만, 그 사전 공작은 러일전쟁 개전을 준비하던 1901년 흑룡회 『회보』(1901. 3.)의 '양코도 새로운 섬 발견설' 유포에서부터 시작되었다. 이는 2년 후 흑룡회가 발간한 『한해통어지침』(1903. 1.)에 농상무성 수산국장 마키 보쿠신이 서문을 쓰고, 『한해통어지침』의 양코도 무주지설을 그대로 이어받은 1904년의 『최신한국실업지침』에 외무성 정무국장 야마자 엔지로를 비롯한 정부 관계자 다섯 명이 대거 추천 서문을 쓴 것으로도

---

245 堀和生, 「1905年 日本の竹島領土編入」, 『朝鮮史研究會論文集』 第24號, 朝鮮史研究會, 1987, p. 118.
246 김병렬·나이토 세이추, 앞의 책 『한일 전문가가 본 독도』, p. 99.

입증된다. 이미 러일전쟁의 승기를 잡고 한반도를 무력으로 점령·지배하고 있었지만 러시아와 동해에서 마지막 결전을 남겨두고 승리를 장담할 수만은 없는 시대 상황도 고려된 것으로 보인다. 러시아에게 도로 한반도와 울릉도의 지배권을 빼앗기는 상황을 가정한다면 독도만이라도 일단 일본 땅으로 확보하는 것이 전략적으로 유리할 것이라고 판단한 것으로 추정된다.

시마네현의 독도 편입

1903년 독도에서 바다사자 잡이 어업을 시작한 나카이는 독도를 조선 영토로 알고 조선 정부에 바다사자 잡이 허가를 받으려고 했으나, 일본 정부의 관리들과 접촉한 후 그들의 사주에 따라 1904년 9월 독도의 일본 영토 편입 및 장기 독점적 어업권 신청을 내용으로 하는 「량코도 영토 편입 및 사용 허가 신청서」를 내무·외무·농상무 3개 성에 제출했다. 그 주요 내용을 발췌하면 다음과 같다.

> 량코도 영토 편입 및 사용 허가 신청서
> 오키열도의 서북 85浬, 조선 울릉도의 동남 55浬의 절해에 일반적으로 량코도라고 칭하는 무인도가 있습니다. 둘레 각각 약 15정의 갑을 2개의 암도(岩島)가 중앙에 대립(對立)해 하나의 해협을 이루며, 대소 수십의 암초가 점점이 산포(散布)해 이를 둘러싸고 있습니다. 중앙의 두 섬은 사면이 단암(斷岩) 절벽으로 되어 높게 솟아 있습니다. 그 정상에는 약간의 흙이 덮여 잡초가 자랄 뿐 섬 전체에 하나의 수목도 없습니다. …… 선박은 해협을 중심으로 풍위(風位)에 따라 좌우로 피해 정박하면 안전을 유지할 수 있습니다. ……

아무쪼록 속히 본도(독도, 필자 주)를 일본의 영토에 편입하고, 그와 동시에 향후 10년 저에게 임대해줄 것을 별지 도면 첨부해 이와 같이 청원합니다.[247]

독도에 대해서는 비교적 자세하고 정확하게 서술하고 있다. 독도의 위치도 '울릉도에서 55浬, 오키도에서 85浬'로 서술하고 있다. 흑룡회에서 주장하는 울릉도와 오키도에서 '거의 같은 거리'도 아니고, 해군 수로부에서 말한 '본토에서의 거리'도 아니다.[248] 이러한 표기는 어느 것이든 부정확하고 불합리함을 방증하고 있다. 독도의 활용 가치가 다소 과장되어 있기는 하나, 흑룡회가 주장하는 상어잡이에 대한 내용도 없으며, 배를 정박하기 좋은 곳으로도 주장하지 않고 있다. 다만 파도를 피해서 배를 정박할 수는 있는 것으로 설명하고 있다. 독도의 명칭도 '량코도'로 되어 있다. 흑룡회가 주장하는 '양코'가 아니다. 정부의 사주로 정부에 제출하는 서류에 '량코도'라고 기록했다는 것은 '양코도'라고 불린다는 흑룡회의 주장이 거짓임을 의미한다.

그리고 1905년 1월 일본 정부는, 나카이의 「량코도 영토 편입 및 사

---

247 中井養三郎, 「リャンコ島領土編入並ニ貸下願」, 『帝國版圖關係雜件』, 1904. 9. "リャンコ島領土編入並ニ貸下願 隱岐列島ノ西北八十五浬, 朝鮮鬱陵島ノ東南五十五浬ノ絶海ニ, 俗ニリャンコ島ト称スル無人島有之候, 周圍各約十五町ヲ有スル甲乙二個ノ岩島中央ニ對立シテ一ノ海峽ヲ成シ, 大小數十ノ岩礁点々散布シテ之ヲ囲繞セリ. 中央ノ二島ハ四面斷岩絶壁ニシテ高ク屹立セリ. 其頂上ニハ僅ニ土壤ヲ冠リ雜草之ニ生ズルノミ全島一ノ樹木ナシ. …… 船舶ハ海峽ヲ中心トシ風位ニ據リ左右ニ避ケテ碇泊セバ安全ヲ保タレ候 …… 何卒速カニ本島ヲハ本邦ノ領土ニ御編入相成且ツ其レト同時ニ向フ十ヶ年私儀ニ御貸下相成度別紙図面相添此段奉願候也."

248 해군 수로부에서 본토에서의 거리는 일본이 10리 더 가깝다고 주장한 것으로 기록되어 있다.(島根縣教育會 編, 『島根縣誌』, 1923. 6., p. 691)

용 허가 신청서」를 인정하는 형식으로, "타국에서 독도를 점령했다고 인정할 형적(形跡)이 없다"는 이유를 붙여 독도를 일본 시마네현의 영토로 편입하는 결정을 했다.

메이지 38년(1905) 1월 28일 각의 결정문

별지 내무대신이 청의(請議)한 무인도 소속에 관한 건을 심사해보니, 북위 37도 9분 30초, 동경 131도 55분, 오키도에서 서북쪽으로 85浬에 있는 이 무인도는 타국에서 이를 점령했다고 인정할 형적이 없고, 재작년 메이지 36년(1903) 본방인(本邦人) 나카이 요사부로란 자가 어사(漁舍)를 만들고, 인부를 데리고 가 엽구(獵具)를 갖추어서 바다사자 잡이에 착수하고, 이번에 영토 편입 및 사용 허가 신청서를 제출했는데, 차제에 소속 및 도명을 확정할 필요가 있으므로, 당해 섬을 다케시마(竹島)라고 명명하고 지금부터 시마네현 소속 오키도사(隱岐島司)의 소관으로 하고자 한다. 이에 심사한바, 메이지 36년 이래 나카이 요사부로란 자가 당해 섬에 이주해 어업에 종사한 것은 관계 서류에 의해 밝혀지며, 국제법상 점령의 사실이 있는 것이라고 인정해 이를 일본 소속으로 하고 시마네현 소속 오키도사의 소관으로 하는 데 지장 없는 건이라 사고(思考)해 청의대로 각의 결정함을 인정한다.[249]

---

249 『公文類聚』第二十九編 明治 三十八年(1905) 卷一, 일본 국립공문서관 소장. "明治卅八年一月廿八日別紙, 內務大臣請議無人島所屬ニ關スル件ヲ審査スルニ, 右ハ北緯三十七度九分三十秒, 東経百三十一度五十五分, 隱岐島ヲ距ル西北八十五浬ニ在ル無人島ハ, 他國ニ於テ之ヲ占領シタリト認ムベキ形跡無ク, 一昨三十六年′本邦人中井養三郎ナル者ニ於テ漁舍ヲ構エ人夫ヲ移シ, 漁具ヲ備エテ海驢獵ニ着手シ, 今回領土編入並ニ貸下ヲ出願セシ所, 此際所屬及ビ島名ヲ確定スルノ必要アルヲ以テ該島ヲ竹島ト名ケ, 自今, 島根縣所屬隱岐島司ノ所管ト爲サントスト謂フニ在リ. 依テ審査スルニ, 明

이 각의 결정문에서 "타국이 이를 점령했다고 인정할 만한 형적이 없다", "나카이가 당해 섬에 이주했다"는 것은 모두 사실이 아니다. 독도에는 식수가 없어 사람이 거주할 수 없었다. 누구든 독도에 이주해서 점령한다는 것 자체가 불가능하다. 당시 바다사자 잡이 어민들은 울릉도를 근거로 하여 겨우 며칠 정도 독도에서 움막을 짓고 바다사자 잡이를 했을 뿐이다. 독도의 위치 서술도 잘못되어 있다. 독도의 위치를 '오키도에서 서북쪽으로 85浬'라고만 하여 독도를 마치 일본 오키도의 부속 섬인 것처럼 서술하고 있다. 나카이의 「량코도 영토 편입 및 사용 허가 신청서」에 나오는, 오키도에서보다 훨씬 가까운 '울릉도에서 55리(浬)'라는 말은 삭제되었다.

각의 결정문을 통해 알 수 있는 중요한 사실은 역사적인 문헌에 대해서는 전혀 검토되지 않았거나 은폐되었다는 것이다. 『태정관지령』, 『기죽도사략』, 『죽도지서부』 등 독도를 조선 영토라고 확인한 일본 측 문서들을 검토한 흔적은 전혀 없다. 특히 『태정관지령』은 의도적으로 은폐된 것으로 보인다. 그 후 일본이 독도를 조선 영토로 인식했음을 보여주고 있는 『환영수로지』(1886. 12.), 『조선수로지』(1899. 2.), 『통상휘찬』 제234호(1902. 10.), 『한해통어지침』(1903. 1.), 『수산무역요람』(1903. 5.), 『최신 한국실업지침』(1904. 7.) 등에 대해서도 검토한 흔적이 없다. 또한 『숙종실록』, 『동국문헌비고』(1770), 『만기요람』(1808), 대한제국 칙령(1900) 등 조선 측에서 독도를 조선령으로 기록한 문헌들에 대한 검토 흔적도

治三十六年以來, 中井養三郎ナル者ガ該島ニ移住シ漁業ニ從事セルコトハ, 關係書類ニ依リ明ナル所ナレハ國際法上占領ノ事實アルモノト認メ, 之ヲ本邦所屬トシ, 島根縣所屬隱岐島司ノ所管ト爲シ差支無之儀ト思考ス. 依テ請議ノ通リ, 閣議決定相成可然ト認ム.'

당연히 없다.

일본 정부는 이 결정을 관보에 게재해 정부 차원에서 공시하는 조치를 취하지 않고, 1905년 2월 22일 시마네현 고시 제40호로 '다케시마(竹島)라고 칭하고, 오키도사(隱岐島司)의 소관으로 정한다'고 기록하는 것으로 그쳤다. 조선이나 다른 관계국에 통보하는 절차도 거치지 않았다.[250]

불과 28년 전인 1877년에 『태정관지령』으로 조선 영토임을 공식적으로 확인·공시했고, 그 직전까지도 내무성은 물론이고, 외무성, 농상무성, 해군성 모두 조선 영토로 인식한 독도를 '주인 없는 땅'이라는 이유를 붙여 일본 땅으로 편입 결정한 것이다. 타국의 영토를 무주지라는 이유를 붙여 일본에 편입 결정했으니 절차의 적법 여부와 상관없이 불법이 된다.

일본의 독도 편입 결정(1905. 2. 22.) 이후에도 일본의 독도에 대한 인식은 크게 달라지지 않았다. 1905년 7월 일본 외무성이 발행한 『통상휘찬』 제50호에는 1904년경부터 울릉도민이 독도에서 바다사자 포획을 시작했다고 밝히고 있으며,[251] 1905년 9월의 『한국신지리(韓國新地理)』는 좀 더 분명하게 독도를 울릉도에 부속된 섬으로 기록하고 있다.[252]

---

250 이에 대해서는 최근 시마네현 고시조차 없었다는 주장도 제기되고 있다.

251 外務省 通商局, 『通商彙纂』 第50號, 1905. 9., p. 50, 일본 국립국회도서관 소장. "鬱陵島現況 …… 「トド」ト稱スル海獸ハ鬱陵島ヨリ東南約二十五里ノ位置ニアルランコ島ニ棲息シ昨年頃ヨリ鬱陵島民之レヲ捕獲シ始メタリ."

252 田淵友彦, 『韓國新地理』, 博文館, 明治 38年(1905) 9月, pp. 306~308. "鬱陵島 …… 本島より東南方約三十里, 我が隱岐島との殆ど中央に當り無人の一島あり, 俗にこれをヤンコ島と稱す. 長さ殆ど十町余沿岸の屈曲極めて多く, 漁船を泊するに宜しと雖薪材及び飮料水を得るに困難にして地上を穿つも數尺の間容易に水を得ず, 此付近には海馬多く棲息し又海産に饒なりといふ."

독도 편입이 은밀하게 이루어졌고, 독도의 울릉도에 대한 부속 섬적인 위치는 변함이 없었기 때문이다. 1905년 5월 일본의 쓰시마해전 승리와 연이은 포츠머스조약(1905. 9.)으로 일본은 한반도에 대한 지배권을 굳히고, 1905년 11월에는 대한제국의 외교권을 박탈하고 속국화했다. 「량코도 영토 편입 및 사용 허가 신청서」를 제출해 독점적 어업권을 획득한 나카이 요사부로는 오키도가 아닌 울릉도를 근거로 독도에서 바다사자 잡이를 했다.[253] 독도는 여전히 울릉도 주민의 생활권 내에 있었다. 울릉도의 부속 섬으로서 당연한 것이라 할 수 있다. 1910년 8월 대한제국은 일본에 의해 강제 병탄되었다.

---

[253] 島根縣敎育會 編, 『島根縣誌』, 1923, p. 692, 일본 국립국회도서관 소장.

3

일제강점기 일본의 독도 인식

독도를 조선 영토로 인식했음을 보여주는 일본의 수로지 편찬

독도의 일본 편입 결정 이후에도 독도를 울릉도의 부속 섬으로 보는 일본의 인식은 변하지 않았다. 1907년 3월에 간행된 『조선수로지』 제2 개판(改版)에서는 독도의 명칭으로 새로 붙여진 '竹島[Liancourt rocks]' 라는 명칭을 쓰면서도 독도를 '제5편 일본해 및 조선동안'에 울릉도와 함께 수록했다. 섬 위의 평지, 담수, 위치 등 소제목까지 붙여 4페이지에 걸쳐 자세하게 설명하고 있다.[254]

> 竹島[Liancourt rocks]
> ...... 한인은 이를 독도(獨島)라고 쓰고 내지(內地) 어부는 리앙코도라고

---

254 송휘영, 「근대 일본의 수로지에 나타난 울릉도 · 독도 인식」, 『대구사학』 106, 대구사학회, 2012, p. 257.

한다. 이 섬은 일본해상(日本海上)의 하나의 소군서(小群嶼)로서 오키도 도젠(島前)으로부터 약 80리(浬), 울릉도로부터 약 50리(浬)에 위치한다. …… 매년 여름이 되면 바다사자(トド) 잡이를 위해 울릉도에서 도래하는 자 수십 명에 이르기도 하며, 그들은 섬에 소옥(小屋)을 짓고 매회 약 10일 간 가(假) 거주한다고 한다.

울릉도 일명 松島[Dagelet island]…….[255]

1899년의 『조선수로지』와 비교해 보면 '한인은 이 섬을 독도라 쓴다' 고 하여 1904년 군함 니타카의 조사 내용을 추가했으며, 일본 오키도에 서가 아니라 '울릉도에서 온 어민'들이 독도에서 매년 여름에 바다사자 (トド) 잡이를 한다고 기술하고 있다. 또한 '오키도에서 80리, 울릉도에 서 50리'라고 하는 상대적인 거리도 새로 추가되었다. 1907년 3월 『조 선수로지』의 내용은 1910년 강제 병합 이후에도 큰 변경 없이 1911년 과 1920년에 간행된 『일본수로지』 및 1933년의 『조선연안수로지(朝鮮 沿岸水路誌)』로 이어졌다.

그런데 같은 해인 1907년 6월에 간행된 『일본수로지』 제1개판에서는 3월의 『조선수로지』에 비해 반 페이지 정도로 아주 간략하게 다루고, 1905년 독도가 일본 시마네현에 편입되었다고 기술하고 있다.

---

255 水路部, 『朝鮮水路誌』第2改版, 1907. 3. "竹島[Liancourt rocks] …… 韓人ハ之ヲ 獨島ト書シ內地漁夫ハリアンコ島トヨフ. 此島ハ日本海上ノ一小群嶼ニシテ隱岐國島前 ヨリ大約八十浬, 鬱陵島ヨリ大約五十浬ニ位シ …… 每年夏季ニ至レバトド'獵ノ爲メ鬱 陵島ヨリ渡來スル者數十名ノ多キニ及フコトアリ, 此等ハ島上ニ小屋ヲ構ヘ毎回約十日 間假居スト云ふ. 鬱陵島 一名 松島[Dagelet island]……."

竹島[Liancourt rocks]

…… 오키열도의 북서 약 80浬에 위치하는 군서(群嶼)로서 …… 이 군서
는 매년 6~7월경 바다사자 잡이를 위해 일본 어부가 도래하는 곳으로서
메이지 38년(1905) 시마네현의 소관에 편입되었다.[256]

거리는 '오키도에서의 거리 80리'만 명시하고 있고, 그러면서도 일본
어부가 독도에 도래한다고 하여 신뢰성이 떨어지는 내용을 싣고 있다.
그 전후의 다른 수로지에서 '울릉도에서 도래(鬱陵島ヨリ渡來)'하는 것
으로 기록하고 있는 것과는 다르다.

1910년 8월 대한제국이 일본에 의해 강제 병합된 후『조선수로지』와
『일본수로지』는 합본하게 되었다.[257] 1911년 12월『일본수로지』제6권
에서는 '제2편 동안(東岸)'에 울릉도와 독도를 함께 수록하고 있으며,
그 내용은 1907년 3월의『조선수로지』와 거의 같다.[258] '동안'은 조선의
동해안을 의미한다. 다만 오키도-독도 간 거리는 80리를 86리로 바로
잡았다. 또한 '독도, 울릉도'의 순서를 '울릉도, 독도'의 순서로 수정했다.

울릉도 일명 松島[Dagelet island] 해도 제306호 분도(分圖)

……

竹島[Liancourt rocks]

---

256 水路部,『日本水路誌』第4卷 第1改版, 1907. 6. "竹島[Liancourt rocks] …… 隱岐
    列島ノ北西約八十浬ニ位セル群嶼ニシテ …… 此群嶼ハ每年六,七月頃海豹獵ノ爲メ
    本邦漁夫ノ渡來スル所ニシテ明治三十八年島根縣ノ所管ニ編入セラレタリ."
257 송휘영, 앞의 글「근대 일본의 수로지에 나타난 울릉도·독도 인식」, p. 262.
258 위와 같음.

…… 조선인은 이를 독도라고 쓰고, 내지 어부는 리앙코도라고 한다. 이 섬은 일본해상의 하나의 소군서로서 오키도 도젠으로부터 약 86浬, 울릉도로부터 동남동방 50浬에 위치한다. …… 매년 여름이 되면 바다사자(海驢) 잡이를 위해 울릉도에서 도래하는 자 수십 명에 이르기도 하며, 그들은 섬에 소옥을 짓고 매회 약 10일간 가(假) 거주한다고 한다. …… 竹島의 동방도(東方島)의 남단은 메이지 41년(1908)의 측정에 의하면, 북위 37도 14분 18초, 동경 131도 52분 22초에 있다.[259]

1908년 좌표를 새로이 측정했는데, 그 기점은 동서 두 섬 중 일본에 가까운 동도의 남단으로 했다는 것을 밝히고 있다.[260]

그 후 1916년 12월의 『일본수로지』는 1907년 6월의 『일본수로지』를 그대로 이어받아 독도에 대해 간략하고 다소 부정확한 내용을 담고 있다. 즉, 1911년의 『일본수로지』에서 독도의 위치를 '오키도에서 86리, 울릉도에서 50리'로 바로잡았음에도 불구하고, 1916년 12월의 『일본수로지』에서는 그대로 '오키도에서 80리'라고만 기술하고 있다. 그러면서

---

259 水路部, 『日本水路誌』 第6卷, 1911. "鬱陵島 一名 松島[Dagelet island] 海圖第三〇六號 分圖 …… 竹島[Liancourt rocks] …… 朝鮮人ハ之ヲ獨島ト書シ內地漁夫ハリアンコ島ト曰フ. 此島ハ日本海上ノ一小群嶼ニシテ隱岐國島前ヨリ大約八十六浬, 鬱陵島ヨリ東南東方約五十浬ニ位シ …… 每年夏季ニ至ラバ海驢[トド]獵ノ爲〆鬱陵島ヨリ渡來スルモノ數十名ノ多キニ及フコトアリ, 此等ハ 島上ニ小屋ヲ構ヘ每回約十日間假居スト云フ. …… 竹島ノ東方島ノ南端ハ明治四十一年ノ測定ニ據レハ北緯三七度一四分一八秒東京一三一度五二分二二秒ニ在リ."

260 일본에 가까운 동도의 남단을 기점으로 할 때 울릉도-독도 간 거리 50해리(92.6킬로미터), 독도-오키도 간 거리 86해리(159.3킬로미터)는 일본 외무성 사이트에서 오랫동안 주장해오던 92킬로미터, 157킬로미터와도 거의 일치한다. 최근(2013년 11월로 추정)에는 88킬로미터, 158킬로미터로 울릉도-독도 간 거리는 줄이고, 오키도-독도 간 거리는 늘렸다. 이는 종전 외무성의 거리 표기가 잘못되었음을 스스로 시인한 것이다.

도 1905년 시마네현에 편입되었다고 기록하고 있다.

> 이도(離島)
>
> 竹島[Liancourt rocks]
>
> …… 오키열도의 북서방 약 80浬에 위치하는 군서로서 …… 이 군서는 매년 6~7월경 해표(海豹) 잡이를 위해 어부가 도래하는 곳으로서 메이지 38년(1905) 시마네현의 소관에 편입되었다.[261]

매년 6~7월 바다사자(해표) 잡이를 위해 '일본 어부'가 도래한다는 내용은 그냥 '어부'가 도래한다는 내용으로 바뀌었다. 독도 앞에 '이도'라는 타이틀을 새로 붙인 것은 독도가 일본 혼슈에서는 그만큼 멀리 떨어져 있는 것으로 인식하고 있었다는 의미다.

1920년 4월에 간행된 『일본수로지』제10권 상(上)은 1911년 12월의 『일본수로지』와 거의 같다. 조선인들은 '독도'라고 부르고, 독도의 위치는 '오키도에서 86리, 울릉도에서 50리'이며, 매년 여름 '울릉도에서' 독도에 와서 바다사자 잡이를 한다는 내용이 기록되어 있다.

> 울릉도 일명 松島[Dagelet island] 해도 제306호 분도
>
> ……
>
> 竹島[Liancourt rocks]

---

261 水路部, 『日本水路誌』 第4卷, 1916. "離島 竹島[Liancourt rocks] …… 隱岐列島ノ北西方約八十浬ノ處ニアル群嶼ニシテ …… 此ノ群嶼ハ每年六,七月頃海豹獵ノ爲メ漁夫ノ渡來スル所ニシテ明治三十八年島根縣ノ所管ニ編入セラレタリ."

…… 조선인은 이를 독도라고 쓰고, 내지 어부는 리앙코도라고 한다. 이 섬은 일본해상의 하나의 소군서로서 오키도 도젠으로부터 약 86浬, 울릉도로부터 동남동방 50浬에 위치한다. …… 매년 여름이 되면 해려(海驢, トド) 잡이를 위해 울릉도에서 도래하는 자 수십 명에 이르기도 하며, 그들은 섬에 소옥을 짓고 매회 약 10일간 가(假) 거주한다고 한다.[262]

그 후 1933년 『조선연안수로지』에서는 제1권 제3편 '조선동안'에 '울릉도 및 竹島'라는 제목으로 울릉도와 독도를 연이어서 수록했다. 독도의 명칭은 종전의 '竹島[Liancourt rocks]'에서 '竹島[다케시마]'로 완전히 일본식 이름으로 바뀌었다. 그러나 그 외에는 1920년의 『일본수로지』와 큰 변동은 없다.

울릉도[松島](해도 306 분도)

……

竹島[다케시마]

이 섬은 일본해상의 하나의 소군서로서 오키도 도젠으로부터 약 86浬, 울릉도로부터 동남동방 50浬에 위치한다. …… 매년 여름이 되면 해려(海驢) 잡이를 위해 울릉도에서 도래하는 자 수십 명에 이르기도 하며,

---

262 水路部, 『日本水路誌』第10卷 上, 1920. "鬱陵島 一名 松島[Dagelet island] 海圖 第三○六號分圖 …… 竹島[Liancourt rocks] …… 朝鮮人ハ之ヲ獨島ト書シ內地漁夫 ハリアンコ島ト曰フ. 此島ハ日本海上ノ一小群嶼ニシテ隱岐國島前ヨリ大約八十六浬, 鬱陵島ヨリ東南東方約五十浬ニ位シ …… 每年夏季ニ至ラハ海驢[トド]獵ノ爲メ鬱陵 島ヨリ渡來スルモノ數十名ノ多キニ及フコトアリ, 此等ハ島上ニ小屋ヲ構ヘ每回約十日 間假居スト云フ."

그들은 섬에 소옥을 짓고 매회 약 10일간 가(假) 거주한다고 한다.[263]

1933년의 『조선연안수로지』에는 조선인들이 이 섬을 '독도'라고 부른다는 내용도 없다. 그러나 조선인들 사이에는 여전히 '독도'로 불렸다는 것은 해방 후 각종 국내 기록을 통해서도 알 수 있다.

수로지에 독도를 울릉도 부속으로 서술

일제강점기의 일본 측 기록들에 나타난 독도 인식은 구체적이면서도 객관적이다. 일본에 의한 강제 병합으로 조선이 일본의 한 지방과 같이 된 이상, 영유권 귀속에 대한 인식은 그 의미가 약해졌지만, 독도가 울릉도의 부속 섬이라는 인식과, 조선인들 간에는 '독도'라는 이름으로 불린다는 사실은 강점기의 『일본수로지』등 기록에 의해 오히려 더욱 분명해졌다.

흑룡회의 '양코 무주지 발견설'로부터 시작된 독도 탈취를 목적으로 한 왜곡된 인식은 1905년 그 목적을 달성한 이후에는 점차 원래대로 바로잡아졌다고 할 수 있다. 독도를 시마네현에 편입할 당시에 구실을 만들기 위해 '본토로부터의 거리'로 표기하는 방식도 바로잡아졌다. 즉, '울릉도에서 50해리, 오키도에서 86해리'로 정착되었다.

---

263 水路部, 『朝鮮沿岸水路誌』第1卷, 1933. "鬱陵島[松島](海圖 306 分圖) …… 竹島(タケシマ) 此ノ島ハ日本海上ノ1小群嶼ニシテ島根縣隱岐島前ヨリ大約86浬, 鬱陵島ヨリ東南東方約五十浬ニ位シ …… 每年夏季ニ至ラバ海驢獵ノ爲鬱陵島ヨリ渡來スルモノ數十名ノ多キニ及ブコトアリ, 此等ハ島上ニ小屋ヲ構ヘ每回約10日間假居スト謂フ."

『한해통어지침』(1903. 1.)과 『최신한국실업지침』(1904. 7.)이 독도 무주
지설을 유포하기 위한 왜곡된 기록의 완성판이라면, 1920년의 『일본수
로지』는 그 후 왜곡된 기록을 바로잡은 올바른 기록의 완성판이라고 할
수 있다. 〈표 2〉에서 보는 바와 같이, 독도를 '조선 동해안의 섬'으로,
'오키도에서 86해리, 울릉도에서 50해리'로 거의 정확하게 기록하고 있
다. 또한 조선인들 간에 불리는 명칭은 '독도'로, '울릉도에서 도래'해서
독도에서 조업하고 있다고 사실 그대로 기록하고 있다.

주목해야 할 것은 제2차 세계대전 종전 후 대일평화조약 체결 과정에
서 다시 독도에 관한 사실들이 왜곡된다는 것이다. 강점기에는 '한인들
은 독도라고 쓴다'고 했지만 종전 후에는 '독도에는 한국명(Korean

표 2 1905년 이후 일제강점기 수로지의 독도 인식

수로지 구분	독도가 수록된 소제목	오키도 · 울릉도에서의 거리	독도의 한국 명칭	독도 조업 근거지
1907. 3. 『조선수로지』	제5편 일본해 및 조선동안	80浬, 50浬	한인은 독도라고 쓴다.	울릉도에서 도래
1907. 6. 『일본수로지』	제3편 혼슈 북서안	80浬	–	–
1911. 12. 『일본수로지』	제2편 동안	86浬, 50浬	조선인은 독도라고 쓴다.	울릉도에서 도래
1916. 12. 『일본수로지』	제1편 혼슈 북서안	80浬	–	–
1920. 4. 『일본수로지』	제2편 동안	86浬, 50浬	조선인은 독도라고 쓴다.	울릉도에서 도래
1933. 1. 『조선연안수로지』	제3편 조선동안	86浬, 50浬	–	울릉도에서 도래

name)이 없다'고 주장하고, 강점기에는 독도는 '울릉도에서 50해리, 오키도에서 86해리'라고 했지만 종전 후에는 '한국과 일본에서 같은 거리'로 왜곡되어 이러한 왜곡된 정보가 미국 정부에 의해 받아들여져 이용된다. 이 책 제4부 '일제 패전 이후의 독도 인식'에서 설명하는, 1947년 6월 발간 일본 외무성 소책자에서 독도의 위치를 '오키도에서 86해리'라고만 표기하는 것도 독도를 사실상 오키도의 부속 섬인 것처럼 하는 왜곡된 거리 표기 방식이다.

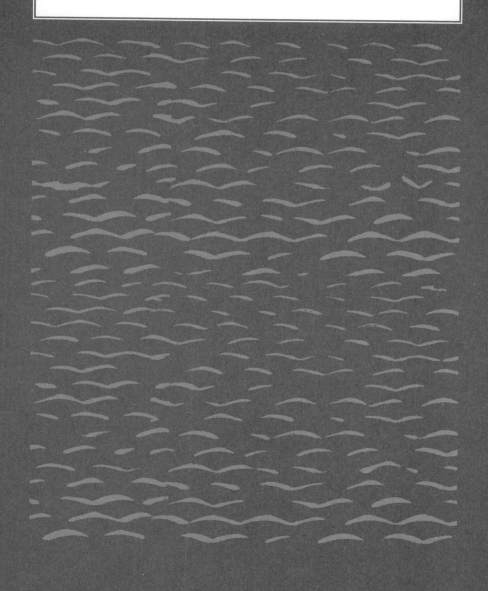

4부

일제 패전 이후의 독도 인식

1

일본으로부터의 독도 분리

포츠담선언의 해석과 독도 문제

국제조약으로서의 일본 항복문서

제2차 세계대전 종전 후의 일본 영토 범위를 처음으로 규정한 것은 1943년의 카이로선언(Cairo Declaration)이다. 카이로선언은 제2차 세계대전 말기인 1943년 12월 1일 연합국 측의 루스벨트, 처칠, 장제스(蔣介石)가 카이로회담의 결과, 제2차 세계대전 후 일본의 영토 처리 기본방침을 처음으로 밝힌 것이다. 영토 관련 내용은 "연합국은 영토를 확장할 의도가 없다"는 것과 "① 제1차 세계대전 후 일본이 탈취한 태평양상의 모든 섬을 박탈하고, ② 만주, 타이완(臺灣), 평후(澎湖)제도 등을 중국에 반환하며, ③ 일본이 폭력과 탐욕에 의해 약취(略取)한 모든 지역에서 일본 세력은 축출된다"는 것이다. 특히 한국에 대해서는 특별 조항을 두어 "한국민이 노예 상태 아래 놓여 있음을 유의해 앞으로 한국을 자유독립국가로 할 것을 결의한다"라고 명시해, 전후 일본 영토 처리와 함께 처음으로 한국의 독립이 국제적으로 보장되었다.

> 1943년 12월 1일 카이로선언의 영토 조항
>
> 3대 연합국은 자국을 위해 이득을 탐하는 것이 아니며, 또 영토를 확장할 의도도 없다. 위 연합국의 목적은 일본으로부터 1914년 제1차 세계대전 개시 이후에 일본이 탈취 또는 점령한 태평양의 도서 일체를 박탈하고, 만주, 타이완 및 펑후도와 같이 일본이 중국인으로부터 도취(盜取)한 지역 일체를 중화민국에 반환하는 데 있다. 또한 일본은 폭력과 탐욕에 의해 약취한 다른 일체의 지역으로부터 축출될 것이다. 전기 연합국은 한국인의 노예 상태에 유의해, 적절한 과정에 따라 한국을 자주독립시킬 것을 결의한다.[264]

카이로선언은 미국, 영국, 중국의 3대 연합국에 의한 공동선언이다. 따라서 그 자체가 국제법적으로 일본을 구속하는 것은 아니다. 그러나 이 카이로선언은 그 후 1945년 7월 26일 미국, 영국, 중국, 소련의 포츠담선언(Potsdam Declaration) 제8항에 대부분 흡수되고, 같은 해 9월 2일에는

---

[264] "They covet no gain for themselves and have no thought of territorial expansion. It is their purpose that Japan shall be stripped of all the islands in the Pacific which she has seized or occupied since the beginning of the first World War in 1914, and that all the territories Japan has stolen from the Chinese, such as Manchuria, Formosa, and the Pescadores, shall be restored to the Republic of China. Japan will also be expelled from all other territories which she has taken by violence and greed. The aforesaid three great powers, mindful of the enslavement of the people of Korea, are determined that in due course Korea shall become free and independent." (Cairo Declaration)

포츠담선언을 수락하는 항복문서(Japanese Instrument of Surrender)가 조인됨으로써 포츠담선언과 카이로선언은 조약으로서 일본에 구속력을 갖게 되었다. 포츠담선언 중 영토에 관한 조항은 다음과 같다.

> 1945년 7월 26일 포츠담선언 제8항
>
> 8. 카이로선언의 조건(terms of the Cairo Declaration)[265]은 이행되어야 하며, 일본의 주권은 혼슈, 홋카이도, 규슈, 시코쿠와 연합국이 결정하는 작은 섬들에 국한될 것이다.[266]

포츠담선언에는 카이로선언에 부가해 일본을 구속하는 조건이 하나 더 추가되었다. 침략전쟁으로 빼앗은 지역은 물론이고 그에 해당하지 않더라도 징벌적으로 연합국이 일본의 영토를 더 한정할 수 있게 한 것이다.

해석상 쟁점은 포츠담선언의 이 조항이 카이로선언의 영토 불확장 원칙과 충돌하지 않는가 하는 것이다. 그러나 포츠담선언 제8항의 해석상, 카이로선언에서 연합국 3국이 천명한 '영토 불확장 원칙'이 이행된다는 약속이 포츠담선언에 명기되었다고 볼 수는 없다.[267]

---

[265] 'The terms of the Cairo Declaration'은 일반적으로 카이로선언의 '조항'으로 번역되고 있으나, '조건' 또는 '요구'라고 번역하는 것이 타당하다.(와다 하루키, 「카이로선언과 일본의 영토 문제」, 『영토해양연구』, 동북아역사재단, 2013, pp. 103~106)

[266] "8. The terms of the Cairo Declaration shall be carried out and Japanese sovereignty shall be limited to the islands of Honshu, Hokkaido, Kyushu, Shikoku and such minor islands as we determine."(Potsdam Declaration)

[267] 와다 하루키, 앞의 글 「카이로선언과 일본의 영토 문제」, pp. 103~106; 포츠담선언에서 '카이로선언의 terms'를 '카이로선언의 조항'이라고 번역한 사람은 당시 외무대신 도고 시게노리(東鄕茂德)로부터 '법률적 관점에서 포츠담선언의 엄밀한 검토'를 명받은 외무

그림 20 조선인 도공의 후예 도고 시게노리 기념관과 송덕비.

　　그런데 쓰카모토 다카시는 다케시마문제연구회의 보고서에 수록한
논문에서 "포츠담선언에는, 일본의 주권(영토)은 혼슈, 홋카이도, 규슈
및 시코쿠와 '우리가 결정하는 제소도(諸小島)에 제한된다'라고 되어 있
다(제8항)"고 기술하고 있다.[268]

성 조약국 1과장 시모다 다케소(下田武三)라고 한다. 도고 시게노리는 임진왜란 때 일
본 가고시마현으로 끌려간 도공의 후예다. 5살 때까지는 한국 이름 그대로 박무덕(朴茂
德)이었는데, 부친이 도고(東郷)라는 사족(士族)의 성을 사서 '도고'로 성을 바꾸었다.
도고는 외무대신을 두 번 역임했는데, 1941년 일본이 태평양전쟁을 일으킬 때와 1945
년 태평양전쟁에서 패전할 때였다. 패전 후 도쿄재판(극동군사재판)에서 A급 전범으로
20년 형을 선고받고 수감 중 사망했다. 도고는 패전이 명백한 상황에서도 광적으로 전
쟁 계속을 주장하는 일본 군부에 맞서, 쿠데타와 암살 테러 위협을 받으면서도 포츠담
선언을 수락하고 일본의 항복을 이끌어냈다.(정수웅, 『일본 역사를 바꾼 조선인』, 동아시
아, 1999)

268　"ポツダム宣言には, 日本の主權(領土)は, 本州, 北海道, 九州および四國ならびに「われら
　　の決定する諸小島に極限される」とあった(第8項)."[塚本孝, 「竹島領有權紛爭の焦点 -
　　國際法の見地から」, 島根縣高等學校地理歷史 · 公民科教育研究會研究大會講演
　　(web竹島問題研究所研究에 수록), 平成 19年 10月 17日, p. 11]

포츠담선언 제8항의 중점은 제8항 전반부의 카이로선언에서의 조건 이행에 관한 것이다. 일본이 빼앗은 땅은 전부 돌려준다는 것이 포츠담선언의 주요 부분이고, 제8항 후반부의 "일본의 주권은……" 이하 부분은 추가적으로 연합국이 일본 영토를 제한할 수 있다는 내용이다. 즉, 일본으로부터 징벌적 영토 할양을 받을 수 있는 근거를 마련한 것이다.

그럼에도 쓰카모토는 포츠담선언의 주요 부분은 누락시키고, 포츠담선언 제8항 후반부가 제8항의 전부인 것처럼 기술하고 있다. 국내 연구자도 포츠담선언의 해석을 명확히 하지 않고 논리를 전개하는 경우가 적지 않다.

독도 문제에 대한 국제법적 해석의 첫 단계는 독도가 포츠담선언 제8항 전반부 규정에 해당하는가, 즉 카이로선언에서 규정하는 '폭력과 탐욕(violence and greed)'에 의해 빼앗은 땅에 해당하는가 하는 것이다. 이는 1905년 일본의 독도 편입 결정 당시의 역사적 사실에 의해 판단해야 할 문제다. 그런 점에서 포츠담선언은 국제법과 역사학의 접점이라고 할 수 있다. 만약 포츠담선언 제8항의 해석에서 쓰카모토 다카시와 같이 그 전반부를 누락시키면 독도 영유권 귀속의 국제법적 판단에서 '폭력과 탐욕에 의해 빼앗은 땅'에 해당하는가 아닌가 하는 역사적 사실에 대한 연구는 상당 부분 의미가 없게 된다.

포츠담선언을 수락하고 이를 성실하게 이행할 것을 약속한 일본의 항복문서는 1945년 9월 2일 전함 미주리호의 함상에서 일본과 미국, 중국, 영국, 소련, 호주, 캐나다, 프랑스, 네덜란드, 뉴질랜드의 9개 연합국에 의해 조인되었다.

우리(일본)는 …… 1945년 7월 26일 포츠담에서 미국, 중국, 영국의 정부 수뇌에 의해 발표되고 그 후 소련에 의해 지지된 선언에 제시한 조항들을 수락한다. …… 우리는 이에 황제, 일본 정부 및 그 승계자가 포츠담선언의 조항들을 성실히 이행할 것을 약속한다.[269]

포츠담선언을 수락한 일본의 항복문서가 연합국과 일본 간에 조인됨으로써 포츠담선언은 국제조약으로서의 효력을 발생하게 된 것이다.

독도 문제에 대한 포츠담선언의 적용

카이로선언에서는 일본이 '폭력과 탐욕'에 의해 빼앗은 땅은 모두 돌려주도록 규정하고 있고, 카이로선언은 포츠담선언을 거쳐 일본이 항복문서에서 수락했으므로, 독도 문제와 관련한 쟁점은 독도가 '폭력과 탐욕'에 의해 일본이 빼앗은 지역에 해당하는지 여부다.

독도가 이에 해당되려면 두 가지 조건이 충족되어야 한다. 첫째, 1905년 독도의 시마네현 편입 결정이 '폭력과 탐욕'에 의한 것이어야 하고, 둘째 그 당시에 독도가 한국 영토였어야 한다. 이 두 가지 조건이 충족되면 일본이 항복문서에 조인한 시점(1945. 9. 2.)에서 독도는 국제조약상 한국 영토가 된 것으로 해석할 수 있다. 그 후 실제로 조약이 언제 어떻게 이행되느냐 하는 절차상의 문제만 남을 뿐이다.

---

[269] "We, …… hereby accept the provisions in the declaration issued by the heads of the Governments of the United States, China, and Great Britain 26 July 1945 at Potsdam, and subsequently adhered to by the Union of Soviet Socialist Republics, …… We hereby undertake for the Emperor, the Japanese Government, and their successors to carry out the provisions of the Potsdam Declaration in good faith……."(항복문서 첫 번째 조항과 여섯 번째 조항)

1905년 2월 일본이 독도를 시마네현에 불법 편입 결정할 당시 독도에서의 무력 충돌은 없었다. 또한 1년 후 일본에서 비공식적으로 독도의 시마네현 편입을 울릉군수에게 알렸을 때도 대한제국은 이미 외교권이 박탈된 상태여서 외교 경로를 통한 항의는 없었다. 그럼에도 독도를 폭력과 탐욕에 의해 빼앗겼다고 말할 수 있는 근거는 일제의 한반도 무력 점령 기간 중에 사실상 무력으로 점령·지배하는 상황에서 자행되었기 때문이다.

　1894년 조선의 자생적인 근대화 운동인 동학혁명이 일어나자 일본은 조선에 군대를 파견해 한반도를 전쟁터로 하여 청일전쟁을 일으켜 청나라 세력을 축출하고 동학혁명을 무력으로 진압했다. 그러나 조선에서 청나라 세력을 축출하고도 러시아의 견제로 지배권을 확립하는 데 실패하고 친러 반일 정권이 형성되자 일제는 밤중에 궁궐에 난입해 당시 반일의 선봉에 섰던 명성황후를 살해하는 만행을 저질렀다(을미사변, 1895. 8.). 일제는 명성황후 시해 사건[270] 이후 국왕을 궁궐에 감금하고 국정을 좌지우지했으나, 국왕 고종이 러시아공사관으로 탈출함으로써(아관파천, 1896. 2.) 다시 러시아의 견제를 받게 되고, 그 후 조선은 일본과 러시아의 상호 견제 속에서 명맥만을 이어 갔다. 그러나 러일전쟁 발발과 함께 러시아 세력마저 축출됨으로써 일본의 조선(대한제국)에 대한 무력 지배 체제는 확고부동하게 되었다.

　1904년 2월 8일 선전포고도 하지 않고 러시아를 기습 공격해 러일전쟁을 일으킨 일본은 그 이튿날 바로 수도 서울을 점령했다. 러시아와의

270　을미사변의 '사변'과 명성황후 시해 사건의 '시해' 모두 적절한 용어가 아니라는 주장도 있다.

그림 21 '러일전쟁', '일본군에 의한 서울 점령'이라는 제목이 붙은 1904년 2월 28일자 『르 프티 파리지엥(Le Petit Parisien)』 삽화 증보판.[271]

전선이 한·러 국경지대 부근에서 형성되어, 제국주의 열강의 세력 각축 틈바구니에서 약체화된 조선 왕조를 무력으로 지배하는 데는 이제 아무런 걸림돌이 없었다. 당시 프랑스 신문에 게재된 삽화(〈그림 21〉)는 1904년 2월 일본군의 서울 무력 점령 장면을 생생히 보여주고 있다.

대한제국은 사실상 이때부터 일본군의 무력 점령하에 놓이게 된다. 조선인의 저항은 필연적이었으며, 의병을 일으켜 저항하던 조선인들은 나치 독일에 맞서 싸우다 처형당한 레지스탕스들처럼 무자비하게 살해되었다.(〈그림 22〉)[272]

---

271 『르 프티 파리지엥』은 한때 세계적인 유력 일간지였으나, 나치 독일의 프랑스 점령 기간 중인 1944년 폐간되었다.
272 레지스탕스(résistance)는 제2차 세계대전 때 독일 점령하에 놓였던 프랑스, 덴마크, 노르웨이, 네덜란드, 벨기에, 유고슬라비아, 체코슬로바키아, 그리스, 폴란드, 소련 등의 지역

그림 22 1904년 6월 25일자 영국 『일러스트레이티드 런던 뉴스(The Illustrated London News)』에 실린 의병을 사살하는 일본군 삽화.

일본은 대한제국의 황제와 대신들을 협박해, 1904년 2월 23일에는 러일전쟁 수행 목적상 필요하다면 대한제국의 인원과 물자를 마음대로 징발할 수 있고, 대한제국은 국정을 운영하는 데 일본의 충고를 받아들여야 한다는 내용의 한일의정서(韓日議定書)를 체결했고, 8월 22일에는 제1차 한일협약을 체결해 대한제국 정부에 일본이 임명하는 재정·외교 고문을 두어 일본의 통제를 받게 했다.

1904년 2월 23일의 한일의정서
제1조. 한일 양 제국은 항구불역(恒久不易)할 친교를 보지(保持)하고 동

___
에서 일어난 저항운동을 말한다.

양의 평화를 확립하기 위해 대한제국 정부는 대일본제국 정부를 확신하고 시정(施政)의 개선에 관해 그 충고를 들을 것. ……

제4조. 제3국의 침해나 내란으로 인해 대한제국의 황실 안녕과 영토 보전에 위험이 있을 경우 대일본제국 정부는 속히 임기응변의 필요한 조치를 행할 것이며, 대한제국 정부는 대일본제국 정부의 행동이 용이하도록 충분히 편의를 제공할 것. 대일본제국 정부는 전 항(項)의 목적을 성취하기 위해 군략상 필요한 지점을 임기(臨機) 수용할 수 있다.

형식상·문서상의 강제 병합은 1910년 8월이지만, 사실상 일본의 무력 지배하에 들어간 것은 1904년 2월이라 할 수 있다. 제2차 세계대전 개전 초기 프랑스가 나치 독일에 점령되었지만 비시(Vichy) 정부는 존속했던 것과 마찬가지로, 러일전쟁 개전 직후인 1904년 2월부터 1910년 8월까지 한반도는 일본의 무력 점령하에 있었지만 조선 왕조는 형식상 명맥은 유지하고 있었다.[273] 이 시기에 안중근은 조선 침략의 주역으로 일본 초대 총리를 지낸 이토 히로부미(伊藤博文)를 만주 하얼빈역에서 저격해(1909. 10.) 일제 침략에 대한 조선인들의 저항 의지를 보여주었다. 조선 왕조가 완전히 병합된 것은 1904년 일본의 무력 점령으로부터 6년 후인 1910년 8월이다.

그러므로 1910년 일본의 한국 병탄을 제국주의 침략의 시점(始點)으로 보고, 그 이전에 이루어진 독도의 일본 편입 결정(1905. 2.)[274]은 제국

---

[273] 일본의 독도 불법 편입 결정은 나치 독일이 프랑스 점령 기간 중에 알자스로렌(Alsace-Lorraine) 지방을 독일에 편입한 것과 상황이 비슷했다.

[274] 한국령인 독도를 무주지라는 이유를 붙여 일본에 편입시켰으니 그 자체가 불법이 됨은 전술한 바와 같다.

주의 침략 과정에서 이루어진 것이 아니라는 주장은 잘못된 것이다. 일본의 독도 불법 편입 수개월 전에 당시 유럽 신문에 게재된 삽화가 이를 시각적으로 생생하게 입증하고 있다. 〈그림 21〉은 일본군이 대규모로 수도 서울을 무력으로 점령하고 있는 장면이고, 〈그림 22〉는 당시 일본군의 제국주의적 침략에 맞서 조선 의병의 격렬한 저항이 있었음을 보여주고 있다.[275]

이와 같이 한반도 전역이 일본군의 무력 점령·통제하에 놓인 상황에서 독도를 시마네현에 편입 결정했으므로 '폭력과 탐욕'에 의해 빼앗아 간 것이 아닐 수 없다. 또한 독도 일본 편입 결정 당시에 독도가 한국 영토였다는 것은 제3부에서 충분히 살펴본 바와 같다.

따라서 독도의 경우에는, 일본의 항복문서에서 이행할 것을 약속한 포츠담선언 제8항 전반부 "카이로선언의 조건은 이행되어야 하며"에 의해, 카이로선언에서 규정하는 '폭력과 탐욕에 의해 빼앗긴 영토'에 해당되어, 일본이 항복문서에 서명하는 시점에 반환 의무가 발생한 것으로 해석되는 것이다.

연합국최고사령부의 '독도 한국령' 인식

연합국의 극동위원회 및 최고사령부 설치

1945년 9월 2일 미국을 비롯한 9개 연합국과 일본이 항복문서에 조인한 후, 10월 2일 일본 점령 통치 업무의 집행을 위해 '연합국군최고사

---

[275] 정태만, 『태정관지령이 밝혀주는 독도의 진실』, 조선뉴스프레스, 2012, p. 111.

령관총사령부(General Headquarters, Supreme Commander for the Allied Powers. 이하 '연합국최고사령부'라 한다)'가 설치되어 맥아더가 연합국군최고사령관에 취임했다.[276] 연합국의 전후 일본 통치는 '천황'을 비롯한 정부기구의 해체 없이 이들을 통한 간접통치 방식을 택했기 때문에 연합국최고사령부에서 지령이나 각서의 형식으로 명령을 발하면 일본 정부가 그 명령을 집행하는 통치 구조였다.[277]

1945년 12월에는 모스크바에서 열린 미·영·소 3국 외상회의에서 극동자문위원회(the Far Eastern Advisory Commission; FEAC)를 대신해 일본의 점령 통치에 관한 최고정책결정기관으로 극동위원회(the Far Eastern Commission; FEC) 설치가 결정되어 워싱턴에 그 본부를 두었다. 극동위원회는 13개국의 대표로 구성되었다.[278] 극동위원회가 결정한 정책은 미국 정부를 통해 연합국최고사령부에 명령으로서 전달되었다. 전후 일본 통치는 사실상 미국이 주도했지만, 국제법적으로는 13개 연합국으로 구성된 극동위원회가 정책을 결정하고, 연합국최고사령부는 하부 집행기관으로서의 역할을 했다.

연합국최고사령부 지령에 의한 독도 분리와 한국 영토의 정의

1946년 1월 29일 연합국최고사령부는 '일정 외곽 지역에 대한 일본

---

276 연합국최고사령부(Supreme Commander for the Allied Powers; SCAP)는 일본이 태평양전쟁에서 패전한 이후인 1945년 10월 2일부터 샌프란시스코 평화조약 발효(1952. 4. 28.) 때까지 6년 반 동안 일본을 점령 통치했다.

277 이혜숙, 「전후 미국의 대일 점령 정책: 경제 정책을 중심으로」, 『사회와역사』 52, 한국사회사학회, 1997, pp. 261~263.

278 미국, 영국, 중국, 소련, 프랑스, 인도, 네덜란드, 캐나다, 오스트레일리아, 뉴질랜드, 필리핀의 11개국으로 발족해 1949년 11월 미얀마, 파키스탄이 추가로 가입했다.

으로부터의 통치권적·행정적 분리'라는 제목의 지령(SCAPIN 677)[279]을 공포해 한국, 타이완, 만주, 사할린과 그 주변의 섬 및 태평양상의 섬들을 일본의 통치권에서 분리했다. 포츠담선언을 수락한 항복문서(1945. 9. 2.)에 의한 영토 분할을 통치권적·행정적 조치로서 뒷받침한 것이다. 즉, 일본이 빼앗은 영토에 대한 반환과, 추가적인 조치로서 일부 '작은 섬'들에 대한 일본 영토로부터의 잠정적 분리가 이루어진 것이다. 이 중 한국 주변의 섬들에 대해서는 제3항의 (a)에서 울릉도, 독도, 제주도를 일본으로부터 명시적으로 제외했다.

1946년 1월 29일 연합국최고사령부 지령 제677호(SCAPIN 677) 제3·4항

제목: 일정 외곽 지역에 대한 일본으로부터의 통치권적·행정적 분리

3. 이 지령의 목적을 위해, 일본은 4개 본도(홋카이도, 혼슈, 규슈, 시코쿠)와 약 1천 개의 더 작은 인접 섬들을 포함하는 것으로 정의되며, (일본에) 포함되는 것은 대마도 및 북위 30도 이북의 류큐제도(구치노시마 제외)이고, (일본에서) 제외되는 것은 (a) 우츠료(울릉)도, 리앙쿠르암(다케 아일랜드), 퀠파트(사이슈 또는 제주도)……

4. 또한 일본제국 정부의 통치권적·행정적 관할권으로부터 특별히 제외되는 지역은 다음과 같다.

(a) 1914년의 세계대전 이래 일본이 위임 통치, 그 외의 방법으로 탈취

---

279 SCAPIN은 Supreme Commander for the Allied Powers Instruction Note의 약자로서, 연합국최고사령부(SCAP)의 지령이다. '지령'은 일회성 지시로서의 뜻이 강하므로 계속성의 의미를 가지는 '훈령'으로 번역하는 것이 타당하지만, 당사국인 일본에서 '지령'이라는 용어를 쓰고 있으므로 이 책에서는 그에 따르기로 한다.

또는 점령한 전 태평양 제도, (b) 만주, 타이완, 펑후제도, (c) 한국(Korea) 및 (d) 사할린.[280]

SCAPIN 제677호에서 독도를 제주도, 울릉도와 함께 명시적으로 일본으로부터 제외한 것은 "일본은 폭력과 탐욕에 의해 빼앗은 모든 지역에서 축출된다"고 한 1943년의 카이로선언에 따른 것이었다. 카이로선언에서 연합국이 요구한 조건들은 포츠담선언을 거쳐 1945년 9월 2일 연합국 9개국과 일본이 서명한 항복문서에서 수락됨으로써 국제조약과 같은 효력을 발생함은 전술한 바와 같다.

SCAPIN 제677호는 제3·4항에서 구일본 영토를 통치권적·행정적으로 분할하는 동시에, 분할하고 남은 영토를 일본으로 정의하고 있다. 또한 제5항은 이러한 일본의 정의는 그 이후로도 계속 적용된다는 것을

---

[280] "GENERAL HEADQUARTERS SUPREME COMMANDER FOR THE ALLIED POWERS(29 January 1946)(SCAPIN 677)
SUBJECT: Governmental and Administrative Separation of Certain Outlying Areas from Japan
3. For the purpose of this directive, Japan is defined to include the four main islands of Japan(Hokkaido, Honshu, Kyushu and Shikoku) and the approximately 1,000 smaller adjacent islands, including the Tsuima Islands and the Ryukyu(Nansei) Islands north of 30°North Latitude(excluding Kuchinoshima Island); and excluding (a) Utsryo(Ullung) Island, Liancourt Rocks(Take Island) and Quelpart(Saishu or Cheju Island)……
4. Further areas specifically excluded from the governmental and administrative jurisdiction of the Imperial Japanese Government are the following: (a) all Pacific Islands seized or occupied under mandate or otherwise by Japan since the beginning of the World War in 1914, (b) Manchuria, Formosa and the Pescadores, (c) Korea, and (d) Karafuto."(국사편찬위원회, 『독도 자료 I: 미국편』, 2008, p. 1)

분명히 했다.

> 1946년 1월 29일 연합국최고사령부 지령 제677호(SCAPIN 677) 제5항
> 5. 이 지령에 규정된 일본의 정의는 달리 규정하지 않는 한, 본 연합국최
> 고사령부에서 발하는 금후의 모든 지령, 각서, 명령에도 적용된다.[281]

SCAPIN 제677호는 한국과의 영토 문제에 한정해 생각하면, 울릉도, 독도, 제주도를 제외한 것을 일본으로 정의하고 있다. 그에 따라, 한국은 울릉도, 독도, 제주도를 포함한 것을 정의하고 있는 것으로 해석된다. 물론 한국에는 한국의 여러 다른 부속 도서도 당연히 포함된다. 이 일본의 영토적 정의는 독도 문제에 관한 한 샌프란시스코 대일평화조약 체결·발효 시까지 변함없이 유지되었다. 따라서 대일평화조약을 해석할 때 '일본', '한국'의 의미도 여기에 정의된 바를 따를 수밖에 없다.

일반적으로 SCAPIN 제677호에 의해 구일본제국의 영토에 대한 잠정적인 영토 분할이 이루어진 것으로 이해되고 있다. 독도도 SCAPIN 제677호에 의해 잠정적으로 한국 영토로 귀속되었다는 것이다. 그러나 이는 SCAPIN 제677호 제6항에 대한 잘못된 해석에서 비롯된 것이다. 이는 SCAPIN 제677호 제6항과 포츠담선언 제8항을 비교해보면 쉽게 알 수 있다.

---

[281] "5. The definition of Japan contained in this directive shall also apply to all future directives, memoranda and orders from this Headquarters unless otherwise specified therein."(국사편찬위원회, 앞의 책 『독도 자료 I: 미국편』, p. 1)

1946년 1월 29일 연합국최고사령부 지령 제677호(SCAPIN 677) 제6항

6. 이 지령의 어떠한 것도 포츠담선언 제8항에서 언급된 '작은 섬들(the minor islands)'의 최종적 결정에 관한 연합국 정책을 표시하는 것으로 해석되어서는 안 된다.[282]

1945년 7월 26일 포츠담선언 제8항

8. 카이로선언의 조건은 이행되어야 하며, 일본의 주권은 혼슈, 홋카이도, 규슈, 시코쿠와 연합국이 결정하는 '작은 섬들(minor islands)'에 국한될 것이다.[283]

　　SCAPIN 제677호 제6항에서 최종적 결정이 아니라고 하는, 즉 잠정적이라고 하는 '작은 섬들(the minor islands)'은 포츠담선언 제8항 후반부에서 규정하는, 연합국이 임의로 결정할 수 있는 '작은 섬들(minor islands)'[284]을 의미한다. 카이로선언에서 규정하는 '폭력과 탐욕'에 의해 빼앗은 섬은 이의 적용을 받지 않는다. 즉, 연합국의 최종적인 결정을

282　"6. Nothing in this directive shall be construed as an indication of Allied policy relating to the ultimate determination of the minor islands referred to in article 8 of the Potsdam Declaration."(국사편찬위원회, 앞의 책 『독도 자료 I: 미국편』, p. 1)

283　"8. The terms of the Cairo Declaration shall be carried out and Japanese sovereignty shall be limited to the islands of Honshu, Hokkaido, Kyushu, Shikoku and such minor islands as we determine."(Potsdam Declaration)

284　예를 들면, 대마도, 오키도 등이 이에 해당한다. 포츠담선언 제8항에 의해 이러한 섬들도 패전국 일본의 영토가 아닌 것으로 결정할 수 있도록 했다. 이들 섬들은 일본이 빼앗은 섬이 아니라 하더라도 포츠담선언에서 이른바 '영토 할양'을 받을 수 있도록 규정한 것이다.

기다리지 않고 바로 반환되는 것이다.[285]

　좀 더 구체적으로 살펴보면, 일본이 '폭력과 탐욕'에 의해 빼앗은 것이 아닌 섬들에 대한 영토 분할은 연합국의 집행기관에 불과한 연합국 최고사령부가 지령으로써 임의로 결정할 수 있는 성질의 것으로 보기는 어렵다. SCAPIN 제677호 제3·4항에 의해 통치권적·행정적으로 분리했거나, 분리하지 않았다고 하더라도 그것은 당연히 잠정적인 것이지 최종적인 영토 분할로 인정받을 수는 없는 것이다. SCAPIN 제677호 제6항은 이를 명확히 한 것이다.

　이와는 달리, 구일본제국이 '폭력과 탐욕'에 의해 빼앗은 땅은 즉시 반환되어야 할 성질의 것이다. 일본이 포츠담선언을 수락한 항복문서에 서명한 시점에 이미 반환 의무가 발생했다. SCAPIN 제677호는 이들 섬에 대해서도 통치권적·행정적으로 일본 영토로부터 분리했다. 제3항에서 규정하고 있는 울릉도, 독도, 제주도 등이 이에 해당된다. 또한 제4항에서 규정하고 있는 만주, 타이완, 한국, 사할린 등도 이에 해당된다. 이는 잠정적이 아닌 확정적인 것이다. SCAPIN 제677호 제6항의 적용을 받지 않는다. 또한 다른 어떤 조약(예를 들어, 샌프란시스코 대일평화조약)에 의해 명확히 할 필요도 없는 것이다. 다만 일종의 선언적 규정으로서 한 번 더 확인하는 의미에서 그 후의 다른 조약에 명시하게 되는 경우는 있을 수 있다.

「연합국최고사령부 관할지역도」에 의한 독도 구분

「연합국최고사령부 관할지역도(SCAP Administrative Areas: Japan and

285　정태만, 앞의 책 『태정관지령이 밝혀주는 독도의 진실』, pp. 134~135.

South Korea)」는 연합국최고사령부가 1946년 1월 29일의 SCAPIN 제677호에 의한 영토 분할 내용을 지도로써 보다 시각적으로 나타낸 것이다. 연합국최고사령부는 SCAPIN 제677호와 함께 이 지도를 발간했는데,[286] 연합국최고사령부의 간접통치 지역인 일본과 직접통치(미군정) 지역인 한국(South Korea)을 구분하면서, 울릉도와 독도, 제주도는 한국에 소속시켰다. SCAPIN 제677호에는 울릉도, 독도, 제주도는 일본에서 제외한다고만 되어 있는데, 이 지도에 의해 독도의 소속이 한국으로 보다 분명해졌다. 제주도와 울릉도가 당연히 한국 영토이듯이 독도도 그렇게 구분된 것이다.

〈그림 23〉과 같이, 울릉도는 'ULLEUNG'으로, 독도는 일본명 다케시마의 'TAKE'로 표기되어 있고, 한일 간 관할 구역 경계선은 직선으로 내려오다가 독도 부근에서 곡선으로 그려져 독도가 한국 관할 구역임을 분명히 하고 있다. 위치 관계도 독도는 울릉도의 부속 섬적인 위치에 있음을 나타내고 있다.

당시 맥아더(Douglas MacArthur) 원수는 일본 정부를 그대로 둔 채로 일본을 간접통치하고, 존 하지(John Reed Hodge) 중장은 남한 지역을 직접통치했기 때문에, 단순히 연합국최고사령부 내부의 관할 구역 설정이라기보다는 훨씬 큰 의미를 가진다.

SCAPIN 제677호와 「SCAP 관할지역도」에 의한 독도 한국령 공포 조치는 대일평화조약 체결·발효 시까지 연합국에 의해 변경 없이 그대로 유지되었다. 독도에 관한 한 연합국에 의해 이와는 다른 내용이 공포된 적이 없을 뿐만 아니라, 일본 정부가 제정한 법령에 의해서도 받아들

---

286 신용하 편, 앞의 책『독도 영유권 자료의 탐구 3』, p. 256.

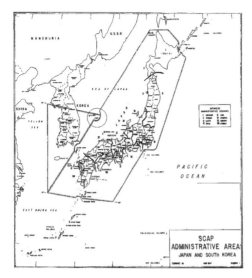

그림 23 「연합국최고사령부
관할지역도」.

여겼다.[287]

연합국에 의한 일본 어업 한계선(맥아더 라인) 설정

연합국최고사령부는 1946년 6월 22일 '일본의 어업 및 포경업 승인

지역(Area Authorized for Japanese Fishing and Whaling)'에 관한 지령

(SCAPIN) 제1033호를 공포했다. SCAPIN 제1033호에 의해 연합국최

고사령부는 일본 열도 주변에 경계선을 그어 일본 어선이 그 밖으로 나

가 조업하는 행위를 제한하는 조치를 취했다. 이 어업 한계선은 일본에

서는 통상 '맥아더 라인(MacArthur Line)'으로 불린다. 또한 SCAPIN 제

---

287 이는 최근에 공개된 일본 대장성령 제4호(1951. 2. 13.)와 총리부령 제24호(1951. 6. 6.)
    를 통해서도 알 수 있다.

1033호 제3항에서는 일본 선박과 선원의 독도(Takeshima) 12마일 이내 접근을 금지했다.

> 1946년 6월 22일 연합국최고사령부 지령 제1033호(SCAPIN 1033)
> 제3항
> 제목: 일본의 어업 및 포경업 승인 지역
> 3. (b) 일본 선박이나 선원들은 독도(Takeshima; 북위 37°15′, 동경 131°53′)에 12마일 이내로 접근하거나 동 도서에 어떠한 접촉도 해서는 안 된다.[288]

제2차 세계대전 이후 일본을 점령 통치한 연합국최고사령부는 SCAPIN 제677호에 의해 독도를 일본 영토로부터 제외시키고, 「SCAP 관할지역도」에 의해 독도를 남한 구역에 포함시켰으며, SCAPIN 제1033호에 의해 일본 선박 및 어민의 독도 12마일 이내 접근을 금지했다.[289]

연합국최고사령부는 아주 자세하고 정확하게 독도의 위치를 인식했고, 그 영유권 귀속에 있어서도 한국 영토로 인식했다. 이는 일본이 빼앗은 땅은 전부 돌려주기로 한 카이로선언(1943. 12. 1.)의 규정을 수용

---

[288] "SUBJECT: Area Authorized for Japanese Fishing and Whaling.
3. (b) Japanese vessels or personnel thereof will not approach closer than twelve(12) miles to Takeshima(37°15′ North Latitude, 131°53′ East Longitude) nor have any contact with said island."(국사편찬위원회, 앞의 책 『독도 자료 I: 미국편』, p. 4)

[289] SCAPIN 제1033호에 의한 독도 12마일 이내 접근 금지는 그 후 SCAPIN 제2046호(1949. 9. 19.)에 의해 3마일로 단축되었다가 대일평화조약 발효 3일 전인 1952년 4월 25일 폐지되었으나, 독도를 일본 영토에서 제외한 SCAPIN 제677호는 대일평화조약 발효 시(1952. 4. 28.)까지도 그대로 유지되었다.

한 포츠담선언(1945. 7. 26.)을 성실히 이행할 것을 명시한 항복문서 (1945. 9. 2)에도 부합하는 것이었다. 연합국최고사령부는 연합국의 집행 기관이므로 이는 곧 연합국의 독도에 대한 인식으로 간주할 수 있다. 연합국의 독도 인식은 연합국최고사령부 지령(SCAPIN)으로 명문화되고, 또한 대외적으로 공포된 것이다.

독도 고유 영토 인식과 대한민국 정부 수립

독도 폭격 사건과 독도 고유 영토 인식

해방 후 한국인이 독도를 어떻게 인식하고 있었는가를 가장 분명하게 알 수 있게 한 사건이 바로 '독도 폭격 사건'이다. 독도 폭격 사건은 1948년 6월 8일 독도에서 조업 중이던 한국 어부 14명이 미군의 폭격 훈련으로 사망한 사건이다.[290] 6월 11일자 『조선일보』 보도를 시작으로 『동아일보』, 『경향신문』, 『서울신문』 등 주요 일간지에 연일 대서특필되어 독도의 존재와 독도가 한국 영토임을 온 국민에게 알리는 계기가 되었다.

1948년 6월 11일자 『조선일보』

「국적불명의 비기(飛機)가 투탄 기총 소사, 독도서 어선 파괴, 16명이 즉사」

---

[290] 1955년 외무부 정무국 자료는 사망자를 30명으로 집계하고 있다.(홍성근, 「독도 폭격 사건의 국제법적 쟁점 분석」, 『독도 연구총서』 10, 독도연구보전협회, 2003, p. 385); 외무부 정무국, 『독도 문제 개론』(외교문제총서 제11호), 1955, p. 38.

6월 16일자 『서울신문』은 사건 현장의 참상과 온 국민의 비통한 심정을 다음과 같은 제목으로 표현했다. 또한 당시 점령군 사령관 하지 중장의 발표와 김구 선생의 담화도 같이 게재했다.

1948년 6월 16일자 『서울신문』
「무슨 원한 잇기에 그들을 죽엿는가, 몸서리치는 시체들, 무심한 갈매기도 목메여 운다, 생지옥화한 독도 현장 보고」
「미기(美機) 관련이면 책임진다. 독도 폭격 사건에 하지 중장 담화」
「적절한 조치하라. 김구 씨 담(談)」

6월 19일자 『경향신문』 2면의 대부분을 차지한 독도 관련 기사는 당시 독도 폭격 사건의 전모를 파악할 수 있게 해준다.

1948년 6월 19일자 『경향신문』
「독도 폭격 사건에 원성(怨聲) 자자(藉藉), 한미 우호 관계에 암영(暗影), 문제는 기총 소사? 맹폭? 여론 비등!」
「빠르고 후한 해결책 필요, 독도 폭격 사건에 『뉴욕타임스』 사설, 여하한 설명으로도 부정할 수 없다」
「책임을 규명, 구제책 강구하라. 한민당·건민회 담화」

생존자의 증언에서 기총 소사했다는 주장이 제기되자 여론이 비등했다. 미 극동공군사령부는 오키나와 주둔 B29 폭격기가 폭격한 사실은 인정했으나, 기총 소사는 부인했다. 생존 어민들이 착각했다는 것이다. 각 정당·단체는 앞 다투어 성명을 발표하고, 제헌국회에서도 독도 사건

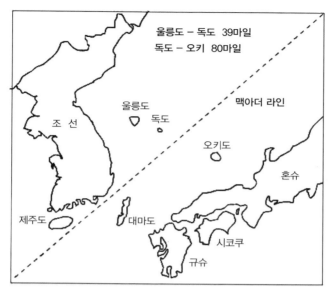

울릉도 - 독도 39마일
독도 - 오키 80마일

맥아더 라인

울릉도
독도
조 선
오키도
혼슈
제주도
대마도
시코쿠
규슈

그림 24 독도 폭격 사건을 보도한 1948년 6월 20일자 『서울신문』에 게재된 지도 (모사도). 독도는 맥아더 라인 서편의 한국 영역에 분명하게 그려져 있다.

대책을 논의한 끝에 외무 국방위에 일임하기로 결정했다. 1948년 6월 20일자 『서울신문』은 맥아더 라인과 독도를 표시한 지도까지 그려 독도 폭격 사건을 전면에 걸쳐 보도했다.[291]

독도 폭격 사건은 미국 『뉴욕타임스』(1948. 6. 13·17.)에 보도될 정도로 큰 사건이었다. 1948년 6월 19일자 국내 각 신문의 인용 보도에 의하면, 『뉴욕타임스』 사설에서는 '조상 전래의 어장 '독도에서 한국 어부

---

291 이영훈은 '독도 인식은 대한민국 성립 이후 지난 20년 사이에 급하게 반일민족주의의 상징으로 만들어진 것'이라고 주장했는데(이영훈 외 5명, 앞의 책 『반일종족주의』, p. 151), 독도 폭격 사건에서 알 수 있듯이, 이 주장은 사실과 전혀 다르다.

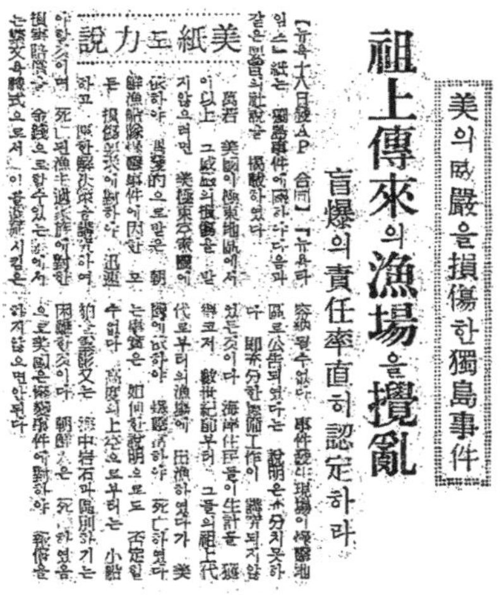

美의威嚴을損傷한獨島事件

祖上傳來의漁場을攪亂

盲爆의責任率直히認定하라

美紙도力說

그림 25 독도 폭격 사건을 보도한 1948년 6월 19일자 『조선일보』. 독도를 '조상 전래의 어장'이라고 한 『뉴욕타임스』 사설을 인용 보도했다.

들이 폭격으로 희생되었다며 미 공군을 비판했다.[292] 〈그림 25〉는 당시 『조선일보』에 게재된 『뉴욕타임스』 사설 인용 기사다.[293] 『뉴욕타임스』 사설에서 독도를 한국인의 '조상 전래의 어장'이라고 본 것은 여러 가지로 시사하는 바가 크다. 독도 폭격 사건은 국내 언론뿐만 아니라 미국 언론기관에도 독도가 한국 땅이라는 사실을 분명하게 인식시켰다. 그것도 조상 대대로 한국 땅이라는 것이었다. 실제로 거문도 일대 거주민들은 조선 후기부터 울릉도에서 배를 만들고 독도에 가서 바다사자 잡이를 했다.[294]

292 홍성근, 앞의 글 「독도 폭격 사건의 국제법적 쟁점 분석」, p. 394.

293 「조상 전래의 어장을 교란」, 『조선일보』 1948년 6월 19일자.

294 김수희, 앞의 글 「개척령기 울릉도와 독도로 건너간 거문도 사람들」, pp. 200~216; 김수희, 앞의 글 「'죽도의 날' 제정 이후 일본의 독도 연구 동향: 이케우치 사토시의 '석도' 논의를 중심으로」, pp. 171~200; 정태상, 앞의 글 「거문도인의 독도 조업: 김윤삼·박운학

중요한 것은 민간의 인식이 아니라 정부기관의 인식이다. 독도 폭격 사건은 독도가 주한미군사령부 관할 구역 내에 있고, 주한미군사령부가 남한의 일부로서 독도에 대한 통치권을 가지고 있다는 사실을 공식적으로 확인시켰다. 주한미군은 제5공군의 독도 훈련 재개 승인 요청 [TNG1519호(140654/Z), 1948. 6. 14.]에 대해 독도 관할권자로서 승인을 거부하고[CGT6525호(150828/Z), 1948. 6. 15.], 그 내용을 도쿄의 맥아더 사령부에 보고[ZGCG883호(150817/Z), 1948. 6. 15.]했다.[295] 주한미군사령부는 1948년 6월 18일 미 국무성에 보낸 전문에서 "독도 폭격 사건에 대한 조사는 진행 중이며, 피해 보상을 위한 이사회를 구성했음을 발표했다"는 요지의 보고를 했다.[296] 7월 9일 주한미군은 관할 구역 내에서 일어난 사고에 대해 책임을 지고 배상금을 지급했다.[297] 독도는 주한 미군의 완전한 실효 지배하에 있었다.

독도 폭격 사건의 원인이 된 독도 폭격 훈련의 법적인 근거는 사고 발생 1년 전의 SCAPIN 제1778호다. 연합국최고사령부는 1947년 9월 16일 SCAPIN 제1778호를 공포해 독도를 폭격 훈련장으로 지정했다.

제목: 리앙쿠르 락스 폭격 구역

1. 북위 37도 15분, 동경 131도 52분에 위치하는 리앙쿠르 락스(다케시마)를 폭격 연습장으로 지정한다.

2. 이 연습장의 실제의 사용에 앞서 오키열도(오키군도)의 주민 및 북위

의 증언을 중심으로」, p. 173.
295 정병준, 앞의 책 『독도 1947』, pp. 188~190.
296 국사편찬위원회, 앞의 책 『독도 자료 I: 미국편』, p. 41.
297 「독도 사건 배상금 지불」, 『경향신문』 1948년 7월 9일자.

38도선의 이북 혼슈 서해안의 모든 항구의 주민에게 통지한다. 이 정보
는 군정부를 통해서 일본의 지방 당국에 주지한다.[298]

SCAPIN 제1778호에서는 일본 어민에 대한 통보만 규정하고 있을
뿐, 한국 어민에 대한 통보는 전혀 언급이 없다. 독도에서 87.4킬로미
터 떨어진 울릉도 주민에게는 전혀 알리지 않고, 멀리 157.5킬로미터
떨어진 오키도와 일본 서해안 주민에게는 사전에 통보하도록 규정하고
있다.

독도는 일본 관할이 아닌데도 일본에는 통보하고, 한국 관할인데도
한국에는 통보하지 않은 것으로 SCAPIN 제1778호는 규정하고 있는
것이다. 연합국최고사령부의 SCAPIN 제677호(1946. 1. 29.)와 「SCAP
관할지역도」, 그리고 SCAPIN 제1033호(1946. 6. 22.)와도 모순된 조치
다. 독도는 SCAPIN 제677호와 「SCAP 관할지역도」에 의해 일본 영토
에서 제외되어 남한 지역에 포함되었을 뿐만 아니라, SCAPIN 제1033
호에 의해 일본 선박은 독도 12마일 이내에 접근 자체를 못 하게 되어
있었다. 일본에는 통보할 필요성 자체가 없었다. SCAPIN 제1778호는

---

[298] "SUBJECT: Liancourt Rocks Bombing Range 1. The islands of Liancourt
Rocks(or Take Shima), located 37°15′ north, 131°50′ east, are designated as a
bombing range.
2. The inhabitants of Oki-Retto(Oki-Gunto) and the inhabitants of all the
ports on the west coast of Honshu north to the 38th parallel, north latitude,
will be notified prior to each actual use of this range. This information will
be disseminated through Military Government units to local Japanese civil
authorities."[GHQ SCAP, "SCAPIN no. 1778: Memorandum for Japanese
Government: Liancourt Rocks Bombing Range"(1947. 9. 16.); 국사편찬위원회,
앞의 책 『독도 자료 I: 미국편』, p. 29]

상식에 어긋난 우스꽝스러운 조치였다.

구체적으로 살펴보면, SCAPIN 제677호는 제3·4항에서 한국과 울릉도, 독도, 제주도 등을 제외한 것을 일본으로 정의하고, 제5항에서는 "이 지령에 규정된 일본의 정의는 달리 규정하지 않는 한, 본 연합국최고사령부에서 발하는 금후의 모든 지령, 각서, 명령에도 적용된다"고 규정하고 있다. 그런데도 SCAPIN 제1778호는 일본 관할 지역 밖에 있는 섬을 폭격 훈련장으로 지정하면서 일본에만 통보하는 것으로 명시하고 있다. SCAPIN 제1778호는 독도를 일본 영토에서 제외하고, "금후의 모든 지령, 각서, 명령에도 적용된다"고 한 SCAPIN 제677호 제5항과도 모순되는 조치다.

이보다 3개월 앞서 1947년 6월 일본 외무성은 독도는 물론이고 울릉도도 일본의 부속 도서라고 주장하는 소책자『일본의 부속 소도 Ⅳ: 태평양 소도서, 일본해 소도서』를 발간해 연합국최고사령부와 미 국무성에 배포했다.

> 리앙쿠르 락스(독도, 필자 주)는 북위 37도 9분, 동경 131도 56분에 위치하며, 시마네현의 오키도로부터 86해리 떨어져 있다. …… 다즐렛(울릉도, 필자 주)에 대해서는 한국명이 있지만, 리앙쿠르 락스에 대해서는 한국명이 없으며, 한국에서 제작된 지도에서 나타나지 않는다는 점에 주목해야 한다. 1905년 2월 22일 시마네현 지사는 리앙쿠르 락스를 시마네현 오키도사(隱岐島司) 소관으로 정한다는 현 포고를 공포했다.[299]

---

[299] "……Liancourt Rocks are situated at 37°9′N. and 131°56′E, being about 86 miles from Oki Islands of Shimane Prefecture. …… It should be notes that

"독도에는 한국명이 없다", "한국 지도에 독도는 나타나지 않는다"는 주장은 모두 사실과 다르다. 독도의 한국 명칭조차 없다는 것은 곧 독도를 인지하지도 못했다는 것이고, 이는 곧 한국령이 아니라는 잘못된 선입관을 갖게 한다. 이러한 주장은 그 후에도 미국으로 하여금 착오를 일으키게 하는 주요한 요인이 되었다. 독도는 울릉도에서 87.4킬로미터, 오키도에서 157.5킬로미터 떨어져 있다. 일본 외무성은 울릉도와 독도를 일본의 부속 섬인 것처럼 하여, 책 이름을 '일본의 부속 소도'라고 붙이고, 독도는 '오키도로부터 86해리'라고만 기록하고 있을 뿐, 오키도와 독도 간 거리의 절반 정도로 가까운 곳에 울릉도가 위치한다는 사실은 어디에도 기록하지 않았다.[300] 교묘한 방법으로 지리적 위치를 왜곡한 것이다.

SCAPIN 제1778호에 의한 독도 폭격 훈련장 지정이 그보다 3개월 전 일본 외무성 소책자의 영향을 받았을 것으로 추정하는 것은 결코 무리가 아닐 것이다. 1948년 6월 미군의 독도 폭격 훈련으로 한국 어민 수십 명의 사상자가 발생한 사건은 그 전년인 1947년 9월 독도를 폭격 훈련장으로 지정하면서 울릉도민에 대한 통보를 규정하지 않은 SCAPIN 제1778호의 내용에서부터 예견된 것이었다.

---

while there is a Korean name for Dagelet, none exists for the Liancourts Rocks and they are not shown in the maps made in Korea. On February 22, 1905, the Governor of Shimane Prefecture, by a prefectural proclamation, placed the Liancourts under the jurisdiction of the Oki Islands Branch Office of the Shimane Prefectural Government……"(Minor Islands Adjacent to Japan Proper, Part Ⅳ, "Minor Islands in the Pacific, Minor Islands in the Japan Sea", June 1947, pp. 9~10)

[300] 일제강점기인 1911년, 1920년의 『일본수로지』와 1933년의 『조선연안수로지』는 '울릉도에서 50해리, 오키도에서 86해리'로 표기하고 있다. 대략 실제 거리와 일치한다.

독도 폭격 사건은 어민들의 희생으로써 독도가 한국령이라는 것을 증명한 비극적 사건이었다. 그러나 어민들의 희생은 헛되지 않았다. 주한미군이 신생국 대한민국에 통치권을 이양하기 2개월 전에 독도의 관할권이 주한미군에 있음을, 인계받은 대한민국뿐만 아니라 인계해주는 주한미군에게도 분명하게 각인시킨 것이다.

또한 독도 폭격 사건은 '독도'라는 이름으로 언론에 대서특필되어 "독도에는 한국명이 없다"고 한 일본 외무성 소책자(1947. 6.)의 내용이 거짓이라는 것도 분명하게 증명했다. '독도'라는 명칭 중 가장 오래된 것은 "한국인은 독도라고 쓴다"라고 한 1904년 일본 군함 니타카호의 보고서라는 것은 앞에서 본 바와 같다.

대한민국 정부 수립과 독도 관할권 인수

1948년 8월 15일, 종전 후 미 점령군에 의한 군사 통치를 받은 지 만 3년 만에 대한민국 정부가 수립되었다. 이승만 대통령은 '한미 간의 통치권 이양 및 미군 철수에 관한 협정'[301]에 의해 주한미군 사령관 하지 중장으로부터 관할 지역의 통치권을 이양받았다.[302] 동 협정은 1948년

---

301 8월 11일자 교환각서의 명칭은 '대한민국 정부와 아메리카 합중국 정부 간의 대한민국 정부에의 통치권 이양 및 미국 점령 군대의 철수에 관한 협정(Agreement Between the Government of the Republic of Korea and the Government of the United States of America Concerning the Transfer of Authority to the Government of the Republic of Korea and the Withdrawal of United States Occupation Forces)'으로 되어 있다.[외무부 방교국 편, 『조약집: 양자조약 1(1948~1961)』, 1968, pp. 234~237; 국방부 전사편찬위원회, 『국방조약집』 제1집, 1981, pp. 30~33]

302 김진홍, 「일본에 의한 독도 침탈 과정과 연합국에 의한 독도 분리 과정에 관한 고찰」, 『독도논총』 2, 독도조사연구학회, 2006, p. 60; 이대근, 『해방 후 1950년대의 경제』, 삼

8월 9일 및 11일 한국의 이승만 대통령과 주한미군 사령관 하지 중장 사이의 각서 교환으로 체결되었는데, 그중 8월 11일자 교환각서의 내용은 다음과 같다.

주한미군 총사령관으로부터 대통령에게

1948년 8월 11일

각하,

본관은 1948년 8월 9일자 각하의 각서를 접수했음을 영광으로 생각하며, 각하는 그 각서에서 국제연합 총회의 1947년 11월 14일자 결의 2에 따라 1948년 8월 6일 국제연합 임시 한국위원단에 대한민국 정부의 수립을 통고한 사실을 본관에게 통지하시고, 또한 본관이 현재 주한 미국군대 총사령관의 자격으로 행사하는 통치 기능(the functions of government now exercised by me as Commanding General of the United States Army Forces in Korea)을 그 정부에 이양함에 있어서 본관의 협력과 원조를 요청했습니다.

본관은 대한민국 정부가 한국에 관한 국제연합 총회의 결의에 따라 본관이 대한민국 정부에 대한 권한의 이양과 한국으로부터의 미국 점령군의 철수를 수행하기 위해 필요하다고 생각하는 매우 중요한 구역과 시설(이를테면 항구, 야영지, 철도, 통신망, 비행장 등)에 대한 관리권을 계속 보유할 필요가 있으리라는 점을 인정하는 것을 알고 기쁘게 생각하는 바입니다……[303]

성경제연구소, 2002, p. 155.

303 외무부 방교국 편, 앞의 책 『조약집: 양자조약 1(1948~1961)』, pp. 234~237; 국방부 전

당시 독도는 SCAPIN 제677호에 의해 한국에 포함되어 있었으며, 주한미군(미군정)의 통치하에 있었다. 이는 2개월 전에 발생한 독도 폭격 사건 당시에도 증명되었다. 따라서 대한민국은 연합국과의 각서 교환으로 독도를 포함한 대한민국의 통치권을 합법적으로 이양받은 것이다. 대한민국은 1948년 12월 12일 국제연합(UN)에 의해서도 국제법상 합법적 정부로 공인되었다.

카이로선언에서 규정하는 '폭력과 탐욕'에 의해 빼앗은 땅에 해당하는 독도는 일본의 항복문서 서명(1945. 9. 2)으로 반환 의무가 발생했고, SCAPIN 제677호(1946. 1. 29.)에 의해 구일본제국으로부터 분리되었으며, 대한민국 정부 수립(1948. 8. 15.)으로 그 반환 절차가 종료된 것이다.

1948년 8월 대한민국 정부 수립 당시 SCAPIN 제677호에 의해 정해진 영토 범위대로, 즉 독도를 포함한 통치권을 인계받는 데는 어떠한 조건도 명시된 바 없었고, 어느 나라의 항의도 받은 적이 없다. 당시 한국에서는 독도를 당연한 한국 영토로 인식하고 있었다. 독도 영유권 귀속 문제는 대한민국 정부 수립과 함께 일단락된 것이다. 그러나 그 후 대일평화조약 작성 과정에서 다시 이슈화된다.

대일평화조약이 체결(1951. 9. 8.)되기 3개월 전인 1951년 6월 20일 주한미8군 부사령관 존 쿨터(John B. Coulter) 중장은 대한민국의 장면 총리[304]에게 독도를 미 공군의 폭격 훈련장으로 사용할 수 있도록 허가해달라는 내용의 문서를 보내고, 장면 총리는 7월 7일 이를 허가했다. 이는 독도를 포함한 남한 지역을 3년간 통치한 주한미군이 독도를 완전

사편찬위원회, 앞의 책 『국방조약집』 제1집, 1981, pp. 30~33.
304 이승만 정권하의 국무총리를 말한다.

히 한국에 인계했다는 것을 증명하고 있다.[305] 그러나 같은 시기에 연합
국최고사령부의 또 다른 폭격 훈련장 재지정(1951. 7. 6. SCAPIN 제
2160)으로 혼선을 빚게 된다.[306]

---

[305] 정병준, 앞의 책 『독도 1947』, pp. 931~932.

[306] 가와카미 겐조(川上健三)는 SCAPIN 제2160호에 의한 독도 폭격 훈련장 지정이 '1950
년 7월 6일'에 있었던 것으로 서술하고 있는데(川上健三, 『竹島の歷史地理的硏究』,
古今書院, 1966, pp. 252~253), 이는 오류다. 국내 연구자도 가와카미 겐조의 책을 인
용해 1950년이라고 서술하는 경우가 적지 않다.

2

대일평화조약 초안과 관계국의 독도 인식

대일평화조약 초안 작성 기간 중 미국의 독도 인식 변화

샌프란시스코 대일평화조약은 조약 초안 작성을 시작한 시점(대략 1947년)부터 최종적으로 조약이 체결(1951. 9. 8.)될 때까지 오랜 시간이 걸렸고, 그 기간 중 냉전 체제의 격화에 따라 미국의 대일 점령 통치 정책이 급변해 징벌적 초안에서 우호적 초안으로 급선회하는 등 우여곡절이 많았던 만큼, 조약의 체결 과정을 살펴보는 것은 조약을 이해하는 데 의미가 크다. 다만 조약을 국제법적으로 해석하는 데는 문언적 해석이 우선이고, 조약의 교섭 기록 및 그 체결 시의 사정은 보충적 수단에 불과함을 간과해서는 안 될 것이다.[307]

종전 직후 미국의 대일 점령 통치 정책은 1945년 9월 6일의 '항복 후 미국의 초기 대일 정책(US Initial Post-Surrender Policy for Japan)'에

---

307 조약법에 관한 비엔나협약 제31조 및 제32조 참조.

명시된 바와 같이, 일본이 더 이상 미국 및 다른 국가에 위협이 되지 않도록 하는 것이었다.

1945년 9월 6일 '항복 후 미국의 초기 대일 정책'의 기본 목표
초기의 정책들이 준수해야 하는 일본에 관한 미국의 궁극적인 목표는 다음과 같다.
(a) 일본이 다시 미국의 위협이 되거나 세계의 평화와 안전에 위협이 되지 않을 것을 확실히 한다.
(b) 타국가의 이권을 존중하고 국제연합 헌장의 이상과 원칙에서 나타나는 미국의 목적을 지지할 평화적이며 책임 있는 정부를 수립한다. ……
이러한 목표는 다음 주요 수단에 의해 달성될 것이다.
(a) 일본의 주권은 혼슈, 홋카이도, 규슈, 시코쿠와, 카이로선언 및 미국이 당사자이거나 당사자가 될 다른 협정에 따라 결정되는 주변의 작은 섬들로 제한된다……[308]

---

[308] "The ultimate objectives of the United States in regard to Japan, to which policies in the initial period must confirm are:
(a) To insure that Japan will not again become a menace to the United States or to the peace and security of the world.
(b) To bring about the eventual establishment of a peaceful and responsible government which will respect the rights of other states and will support the objectives of the United States as reflected in the ideals and principles of the Charter of the United Nations. ……
These objectives will be achieved by the following principal means:
(a) Japan's sovereignty will be limited to the islands of Honshu, Hokkaido, Kyushu, Shikoku and such minor outlying islands as may be determined, in accordance with the Cairo Declaration and other agreements to which the United States is or may be a party……"(US Initial Post-Surrender Policy for Japan, 6 September 1945)

'항복 후 미국의 초기 대일 정책'은 일본이 '폭력과 탐욕'에 의해 빼앗은 영토는 모두 반환되고, 일본의 영토는 연합국에서 정하는 섬들에 제한된다는 포츠담선언에도 부합하는 것이었다. 1946년 1월 29일에 공포된 SCAPIN 제677호는 이러한 초기 대일 정책을 반영해 독도를 일본 영토에서 제외하고, 「SCAP 관할지역도」에 의해 남한 지역에 포함시켰다. 이는 곧 초기의 대일평화조약 초안으로 이어졌다.

종전 직후의 대일평화조약 초안

1947년부터 작성되기 시작한 초기의 대일평화조약 초안은 독도 문제에 관한 한 SCAPIN 제677호와 다름이 없었다. 독도를 일본 영토에서 제외하고 한국 영토로 한 것뿐만 아니라, 「SCAP 관할지역도」와 마찬가지로, 첨부된 지도에 경계선을 그어 영토 구분을 시각적으로 명확히 했다. 일본 영토에 포함될 섬과 제외될 섬을 구체적으로 열거한 점에서도 초기의 조약 초안은 SCAPIN 제677호와 같다. 제주도, 거문도, 울릉도, 독도는 일본 영토에서 제외되어 한국 영토에 분명하게 포함되었다. 1949년 11월 2일자 초안까지는 이런 기조가 그대로 유지되었다.[309]

1949년 11월 2일 조약 초안 제2장(영토 조항) 제6조
1. 일본은 이에 한국을 위해 한국 본토 및 근해의 모든 섬들에 대한 권리,

---

[309] 일반적으로, 1947년의 제1차 초안부터 1949년의 제5차 초안까지는 독도가 한국 영토로 명시되었다가 제6차 초안에서는 일본령으로 명시된 것으로 설명하고 있다. 그러나 초안은 대외적으로 공포된 공식적 초안부터 실무자에 의해 작성된 비공식 초안, 공개 안 된 초안 등에 이르기까지 다양해서 이를 같은 성격의 것으로 일련번호를 붙여 구분하기는 어렵다.

권원을 포기하며, 여기에는 제주도, 거문도, 울릉도, 독도(Liancourt Rocks, Takeshima) 및 제3조에 규정된 경계선의 외측에 위치하며, 동경 124도 15분 경도선의 동쪽, 북위 33도 위도선의 북쪽, 두만강 입구에서 약 3해리에 위치한 바다 쪽 종점의 경계선 서쪽부터 북위 37도 30분, 동경 132도 40분까지에 위치한, 일본이 권원을 획득한 기타 모든 도서와 작은 섬들이 포함된다.

2. 이 경계선은 이 조약에 첨부된 지도에 표시되어 있다.[310]

또한 일본 영토와 부속 섬을 규정한 제3조에는 대마도, 오키도 등은 열거되어 있지만 독도는 당연히 열거되어 있지 않다. 1949년 11월 2일자 초안은 일반적으로 제5차 초안으로 불린다.

초기의 초안들은 전부 위도·경도 표시에 의한 경계선과 첨부된 지도로써 영토 구분을 명확히 했다. 그러나 1950년 이후의 초안들은 경계선

---

310 "CHAPTER II TERRITORIAL CLAUSES Article 6.

1. Japan hereby renounces in favor of Korea all rights and titles to the Korean mainland territory and all offshore Korean islands, including Quelpart(Saishu To), the Man How group(San To, or Komun Do) which forms Port Hamilton(Tonaikai), Dagelet Island(Utsuryo To, of Matsu Shima), Liancourt Rocks(Takeshima), and all other islands and islets to which Japan has acquired title lying outside the line described in Article 3 and to the east of the meridian 124°15′E. longitude, north of the parallel 33°N. latitude, and west of a line from the seaward terminus of the boundary approximately three nautical miles from the mouth of the Tumen River to a point in 37°30′N. latitude, 132°40′E. longitude.

2. This line is indicated on the map attached to the present Treaty."["Treaty of Peace with Japan"(1949. 11. 2.), p. 6, RG 59, Department of State, Decimal File, 740.0011PW(Peace/11-149); 국사편찬위원회, 앞의 책 『독도 자료 I: 미국편』, p. 49]

그림 26 1949년 11월 2일자 조약 초안의 첨부 지도와 독도 부분 약도.(정병준, 『독도 1947』, p. 453)

과 지도에 의해 영토 구분을 명확히 하는 방식이 배제되어 그것이 분쟁의 불씨가 되었다. 1949년 11월 2일자 초안에서 또 한 가지 주목해야 할 것은 독도를 한국령으로 명기했을 뿐만 아니라, 현재 일본과 러시아 간의 영토 분쟁 대상인 북방 4개 섬도 일본 영토에서 분명하게 제외되었다는 점이다.[311]

미국의 대일 정책 급선회와 대일 우호적 조약 초안

연합국의 일원으로서 포츠담선언의 공동선언국이자 일본 항복문서의

---

311 북방 4개 섬은 에토로후(擇捉島, Etorofuto), 구나시리(國後島, Kunashiri), 시코탄(色丹島, Shikotan), 하보마이제도(齒舞諸島, Habomais)다.

서명국이었던 미·영·중·소의 입장은 얼마 못 가서 적대 관계로 바뀌었다. 1949년 중국의 공산화와 1950년 한국전쟁 발발 등 냉전 체제의 격화로 소련과 중국이 미국의 적대 국가가 되고, 이에 대응해 미국은 어제의 적국인 일본을 공산국가에 대항하기 위한 우방국으로 끌어들이게 되었다.

미국의 대일 점령 정책의 변화는 1948년 1월 일본을 '새로운 전체주의 세력의 위협에 대한 방벽'으로 해야 한다는 로열(Kenneth C. Royall) 미국 육군성 장관의 연설에서부터 공식적으로 표명되기 시작했다.[312] 1949년 10월 1일 중국 대륙이 공산화되고, 1950년 1월 12일에는 한국과 타이완을 미국의 극동방위선 밖에 두는 '애치슨 라인'이 발표되었다.[313] 일본이 그만큼 중시된 것이다. 한국은 미국의 방위선 밖으로 밀려나고, 일본은 공산 진영에 대항하는 방벽이라 할 정도로 위상이 격상되었다.

이러한 미국의 대일 정책 변화는 대일평화조약 초안에 직접적인 영향을 미쳤다. 미국 국무성에서 1949년 11월 2일자 조약 초안에 대한 의견을 연합국최고사령부에 조회하자, 연합국최고사령부 외교국장 윌리엄

---

[312] 1947년부터 1949년까지 미국의 대일 점령 정책 전환에 따른 일본의 전반적인 변화를 '역코스(reverse course)'라고 한다. 이혜숙, 앞의 글 「전후 미국의 대일 점령 정책: 경제 정책을 중심으로」, p. 265.

[313] 미국 국무장관 딘 애치슨(Dean Gooderham Acheson)은 1950년 1월 12일 전미 신문기자협회에서 행한 '아시아에서의 위기'라는 연설에서 스탈린과 마오쩌둥의 영토적 야심을 저지하기 위해 태평양에서의 미국의 방위선을 알류산열도 - 일본 - 오키나와 - 필리핀을 연결하는 선으로 정한다고 발언했다. 애치슨 라인 선언은 바로 그해인 1950년 북한이 오판해 6·25전쟁을 일으키는 요인 중의 하나가 되었다는 비난을 받기도 한다.

시볼드(William J. Sebald)[314]는 이에 대한 보고서를 국무성에 제출했는데, 보고서에 첨부된 '1949년 11월 2일자 초안에 대한 상세 논평(Detailed Comment on November 2, Draft Treaty)'에는 독도를 일본 땅으로 해야 한다고 주장하는 내용이 포함되어 있다.

> 1949년 11월 19일 시볼드의 보고서 중 독도 귀속에 관한 주장
>
> 이전에 일본이 소유했던 한국 방면 섬들의 처분과 관련해, 독도[Liancourt Rocks, Takeshima]를 우리가 제안한(1949. 11. 2. 초안) 제3조에서 일본에 속하는 것으로 특정할 것을 제안한다. 이들 섬에 대한 일본의 영유권 주장은 오래되었고 유효한 것으로 보이며(old and appears valid), 이들을 한국 해안 외곽의 섬들로 간주하기는 어렵다. 또한 안보적으로 고려할 때, 이들 섬에 기상 및 레이더 기지를 설치하는 것은 미국의 이익과도 결부된 문제다.[315]

독도가 일본 땅이라는 근거 제시는 없이 막연하게 '일본의 주장은 오

---

314 시볼드는 대일평화조약 체결 당시 대표적인 친일 외교관이었다. 주일 정치고문, 연합국최고사령부 외교국장, 대일이사회 의장 등을 역임했다.

315 "With regard to the disposition of islands formerly possessed by Japan in the direction of Korea it is suggested that Liancourt Rocks(Takeshima) be specified in our proposed Article 3 as belonging to Japan. Japan's claim to these islands is old and appears valid, and it is difficult to regard them as islands off the shore of Korea.
Security considerations might also conceivably render the provision of weather and radar stations on these islands a matter of interest to the United States."("Detailed Comment on November 2, Draft Treaty", pp. 2~3; 이석우, 『대일강화조약 자료집』, 동북아역사재단, 2006, pp. 127~129)

래되었으며 유효하다'는 식으로 표현하면서, 독도를 일본 땅으로 하고 미국의 기지로 사용하면 미국의 국익에 도움이 된다고 주장하고 있다. 시볼드는 이 외에도 심리적 불이익을 준다는 이유로, 선(線)으로 일본 영토를 둘러싸는 방식 및 지도를 첨부하는 방식 모두 반대 의견을 표명했다.

미국의 대일 점령 통치 정책의 변화가 대일평화조약에 영향을 미쳤음은 1945년 11월 21일 설립된 '평화조약문제연구간사회'의 실무 책임자 시모다 다케소의 증언을 통해서도 알 수 있다. 그는 회고록에서 "연합군 총사령부 측이 소련 등 다른 연합국의 시선을 의식해, 평화조약과 관련한 일본 측 작성 문서를 받아들이는 것을 1946년경까지는 주저했으나, 미소 대립이 격화되면서 일본 측 문서의 가치를 워싱턴에서 인정하면서 흔쾌히 받아들이게 됐다"고 밝혔다.[316] 미국의 입장 변화에 따라 독도와 관련해 일본 측에 편향된 정보들이 검증 없이 자유롭게 전달되었음을 암시하고 있다.

시볼드 보고서보다 2년 앞서 1947년 6월 일본 외무성은 독도는 물론이고 울릉도도 일본 땅이라고 주장하는 듯한 소책자『일본의 부속 소도 Ⅳ: 태평양 소도서, 일본해 소도서』를 발간해 연합국최고사령부와 미 국무성에 배포했음은 전술한 바와 같다. 시볼드가 독도를 일본 영토라고 주장하는 근거는 제시되지 않았지만, 일본 외무성 소책자를 비롯해 일본 측에 편향된 정보에 영향을 받았음은 쉽게 짐작할 수 있다.

시볼드의 주장을 대폭 반영한 1949년 12월 29일자 초안은 그 직전의

---

316 下田武三·永野信利,「下田武三 戰日本外交の證言」,『日本はこうして再生した』上·下, 東京 行政問題研究所, 1984, p. 54; 이종학 편,『일본의 독도해양 정책자료집 1』, 독도박물관, 2007, p. 8.

초안에서 180도 전환된 것이었다. 독도 영유권이 뒤바뀌어 일본 땅이 되고, 북방 4개 섬 중 하보마이, 시코탄도 일본 땅으로 바뀌었다.[317]

1949년 12월 29일 조약 초안 제2장(영토 조항) 제3조
1. 일본의 영토는 혼슈, 규슈, 시코쿠, 홋카이도 등 일본의 주요 4개 섬과 부근 제소도로 구성되며, 여기에는 세토나이카이의 섬들이 포함되며, 대마도, 독도[Takeshima, Liancourt Rocks], 레분의 먼 해안을 연결하는 경계선 내의 대마도, 독도, 오키열도, 사도, 오쿠지리, 레분, 리시리 및 일본해에 위치한 모든 다른 섬들이 포함되며…….
2. 위에서 언급한 모든 섬들은 이 조약에 첨부된 지도에 표시되어 있다.[318]

동 초안 제6조에서는 한국 영토에 포함되는 섬으로 제주도, 거문도, 울릉도만 명시되고, 독도는 삭제되었다. 또한 첨부된 지도에서 경계선은 일

---

317 정병준, 앞의 책 『독도 1947』, p. 484.
318 "CHAPTER II TERRITORIAL CLAUSES Article 3
1. The territory of Japan shall comprise the four principal Japanese islands of Honshu, Kyushu, Shikoku and Hokkaide and all adjacent minor islands, including the islands of the Inland Sea(Seto Naikai); Tsushima, Takeshima(Liancourt Rocks), Oki Retto, Sado, Okujiri, Rebun, Riishiri and all other islands in the Japan Sea(Nippon Kai) within a line connecting the farther shores of Tsushima, Takeshima and Rebun; ……
2. All of the islands mentioned above are shown on the map attached to the present Treaty."["Draft treaty of Peace with Japan"(1949. 12. 29.), RG 59, Office of Northeast Asia Affairs, Records Relating to the Treaty of Peace with Japan-Subject File, 1945-51, Lot 56D527, Box 6; 국사편찬위원회, 앞의 책 『독도 자료 I: 미국편』, p. 80]

부 그대로 두었으나 일본 영토를 선으로 완전히 둘러싸는 방법은 배제되었다. 이것도 일본에 심리적 불이익을 줄 수 있다는 시볼드의 주장을 받아들인 것이다.[319] 1949년 12월 29일자 초안은 일반적으로 제6차 초안으로 불린다. 이러한 초안의 흐름은 대략 1950년 7월까지 계속되었다.

1949년 12월 29일자 초안에 대해서는 비교적 상세하게 주석이 작성되었는데, 그중 독도에 관한 내용은 다음과 같다. 주석의 작성 날짜는 명시되어 있지 않다.[320]

> 일본과의 평화조약 초안에 대한 주석
>
> 독도: 사람이 거주하지 않는 독도의 두 작은 섬은 일본해상에서 일본과 한국으로부터 거의 같은 거리에 위치하고 있는데, 1905년 일본이 영유권을 공식 주장했으며, 한국으로부터 명백히 항의가 없이 시마네현 오키지청의 관할하에 놓았다. 이곳은 바다사자들의 서식처이며, 기록에 따르면 오랫동안 일본 어부들이 특정 계절 동안 이곳에 정기적으로 이주했다. 서쪽으로 약간 떨어진 울릉도와는 달리, 독도에는 한국명이 없으며, 한국에 의해 영유권이 주장된 적이 있는 것으로 보이지 않는다. 점령 기간 동안 미군이 이 섬들을 폭격장으로 사용했으며, 기상 혹은 레이더 기지 장소로 잠재적 가치를 지니고 있다.[321]

---

319 정병준, 앞의 책 『독도 1947』, p. 489.

320 정병준은 1950년 7월 10일부터 8월 9일 사이로 추정하고 있으며(정병준, 앞의 책 『독도 1947』, p. 498), 신용하의 자료집에는 1950년 7월로 기록되어 있다(신용하 편, 앞의 책 『독도 영유권 자료의 탐구 3』, pp. 315~316)

321 "Takeshima(Liancourt Rocks)

The two uninhabited islets of Takeshima, almost equidistant from Japan and Korea in the Japan Sea, were formally claimed by Japan in 1905,

이 주석의 내용은 대부분 사실과 다르게 기술되어 있다.[322] 일본 외무성 소책자를 비롯한 일본 측의 주장을 그대로 받아들인 것으로 보인다. 기상 혹은 레이더 기지 장소로 잠재적 가치가 있다는 내용은 시볼드의 보고서를 인용했음을 보여주고 있다. 이러한 자료는 미국이 자체적으로 작성한 것이 아니라 일본으로부터 수집한 정보를 근거로 했다는 것은 자명한 일이다.

요컨대 이 시기, 1949년 12월부터 대략 1950년 7월까지의 기간 중 독도를 일본 땅으로 규정한 조약 초안은 종전 후 냉전 체제의 격화에 따른 대일 점령 정책의 급변이라는 시대적 상황에서, 외무성 소책자에 의한 일본의 허위 정보 제공과 친일파 외교관 시볼드의 주장 등에 의한 미국의 오판의 결과물이라 할 수 있다. 이에 대해서는 '대일평화조약 체결 당시 미국의 독도 인식에 대한 비판'에서 자세히 살펴보기로 한다.

1950년 5월 존 덜레스(John Foster Dulles)가 대일평화조약 담당 특사로 임명되고 6·25 한국전쟁이 발발하자 대일평화조약 체결을 위한

---

apparently without protest by Korea, and placed under the Jurisdiction of the Oki Islands Branch Office of Shimane Prefecture. They are a breeding ground for sea lions, and records show that for a long time Japanese fishermen migrated there during certain seasons.

Unlike Dagelet Island a short distance to the west, Takeshima has no Korean name and does not appear ever to have been claimed by Korea. The islands have been used by U.S. forces during the occupation as a bombing range and have possible value as a weather or radar station site."

["Commentary on Draft Treaty of Peace with Japan"(Undated), RG 59, Department of State, Decimal File, 694.001 series, Box 3006; 신용하 편, 앞의 책 『독도 영유권 자료의 탐구 3』, pp. 315~316에서 재인용]

[322] 신용하, 「1951년 샌프란시스코조약 때 일본 측 로비에 오용된 일제의 1905년 독도 침탈 자료」, 독도학회, 2010, p. 10.

초안 작성은 새로운 일대 전환점을 맞게 된다.

조기 강화 필요에 따른 조약 초안의 간략화

한국전쟁 발발과 연이은 중공군의 참전에 따라 미국·영국·중국·소련 연합국은 공산 진영과 자유 진영의 대립된 적대 관계로 바뀌었으며, 미국의 입장에서는 일본을 독립시켜 미국의 확실한 우방으로 끌어들이는 것이 시급한 과제가 되었다.

덜레스가 대일평화조약 담당 특사로 임명된 후인 1950년 8월 이후의 대일평화조약 초안은 아주 간결한 것을 특징으로 한다. 1950년 8월 7일자 초안과 1950년 9월 11일자 초안은 "일본은 한국의 독립을 승인하며"라 하여 영토 문제에 대한 직접적인 언급 없이 독립 승인만 규정하고 있다.

1950년 9월 11일자 조약 초안 제4장(영토) 제3조 제4항
4. 일본은 한국의 독립을 승인하며, 유엔 총회 및 안전보장이사회의 결의를 한국과의 관계의 기초로 삼을 것이다.[323]

다수의 연합국 간에 논란의 여지가 있는 것은 되도록 피하고, 소련과

---

[323] "CHAPTER IV TERRITORY
4. Japan recognizes the independence of Korea and will base its relation with Korea on the resolutions of the United Nations General Assembly and Security Council with respect to Korea."["Draft Peace Treaty with Japan"(1950. 9. 11.), FRUS, 1950, Vol. VI, pp. 1297~1303; 국사편찬위원회, 앞의 책 『독도 자료 I: 미국편』, p. 163]

중국의 대일평화조약 불참이 기정사실화된 상태에서, 전쟁 책임 추궁과 배상, 영토 할양 등 징벌적 규정은 삭제하고 간결한 대일평화조약을 서둘러 체결하는 것이 미국의 방침으로 정해졌다.[324]

극동위원회(FEC) 회원국과 인도네시아, 실론(Ceylon) 그리고 한국 정부에 배부된[325] 1951년 3월 대일평화조약 잠정초안(제안용)의 영토 조항은 한층 더 간략화되어 "일본은 한국, 타이완 및 펑후도에 대한 모든 권리, 권원, 청구권을 포기한다"라고만 간단하게 규정했다.

> 1951년 3월 대일평화조약 잠정초안(제안용) 제3장(영토) 제3항
> 3. 일본은 한국, 타이완 및 펑후도에 대한 모든 권리, 권원 및 청구권을 포기한다.[326]

일본에 포함될 섬의 명칭이나 울릉도와 독도, 북방 4개 섬 등 일본 영토에서 배제될 섬의 명칭은 전혀 명시되지 않고, 지도 첨부 방식도 배제되었다. 1950년 9월 11일자 조약 초안에 규정되었던 "일본은 한국의 독립을 승인하며"라는 구절도 삭제되었다. 한국의 독립은 대일평화조약과 상관없이 기정사실화되었다고 본 것이다.

---

324 정병준, 앞의 책 『독도 1947』, pp. 501~522.
325 국사편찬위원회, 앞의 책 『독도 자료 I: 미국편』, p. 292.
326 "Provisional Draft of a Japanese Peace Treaty(Suggestive only) Chapter Ⅲ Territory
3. Japan renounces all rights, titles and claims to Korea, Formosa and Pescadores……"["Provisional Draft of a Japanese Peace Treaty(Suggestive Only)"(1951. 3.); 국사편찬위원회, 앞의 책 『독도 자료 I: 미국편』, p. 292]

미국 주도의 간략화 초안에 대한 영연방국가의 반대와 의견 조정

1951년 3월 작성된 간략화된 미국 초안은 극동위원회 회원국과 인도네시아 및 한국에도 배부되었는데,[327] 이와는 별도로 영국은 3차에 걸쳐 영국 자체의 초안을 만들고, 영연방국가에도 배부했다. 영국 초안은 일본 영토에 대해 첨부 지도에 경도, 위도를 표시하고, 경계선을 그어 일본 영토를 시각적으로 분명히 구분하는 방식이었다. 울릉도와 독도는 일본의 경계선 밖에 위치시켜 한국령임을 분명히 했다.[328]

> 1951년 4월 7일자 영국 제3차 초안 제1조
>
> 일본의 주권은 북위 30도에서 북서 방향으로 대략 북위 33도, 동경 128도까지, 이어 제주도와 후쿠에시마 사이를 북진해, 북동쪽으로 한국과 대마도 사이를 지나, 이 방향으로 계속해서 오키열도를 남동쪽에, 독도 (Take Shima)를 북서쪽에 두고 진행해 혼슈 해안을 따라 선회하며, ……
> 위에 묘사된 선은 현재 조약에 첨부된 지도(부록 Ⅰ)에 좌표로 기입되어 있다. 선에 대해 지도와 문서상 기술 간에 차이가 있는 경우, 문서에 따른다.[329]

---

327 국사편찬위원회, 앞의 책 『독도 자료 I: 미국편』, p. 292.
328 신용하 편, 앞의 책 『독도 영유권 자료의 탐구 3』, p. 344. 영국 초안의 첨부 지도는 정병준에 의해 발견 · 공개되었다.
329 "PART Ⅰ-TERRITORIAL CLAUSES Article 1.
     Japanese sovereignty shall continue over all the islands and adjacent islets and rocks lying within an area bounded by a line from latitude 30°N in a north-westerly direction to approximately latitude 33°N. 128°E. then northward between the islands of Quelpart, Fukue-Shima bearing north-easterly between Korea and the islands of Tsushima, continuing in this direction with the islands of Oki-Retto to the south-east and Take Shima

그런데 1951년 4월 7일자 초안과 관련해서는 근거를 확인할 수 없는 주장이 적지 않다. 호사카 유지는 1951년 4월 7일자 미국 초안에 '독도는 일본 땅'으로 되어 있다고 주장했는데,[330] 같은 날짜의 미국 초안은 아예 존재하지 않는다. 김병렬도 쓰카모토 다카시로부터 자료를 제공받아 '대일강화조약을 위한 미·영 토론(1951. 5. 2.)'에 관한 분석에서 "당시까지 미국 측의 초안에서는 독도를 일본의 영토로, 영국 측의 초안에서는 한국의 영토로 했었는데"[331]라고 비슷한 주장을 했는데, 그 근거를 제시하지 않은 것은 마찬가지다.[332] 그리고 김병렬과 이석우는 1951년 4월 7일자 초안에 '독도가 일본 땅'으로 되어 있다고 주장하면서 그 주석의 출처에 영국 초안이라고 명시하고 있으나, 동일자 영국 초안에는 '독도는 한국 땅'으로 되어 있다.[333] 이와 같이 근거가 뒷받침되지 않는 주장들이 난무하고 이에 대해 자유롭게 비판하지 못하는 것은 독도 학계의 문제점으로 지적하지 않을 수 없다.

---

to the north-west curving with the coast of Honshu, …… The line above described is plotted on the map attached to the present Treaty(Annex Ⅰ). In the case of a discrepancy between the map and the textual description of the line, the latter shall prevail."(FO371/92538, FJ 1022/224, "Provisional Draft of the Japanese Peace Treaty and list of contents", pp. 90~140; 국사편찬위원회, 앞의 책 『독도 자료 I: 미국편』, p. 299)

[330] 호사카 유지, 「샌프란시스코 평화조약, 한일협정 및 신해양법과 독도 해법」, 『독도연구』 21, 영남대학교 독도연구소, p. 120; 호사카 유지는 책에서도 비슷한 주장을 했으나(『독도, 1500년의 역사』, 2016, p. 59), 같은 책 초판 9쇄(2019. 6. 25.)에서는 오류가 바로잡아졌음을 확인할 수 있다.

[331] 김병렬, 앞의 책 『독도: 독도 자료 총람』, pp. 482~485.

[332] 정태만, 「샌프란시스코 대일평화조약과 관련된 일본 측 주장과 그 비판」, 『독도연구』 24, 영남대학교 독도연구소, 2018, p. 138.

[333] 김병렬·나이토 세이추, 앞의 책 『한일 전문가가 본 독도』, p. 126; 이석우, 『동아시아의 영토 분쟁과 국제법』, 집문당, 2007, pp. 174~176, 191~192, 338.

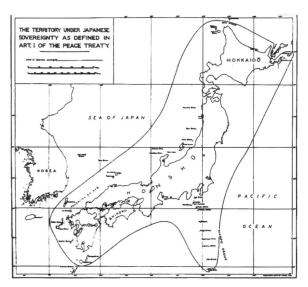

그림 27 1951년 4월 7일 영국 제3차 초안 첨부 지도.(정병준, 『독도 1947』, p. 577)

요컨대, 1951년 4월 7일자 미국 초안은 존재하지 않으며, 1951년 4월 7일자 영국 초안에는 분명하게 '독도는 한국 땅'으로 되어 있다. 1951년 4월 7일자 영국 초안에 독도가 한국 땅으로 되어 있다는 것은 〈그림 27〉의 영국 초안 첨부 지도를 보면 보다 확실하게 알 수 있다.

영국 초안에서 독도를 한국령으로 했다는 것은 미국이 독도를 애매한 상태로 언급하지 않고 그냥 넘어가는 것에 대해 영국이 반대한 것을 의미한다. 뉴질랜드도 "일본에 인접한 섬들은 그 어느 것이라도 영유권 논란이 일어나서는 안 된다"고 하여 미국 방식에 대해 반대 의견을 제시하면서 사실상 '독도 한국령'을 지지했다.[334]

---

334 신용하 편, 앞의 책『독도 영유권 자료의 탐구 3』, p. 242.

그러나 미국은 일본 영토를 울타리로 둘러싸는 방식은 일본에 심리적 불이익을 준다고 하여 영국과 뉴질랜드의 제안을 받아들이지 않았다.[335] 결국 의견 조정 결과, 일본 영해를 선으로 둘러싸는 영국 방식은 채택되지 않고, 일본 영토에서 배제되는 섬 몇 개를 명시하는 것으로 하여 1951년 6월 14일자 영미 합동 초안이 만들어졌다.

1951년 6월 14일자 제2차 영미 합동 초안 제2장(영토) 제2조

(a) 일본은 한국의 독립을 승인하며, 제주도, 거문도, 울릉도를 포함하는 한국에 대한 모든 권리, 권원 및 청구권을 포기한다.

(b) 일본은 타이완과 펑후제도에 대한 모든 권리, 권원 및 청구권을 포기한다.

(c) 일본은 1905년 9월 5일 포츠머스조약의 결과로 일본이 영유권을 획득한 쿠릴섬과 사할린 쪽 부분 및 그에 인접한 섬들에 대한 모든 권리, 권원 및 청구권을 포기한다……[336]

---

335 신용하 편, 앞의 책 『독도 영유권 자료의 탐구 3』, p. 243.

336 "CHAPTER II TERRITORY Article 2

(a) Japan, recognizing the independence of Korea, renounces all right, title and claim to Korea, including the islands of Quelpart, Port Hamilton and Dagelet.

(b) Japan renounces all right, title and claims to Formosa and the Pescadores.

(c) Japan renounces all right, title and claims to the Kurile Islands, and to that portion of Sakhalin and the islands adjacent to it over which Japan acquired sovereignty as a consequence of the Treaty of Portsmouth of September 5, 1905.……"["Reviced U.S.-U.K. Draft of a Japanese Peace Treaty"(1951. 6. 14.), FRUS, 1951, Vol. VI, p. 1121; 국사편찬위원회, 앞의 책 『독도 자료 I: 미국편』, p. 442]

1951년 3월 대일평화조약 잠정초안(제안용)과 비교했을 때 한국의 독립 승인이 추가되고, 일본이 포기하는 3개 섬, 제주도, 울릉도, 거문도의 예시가 추가되었다. 이 초안은 독도에 관한 한 대일평화조약의 기본이 되어, 논란 끝에 결국 자구 수정 없이 최종 조약으로 확정되었다.

대일평화조약 체결 직전 한 · 미 · 일의 독도 인식과 대응

대일평화조약에 대한 한국 정부의 대응

대일평화조약 초안은 한국에도 두 번 공식적으로 통보되었다. 1951년 3월의 잠정초안(제안용)과 1951년 7월 3일자 초안이 그것이다. 첫 번째 통보된 1951년 3월의 잠정초안(제안용)은 영토 문제는 언급하지 않고 한국, 타이완 등에 대한 권리를 포기한다는 내용의 극히 간략화된 초안이었다.

1951년 3월 잠정초안(제안용)을 통보받은 한국 정부는 4월 27일 한국의 연합국 지위 인정, 한국 내 일본인 재산 처리, 일본 어민의 어업 한계선인 맥아더 라인 존속 등 11개 항목 8페이지에 달하는 상세한 내용의 답신을 보냈다.[337] 한국은 영토 문제에 관해서는 대마도[338]를 한국 영토로 해야 한다는 주장만을 담은 답신을 했으나, 미국의 반응은 설득력

---

337 정병준, 앞의 책 『독도 1947』, pp. 709~726.
338 조선시대에 대마도는 한일 간 공무역과 외교 교섭의 독점적 창구 역할을 했고, 조선 국왕에게 조공을 바치고 신하의 예를 올린 적은 있으나 그것은 어디까지나 일본 측의 외교 목적상 필요에 의한 것이었다.

없는 주장이라는 것이었다.[339]

1951년 3월 잠정초안(제안용)에 이어서 두 번째로 한국에 통보된 대일평화조약 초안은 영토 문제를 좀 더 구체적으로 규정하고 있는 1951년 7월 3일자 초안이었다. 한국의 영토에 관해서는 1951년 6월 14일자 영미 합동 초안과 마찬가지로 "일본은 한국의 독립을 승인하며, 제주도, 거문도, 울릉도를 포함하는 한국에 대한 모든 권리, 권원 및 청구권을 포기한다"라고 명시하고 있으며, 첫 번째로 통보받은 초안에 없었던 3개 섬이 명시되었다.[340]

한국은 1차 답신(1951. 4. 27.)에서 대마도 요구가 거부당한 후, 2차 답신에서는 독도와 파랑도를 한국령으로 명시해줄 것을 미 국무성에 요구했다. 수중 암초에 불과한 파랑도에 대한 요구는 일본이 파랑도를 일본 땅으로 하려고 한다는 당시의 언론 보도 등 소문의 영향을 받은 것으로 보인다.[341]

7월 17일 주한 미대사관은 대일평화조약에 관한 한국의 입장을 미 국무성에 보고했다. 이는 한국 외무부에서 주한 미대사관에 설명하고, 이러한 입장을 미 국무성에 전달할 것을 요청한 바에 의한 것이었다.[342]

제2조 "한국에 대한 청구권" 다음의 마지막 구절을 수정해, "제주도, 거

---

339 정병준, 앞의 책 『독도 1947』, p. 729.

340 1951년 7월 3일의 초안은 7월 9일 대일 교전국들에게 송부되고, 양유찬 주미 대사에게 전달되었으며, 7월 12일 언론에도 처음으로 공개되었다.(정병준, 앞의 책 『독도 1947』, pp. 732~735)

341 정병준, 앞의 책 『독도 1947』, pp. 169~172; 파랑도는 제주의 마라도에서 서남쪽으로 149킬로미터에 위치한 수중 암초로 이어도라고도 불린다.

342 이석우 편, 앞의 책 『대일강화조약 자료집』, p. 247.

문도, 울릉도, 독도(Dokdo), 그리고 파랑도(Parangdo)를 포함한 합병 이전에 한국의 일부였던 모든 섬들에 대한"으로 한다.

후자의 두 섬이 공격받기 쉬운 위치에 있고, 비우호 세력의 손에 넘어가면 위험하기 때문에 두 섬을 부가하는 것이 중요하다고 주장했다.[343]

두 섬의 한국식 명칭인 'Dokdo'와 'Parangdo' 이외에는 아무런 정보도 제공되지 않은 것을 알 수 있다. 외무부는 두 섬을 한국 영토라고 주장하는 근거는 물론이고 기본적인 정보조차 제공하지 않고, 조약에 한국 영토로 명시해줄 것을 요청한 것이다. 국제적인 명칭을 병기하지 않고, '이들 섬이 공격받기 쉬운 위치에 있고, 비우호 세력의 손에 넘어가면 위험하다'는 것만 내세웠다.

7월 19일 양유찬 주미 대사와 덜레스 대일평화조약 담당 특사와의 회담에서 한국의 대마도 반환 요구는 철회된 것으로 확인되었다. 그런데 독도와 파랑도의 위치에 대해 대사는 물론이고 배석한 실무자조차 제대로 설명하지 못하고 막연하게 울릉도 근처라고 답해 혼동을 불러일으켰다. 회의록 내용은 다음과 같다.

덜레스는 (주미 한국) 대사의 전문 제1절에서 대마도에 대해 전혀 언급

---

[343] "2. Amend final phrase after "claim to Korea" to read "and all islands which were part of Korea prior to its annexation by Japan, including Kuelpart, Port Hamilton, Dagelet, Dokdo and Parangdo."
Addition of latter two islands claimed to be important as they lie in exposed position and dangerous if in unfriendly hands."[US Department of State, "Incoming Telegram to Secretary of State from John J. Muccio(US Ambassador in Korea)", July 17, 1951; 이석우 편, 앞의 책 『대일강화조약 자료집』, p. 247]

하지 않은 데 대해 말하고, 대사는 이것을 제외하는 데 동의했다.

딜레스는 그런 다음 두 섬, 독도와 파랑도의 위치에 대해 물었다. 한(일등서기관)은 이들은 일본해에 있는 두 개의 작은 섬이라고 말했는데, 그는 울릉도 부근이라고 믿었다. 딜레스는 이들 섬이 일본이 합병하기 전에 한국 영토였는지를 물었고, (주미 한국) 대사는 그렇다고 답변했다. 만약 그렇다면, 딜레스는 한국 영토에 대한 일본의 영토 주장 포기와 관련된 적절한 부분에 이들 섬을 포함시키는 데 특별한 문제가 없는 것으로 보았다.[344]

딜레스와의 회담 자료를 통해 알 수 있는 것은 이때까지도 미 국무성의 독도 문제에 대한 처리 방침은 결정되지 않았다는 것이다. 주미 한국 대사는 회담이 끝난 후 7월 19일자 한국 정부의 2차 답신서를 전달했다. 2차 답신에서 한국 정부는 독도·파랑도의 명시, 한국 내 귀속 재산 처리, 맥아더 라인 존속 등 세 가지 문제에 관해 조약 초안의 수정을 요청

---

[344] "Mr. Dulles noted that paragraph 1 of the Korean Ambassador's communication made no reference to the Island of Tsushima and the Korean Ambassador agreed that this had been omitted. Mr. Dulles then inquired as to the location of the two islands, Dokdo and Parangdo. Mr. Han stated that these were two small islands lying in the sea of Japan, he believed in the general vicinity of Ullungdo. Mr. Dulles asked whether these islands had been Korean before the Japanese annexation, to which the Ambassador replied in the affirmative. If that were the case, Mr. Dulles saw no particular problem in including these islands in the pertinent part of the treaty which related to the renunciation of Japanese territorial claims to Korean territory."(US Department of State, "Memorandum of Conversation, Japanese Peace Treaty", July 19, 1951; 국사편찬위원회, 『독도 자료 II: 미국편』, 2008, p. 16)

했다.[345] 그중 영토 문제와 관련된 내용은 다음과 같다.

> 1. 우리 정부는 제2조 a항의 "포기한다"라는 단어는 "한국과 제주도, 거
> 문도, 울릉도, 독도(Dokdo), 그리고 파랑도(Parangdo)를 포함하는 일본
> 의 한국 합병 이전에 한국의 일부였던 섬들에 대한 모든 권리, 권원, 그
> 리고 청구권을 1945년 8월 9일자로 포기했다는 것에 동의한다"로 대체
> 할 것을 요청한다.[346]

뒤에서 설명하는 7월 13일 및 16일의 보그스(Samual W. Boggs) 보
고서에서 알 수 있듯이 당초 미 국무성에서는 간략하게 '독도(Liancourt
Rocks)'라는 단어를 울릉도 다음에 추가하는 방식으로 독도를 대일평화
조약에 한국령으로 명시하는 방안이 검토되었는데, 한국의 요구는 간략
한 방법과는 동떨어진 것이었다.[347] 한국 정부는 2차대전 종전 후 7년간
준비되어 오던 대일평화조약 마감을 20일 정도 앞둔 시점에 조약 조문

---

345 국사편찬위원회, 앞의 책 『독도 자료 Ⅱ: 미국편』, p. 19.
346 "1. My Government requests that the world "renounces" in Paragraph a,
Article Number 2, should be replaced by "confirms that it renounced on
August 9, 1945, all right, title and claim to Korea and the islands which
were part of Korea prior to its annexation by Japan, including the islands
Quelpart, Port Hamilton, Dagelet, Dokdo and Parangdo.""(Foreign Relations
of the United States 1951, Vol. VI, p. 1206; 국사편찬위원회, 앞의 책 『독도 자료 Ⅱ:
미국편』, p. 19)
347 한국의 2차 답신에 언급된 날짜 '1945년 8월 9일'도 일반적으로 인정되고 있는 날짜와
는 달라서 논란의 여지가 있다. 일본이 포츠담선언을 수락한 날짜를 지칭하는 것으로
보이나, 일본이 포츠담선언을 수락함을 명기한 항복문서에 서명한 날짜는 1945년 9월 2
일이다. 그 이전에 일본이 포츠담선언 수락을 통보하고 1945년 8월 14일 미국이 이를
받아들였다.

을 복잡하게 수정하도록 미국에 요구했다.

영국 초안에 대한 일본의 대응과 '독도 한국령' 묵인

1951년 4월, 덜레스를 비롯한 미국 대표단은 일본을 방문해 '독도는 한국 땅'으로 되어 있는 1951년 4월 7일자 영국의 조약 초안을 요시다 시게루(吉田茂) 수상을 비롯한 일본 대표단에게 전달하고, 일본의 의견을 제시해줄 것을 요청했다.

이에 대해 일본은 영국 초안의 부속 지도 첨부 방식에 반대하면서 일반적으로 미국 초안이 바람직하다 하고, 시코탄, 하보마이 등 쿠릴열도 주변 섬이 일본령임을 주장하는 의견을 자세하게 제시했지만, 직접 독도를 지칭해서는 아무 의견도 제시하지 않았다. 쿠릴열도 주변 섬들과는 대조적으로 적극적으로 영유권 주장을 하지 않은 것이다. 이는 곧 '독도가 한국령'임을 묵시적으로 인정한 것으로 해석된다. 정병준과 박병섭도 '독도=한국령'을 인정 또는 묵인한 것으로 보고 있으며,[348] 장박진도 비슷한 견해를 보이고 있다.[349]

다른 연구자들의 견해와는 달리, 호사카 유지는 위와 같이 미국이 '독도=한국 땅'으로 되어 있는 1951년 4월 7일자 영국 초안을 일본에 제시하고 의견을 받은 것에 대해, 일본 편을 든 미국이 독도를 '한국 영토로 규정하는 것을 피하기 위해' 일본에 영국의 조약 초안을 미리 보여주었다고 논문에서 주장하고 있다.

---

[348] 박병섭, 「샌프란시스코 강화조약에서 독도가 누락된 경위와 함의」, 『독도연구』 21, 영남대학교 독도연구소, 2016, p. 19; 정병준, 앞의 책 『독도 1947』, pp. 653~655.

[349] 장박진, 「대일평화조약 형성 과정에서 일본 정부의 영토 인식과 대응 분석」, 『영토해양연구』 1, 동북아역사재단, 2011, p. 75

그러나 미국이 일본에 대해 영국 초안을 제시했다는 것은 영미 합동 초안 자체가 영국 주도로 만들어지고 있었음을 암시한다. 그러므로 일본 편을 든 미국이 영국 초안 속 독도 부분을 명백히 한국 영토로 규정하는 것을 피하기 위해 일본에 사전에 영국 초안을 제시해 독도 부분을 애매 모호하게 남기기 위한 구실을 얻어냈다고 볼 수 있다.[350]

만약에 호사카 유지의 주장대로 독도를 '한국 영토로 하는 것을 피하기 위해' 미국이 일본에 영국 초안을 보여주었다면, 일본은 당연히 '독도는 일본 땅'이라고 의견을 말했을 것이다. 그런데 일본은 독도에 대해 아무런 구체적인 의견도 말하지 않았다. 일본 측 기록에도 "일본 측의 의견을 참작해 영국과 이야기를 하고 싶다고 로버트 피어리(Robert A. Fearey)는 말하고 있다"라고 하여,[351] 미국이 영국 초안을 일본에 보여준 것은 일본의 의견을 듣기 위해서임을 밝히고 있다. 즉, 독도를 한국 영토로 하는 것을 피하기 위해 보여준 것이 아님은 일본 측 기록만으로도 쉽게 알 수 있다.[352]

샌프란시스코 대일평화조약 당시 일본은 독도를 일본 땅으로 하기 위해 맹렬한 로비를 한 것으로 알려져 있으나, 이는 근거 없는 추정에 불과하고, 사실은 그 반대다. 당시 일본은 오키나와 등 태평양상의 섬들과

---

350 호사카 유지, 앞의 글 「샌프란시스코 평화조약, 한일협정 및 신해양법과 독도 해법」, p. 121
351 外務省, 『日本外交文書: サンフランシスコ平和条約対米交渉』, 2007, p. 374; 外務省, 『日本外交文書: 平和条約締結に関する調書』, 第二冊(Ⅰ~Ⅲ), 2002, p. 616.
352 정태만, 앞의 글 「샌프란시스코 대일평화조약과 관련된 일본 측 주장과 그 비판」, pp. 142~146.

쿠릴열도 주변 섬들에 대한 영유권 확보에 급급해 독도의 영유권을 사실상 포기한 상태였으며, 이런 상황에서 미국이 독도를 일본에 주려고 할 이유도, 근거도 없었다.

일본은 1947년 6월 영토조서(4) 이후 독도에는 거의 무관심해, 영유권 주장도 하지 않았다.[353] 샌프란시스코 대일평화조약 당시 일본이 독도를 포기하고 사실상 '독도 한국령'을 인정했다는 것은 후술하는 「일본영역참고도」에 의해서도 증명이 된다.

일본 법령에서의 '독도 한국령' 인식

전술한 바와 같이 연합국총사령부는 SCAPIN 제677호(1946. 1. 29.)를 공포해 울릉도, 독도와 제주도를 일본에서 제외하고(제3·4항), 이러한 일본의 정의는 금후의 모든 지령, 각서, 명령에 적용된다고 규정했다.(제5항)

이 일본의 정의가 일본의 법령에 의해 수락되고 대일평화조약 체결 및 발효 시까지도 그대로 유지되었다는 것은 최근에 공개된 일본 대장성령 제4호(1951. 2. 13.)와 총리부령 제24호(1951. 6. 6.)를 통해서도 알 수 있다.[354] 1951년 대일평화조약이 체결되기 수개월 전에 제정된 이들

---

353 박병섭, 「샌프란시스코 강화조약 전후 일본의 독도 정책」, 『독도연구』 19, 영남대학교 독도연구소, 2015, p. 249·253; '1947년 6월 영토조서(4)'란 같은 날짜 일본 외무성 발간 소책자를 말한다. 당시 일본 외무성에서는 "독도에는 한국명이 없다"는 등 허위의 내용을 담고, 독도는 물론이고 울릉도도 일본의 부속 소도라고 주장하는 소책자 『일본의 부속 소도 IV: 태평양 소도서, 일본해 소도서』(1947. 6.)를 만들어 연합국최고사령부와 미 국무성에 배부했다.(정병준, 앞의 책 『독도 1947』, pp. 333~350)

354 총리부령 제24호와 대장성령 제4호에 대해 김명기는 그 제정 행위는 독도 영토주권의 묵시적 승인에 해당하는 것으로 보고 있으며(김명기, 「일본 총리부령 제24호와 대장성령 제4호에 의한 한국의 독도 영토주권의 승인」, 『독도연구』 9, 영남대학교 독도연구소,

일본 법령은 모두 관련 법령의 적용을 받는 '본방(本邦)'의 범위에서 울릉도와 독도 및 제주도를 제외했다. 일본에서 '본방'의 사전적 의미는 '이 나라', '우리나라'로서 일본을 가리킨다.

구체적으로 설명하자면, '구법령에 의한 공제조합 등으로부터의 연금 수급자를 위한 특별조치법(1950. 12. 12. 법률 제256호)'은 제4조 제3항에서 동 특별조치법의 적용을 받는 '본방'을 "혼슈, 시코쿠, 규슈 및 홋카이도와 재무성령에서 정하는 그 부속의 섬을 말하며"라고 정의하고, 동 특별조치법의 위임을 받아, '구법령에 의한 공제조합 등으로부터의 연금 수급자를 위한 특별조치법 제4조 제3항의 규정에 의한 부속의 섬을 정하는 성령(1951. 2. 13. 대장성령 제4호)'은 "'부속의 섬'이란 다음에 열거하는 섬 이외의 섬을 말한다"고 하여 울릉도, 독도 및 제주도를 '본방', 즉 일본의 범위에서 제외했다.

> 구법령에 의한 공제조합 등으로부터의 연금 수급자를 위한 특별조치법 제4조 제3항에 의한 부속의 섬을 규정하는 성령(1951년 2월 13일 대장성령 제4호)
>
> 구법령에 의한 공제조합 등으로부터의 연금 수급자를 위한 특별조치법 (1950년 법률 제256호) 제4조 제3항에 규정하는 부속의 섬이란 다음에 열거하는 섬 이외의 섬을 말한다.
>
> 1. 치시마(千島)열도, 하보마이열도[스이쇼섬(水晶島), 유리섬(勇留島), 아

2010, p. 178), 나홍주는 SCAPIN 제677호에 의한 일본 영토 분리가 이들 일본의 법령에 수용됨으로써 독도 분리가 국제법적으로 완성된 것이라는 견해를 제시했다.(나홍주, 「한국령 독도에 관한 일본의 청구에 대한 국제법적 고찰」, 『독도연구』 12, 영남대학교 독도연구소, 2012, p. 248)

키유리섬(秋勇留島), 시보쓰섬(志發島) 및 다라쿠섬(多樂島)을 포함한다] 및 시코탄도.

2. 울릉도, 독도(竹の島) 및 제주도.[355]

또한 '구 일본 점령 지역에 본점을 갖는 회사의 본방 내에 있는 재산의 정리에 관한 정령(政令)(1949. 8. 1. 정령 제291호)'은 제2조 제1항 제2호에서 '본방'을 "혼슈, 홋카이도, 시코쿠, 규슈와 주무성령으로 정하는 그 '부속의 도서'를 말한다"라고 정의하고, 동 정령의 위임을 받아 '조선총독부 교통국 공제조합의 본방 내에 있는 재산의 정리에 관한 정령의 시행에 관한 총리부령(1951. 6. 6. 총리부령 제24호)' 제2조는 "'부속의 도서'란 다음에 열거하는 도서 이외의 도서를 말한다"고 규정하고, 그 제3호에서 울릉도, 독도 및 제주도를 열거해 울릉도, 독도 및 제주도를 본방의 범위에서 제외했다.

조선총독부 교통국 공제조합의 본방 내에 있는 재산의 정리에 관한 정령의 시행에 관한 총리부령(1951년 6월 6일 총리부령 제24호)
제2조. 령 제14조의 규정에 기(基)해, 정령 제291호 제2조 제1항 제2호의 규정을 준용하는 경우에는, 부속의 도서란 좌(左)에 게기하는 도서 이

---

[355] "旧令による共濟組合等からの年金受給者のための特別措置法第四條第三項の規定に基く附屬の島を定める省令(昭和 二十六年 二月 十三日 大藏省令 第四号) 旧令による共濟組合等からの年金受給者のための特別措置法(昭和二十五年法律第二百五十六号)第四條第三項 に規定する附屬の島は、左に掲げる島以外の島をいう. 一 千島列島, 齒舞列島(水晶島, 勇留島, 秋勇留島, 志發島及び多樂島を含む.)及び色丹島 二 鬱陵島, 竹の島及び濟州島."

외의 도서를 말한다.

1. 치시마열도, 하보마이군도[스이쇼섬(水晶), 유리섬(勇留), 아키유리섬(秋
    勇留), 시보쓰섬(志發) 및 다라쿠섬(多樂島)을 포함한다] 및 시코탄도.

2. 오가사와라(小笠原)제도 및 이오우(硫黄)열도.

3. 울릉도, 독도(竹の島) 및 제주도…….[356]

대장성령 제4호는 1951년 2월에, 총리부령 제24호는 1951년 6월에
제정된 법령이다. 대일평화조약이 체결(1951. 9. 8.)되기 7개월, 3개월 전
이다. 독도를 일본 영토에서 제외한 연합국최고사령부 지령(SCAPIN
677, 1946. 1. 29.)의 일본 영토에 관한 정의는 대일평화조약 체결 직전
까지도 유효했으며, 일본도 이를 받아들이고 있었음을 증명하고 있다.

독도의 폭격 훈련장 재지정

전술한 바와 같이, 1951년 6월 20일 주한미8군 부사령관인 존 쿨터
중장은 미군정으로부터 독립(1948. 8. 15.)한 대한민국의 장면 국무총리
에게 독도를 미 공군의 폭격 훈련장으로 사용할 수 있도록 허가해달라
는 내용의 문서를 보냈다.

---

[356] "朝鮮總督府交通局共濟組合の本邦內にある財産の整理に關する政令の施行に關す
る總理府令(昭和二十六年六月六日總理府令第二十四号)
第二條　令第十四條の規定に基き, 政令第二百九十一号第二條第一項第二号の規定
を準用する場合においては, 附屬の島しよとは, 左に揭げる島しよ以外の島しよをいう.
一　千島列島, 齒舞群島(水晶, 勇留, 秋勇留, 志發及び多樂島を含む.)及び色丹島. 二
小笠原諸島及び硫黄列島. 三　鬱陵島, 竹の島及び濟州島. 四　北緯三十度以南の南
西諸島(琉球列島を除く.)　五　大東諸島, 沖の鳥島, 南鳥島及び中の鳥島."

공군은 독도(Liancourt Rocks) 폭격 구역(북위 37도 15분, 동경 131도 52분)을 24시간 훈련용으로 사용하는 데 대한 허가를 요청합니다. 공군은 15일 전에 사전 통보해 사람과 선박의 해당 지역 출입을 금지하겠습니다. 위를 승인하신다면 가능한 한 빨리 통보해주시기 바랍니다.[357]

원문을 대조해보면 '리앙쿠르 락스 폭격 구역(Liancourt Rocks Bombing Range)'이라 하여 1947년 9월의 독도 폭격 훈련장 지정 지령인 SCAPIN 제1778호와 같은 제목을 쓰고 있다. 연합국최고사령부의 폭격 훈련장 지정과 상호 연계되어 신청되었음을 보여주는 것이다. 주한미군의 독도 폭격 훈련장 사용 신청은 독도를 포함한 남한 지역을 3년간 통치한 주한미군이 독도를 완전히 한국에 인계했다는 것을 증명한다.[358]

쿨터는 미군의 독도 폭격 훈련장 사용 요청에 대해 한국 정부의 국무총리와 국방장관이 승인한 것으로 주한미군사령관 밴 플리트(James Van Fleet)에게 7월 7일 보고했다. 보고서에는 7월 1일 승인한 것으로 기록되어 있다.[359]

주한미군의 독도 폭격 훈련장 사용 신청은 독도가 대한민국 정부 수립으로 대한민국에 인계되었음을 공식적으로 인정한 것이었다. 그런데 그 직후 도쿄의 연합국최고사령부는 이와는 별개의 조치를 취했다.

---

[357] "The Air Force requests authority to use the Liancourt Rocks Bombing Range(37.15 north latitude－131.52 east) on a 24 hour basis for training. The Air Force is prepared to give 15 days advance notice and to clear the area of any personal or boats. Will you please inform me as soon as practical if the above meets with your approval?"(국사편찬위원회, 앞의 책 『독도 자료 I: 미국편』, p. 445)

[358] 정병준, 앞의 책 『독도 1947』, p. 932.

[359] 국사편찬위원회, 앞의 책 『독도 자료 II: 미국편』, p. 5.

1951년 7월 6일 SCAPIN 제2160호로 독도를 폭격 훈련장으로 다시 지정한 것이다.

제목: 리앙쿠르 락스[다케시마] 폭격 구역

1. 1947년 9월 16일자 SCAPIN 1778 '리앙쿠르 락스 폭격 구역'을 폐지한다.

2. 북위 37도 15분, 동경 131도 52분에 위치하는 리앙쿠르 락스[다케시마]를 폭격 연습장으로 지정한다.

3. 이 구역의 위험 지역은 다음과 같다.

a. 위험 수역: 북위 37도 15분, 동경 131도 52분의 리앙쿠르 락스로부터 반경 5마일 이내의 구역

b. 위험 공역: 북위 37도 15분, 동경 131도 52분의 리앙쿠르 락스로부터 반경 5마일 이내의 고도 3만 피트 공역

4. 이 연습장의 실제의 사용 15일 전에 오키열도[오키군도]의 주민 및 북위 40도선 이북의 혼슈 서해안의 모든 항구의 주민에게 통지한다. 이 구역이 15일 이상 사용될 때, 15일 간격으로 상술한 주민에 대해서 경고를 주지한다. 이 정보는 관계 지역의 지방행정 당국에 주지하기 위해서 연합국최고사령부의 부국을 통해서 일본 정부에 발송된다.[360]

---

[360] "SUBJECT: Liancourt Rocks(Take-Shima) Bombing Range
1. Rescission: Memorandum, GHQ SCAP, AG 684(16 Sep 47) GC-TNG, SCAPIN 1778, subject: Liancourt Rocks Bombing Range, 16 September 1947.
2. The islands of Liancourt Rocks(Take-Shima) located 37°15′ North, 131°52′ East are designated as a bombing range.
3. The danger areas of this range are as described:
a. Surface Danger Area-The area within a five mile radius of Liancourt

SCAPIN 제2160호는 1947년 9월 16일자 SCAPIN 제1778호를 폐지하면서 새로이 고시한 것이지만, 그 내용을 보면 SCAPIN 제1778호를 대체로 답습하고 있다. 훈련 구역은 좀 더 상세하게 명시되고, '훈련 15일 전에 통보'가 추가되었다. 어디까지나 오키도와 일본 서해안 주민에 대한 통보다. 독도의 명칭은 '리앙쿠르 락스'에서 '리앙쿠르 락스[다케시마]'로 바뀌었다. 전술한 바와 같이, SCAPIN 제1778호에서의 상식에 어긋난 문제점도 그대로 내포하고 있다. 더욱 놀라운 것은 1948년 6월 미 공군의 독도 폭격 훈련으로 한국 어민 수십 명이 희생되는 인명사고가 발생했는데도 여전히 한국 어민에 대한 통보는 명시하지 않고 있다는 것이다. SCAPIN 제2160호에 의한 연합국최고사령부의 폭격 훈련장 지정(1951. 7. 6.)은 그 시기나 진행 경과를 볼 때 주한미군의 대(對)한국 폭격 훈련장 사용 신청(1951. 6. 20.)과 상호 관련하에서 이루어진 것으로 추정되지만, 그 사용 신청 내용과는 상당히 다른 조치라 할

Rocks 37°15′N -131°52′E.
b. Air Space Danger Area -The airspace within a five mile radius of Liancourt Rocks 37°15′N -131°52′E extending to an altitude of 30,000 feet.
4. The inhabitants of Oki -Retto(Oki -Gunto) and the inhabitants of all the ports on the west coast of the island of Honshu north to the 40th parallel, north latitude, will be notified fifteen days prior to use of this Range. When the Range is used for periods in excess of fifteen days, warning reminders will be disseminated to the inhabitants indicated above every fifteen days. This information will be forwarded through the Government Section General Headquarters, Supreme Commander for the Allied Powers to the Japanese Government for dissemination to the local civil authorities in the areas concerned."[Memorandum, GHQ SCAP, AG 684(6 Jul 51) GC - TNG, SCAPIN 2160, subject: Liancourt Rocks(Take -Shima) Bombing Range, 6 July 1951; 국사편찬위원회, 앞의 책 『독도 자료 II: 미국편』, p. 4]

수 있다.

　한국 정부는 1948년 6월 한국 어민 14명이 이미 희생되었고 또 다른 희생이 예견되는 독도의 폭격 훈련장 제공에 소극적일 수밖에 없었다. 그러나 일본의 입장은 달랐다. 일본 선박은 어차피 독도에 갈 수도 없었다. 1945년 종전 후부터 약 7년간 이른바 '맥아더 라인'으로 일본 선박의 독도 접근 자체가 금지되어 있었다. 독도 폭격 훈련장 제공에 대한 일본의 입장이 어떠했는지는 대일평화조약 발효(1952. 4. 28.) 후에 있었던 미일합동위원회의 조치로부터 짐작할 수 있다. 한국은 여전히 6·25 전쟁 중이었다.

　일본 외무성은 1952년 7월 26일 독도를 포함한 여러 구역을 미군의 훈련용으로 제공한다고 고시했는데, 그중에 독도를 포함시켰다.

　　외무성 고시 제34호
　　일본과 미국과의 안전보장조약 제3조에 의한 행정협정 제2조에 의해 주일미군에 제공하는 시설 및 구역을 아래와 같이 정한다.
　　……
　　9. 竹島 폭격 훈련 구역
　　(1) 구역
　　북위 37도 15분, 동경 131도 52분의 점을 중심으로 하는 직경 10마일 원내
　　(2) 연습 시간
　　매일, 24시간.[361]

---

[361] 昭和 27年(1952) 7月 26日 官報(号外) 第73号.

주목해야 할 점은, 이미 한국 정부의 승인이 있었을 뿐만 아니라 SCAPIN 제2160호(1951. 7. 6.)에 의한 독도 폭격 훈련장 지정 조치가 대일평화조약 발효 후에도 여전히 유효함[362]에도 불구하고 다시 '지정' 한 것이다. 엄밀히 말하면 '지정'이 아니라 '제공'이다. 일본 정부는 자국 령이 아닌 독도를 자의적으로 주일미군의 폭격 훈련장으로 제공했다. 또한 다른 훈련장은 모두 훈련하는 요일이나 시간을 지정한 데 비해 유독 독도만은 '매일, 24시간' 훈련으로 정했다.[363]

일본 외무성은 '미군이 계속 독도를 훈련 구역으로 사용하고자 한 것을 받아들여' 1952년 7월 폭격 훈련장으로 지정했다고 한다.[364] 그러나 일본의 유도에 의한 것임은 일본 국회의 기록을 통해서도 알 수 있다.[365] 다음은 1952년 5월 23일 일본 중의원 외무위원회에서 시마네현 출신 야마모토(山本) 의원과 이시하라(石原) 외무차관의 독도 폭격 훈련장 제공에 대한 발언 내용이다.

○ 야마모토 의원: 이번 일본의 주둔군 연습지 지정에 있어서, 독도 주변이 연습지로 지정되면 그 영토권을 일본의 것으로 확인받기 쉽다는 생각에서 외무성이 오히려 연습지 지정을 바라고 있는지 그 점에 대해 답변해주시기 바랍니다.

---

362 대일평화조약 제19조 d항에서는 점령 당국의 조치는 대일평화조약 발효 후에도 유효함을 규정하고 있다.
363 예를 들면, 같은 폭격 훈련 구역인 조도(鳥島)는 '월요일부터 금요일 오전 7시부터 오후 5시까지'로 되어 있다.
364 일본 외무성 사이트(https://www.mofa.go.jp/mofaj/area/takeshima/g_beigun. html, 2019. 11. 22. 검색).
365 외교통상부, 『일본 외무성의 독도 홍보 팜플렛 반박문』, 외교통상부, 2008, p. 15.

○ 이시하라 차관: 대체로 그런 발상에서 다양하게 추진하고 있는 것 같습니다.[366]

독도를 폭격 훈련장으로 제공한 것은 독도 영유권을 국제법적으로 확보하기 위한 전략의 하나였음을 사실상 인정하고 있다. 한국은 자국 어민의 생활 터전인 독도를 폭격 훈련장으로 사용하는 데 반대한 반면에, 일본은 오히려 적극적이었음을 인정한 것이다. 일본의 입장은 미국의 이해관계와도 일치했다. 그 후 독도의 폭격 훈련장 사용을 둘러싸고 한·미·일 3국 간 많은 외교 갈등과 우여곡절 끝에 1953년 3월 19일 독도 폭격 훈련장은 해제되었다.

미 국무성의 '독도 한국령' 명시 검토와 명칭 혼동

1951년 7월 13일 미 국무성 지리 전문가 보그스는 피어리에게 제출한 내부보고서에서, 1949년의 조약 초안에는 독도(Liancourt Rocks)가 한국령으로 되어 있고, 일본 외무성 소책자에는 독도가 일본의 부속 소도로 되어 있는데, 독도는 조약 초안에 한국령으로 명시하는 것이 바람직하다는 의견을 제시했다.

1951년 7월 13일 미 국무성의 보고서

2. 리앙쿠르 락스

리앙쿠르 락스[다케시마]는 1949년 조약 초안에서 일본이 한국에 청구권(claim)을 포기하는 섬들 가운데 하나다. 일본 외무성 출판물인 1947년 6

---

366 이종학 편, 앞의 책 『일본의 독도해양 정책자료집 1』, p. 25.

월의 『일본의 부속 소도 Ⅳ』에는 리앙쿠르 락스가 포함되어 있다. 그러므로 조약 초안에 동 도서를 다음과 같이 명시하는 것이 바람직하다.(제2조):

(a) 일본은 한국의 독립을 승인하며, 제주도, 거문도, 울릉도, 그리고 리앙쿠르 락스를 포함하는 한국에 대한 모든 권리, 권원 및 청구권을 포기한다.[367]

이른바 '대일평화조약 제5차 초안(1949. 11. 2.)'까지 독도는 한국령으로 명시되어 있었다. 7월 13일자 미 국무성의 내부보고서는 이를 언급하면서 독도를 한국령으로 명시하는 것이 바람직하다는 의견을 제시한 것이다.

7월 16일의 내부보고서도 내용은 비슷하다. 다만 7월 13일의 문서에 비해 일본 측의 근거가 하나 더 추가되고, 보다 자세히 인용되고 있다.

1951년 7월 16일 미 국무성의 보고서
2. 리앙쿠르 락스

---

[367] "2. Liancourt Rocks
The Liancourt Rocks(Takeshima) were among the islands to which, in a 1949 draft treaty, japan would have renounced claim to Korea. In a japanese Foreign Office publication, entitled "Minor Islands Adjacent to Japan Proper", Part IV, June 1947, Liancourt Rocks are included. It may therefore be advisable to name them specifically in the draft treaty, in some such form as the following(Article 2):
(a) japan, recognizing the independence of Korea, renounces all right, title and claim to Korea, including the islands of Quelpart, Port Hamilton, Dagelet, and Liancourt Rocks."(US Department of State, "Office Memorandum: Spratly Island and Paracels, in Draft Japanese Peace Treaty", July 13, 1951; 국사편찬위원회, 앞의 책 『독도 자료 II: 미국편』, p. 11)

1949년 일본과의 어느 조약 초안에는 리앙쿠르 락스[다케시마]는 한국에 포기되는 것으로 되어 있다; 대략 같은 시기의 다른 초안에는 이 섬을 일본이 보유하는 것으로 되어 있다. 일본 외무성 출판물인 1947년 6월의 『일본의 부속 소도 IV』에는 '리앙쿠르 락스'가 포함되어 있고, 다음과 같이 말하고 있다.

울릉도에 대해서는 한국명이 있지만, 리앙쿠르 락스에는 한국명이 없으며, 한국에서 제작된 지도에 나타나지 않는다는 점에 주목해야 한다.

그러므로 이 섬을 한국에 주는 것으로 결정되면, 제2조 (a)항 끝부분에 "그리고 리앙쿠르 락스"를 추가하기만 하면 된다.[368]

7월 16일의 내부보고서에서는 일본 외무성 소책자의 핵심적인 두 가지 주장을 발췌해 그대로 인용하고 있다. 독도에 한국명이 없다는 것과 한국 지도에 독도가 나타나지 않는다는 두 가지 주장 모두 거짓임은 전술한 바와 같다. 어쨌든 대일평화조약 최종 초안의 작성(1951. 8. 16.)을

---

[368] "By one 1949 draft treaty with japan, Liancourt Rocks(Takeshima) were to have been renounced to Korea; by another draft at about the same time they were to have be named as being retained by japan. A japanese Foreign Office publication, entitled "Minor Islands Adjacent to Japan Proper", Part IV, June 1947, includes "Liancourt Rocks(Takeshima)" and says:

It should be noted that while there is a Korean name for Dagelet, none exists for the Liancourt Rocks and they are not shown in the maps made in korea.

If it is decided to give them to Korea, it would be necessary only to add "and Liancourt Rocks" at the end of Art. 2, par. (a)."(US Department of State, "Office Memorandum: Spratly Island and Paracels, in Draft Japanese Peace Treaty", July 16, 1951; 국사편찬위원회, 앞의 책 『독도 자료 II: 미국편』, p. 13)

한 달 앞둔 시점에도 미 국무성의 내부문서상으로는 독도를 한국령으로 조약에 명시하는 방향으로 검토하고 있었음을 보여주고 있다.[369]

그러나 한국 정부로부터 독도와 파랑도를 대일평화조약에 명시해줄 것을 요청받은 미 국무성의 덜레스 특사는, 앞에서 설명한 바와 같이, 양유찬 주미 한국 대사와의 회담에서 독도와 파랑도가 울릉도 근처에 있다는 말을 듣고 혼동을 일으켜 이 두 섬에 관해 가장 기본적인 위치조차 파악할 수 없었다.

7월 31일 미 국무성의 지리 전문가 보그스는 한국의 요구를 받고, 제주도, 거문도, 울릉도, 리앙쿠르 락스와 독도, 파랑도 각각의 유럽명, 일본명, 한국명을 기재한 표를 작성했는데, 리앙쿠르 락스는 일본명은 다케시마이고 한국명은 '없음(none)'으로 되어 있으며, 독도와 파랑도는 한국명은 있으나 유럽명과 일본명은 알 수 없는 것으로 물음표가 붙여져 있다.

다양한 언어로 되어 있어 동일한 명칭을 알아내는 것이 어렵기 때문에 나는 유럽명, 일본명, 한국명 3개 열로 하여 아래와 같이 표로 만들었다.[370]

---

369 이에 대해서는 "1950년대에 이르러 미국 정부 내에서 독도가 일본의 영토라고 하는 확고한 인식이 고착되었다"(김영구, 「독도 영유권에 관한 법적 논리의 완벽성을 위한 제언(Ⅱ)」, 『독도연구』 11, 영남대학교 독도연구소, 2011, pp. 170, 177~179) 또는 "독도에 대한 미국의 입장은 시볼드의 권고문, 제6차 초안 주석서 이후 변화된 것이 없었다"(이종학 편, 앞의 책 『일본의 독도해양 정책자료집 1』, p. 11)라는 주장도 있으나, 그러한 주장을 뒷받침할 수 있는 근거는 제시되지 않고 있다.

370 "Since it is difficult to find the name equivalents in the various languages, I am listing below the principal islands in which Korea is interested, in three columns giving the names in European, Japanese and Korean forms……".[US Department of State, "Office Memorandum to Robert A.

유럽명	일본명	한국명
쿌팔	사이슈도	제주도
포트해밀턴	도나이카이	도내해
다즐렛	우츠료도	울릉도
	마쓰시마(?)	
리앙쿠르 락스	다케시마	(없음)
?	?	독도
?	?	파랑도

위의 표에서 포트해밀턴은 거문도를 가리킨다. 울릉도의 일본명은 우
츠료도와 마쓰시마가 병기되어 있다. 리앙쿠르 락스(다케시마)의 한국명
은 '알 수 없음(?)'이 아니라 '없음(none)'으로 되어 있다. 이는 일본 외
무성 소책자 『일본의 부속 소도 Ⅳ: 태평양 소도서, 일본해 소도서』
(1947. 6.)에서 리앙쿠르 락스(다케시마), 즉 독도에는 한국명이 없다고
거짓 정보를 제공했기 때문으로 짐작된다.

국제적으로 통용되는 명칭이나 기본적인 위치에 대한 정보 제공도 없
이 독도와 파랑도를 대일평화조약에서 한국 영토로 명시해달라는 요청
을 한국 정부로부터 받고, 미 국무성의 실무자는 동해에 울릉도, 리앙쿠
르 락스(다케시마), 독도, 파랑도의 4개 섬이 있는 것으로 받아들여 오히
려 혼란에 빠진 것이다.

Fearey from S. W. Boggs: Parangdo and Dokdo(islands)", July 31, 1951; 이석
우 편, 앞의 책 『대일강화조약 자료집』, p. 253]

불과 며칠 전인 7월 13일 리앙쿠르 락스를 한국 영토로 하는 것이 바람직하며, 한국 영토로 하려면 울릉도 다음에 리앙쿠르 락스를 추가하기만 하면 된다고 미 국무성에서 내부보고서를 만든 사실로 미루어 짐작하건대, 한국의 독도, 파랑도 명시 요구는 오히려 불필요한 문제만 야기한 것으로 보인다.

미 국무성은 주미 한국 대사와의 면담(1951. 7. 19.)에서 한국 대사와 수행원이 독도와 파랑도가 울릉도 근처에 있다고 하자 다시 주미 한국 대사관에 직접 알아본 것으로 기록하고 있다. 주미 한국대사관 직원의 답변은 "독도는 울릉도 또는 다케시마 근처에 있고 파랑도도 마찬가지"라는 것이었다.

3년 전인 1948년 6월 미 공군에 의한 독도 폭격으로 한국 어민 14명이 사망하는 사건이 발생해 국내 신문에 대서특필되고 『뉴욕타임스』에도 보도되었는데, 독도에 관해 주미 대사관에서 몰랐다는 것은 인터넷 정보의 홍수시대에 살고 있는 오늘날의 시각에서 보면 이해가 되지 않는다. 그러나 6·25전쟁 극도의 혼란기에 본국과의 통신조차 제대로 되지 않았을 당시의 사정을 감안하면 충분히 그럴 수도 있는 일이었다. 당시 부산에 임시수도를 둔 피난정부 시절 외무부 본부 인원은 30명, 주미 대사관은 3~4명에 불과했다고 한다.[371] 신생국 대한민국에 경험 있는 외교관은 있을 수 없었다. 정확한 위치는 물론이고, 독도의 서양 이름이 리앙쿠르 락스이고 일본 이름이 다케시마란 것도 알지 못한 것으로 되어 있다. 8월 3일 미 국무성의 피어리는 이러한 상황에 대해 앨리슨(John Moore Allison)에게 다음과 같이 보고했다.

---

[371] 정병준, 앞의 책 『독도 1947』, p. 790.

첨부된 메모에서 보그스는 워싱턴에 있는 모든 자료를 찾아보았는데도 한국대사관의 문서에 언급된 독도와 파랑도에 대해 알 수 없다(unable to identify)고 한다. 보그스의 보고를 받고 나는 한국 데스크(Korean desk)로 하여금 주미 한국대사관에 그 섬들이 어디에 있는지를 누군가 알고 있는지 알아보도록 했다. 프릴링하이젠(Frelinghuysen)은 그들은 독도가 울릉도 또는 다케시마 부근에 있다고 믿고 있으며, 파랑도도 그렇다고 추정한다고 어느 대사관 직원이 말했다고 보고했다. 우리가 무초(주한 미 대사, 필자 주)에게 전문을 치지 않고 파악할 수 있는 것은 명백히 이것이 전부다.[372]

독도가 다케시마 근처에 있다는 것은 더 큰 혼란을 야기했다. 미 국무성의 자료와 주미 한국대사관을 통해서는 독도와 파랑도가 어느 섬을 가리키는지 위치를 파악하는 것이 불가능하자 미 국무성은 8월 7일 당시 6·25사변으로 부산에 있던 주한 미국대사관에 급히 조회했다.

---

[372] "In his attached memorandum, Mr. Boggs States that although he has "tried all resources in Washington" he has been unable to identify Dokdo and Parangdo, mentioned in the Korean Embassy's note. On receiving Boggs' memo I asked the Korean desk to find out whether anyone in the Korean Embassy knew where they were.
Frelinghuysen later reported that an Embassy officer had told him they believed Dokdo was near Ullungdo, or Takeshima Rock, and suspected that Parangdo was too. Apparently that is all we can learn short of a cable to Muccio."[Memorandum by Fearey, NA to Allison, Islands(1951. 8. 3.), RG 59, Japanese Peace Treaty Files of John Foster Dulles, 1946-52, Lot 54D423, Box8]

우리의 지리학자와 주미 한국대사관 모두 독도와 파랑도의 위치를 확인하는 데 실패했다. 우리가 이에 대해 즉시 듣지 않으면 이들 섬에 대한 영유권을 확인하고자 하는 한국의 제안을 고려할 수 없다.[373]

한국 정부의 독도와 파랑도 명시 요구는 대마도 영유권 요구와는 그 성격이 전혀 달랐다. 영유권의 귀속을 결정한다는 의미보다 한국 영토라는 것은 기정사실로 보고 이를 명확히 한다는 취지에서 독도와 파랑도를 대일평화조약에 명시해줄 것을 요구한 것으로 보인다. 그러나 미국 입장에서는, 위치조차 제대로 알지 못하고, 근거도 뒷받침되지 않는 영유권 주장을 해온 것으로 받아들인 것 같다. 한국은 1차 답신에서 대마도 영유권 주장을 함으로써 이미 상대방의 신뢰를 잃었고, 2차 답신에서는 수중 암초인 파랑도와 하나로 묶어 독도 영유권 명시를 요구했다. 거기에다 미국이 독도 문제에서 활용할 수 있는 주된 정보 자료는 1947년 6월 일본 외무성이 발간한 소책자인데, 거짓된 내용을 많이 담고 있었다. 파랑도에 대한 요구는 한국 정부에 의해 철회되었다.

결국 독도와 파랑도의 위치를 둘러싼 혼란은 종료되고, 대일평화조약은 8월 16일 확정되었다. 미 국무성 자료에 의하면, 한국 정부를 통해서

---

[373] "Neither our geographers nor Korean EMB have been able locate Dakdo and Parangdo Islands. Therefore unless we hear IMMED cannot consider this Korean proposal to confirm their sovereignty over these Islands"[US Department of State, "Outgoing Telegram by Dean Acheson(Secretary of State) to US Embassy in Korea", August 7, 1951; 국사편찬위원회, 앞의 책 『독도 자료 II: 미국편』, p. 110]; 'Dokdo'라는 섬이 어떤 섬을 가리키는지 즉시 확인할 것을 지시하는 공문에서 'Dakdo'라는 오타가 보인다. 독도 영유권 귀속을 판단하는 데 결코 긍정적인 효과를 미치지는 않았을 것이다.

는 결과적으로 아무런 정보도 전달되지 않았다. 독도가 한국의 고유 영토라는 역사적 사실은 물론이고, 독도는 일본 오키도보다 울릉도에서 훨씬 가까워 사실상 울릉도의 부속 섬이라는 기본적인 정보도 제공되지 않았다. 명칭을 둘러싼 혼란만 야기되었을 뿐이다.

그 반면에 일본 외무성 소책자에 수록된 허위 정보는 대일평화조약 초안 작성 시 미국의 정책 결정에 적지 않은 영향을 미친 것으로 보인다. 이는 미 국무성 보그스의 내부보고서(1951. 7. 13·16.)에 외무성 소책자가 직접·간접으로 인용되고 있는 것을 통해서도 알 수 있다.

미 국무성의 '독도 한국령' 명시 거부, 러스크 서한

1951년 8월 10일 미 국무성은 한국의 대일평화조약 초안 개정 요구에 대해 러스크 차관보 명의로 답변을 보내왔다. 그중 영토 문제에 관해서는 한국의 개정 제안을 받아들일 수 없다는 뜻을 표명하고, 그에 대한 미국의 의견을 다음과 같이 통보해왔다. 러스크 서한 중 독도·파랑도와 관련된 내용은 다음과 같다.

> 1951년 8월 10일 러스크 서한 중 독도·파랑도와 관련된 내용
> 독도, 다케시마 혹은 리앙쿠르암으로 불리는 이 섬에 대한 우리 정보에 의하면, 통상 사람이 거주하지 않는 이 암초는 한국의 일부로 취급된 적이 없으며, 1905년 이래 일본 시마네현 오키도청 관할하에 놓여 있었다. 한국은 지금까지 이 섬에 대한 영유권을 주장한 적이 있다고 보이지 않는다. 파랑도가 대일평화조약에서 일본에 의해 포기되는 섬으로 명시되어야 한다는 한국 정부의 요구는 철회된 것으로 이해된다.[374]

러스크 서한 중 '독도는 한국의 일부로 취급된 적이 없다', '한국에서 영유권을 주장한 적이 없다'라는 내용이 사실과 어떻게 다른지는 '대일평화조약 체결 당시 미국의 독도 인식에 대한 비판'에서 살펴본다.

우여곡절 끝에 최종 대일평화조약은 쟁점이 된 독도에 대해서는 언급하지 않고 제주도와 거문도, 울릉도의 3개 섬을 예시하는 것으로 그쳐, 해석상 논란의 여지를 남긴 채 마무리되었다. 애매한 상태로 마무리된 것은 독도 문제뿐만이 아니다. 현재 일본과 러시아 간에 분쟁 중인 북방 4개 섬과, 일본이 중국과 분쟁 중인 센카쿠열도(尖閣列島) 문제도 명확히 하지 않은 채로 남겨져 분쟁의 불씨가 되었다.

1952년 4월 28일 대일평화조약의 발효로 일본은 주권을 되찾고 7년간의 연합국 점령 통치로부터 독립했다. 이승만 대통령은 맥아더 라인의 철폐가 예상되자 조약 발효 3개월 전인 1952년 1월 18일 '인접 해안의 주권에 관한 대통령 선언'으로 이른바 '평화선'을 선포해 독도를 평화선 안에 포함시켰다.[375] 독도 영유권을 사실상 포기하고 독도에 대

---

[374] "As regards the island of Dokdo, otherwise known as Takeshima or Liancourt Rocks, this normally uninhabited rock formation was according to our information never treated as part of Korea and, since about 1905, has been under the jurisdiction of the Oki Islands Branch Office of Shimane Prefecture of Japan. The island does not appear ever before to have been claimed by Korea. It is understood that the Korean Government's request that "Parangdo" be included among the islands named in the treaty as having been renounced by Japan has been withdrawn."(RG 59, Department of State, Decimal File, 694.001/8-1051; 국사편찬위원회, 앞의 책 『독도 자료 II: 미국편』, p. 111)

[375] 평화선은 일본에서는 '이승만 라인'이라고도 하는데, 일본의 어업 한계선인 '맥아더 라인'을 승계한 것이라고 할 수 있다. 맥아더 라인은 대일평화조약이 발효되기 3일 전인 1952년 4월 25일 폐지되었다.

한 영유권 주장을 하지 않던 일본은 이승만 라인 선포를 기점으로 영유권을 주장하기 시작했다. 그것도 조약 상대국인 연합국이 아니라 만만한 한국을 상대로 한 것이었다.

대일평화조약 체결 당시 미국의 독도 인식에 대한 비판[376]

독도에는 한국명이 없다는 인식

독도에는 한국명이 없다는 것은 '1949년 12월 29일자 초안에 대한 주석'에 기록되어 있으며, 독도를 대일평화조약에 명시할지 여부를 검토한 미 국무성 보그스의 내부보고서(1951. 7. 16.)에도 인용되고 있다.

이 거짓된 정보의 진원지는 일본 외무성 발간 소책자 『일본의 부속 소도 Ⅳ: 태평양 소도서, 일본해 소도서』(1947. 6.)다. 독도는 울릉도에서 날씨가 좋으면 육안으로 볼 수 있는 울릉도의 부속 섬이다. 또한 어족 자원이 풍부해서 오래전부터 울릉도 주민의 생활 터전이 되어왔는데, 한국 명칭이 없다는 것은 있을 수 없는 일이다.[377]

'독도'라는 한국 명칭은 조선의 자료에서뿐만 아니라 상대국 일본과 제3국 미국의 자료에도 등장한다. 1904년 9월 일본 군함 니타카 행동

---

[376] 당시 미국의 인식이 정당했는지를 다룬 연구에는 신용하, 「1951년 샌프란시스코조약 때 일본 측 로비에 오용된 일제의 1905년 독도 침탈 자료」, 독도학회, 2010, pp. 9~20과 김명기, 「일본의 기망행위에 의해 대일평화조약 제2조에서 누락된 독도의 영유권: 보충적 수단에 의한 해석을 중심으로」, 『국제법 동향과 실무』 21, 외교통상부 다자외교조약실, 2008, pp. 46~47이 있다.

[377] 신용하, 앞의 글 「1951년 샌프란시스코조약 때 일본 측 로비에 오용된 일제의 1905년 독도 침탈 자료」, pp. 18~19.

일지에 의하면, "울릉도에서 '리앙쿠르'암(독도) 실견자(實見者)로부터 들은 정보, '리앙쿠르'암, 한인은 '독도(獨島)'라고 쓰고, 일본 어부는 줄여서 '량코'라고 한다"고 기록하고 있다.[378] '독도'라는 명칭이 사용된 가장 오래된 기록이다. 1905년 무주지라는 이유를 붙여 일본 시마네현에 불법 편입하기 1년 전의 일이다. '독도'라는 명칭은 1904년 이전, 어쩌면 그보다 훨씬 오래전부터 한국인들에게 불리고 있었다는 추정을 가능하게 하는 기록이다.

1906년 6월의 일본 『지학잡지』 제210호에도 같은 내용이 기록되어 있다. 그 후, 그리고 일제강점기에도 조선인들 간에는 독도라는 한국명으로 불렸다. 앞에서 본 바와 같이, 1907년 3월에 간행된 『조선수로지』 제2개판, 1911년 12월의 『일본수로지』 제6권, 1920년 4월에 간행된 『일본수로지』 제10권 상(上)에는 '조선인은 독도라고 쓴다'고 분명하게 기록되어 있다.

한국의 자료에 '독도'라는 명칭이 등장하는 것은 1906년 울릉군수(당시에는 '울도군수') 심흥택의 보고서다. 1906년 3월 울릉도를 방문한 일본 시마네현의 조사단을 통해 독도를 시마네현에 편입했다고 들은 울릉군수 심흥택은 그다음 날 바로 '본 군 소속 독도'가 일본 영지로 편입되었다고 한다는 내용의 보고를 강원도 관찰사에게 했는데, 이 보고서는 '독도'라는 명칭으로 기록된 최초의 국내 문서. 강원도 관찰사 서리 이명래로부터 보고를 받은 참정대신 박제순은 1906년 5월 20일자 지령

---

378 『軍艦新高行動日誌』,「明治 37年 9月 軍艦新高戰時日誌」. "二十五日(月) …… 松島 ニ於テ「リアンコルド」岩實見者ヨリ聽取リタル情報,「リアンコルド」岩韓人之ヲ獨島ト書シ 本邦漁夫壽畧シテ「リャンコ」島ト呼稱セリ."

제3호로 독도가 일본 영토에 편입되었다는 것은 전혀 근거가 없으니 독도의 형편과 일본인이 어떻게 행동했는지를 조사, 보고하라고 지시했으며, 내부대신은 독도가 일본 영토가 되었다는 것은 이치에 맞지 않는다고 공문을 내려보냈다. 일본의 독도 불법 편입 결정에 관한 내용은 당시의 일간 신문인 『대한매일신보』(1906. 5. 1.)와 『황성신문』(1906. 5. 9.)에 보도되고, 황현의 문집 『오하기문』과 『매천야록』에도 기록되었다. 어느 것이든 모두 '독도'라는 한국식 명칭이 사용되었다.

'독도'라는 명칭은 1945년 해방 후의 신문지상을 통해서도 쉽게 접할 수 있다. 1947년 『대구시보(大邱時報)』, 『동아일보』, 『한성일보』 등에서 '독도'라는 명칭을 써서 독도에 대한 기사를 싣고 있다.[379]

1947년 6월 20일자 『대구시보』
"경북도 내의 울릉도에서 동방 약 49리 지점에 있는 독도란 섬으로서, 이 섬은 좌도와 우도 두 개의 섬으로 나뉘어 있는데……."

1947년 7월 23일자 『동아일보』
"판도에 야욕의 촉수 못 버리는 침략성, 울릉도 근해 독도 문제 재연."

1947년 8월 13일자 『한성일보』
"일본인이 상륙 점거한 독도도 지리적·역사적으로 보아 당연히 우리 국토의 일부임에 틀림없으므로……."

---

[379] 정병준, 앞의 책 『독도 1947』, pp. 98~110.

특히 대한민국 정부 수립 직전인 1948년 6월 미 공군에 의한 독도 폭격 사건은 당시의 주요 일간지에 연일 대서특필되어 '독도'라는 이름을 온 국민에게 알리는 계기가 되었다. 『조선일보』, 『동아일보』, 『경향신문』, 『서울신문』의 4대 일간지 머리기사만 해도 18회 이상 보도되었다. 어느 기사든 '독도'라는 한국명으로 보도되었다.

1948년 6월 12일자 『뉴욕타임스』도 'the island of Dok(독도)'이라는 이름으로 독도 폭격 사건을 상세히 보도했고,[380] 주한미군사령부가 미 국무성에 보낸 독도 폭격 사건 보고서(1946. 6. 18.)에도 'Tok do(독도)'라는 이름을 썼다.[381]

독도의 한국명이 없다는 것은 한국에서는 독도라는 섬의 존재 자체를 인지하지 못했다는 주장과 같다. 이러한 거짓된 정보가 일본 외무성 소책자(1947. 6.) 등을 통해 미 국무성과 일본을 점령 통치하던 연합국최고사령부에 전달되어 미국이 사실 관계를 정확히 판단하지 못하고 잘못된 의사 결정을 하는 데 상당한 영향을 미쳤다.

'독도는 일본과 한국으로부터 같은 거리에 있다'는 인식

독도를 일본 땅으로 하는 '1949년 12월 29일자 초안에 대한 주석'에서는 독도를 일본과 한국으로부터 거의 같은 거리에 있는 것으로(almost

---

[380] "The Koreans said that the plains attacked the small fishing fleet with bombs and machine-gun bullets for twenty minutes near the island of Dok known as Ko."(The New York Times Published: June 13, 1948)

[381] "General Hodge today issued following additional press statement: With reference to the Tok do bombing incident, headquarters USAFIK announced today that investigations in Korea and the Far East Command are still continuing……."(국사편찬위원회, 앞의 책 『독도 자료 I: 미국편』, p. 41)

equidistant from Japan and Korea) 기술하고 있다. '거의 같은 거리'라는 것이 독도에서 가까운 울릉도와 일본 오키도를 각각 기점으로 한 거리인지, 아니면 본토에서부터 측정한 거리인지는 분명하지 않다. 울릉도와 오키도에서 측정한 거리라면 명백한 오류이고, 본토에서 측정한 것이라면 그 표기 방식이 잘못된 것이다. 역사적으로 독도가 한국령이 된 주된 요인은 지리적 위치다. 독도의 위치를 말할 때는 '울릉도의 부속 도서'라고 하든지 '울릉도 부근에 있는 섬', 아니면 정확하게 '울릉도에서 87.4킬로미터, 일본 오키도에서 157.5킬로미터'로 표현해야 한다. 일본과 중국이 영유권 분쟁을 벌이고 있는 센카쿠열도도 오키나와에서의 거리로 표기하지, 일본 본토에서의 거리 수천 킬로미터로 표기하지는 않는다.[382] 해방 직후 울릉도 인구는 약 1만 5천 명, 그 후 최대 인구는 약 3만 명, 현재는 약 1만 명이 거주하고 있다. 울릉도에서의 거리로 표기하는 것은 지극히 당연한 것이다. 1905년 독도를 시마네현에 불법 편입 결정한 후에도 일본인들은 일본 오키도가 아닌 울릉도를 기지로 해서 독도에서 어로 작업을 했을 정도로 독도는 울릉도와 따로 떼어서는 생각할 수 없는 울릉도의 부속 도서다.[383]

현재 일본 외무성 홈페이지에는 의도적으로 독도를 일본 오키도와 울릉도의 한가운데에 그려 놓은 지도를 올려놓고 있다.[384] 대일평화조약

---

[382] 센카쿠열도, 중국명 댜오위다오(釣魚島)는 오키나와현의 수도 나하(那覇)에서 서쪽으로 4백 킬로미터 떨어진 동중국해에 있는 섬으로, 중국, 타이완에서 영유권을 주장하고 있다.

[383] 島根縣教育會 編, 『島根縣誌』, 1923, p. 692; 1905년 2월 독도를 일본 시마네현에 불법 편입 결정한 시점에 일본은 대한제국을 무력으로 점령하고 있었기 때문에 일본인은 한반도 어디든지 마음대로 다닐 수 있었다.

[384] 일본 외무성, 『竹島問題 10のポイント』(https://www.mofa.go.jp/mofaj/area/

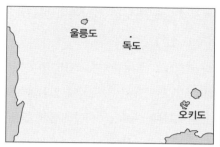

그림 28 실제 지도(좌)와 일본 외무성의 조작된 지도(우) 비교.

체결·발효 후인 1954년 밴 플리트 보고서도 독도는 "한국과 일본 혼슈의 거의 중간에 있는 섬(in the Sea of Japan approximately midway between Korea and Honshu)"으로 왜곡되게 기술하고 있다.[385] 독도가 한국령이라는 인식 이전에, 한국인은 영토 욕심이 많고 극성스러운 민족이라는 그릇된 선입관이 들게 하는 잘못된 표현이다.

'역사적으로 독도는 한국령이 아닌 것 같다'는 인식

문장 표현은 조금씩 다르나, 시볼드 보고서(1949. 11. 19.)와 러스크 서한(1951. 8. 10.)에 공통적으로 등장하는 잘못된 인식이다. 우선 1951년의 러스크 서한에서는 "미국의 정보에 의하면, 독도는 한국의 일부로 취급된 적이 없다(according to our information never treated as part

---

takeshima/, 2019. 7. 7. 검색).

[385] 인구 만 명이 넘는 군 단위의 큰 섬 울릉도와 일본 오키도는 무시하고 본토로부터의 거리를 기준으로 '한국과 혼슈로부터 대략 같은 거리에 있다'고 하는 것은 왜곡된 표현이다. 울릉도와 독도 간의 거리는 87.4킬로미터이고, 독도와 일본 오키도 간은 157.5킬로미터로서 1.8배나 더 멀다.

of Korea)"고 하여, 당시 미국이 '역사적으로 독도는 한국령이 아닌 것 같다'는 인식을 하고 있었음을 보여주고 있다.

『대한제국 칙령』(1900), 『만기요람』(1808), 『동국문헌비고』(1770), 『숙종실록』 등은 독도를 분명하게 인지하고 그 영유권이 조선에 있음을 기록한 조선 정부의 공적 문헌이다. 또한 일본이 독도를 시마네현에 불법 편입하기 이전에 독도는 한국에서뿐만 아니라 일본에서도 조선 영토로 취급되었다. 『태정관지령』에 의하면, 일본 정부는 1877년 3월 독도를 한국 영토로 취급한 것이 분명하다. "독도는 한국의 일부로 취급된 적이 없다"는 러스크 서한의 내용과는 정반대로, 독도는 『태정관지령』에 의해 상대국인 일본에서도 공식적으로 한국(조선)의 일부로 취급되었다.

독도를 일본 땅으로 하는 제6차 초안을 작성하는 데 상당한 영향을 미친 시볼드 보고서(1949. 11. 19.) 역시 "독도에 대한 일본의 영유권 주장은 오래되고 유효하다(Japan's claim to these islands is old and appears valid)"라는 잘못된 정보를 싣고 있다. 일본의 영유권 주장은 결코 오래되지 않았다. 1905년 독도를 시마네현에 불법 편입 결정한 시점에서야 일본은 처음으로 독도 영유권을 주장했다. 그것도 '무주지'라는 이유를 붙여서다. 그 이전 일본의 공적 문헌에서는 독도를 일본령으로 주장하기는커녕 오히려 여러 번에 걸쳐 한국령으로 인정했다. 최고 국가기관의 『태정관지령』(1877), 해군성의 『환영수로지』 제2권 제2판(1886. 12.), 『조선수로지』(1894. 11.), 『조선수로지』 제2판(1899. 2.), 일본 외무성의 『통상휘찬』 제234호(1902. 10.), 농상무성의 『수산무역요람』(1903. 5.) 등이 그것이다. 1905년 이전 일본의 공적 문헌에서 독도를 일본령으로 기록한 것은 전무하다고 할 수 있다. 일본의 영유권 주장은 오래되기는 커녕 1905년 직전까지도 조선의 영유권을 인정했다.

시볼드 보고서는 "독도에 대한 일본의 영유권 주장은 오래되고, 유효하다"고 주장했으나, 1905년 일본의 독도 시마네현 편입은 유효하지도 않았다. 절차 면에서도 중앙정부에서 고시하지 않았고, 그 당시에 독도의 영유권을 가진 나라로 일본 정부 스스로 인정했던 상대국 대한제국을 비롯한 다른 나라에 통보하지도 않았다. 내용 면에서도 불과 28년 전에『태정관지령』으로 조선 영토임을 공식적으로 확인하고 공시했으며, 그 후에도 해군 수로지 등 여러 공적 문헌에서 독도가 한국 영토라는 것을 인정했음에도 느닷없이 무주지라는 이유를 붙여 편입 결정한 것이다. 한국령인 독도를 무주지라는 이유를 붙여 일본에 편입시켰으니, 내용 면에서도 독도에 대한 일본의 영유권 주장은 유효한 것이 아니다.

『태정관지령』과 대일평화조약의 관계에 대해서는 좀 더 면밀하게 살펴볼 필요가 있다. 일본 정부는 1877년에는『태정관지령』에 의해 독도를 조선 영토로 공식적으로 확인하고, 중요 국가 공문서집인『태정류전』에 한 번 더 등재해 명확히 했다.『태정관지령』은 대일평화조약으로부터 약 40년이 지난 1987년에 가서야 일본 교토대학 교수 호리 가즈오의 논문 발표로 공개되었고, 2006년에는 일본 가나자와(金澤)교회 목사 우루시자키 히데유키에 의해 그 부속 지도인 「기죽도약도」도 공개되었다.

『태정관지령』은 대일평화조약 초안 작성 당시 일본 정부가 의도했든 안 했든 간에 완전히 은폐되었다.『태정관지령』이 은폐되지 않고 그에 대한 정보가 미국과 연합국에 제대로 전달되었다면 대일평화조약의 영토 관련 조항은 달라졌을 것이다.『태정관지령』은 역사적으로는 물론이고 국제법적으로도 독도가 한국 영토임을 입증하는 근거가 되기 때문이다.

'조약법에 관한 비엔나협약'은 제49조에서 어느 국가가 다른 교섭국을 기망한 경우 조약을 무효화할 수 있다고 규정하고 있다.

제49조 기망(Fraud)

국가가 다른 교섭국의 기만적 행위에 의해 조약을 체결하도록 유인된 경우에 그 국가는 조약에 대한 자신의 기속적 동의를 부적법화(invalidate)하는 것으로 그 기망을 원용할 수 있다.[386]

대일평화조약 체결 과정에서 일본 외무성에서 "독도에는 한국명이 없다"는 등 허위의 내용을 담은 소책자『일본의 부속 소도 Ⅳ: 태평양 소도서, 일본해 소도서』(1947. 6.)를 만들어 연합국최고사령부와 미 국무성에 배부하고, 독도가 조선 영토임을 공식적으로 확인·명시한 결정적 문서인『태정관지령』(1877)을 은폐한 것은 비엔나협약 제49조에 규정하는 기망에 해당하는 것으로 해석된다.

'일본 편입 당시 한국의 항의가 없었다'는 인식

'1949년 12월 29일자 일본과의 평화조약 초안에 대한 주석'에서는 1905년 독도를 시마네현에 편입할 당시에 "한국의 항의가 없었다(apparently without protested by Korea)"라고 했으며, 러스크 서한에서는 "한국은 이전에 이 섬에 대한 권리를 주장한 것 같지 않다(The island does not appear ever before to have been claimed by Korea)"라고 했다. 둘 다 왜곡된 역사적 사실에 바탕을 둔 당시 미국의 잘못된

---

[386] "Article 49 Fraud If a State has been induced to conclude a treaty by the fraudulent conduct of another negotiating State, the State may invoke the fraud as invalidating its consent to be bound by the treaty."(Vienna Convention on the Law of Treaties)

인식의 결과물이다.[387]

『대한제국 칙령』(1900), 『만기요람』(1808), 『동국문헌비고』(1770), 『숙종실록』 등은 독도를 분명하게 인지하고 그 영유권이 조선에 있음을 기록한 조선 정부의 공적 문헌으로서, 공적 문헌에 무인도 독도를 조선령으로 기록했다는 것은 그 영유권을 분명하게 주장한 것이다.

1905년 2월 일본이 독도를 시마네현에 편입 결정할 당시에는 은밀하게 했기 때문에 대한제국은 알지 못했으며, 1년 후인 1906년 3월 일본 측에서 독도를 일본 시마네현에 편입 결정했음을 알려왔을 때는 이미 일본의 무력 지배하에서 일본군의 협박에 의해 체결된 을사조약(1905. 11. 17.)으로 외교권마저 박탈된 상태였다. 외교 경로를 통한 항의는 할 수가 없었으나, 울도군수 심흥택의 보고로 사실이 알려지자 대한제국에서는 중앙정부, 언론기관, 학계 등 거국적으로 항의했음은 제3부에서 상세히 설명한 바와 같다.[388] 무력으로 외교권을 박탈하고는 외교 경로를 통한 항의가 없었다는 것을 문제 삼는 것은 언어도단이다.

'한국 지도에 독도가 나타나지 않는다'는 인식

"한국 지도에 독도가 나타나지 않는다(they are not shown in the

---

387 이영훈은 "러스크 서한은 읽으면 등골이 서늘할 정도로 정확한 대답"이라고 했는데(이영훈 외 5명, 앞의 책 『반일종족주의』, p. 170), 앞에서도 살펴본 바와 같이, 사실은 정반대다. 즉, 러스크 서한은 결정적으로 미 국무성의 두 가지 사실 인식에 대한 오류를 내포하고 있다. 첫째, 미국이 가진 정보에 의하면 '독도는 한국의 일부로 취급된 적이 없다'는 것이며, 둘째, '한국이 독도에 대한 권리를 주장하지 않았다'라는 것이다. 러스크 서한을 무력화한 것이 바로 그 후의 딜레스 미 국무장관의 전문(1953. 12. 9.)인데, 이영훈은 위의 책에서 딜레스 미 국무장관의 전문에 대해서도 전혀 언급하지 않았다.

388 신용하, 앞의 글 「1951년 샌프란시스코조약 때 일본 측 로비에 오용된 일제의 1905년 독도 침탈 자료」, pp. 15~18.

maps made in Korea)"는 것은 일본 외무성 소책자(1947. 6.)에 수록된 내용이다. 미 국무성 지리 담당관 보그스가 피어리에게 통보한 내부보고서(1951. 7. 16.)에서 인용되고 있다.

한국의 고지도에 독도는 '우산도'라는 명칭으로 1531년 『신증동국여지승람』 부속 지도인 「팔도총도」에서부터 등장한다. 우산도의 위치가 울릉도의 서쪽에 그려져 있거나 우산도가 울릉도에 너무 가까이 접근해 있는 등 오늘날의 지도와 같은 정밀성은 떨어지지만, 16세기 이후 많은 조선 지도에 우산도라는 이름으로 독도가 등장하는 것은 분명하다. 울릉도 동쪽 2킬로미터에 있는 댓섬(죽도)을 우산도라고 표기한 지도가 일부 발견되기도 한다. 그렇다고 하여 "한국 지도에 독도가 나타나지 않는다"고 하는 일본 외무성 발행 소책자(1947. 6.)의 주장은 성급한 일반화의 오류다. 19세기 전기에 제작된 「해좌전도(海左全圖)」와 숭실대학교 박물관 소장 「조선전도(朝鮮全圖)」 등에는 독도가 '우산도'라는 이름으로 울릉도 동남쪽 방향에 비교적 정확하게 표기되어 있다.

이와는 정반대로 일본에서 제작한 일본 지도에는 사실상 독도가 나타나지 않는다. 오히려 일본에서 제작한 조선 지도에는 독도가 조선 영토로 표기되어 있다. 「기죽도약도」가 그 대표적인 예다. 일본의 『태정관지령』 부속 지도인 「기죽도약도」에는 독도가 '松島'라는 이름으로 자세하게 그려져 있지만, 그것은 『태정관지령』에서 말하는 '독도가 조선 영토'라는 것을 좀 더 분명하게 나타낸 것이다. 일본 중학교 교과서에서 '17세기에 일본이 독도 영유권을 확립했다'는 근거로 제시하고 있는 「소곡이병위차출후죽도지회도」(1696) 역시 당시 독도가 돗토리번의 영토가 아님을 나타내기 위해 제작된 지도다.[389] 모두 지도 자체에 독도가 조선령이라고 명시되어 있지는 않지만, 사실상 독도가 조선령임을 나타낸 지도다.

1696년에는 안용복 일행 11명이 독도가 그려진 「팔도지도」를 가지고 일본에 가서 울릉도와 독도가 조선 영토임을 주장했다는 사실이 최근 일본에서 발견된 『원록각서』에 의해 밝혀졌다. 다만 그때 안용복이 가지고 간 지도는 현존하지 않는다.

"한국 지도에 독도가 나타나지 않는다"는 일본 외무성의 왜곡된 주장은 "독도에는 한국명이 없다"는 주장과 함께 일본 외무성의 소책자에 실려 당시 미국의 왜곡된 독도 문제 인식에 상당히 큰 영향을 미쳤다. 한국 지도에 독도가 나타나지 않는다고 주장하기 이전에, 일본 지도에 독도가 한국 땅으로 그려져 있다는 사실을 언급하는 것이 훨씬 객관적일 것이다.

일본 국회의 '독도는 한국령' 지도, 「일본영역참고도」에 의한 조약 비준 동의

「일본영역참고도」의 제작

1951년 9월 8일 대일평화조약 조인 후, 일본 국회의 비준 동의[390] 와 비준 절차를 거쳐 1952년 4월 28일 역사적인 대일평화조약은 발효되고,

---

389 帝國書院, 『社會科中學生の歷史』, 平成 28年(2016) 1月 20日, p. 247; 정태만, 「에도 시대 이후 일본의 공적 지도에 나타난 독도 영유권」, 『독도연구』 22, 영남대학교 독도연구소, 2017, pp. 100~101.

390 일본에서는 '비준 동의'가 아니라 '비준 승인'이라 한다.

일본은 연합국의 점령 통치로부터 주권을 회복했다.[391] 전술한 바와 같이, 대일평화조약의 영토 조항에는 제주도, 거문도, 울릉도만 명시되어 있을 뿐 독도에 대해서는 언급이 없다. 그런데 대일평화조약의 일본 국회 비준 동의 당시 일본 정부에서 국회에 제출한 지도에는 독도가 한국령으로 표기되어 있었다.[392] 「일본영역참고도(日本領域參考図)」가 바로 그 지도다.[393] 조약 조문에서 독도의 귀속을 명시하지 않았다고 하더라도 독도가 한국 영토임을 표기한 지도를 근거로 하여 비준 동의한 것이므로 결과적으로 일본은 독도가 한국령임을 인정한 것으로 해석할 수 있다.

〈그림 29〉는 「일본영역참고도」 전체도다. 지도의 명칭은 왼쪽 위에 표기되어 있다. 일본 열도를 점선으로 둘러싸고 있는 구역은 '어선 조업 허가구역(Area authorized for Japanese fishing and whaling)'이다. 1951년 8월 해상보안청 수로부에 의해 제작되었다. 대일평화조약이 조인(1951. 9. 8.)되기 직전에 제작된 것이다.[394]

〈그림 30〉은 「일본영역참고도」의 독도 부분을 「SCAP 관할지역도」와

---

[391] 1951년 10월 26일 중의원 승인, 11월 18일 참의원 승인을 거쳐 11월 28일에는 미국 정부에 비준서가 기탁되었다.

[392] 일부 국내 자료에서는 「일본영역도(日本領域図)」를 국회에 제출한 것으로 서술하고 있으나, 이는 사실과 다르다.(외교통상부, 앞의 책 『일본 외무성의 독도 홍보 팜플렛 반박문』, p. 13; 동북아역사재단, 「독도의 진실: 독도는 대한민국 영토입니다」, 『동북아역사재단 독도연구소 세미나 자료』, 동북아역사재단 독도연구소, 2008, p. 8; 정병준, 앞의 책 『독도 1947』, p. 864)

[393] 「일본영역참고도」는 2014년 필자의 박사학위 논문에서 처음으로 국내에 공개되었다.(정태만, 「17세기 이후 독도에 대한 한국 및 주변국의 인식과 그 변화」, 단국대학교 대학원 박사학위 논문, 2014, pp. 164~169); 정태만, 「「일본영역참고도」와 대일평화조약」, 『독도연구』 19, 영남대학교 독도연구소, 2015, pp. 209~235.

[394] 國立國會図書館 憲政資料室所藏 芦田均關係文書(寄託) 380-18; http://1953fev takeshima.hatenablog.com/(2014. 6. 20. 열람).

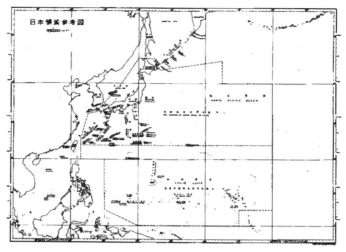

그림 29 「일본영역참고도」.

대비한 것이다. 두 지도 모두 경계선이 직선으로 내려오다가 독도 부근에서부터 반원을 그려 독도를 일본 영역에서 제외했음을 보여주고 있다.

「일본영역참고도」의 국회 제출

「일본영역참고도」는 샌프란시스코 대일평화조약의 비준 과정에서 조약과 함께 일본 국회에 제출되었다.

1951년 10월 22일 일본 중의원 '평화조약 및 일미안전보장조약 특별위원회'(이하 '평화조약특위'라 한다)에서의 「일본영역참고도」와 관련한 질의 답변 내용은 다음과 같다.[395]

---

395 1953년 11월 4일 제17회 국회 중의원 외무위원회와 1970년 3월 24일 제63회 국회 참의원 예산위원회의 질의 답변에서도 「일본영역참고도」가 언급되었다.

○ 야마모토 위원: …… 이어서 제3조와 관련해 극히 구체적인 문제입니다만, 이번 우리가 참고 자료로 받은 「일본영역참고도」를 보면, 바로 일본해를 지나고 있는 이 일본의 영역을 나타내는 선이 다케시마 바로 위를 지나고 있습니다. 울릉도는 조선에 속하는 것이라고 해도, 다케시마는 원래 시마네현의 관할하에 있어서 중요한 어장을 이루고 있었습니다. 이 다케시마가, 이 지도에서 보면, 우리의 영토인가, 혹은 울릉도에 부속되어 조선 등에 옮겨지는가 하는 점에 대해서 시마네현민은 물론 이것은 일본의 영토가 되었다고 해석하고 있습니다만, 이 기회에 확실히 설명을 해주시기 바랍니다.

○ 구사바(草葉) 정부위원: 현재 점령하의 행정 구획에는 다케시마는 제외되어 있습니다만, 이번 평화조약에서 다케시마는 일본에 들어온다고, 일본 영토라는 것이 분명히 확인된 것이라고 생각합니다.

○ 야마모토 위원: 지금의 대답을 듣고 안심했습니다만, 덧붙여서 이런 중요한 위원회에 배부된 지도에서 명료하지 못하다고 생각하는 점을 말씀드리고자 하는데, 지금까지 재삼 문제가 된 하보마이제도 등이 역시 이 지도에서는 영역 밖에 있기 때문입니다. 쿠릴 또는 하보마이, 시코탄 등은 우리 영토로 지도에 표시해두는 것이 향후 모든 경우에 유리한데, 우리나라(일본)의 손으로 만든 지도에서도 이것이 생략되어 있다는 것이 참으로 부주의하다는 생각입니다만, 어떻게 된 것입니까?

○ 니시무라(西村) 정부위원: 주의해주실 것을 당부드립니다. 그것은 맥아더 라인이지, 영토의 경계는 아닙니다. 질문은 전부 취소해주시기 바랍니다. 저희들의 답변도 속기에서 삭제해주셨으면 합니다. 그러한 의문을 평화위원회에서 일으킨 것 자체가 적절치 않다고 생각하기 때문에, 부탁드리는 바입니다.

○ 야마모토 위원: 니시무라 조약국장의 이야기를 듣고 나는 참으로 뜻밖입니다. 이 지도를 보는 사람 또는 이를 수취한 사람, 이것이 맥아더 라인일 것이라는 것은 일단은 알고 하는 것이지만, 그러나 맥아더 라인을 나타내는 것이 아무것도 명시되어 있지 않습니다. 「일본영역참고도」라고 배부된 것입니다. 방금 이 점에 대한 비난은 취소해주기 바랍니다.

○ 구사바 정부위원: 이것은 보시는 바와 같이 '어선 조업 허가구역'입니다. 아마 검은 선으로 그어져 있는 점을 야마모토 위원은 말씀하시는 것 같은데, 여기에 있는 바와 같이 '어선 조업 허가구역'으로서 점선을 그어놓았기 때문에 전체로서는 쿠릴열도로서 표시되고 있을 뿐입니다. 양지해주시기 바랍니다. ("그것이 오해를 일으킨다. 자료를 정정하라"라고 소리 지르는 사람 있음.)

○ 니시무라 정부위원: 자료의 잘못은 없습니다. 있으면 정정하겠습니다.

질의 답변에서 일본 정부위원은 두 가지 점에서 이중적인 행태를 보이고 있다. 첫째, 독도를 한국령으로 표기한 지도를 제출하면서도 독도는 샌프란시스코 대일평화조약에 의해 일본령이 되었다고 강변하고 있다. 당시 독도는 일본의 '어선 조업 허가구역', 이른바 '맥아더 라인' 바깥에 위치했고, 독도는 「일본영역참고도」에서도 분명히 일본 영역에서 제외되어 있었다는 것은 〈그림 30〉에서 보는 바와 같이 쉽게 알 수 있었다. 그런데도 일본 중의원 평화조약특위에서 구사바 정부위원은 독도가 일본령이 되었다고 발언하고 있다. 착오인지 의도적인지는 알 수 없으나, 어느 경우든 일본 국회의 내부 의견에 불과하다. 독도를 한국령으로 표기한 「일본영역참고도」를 일본 정부에서 제작해 사실상 조약의 부

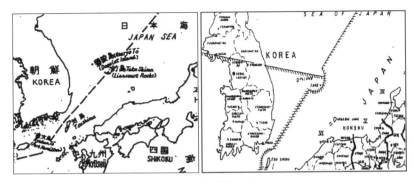

그림 30 「일본영역참고도」(좌)와 「SCAP 관할지역도」(우)의 비교.

속 지도로 국회에 제출했고, 이를 가지고 국회에서 비준 동의한 이상, 국회에서의 다른 발언은 일본 국회의 내부 의견일 뿐이다. 이를 부인하려면 국회의 결의로 의사 표시를 했어야 한다.

　둘째, 「일본영역참고도」라는, 그 명칭에서부터 영역을 나타낸 지도라는 것을 뜻하는 지도를 제출하면서도 그 지도는 '어선 조업 허가구역'을 나타내고 있기 때문에 영역과는 관계없다고 강변하고 있다.[396] 「일본영역참고도」는 어선 조업 허가구역의 경계선을 영역의 경계선으로 쓴 것이다.[397] 그러면서 이에 대한 논의 자체가 적절치 않으니 속기록에서도 삭제해줄 것을 요구하고 있다. 이에 대해 야마모토 위원과 '소리를 지르는 위원'의 주장은 '어선 조업 허가구역'이라고 지도 내에 표기가 되어 있더라도 지도의 명칭이 「일본영역참고도」이므로 오해를 불러일으킨다

---

[396] '어선 조업 허가구역'은 일본에서는 일반적으로 '맥아더 라인'으로 불린다. 맥아더 라인은 샌프란시스코 대일평화조약이 발효되기 3일 전인 1952년 4월 25일에 폐지되었다.

[397] 정태만, 앞의 글 「「일본영역참고도」와 대일평화조약」, pp. 219~220.

는 것이다.

샌프란시스코 대일평화조약에 부속 지도가 없다는 것은 주지의 사실이다. 그런데 「일본영역참고도」는 사실상 조약의 부속 지도로서 일본 국회에 제출되었다.

당시 독도가 한국 영토로 표기되어 있는 「일본영역참고도」가 조약의 부속 지도로 제출되었다는 것은 그 후 중의원 회의록을 통해서도 알 수 있다. 1953년 11월 4일 일본 중의원 회의록에 의하면, 제17회 일본 국회 중의원 외무위원회에서 가와카미 간이치(川上貫一) 의원은 이에 대해 다음과 같이 발언했다.

나는 문제의 출발점은 여기에 있다고 생각합니다. 왜 이런 일이 일어나는가? 게다가 평화조약을 비준할 때 국회에 제출한 부속 지도라는 것이 있습니다. 그 부속 지도를 보아도 다케시마는 분명히 제외되어 있습니다. 별도의 라인이 그어져 있습니다.

대일평화조약을 일본 국회에서 비준 동의할 때 제출된 부속 지도에 독도는 일본의 영역에서 제외되어 있었다는 것을 가와카미 의원은 밝히고 있다. 이 부속 지도는 「일본영역참고도」를 말한다. 일본 영역에서 제외되었다는 것은 곧 한국 영역이었음을 의미한다. 왜냐하면 SCAPIN 제677호와 「SCAP 관할지역도」에 의해 독도는 여전히 38도선 이남의 남한 지역에 속해 있었고, 더구나 1948년 8월 대한민국은 정부 수립과 함께 독도를 포함한 남한 지역을 주한미군으로부터 인계받았기 때문이다.

「일본영역참고도」에 관한 일본 측 주장[398] 비판

「일본영역참고도」에는 독도가 일본 땅으로 그려져 있다는 주장에 대한 반박

「일본영역참고도」는 일본에서 대일평화조약을 비준할 당시에 국회에 제출한 것이다. 따라서 당연히 일본 국회의 속기록에도 「일본영역참고도」에 관해 논의한 내용이 기록되어 있다.

그런데 그 속기록을 잘못 번역해, 「일본영역참고도」에 '독도는 일본 땅'으로 그려져 있다고 번역한 책자가 동북아역사재단에 의해 발간되어 「일본영역참고도」에 관한 연구에 혼란을 초래하고 있다.[399] 동북아역사재단의 책자를 인용해 「일본영역참고도」에 독도가 일본 땅으로 그려진 것으로 잘못 기술한 연구 논문도 나오고 있는 실정이다.

일본 국회 속기록의 원문과 동북아역사재단에 의해 잘못 번역된 내용, 그리고 올바른 번역은 아래와 같다. 원문은 인터넷으로도 검색해서 수집할 수 있으며, 이종학의 자료집에도 실려 있다.[400] 동북아역사재단의 이 번역 오류는 2010년 정병준에 의해 먼저 지적되었다.[401]

○ 원문:「日本領域參考図」を拝見いたしますと, ちょうど日本海を通つておりますこの日本の領域を表わします線が, 竹島の眞上を通つて

---

398 '일본 측 주장'이라 함은 국적에 관계없이 쟁점 사항에 관해 일본 측에 유리한 것으로 보이는 주장을 말한다.

399 동북아역사재단 편, 『일본 국회 독도 관련 기록 모음집 I부(1948~1976년)』, 동북아역사재단, 2009, p. 43.

400 이종학 편, 앞의 책 『일본의 독도해양 정책자료집 1』, p. 8.

401 정병준, 앞의 책 『독도 1947』, pp. 860~861.

おるのであります.[402]

○ 잘못된 번역: 「일본영역참고도」를 보면, 일본 영역을 표시하는 선 안에 '죽도'가 정확히 포함되어 있습니다.[403]

○ 올바른 번역: 「일본영역참고도」를 보면, 일본해를 지나고 있는 이 일본의 영역을 표시하는 선이 '죽도'의 바로 위를 지나고 있습니다.

문제가 된 단어 '眞上(진상)'의 뜻은 일본어 사전에서 찾아보면 '바로 위'로서, 어려운 일본어가 아닌데 어떻게 이러한 번역 오류가 발생했는지 이해할 수 없다. 번역 오류에 관해 국회 역사왜곡대책특위(도종환 의원)에서 번역 오류가 아니라 조작이 아닌가 하는 지적을 받고,[404] 국회도서관 등 일부 도서관 배부 책자에는 오류를 고친 바 있다.

「일본영역참고도」는 어선 조업 허가구역을 나타낸 것에 불과하다는 주장에 대한 비판

다케시마문제연구회는 「일본영역참고도」의 국회 제출 사실은 인정하면서도 「일본영역참고도」는 '어선 조업 허가구역'을 나타낸 것에 불과하

---

402 1951년 10월 22일 일본 중의원 제12회 '평화조약특위' 회의록(속기록)(http://kokkai.ndl.go.jp/SENTAKU/syugiin/012/1216/01210221216006a.html, 2020. 6. 3. 검색)
403 동북아역사재단 편, 앞의 책 『일본 국회 독도 관련 기록 모음집 I부(1948~1976년)』, p. 43.
404 대한민국 국회, 「동북아역사왜곡대책특별위원회 회의록」 제333회(35차, 2015. 5. 15.), 『제19대 국회 회의록』, 특별위원회, p. 10.

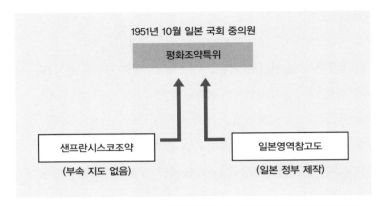

그림 31 샌프란시스코조약 비준 당시 「일본영역참고도」의 일본 국회 평화조약특위 제출.

다는 주장을 하고 있다.[405] 호사카 유지[406]와 박병섭[407]도 다케시마문제 연구회와 비슷한 주장을 하고 있다.

　그러나 「일본영역참고도」에서 동해에 그려진 한일 간의 경계선은 '고기잡이' 선박의 경계선을 나타내기 위한 것이 아니라, '영역'의 경계선을 나타내기 위한 것이 명백하다.[408] 「일본영역참고도」는 지도의 명칭에서부터 '영역'을 나타낸 것이라고 되어 있고, '영역'을 확정하기 위한 조약을 체결하기 직전에 일본 정부에서 제작하고, '영역'을 확정하기 위한 조약의 비준 과정에서 비준 동의를 위해 국회에 제출되어 부속 지도로 쓰였

405　정태만, 앞의 글 「「일본영역참고도」와 대일평화조약」, p. 219; http://www.pref. shimane.lg.jp/admin/pref/takeshima/web-takeshima/takeshima08/iken-C. html(2020. 6. 3. 검색).

406　호사카 유지, 『독도, 1500년의 역사』, 교보문고, 2016, pp. 78~79.

407　박병섭, 앞의 글 「샌프란시스코 강화조약에서 독도가 누락된 경위와 함의」, p. 34.

408　정태만, 앞의 글 「「일본영역참고도」와 대일평화조약」, p. 220.

기 때문에 설사 「일본영역참고도」 내의 구역 표기에서 '어선 조업 허가 구역'이라고 표기되어 있다고 하더라도 독도와 일본 오키도 사이를 가로지르는 경계선은 영역을 표기한 것이 아니라고 할 수는 없는 것이다.

「일본영역참고도」를 중의원 예산소위원회 설명회에 나누어 주었다는 주장에 대한 반박

호사카 유지는 「일본영역참고도」를 후생성 장관이 '중의원 예산소위원회' 설명회에 나누어 주었다고 주장했는데,[409] 앞에서 본 바와 같이 「일본영역참고도」는 평화조약 비준 동의를 위한 '평화조약특위'에 제출된 것이다. '중의원 예산소위원회' 설명회와 '평화조약특위'는 그 격이 다르다. 평화조약특위에 조약과 함께 제출한 지도를 중의원 예산소위원회의 설명회에 나누어 주었다고 주장하는 것은 「일본영역참고도」의 국제법적인 증거 능력을 크게 떨어뜨리는 것이다.

호사카 유지는 그 후 다시 「일본영역참고도」를 후생성 장관이 평화조약특위 설명회에 나누어 준 것으로 고쳤는데,[410] 여전히 「일본영역참고도」의 격을 떨어뜨리는 표현이다. 당시의 후생성 장관과는 아무런 관계가 없는 일이며, 또한 '특위'에 제출되어 관련 질의 답변이 국회 속기록에도 기록되어 있는데, 이를 '특위 설명회'에 나누어 주었다고 하는 것은 정확한 표현이라 할 수 없다.

---

409 호사카 유지, 앞의 책 『독도, 1500년의 역사』, pp. 77~78.
410 위의 책 초판 9쇄(2019. 6. 25.), pp. 77~78.

「일본영역참고도」는 대일평화조약 이전의 영역을 나타낸 것에 불과하다는 주장에 대한 비판

박병섭은 「일본영역참고도」는 대일평화조약 이전의 영역을 나타낸 것에 불과하다고 주장하고 있으나,[411] 이 주장 역시 설득력이 약하다. 만약 그렇다면 「일본영역참고도」의 일본 국회 제출을 가지고 '독도는 한국령'을 인정한 것이라고 해석하는 것은 그만큼 어렵게 된다. 대일평화조약은 일본의 주권을 회복하고 일본의 영토를 새로이 정하는 것을 주된 내용으로 하여 일본과 연합국 48개국 간에 체결된 조약이다. 새로이 영토를 정하는 조약을 비준하는 데 신영토가 아닌 구영토를 그린 지도를 제출한다는 것은 상식적으로도 납득이 가지 않는다.

「일본영역참고도」의 국회 제출은, 일본이 의도했든 안 했든 간에, 일본이 독도를 한국령으로 인정했다는 국제법적 해석의 근거가 된다.

「일본영역참고도」의 국제법적 해석과 「일본영역도」

일반적으로 대일평화조약 초안 작성 과정에서 일본이 맹렬한 로비를 한 것으로 알려져 있으나, 1947년 6월 외무성 소책자 발간 이후 독도에 관한 영유권을 주장하지 않았다.[412] 대일평화조약 당시 일본은 사실상 독도 영유권을 포기하고 독도의 한국 영유권을 인정했다. 이를 결정적으로 증명하는 것이 「일본영역참고도」다.

---

411 박병섭, 앞의 글 「샌프란시스코 강화조약 전후 일본의 독도 정책」, pp. 255~256.
412 박병섭, 앞의 글 「샌프란시스코 강화조약 전후 일본의 독도 정책」, pp. 249·253.

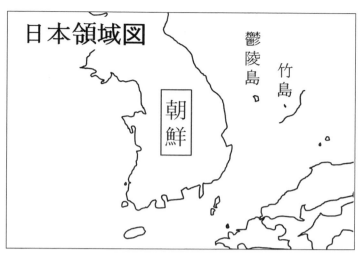

그림 32 「**일본영역도**」의 **독도 부분(모사도)**.

　대일평화조약 체결을 전후해 공간된 자료 중에서 독도를 일본령으로
해석할 수 있는 근거가 되는 자료는 전혀 없다.[413] 조약 체결 2개월 전
인 1951년 7월까지도 미 국무성은 독도를 한국령으로 명시하는 것을
검토하고 있었으며,[414] 1951년 4월 7일자 영국 초안과 그 부속 지도는
일본 주변을 선으로 둘러싸고 독도를 일본 영역 밖 한국령으로 표기했
다. 대장성령 제4호(1951. 2. 13.)와 총리부령 제24호(1951. 6. 6.)는 '본
방(일본)'의 범위에서 독도를 제외했다.

---

[413]　러스크 서한(1951. 8. 10.)에는 한국 정부에서 독도를 대일평화조약에 명시해줄 것을 요
　　　청한 데 대해 미 국무성이 거부한 내용이 포함되어 있으나, 러스크 서한은 다른 연합국
　　　에 공개되지 않았고, 일본에도 통보하지 않은 비밀문서다. 미 국무성의 내부 의견을 한
　　　국에만 통보한 것일 뿐이다.
[414]　1951년 7월 13일 및 7월 16일 미 국무성 보그스의 보고서.

대일평화조약에 의해 독도가 일본령이 된 것이 아니라는 것은 대일평화조약 발효 1개월 후 주요 일간지에서 발간한 책자를 통해서도 확인된다. 1952년 5월 마이니치신문사(每日新聞社)는 『대일평화조약』이라는 책자를 편집 출간하면서 그 안표지에 「일본영역도」를 게재했다.[415]

대일평화조약 체결 직전 일본 정부에서 제작해 대일평화조약 승인 시에 일본 국회에 제출한 「일본영역참고도」와 마찬가지로, 대일평화조약 발효 직후 마이니치신문사가 출간한 『대일평화조약』 안표지의 「일본영역도」에도 독도는 일본 영토에서 제외되어 있다. 대일평화조약의 조인·발효와 함께 대외적으로 독도는 한국 영토인 것으로 한 번 더 일단락된 것이다.[416]

---

[415] 每日新聞社 圖書編集部 編, 『對日平和條約』, 每日新聞社, 1952. 5.
[416] 첫 번째는 1948년 8월 15일 대한민국 정부 수립과 함께 독도 관할권이 주한미군으로부터 대한민국에 이양되어 일단락된 것이다.

3

대일평화조약상 연합국의
독도 인식과 그 해석

대일평화조약의 간결성과 독도 문제

샌프란시스코 대일평화조약은 기본적으로 제2차 세계대전 패전 이후 연합국의 점령 통치하에 있던 일본의 주권을 회복시키기 위한 조약이다. 미국을 비롯한 연합국 48개국과 일본 간에 1951년 9월 8일 체결되고, 1952년 4월 28일 발효됨으로써 약 7년간에 걸친 연합국에 의한 일본 점령 통치는 종결되고, 일본은 주권국가로서 독립하게 되었다.

독도 문제에서 대일평화조약이 논란이 되는 것은 일본이 포기해야 할 영토를 규정하고 있기 때문이다. 샌프란시스코 대일평화조약은 제1조에서 일본에 대해, 제2조에서 한국과 타이완, 사할린, 쿠릴열도, 난사군도(南沙群島) 등에 대해 규정하고 있다.

대일평화조약 제1조
(a) 일본과 각 연합국 간의 전쟁 상태는 제23조에서 정하는 바에 의해

이 조약이 일본과 해당 연합국 간에 발효하는 일자에 종료한다.

(b) 연합국은 일본 및 그 영해에 대한 일본 국민의 완전한 주권을 승인한다.

제2조

(a) 일본은 한국의 독립을 승인하며, 제주도, 거문도 및 울릉도를 포함하는 한국에 대한 모든 권리, 권원 및 청구권을 포기한다.[417]

결국 대일평화조약은 그 조문에서 독도에 대해서는 전혀 언급하지 않은 채 체결되었다. 일본이 두 번 다시 미국과 세계 평화에 위협이 되지 않도록 한다는 방침하에 초기의 대일평화조약 초안은 일본이 반환해야 할 섬과 일본 영토로 남을 섬의 명칭을 일일이 열거하고, 지도를 첨부해 경계선을 그어 분명히 구분하는 방식이었다. 그러나 1951년 9월 샌프란시스코에서 연합국 48개국과 일본 간에 체결된 최종적인 대일평화조약에는 지도 첨부 방식이 배제되고 간략화되어 분쟁의 불씨를 남겼다. 독도 문제뿐만 아니라, 러시아와의 북방 4개 섬 문제, 중국과의 센카쿠열도 문제 모두 대일평화조약의 간결성과 관련이 있다.

대일평화조약에서 독도 영유권 귀속을 어떻게 판단하고 결정했는가 하는 것은 결국 대일평화조약 제2조 (a)에 대한 해석에 맡겨졌다.

---

417 "Article 1 (a) The state of war between Japan and each of the Allied Powers is terminated as from the date on which the present Treaty comes into force between Japan and the Allied Power concerned as provided for in Article 23. (b) The Allied Powers recognize the full sovereignty of the Japanese people over Japan and its territorial waters. Article 2 (a) Japan recognizing the independence of Korea, renounces all right, title and claim to Korea, including the islands of Quelpart, Port Hamilton and Dagelet……" (Treaty of Peace With Japan).

러스크 서한과 덜레스 전문, 밴 플리트 보고서

일본 외무성의 대일평화조약에 대한 주장

일본 외무성은 『다케시마 문제를 이해하기 위한 10의 포인트』 팸플릿에서 대일평화조약에 대해 다음과 같이 주장하고 있다.

> [7] 샌프란시스코 평화조약 기초 시 한국은 일본이 포기해야 할 지역에 다케시마(독도)를 추가하도록 미국에 요구했지만, 거부되었습니다.
>
> 1. 1951년 9월에 서명된 샌프란시스코 평화조약은 일본에 의한 조선의 독립 승인을 규정하는 동시에 일본이 포기해야 할 지역으로서 '제주도, 거문도 및 울릉도를 포함한 한국'으로 규정했습니다. ……
>
> 3. 이 한국 측 의견서에 대해 미국은 같은 해 8월, 러스크 극동 담당 국무차관보 명의로 양 대사에게 보낸 서한에서 다음과 같이 회답해 한국 측 주장을 명확히 부정했습니다. ……
>
> 이 내용들을 보면 샌프란시스코 평화조약에서 다케시마(독도)는 일본의 영토라는 것을 긍정하고 있는 것이 명백합니다.
>
> 4. 또한 1954년에 한국을 방문한 밴 플리트 대사의 귀국 보고[Point 10 참조]에도 다케시마(독도)는 일본의 영토이며 샌프란시스코 평화조약에서 포기한 섬들에 포함되지 않는다는 것이 미국의 결론이라고 기록되어 있습니다.[418]

---

[418] 外務省, 『竹島問題を理解するための10のポイント』, 外務省 北東アジア課, 2014, pp. 13~14.

일본 외무성은 대일평화조약에서 제주도, 거문도, 울릉도만 명시되어 있고, 조약의 기초 과정에서 한국이 독도를 명시해줄 것을 미국에 요구했으나 러스크 서한에 의해 거부되었기 때문에 대일평화조약에 의해 독도는 일본 땅으로 남았다는 주장을 하고 있는 듯하다. '러스크 서한' 이외에 '밴 플리트 보고서'도 유력한 근거로 내세우고 있다.

일본 외무성은 마치 당시 미국의 의견이 공식적이고 공개된 것처럼 주장하고 있으나, 러스크 서한과 밴 플리트 보고서 모두 최근 미국 정부의 비밀 해제에 따라 알려진 문서들이다. 러스크 서한은 한국에만 통보된 비밀문서다. 러스크 서한이 공개되지 않았다는 것은 1954년 밴 플리트 보고서에서도 밝히고 있다. 중요한 것은, 대일평화조약은 미국 1개국과 일본 간에 체결된 조약이 아니라 연합국 48개국과 일본 간에 체결된 조약이라는 점이다. 미 국무장관 덜레스의 전문은 이를 명쾌히 설명했다.[419]

러스크 서한의 국제법적 의미를 밝힌 덜레스 전문

덜레스 전문은 1953년 당시 미 국무장관 덜레스가 독도 문제와 관련해 도쿄와 부산의 미국대사관에 각각 보낸 것이다. 덜레스는 1950년부터 대일평화조약 담당 특사로서 조약 체결을 주도했으며, 그 후 국무장관으로 임명되었다.

1953년 12월 9일 덜레스 전문
미 국무성은 미국으로 하여금 독도(Takeshima)의 영유권에 관한 한국과

---

419 나홍주, 「'러스크 서한'을 번복시킨 덜레스 장관의 조치 검토」, 『독도연구』 24, 영남대학교 독도연구소, 2018, pp. 97~132.

의 분쟁에 있어서 일본의 편에서 행동해줄 것을 기대하도록 하는 평화조약의 결정과 미국의 행정적 결정에 대해 알고 있다. 그러나 우리가 알기로는, 1951년 8월 10일의 러스크 서한(Rusk note)에 있는 한국에 대한 미국의 공식적 입장은 일본에 전달되지 않았다. …… 다케시마(=독도)에 대한 미국의 견해는 단지 많은 조약 서명국들 중의 1개국의 것에 불과하다. …… 미국은 다케시마에 대한 한국의 주장으로부터 생기는 영토 분쟁에 관여되어서는 안 된다.[420]

덜레스 전문은 러스크 서한의 국제법적 의미에 대한 유권해석을 분명히 한 것이라 할 수 있다. 덜레스 전문에서 주목해야 할 점은 두 가지다. 첫째, 러스크 서한은 공개되지 않았다는 것이다. 러스크 서한은 공개되지 않은 미 국무성의 내부 의견이다. 러스크 서한은 다른 47개 연합국들에 알려지지도 않았고, 일본에도 통보되지 않았다. 미 국무성의 내부 의견을 한국 정부에만 비밀문서로 통보했을 뿐이다. '조약법에 관한 비엔나협약'에서는 조약은 그 문언에 따라 해석하도록 규정하고 있다. 만약 대일평화조약을 해석하는 데 조약 문언에 근거하지 않고, 공개되지 않은 내부 의견에 불과한 러스크 서한을 근거로 한다면 이는 국제법

---

[420] "Department aware of peace treaty determinations and US administrative decisions which would lead Japanese expect us to act in their far in any dispute with ROK over sovereignty Takeshima. However to best of our knowledge formal statement US position to ROK in Rusk note August 10, 1951 has not rpt not been communicated Japanese. …… US view re Takeshima simply that of one of many signatories to treaty. …… US should not rpt not become involved in territorial dispute arising from Korean claim to Takeshima."(국사편찬위원회, 『독도 자료 III: 미국편』, 2008, p. 184)

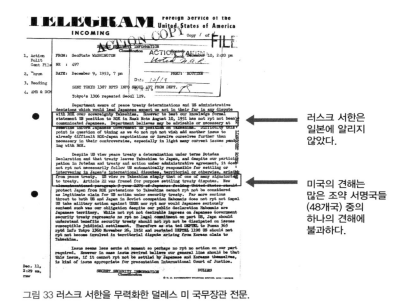

러스크 서한은
일본에 알리지
않았다.

미국의 견해는
많은 조약 서명국들
(48개국) 중의
하나의 견해에
불과하다.

그림 33 러스크 서한을 무력화한 덜레스 미 국무장관 전문.

원칙에 반하는 것이 된다.

둘째, 덜레스 전문은, 미국의 입장은 48개 샌프란시스코 대일평화조약 체결국 중 한 나라의 의견에 불과하다는 것을 밝히고 있다. 대일평화조약 체결을 미국이 주도한 것은 당연한 것이지만, 조약의 효력 발생 이후에는 국제법적으로 볼 때 미국은 다른 대일평화조약 체결국과 동등한 자격과 비중을 가지고 있으므로 미국의 의견은 단지 대일평화조약에 서명만 한 어느 1국의 의견과 다를 바 없다는 것이다.

다자간조약의 해석은 다수의 국회의원이 제정한 법률의 해석에 비유할 수 있을 것이다. 법안을 발의한 국회의원의 공개되지 않은 의견이 그 법을 해석하는 데 결정적인 영향을 미칠 수는 없다. 조약 체결은 특정 국가가 주도했다고 하더라도, 체결된 조약의 해석은 특정 국가가 자의

적으로 할 수 없는 것이다. 러스크 서한은 공개되지 않은 미 국무성의 내부 의견일 뿐, 연합국의 독도 인식을 반영한 공식적인 의견이 아니다.

러스크 서한과 덜레스 전문을 재확인한 밴 플리트 보고서

덜레스 전문의 내용은 그 후 1954년 아이젠하워 대통령 특사 밴 플리트의 보고서에 의해 한 번 더 확인되었다.[421] 앞에서 설명한 바와 같이, 일본 정부는 샌프란시스코조약 서명 직전인 1951년 8월 독도를 한국 영역에 표기한 「일본영역참고도」를 제작해 조약 비준 시 일본 국회에 제출했으며, 일본 마이니치신문사는 조약 발효 직후(1952. 5.) 독도를 한국 영역에 표기한 「일본영역도」를 조약 해설 책자인 『대일평화조약』의 안표지에 게재했다. 역설적으로 러스크 서한 등에 의해 독도가 일본 땅이 된 것이라면 어떻게 이러한 지도가 발간될 수 있었겠는가 반문하지 않을 수 없다. 밴 플리트 보고서 중 독도에 관한 내용은 다음과 같다.

4. 독도의 영유권

독도[리앙쿠르섬, 다케시마]는 한국과 혼슈의 대략 중간, 동해(the Sea of Japan)에 위치한다(131°80′, 36°20′). 이 섬은 사실상 불모의, 사람이 살지 않는 바위들로 되어 있다. 일본과의 평화조약이 작성될 때 한국은 독도의 영유권을 주장했으나, 미국은 그 섬들은 일본 영토로 남으며, 일본이 평화조약에서 그 영유권을 포기하는 섬들에 포함되지 않는다고 결론을 내렸다. 한국은 그 섬에 관한 미국의 입장을 비밀리에 통보받았다. 그러나 우리의 입장은 공개되지 않았다. 비록 미국이 그 섬을 일본 땅이라고

---

421 「미국, 한국전 직후 "독도는 일본 땅" 일방 결론」, 『세계일보』 2006년 3월 27일자.

생각하더라도, 우리는 논쟁에 관여하는 것을 사양해왔다. 우리의 입장은 국제사법재판소에 회부되는 것이 적절하다는 것이며, 이 제안은 비공식 적으로 한국에 전달되었다.[422]

정책의 일관성 측면에서 러스크 서한과 덜레스 전문의 기조는 밴 플리트 보고서에서도 그대로 이어졌다고 할 수 있다. 덜레스 전문에서 미국의 의견은 여러 서명국 중의 하나에 불과하고, 일본에도 통보하지 않았다는 사실을 분명히 한 바 있다. 밴 플리트 보고서에서는 독도가 일본에 남았다고 결론을 내렸다고 했는데, 보다 중요한 것은 그러한 미국의 내부 결론이 아니라, 그 내부 결론이 대일평화조약에 서명한 다른 47개 연합국에 공개되지 않았고, 상대국인 일본에도 통보되지 않았다는 사실이다. 밴 플리트 보고서에서는 이를 한 번 더 확인했다. 대일평화조약

---

[422] "The Island of Dokto(otherwise called Liancourt and Take Shima) is in the Sea of Japan approximately midway between Korea and Honshu(131.80E, 36.20N). This Island is, in fact, only a group of barren, uninhabited rocks. When the Treaty of Peace with Japan was being drafted, the Republic of Korea asserted its claims to Dokto but the United States concluded that they remained under Japanese sovereignty and the Island was not included among the Islands that Japan released from its ownership under the Peace Treaty. The Republic of Korea has been confidentially informed of the United States position regarding the islands but our position has not been made public. Though the United States considers that the islands are Japanese territory, we have declined to interfere in the dispute. Our position has been that the dispute might properly be referred to the International Court of Justice and this suggestion has been informally conveyed to the Republic of Korea."(Report of the Van Fleet Mission to the Far East, 26 April -7 August, 1954) 밴 플리트 보고서의 독도 부분 원본은 일본 외무성 사이트에 그 일부가 게재되어 있다. https://www.mofa.go.jp/mofaj/area/takeshima/pdfs/takeshima_point.pdf(2020. 6. 3. 검색).

초안 작성 당시 미국의 의견은, 덜레스 전문에서 밝힌 바와 같이, 여러 조약 서명국들 중의 1개국의 의견에 불과하다. 48개 대일평화조약 서명국 중 1개국의 공개되지 않은 내부 의견이 그 조약을 해석하는 데 근거가 될 수는 없는 것이다.

그런데 밴 플리트 보고서는 중대한 오류를 내포하고 있다. 독도가 한국과 일본 혼슈로부터 같은 거리에 있다는 것이다. 혼슈는 일본 본토 4개 섬 중 하나다. 인구 만 명이 넘는 군 단위의 큰 섬 울릉도와 일본 오키도는 무시하고 본토로부터의 거리를 기준으로 한국과 혼슈로부터 대략 같은 거리에 있다고 기술하고 있는 것이다. 1901년 3월 대륙 침략의 첨병 역할을 한 흑룡회의 『회보』로부터 시작된 '독도는 지리적으로 일본과 한국의 중간에 있다'는 왜곡된 인식의 유포 전략은 대일평화조약 초안 작성 기간 중에는 물론이고 그 이후에도 여전히 실행되고 있었음을 추정하게 한다.

독도의 좌표도 실제 좌표보다 일본 쪽에 훨씬 가깝게 표기되어 있다. 독도의 실제 좌표는 동경 131도 52분, 북위 37도 15분이다. 그런데도 밴 플리트 보고서는 동경 131.8도, 북위 36.2도(131.80°E, 36.20°N) 라 하여 1도 정도 실제보다 남쪽에, 일본 쪽에 가깝게 독도가 위치하고 있는 것처럼 서술하고 있다. 흑룡회의 『회보』부터 독도의 위치에 대한 조작 시도가 있었고 현재도 위치를 조작한 지도를 외무성 사이트에 올려놓고 있는 것을 감안할 때 단순한 오타라고 치부할 수만은 없다. 대일평화조약 체결 이전은 물론이고 체결 후에도 미국의 독도에 대한 인식은 지리적 위치에서부터 사실과 다른 경우가 적지 않다는 것을 보여주는 하나의 사례다.

대일평화조약의 문언적 해석

조약을 해석할 때 문언적 의미는 가장 우선적으로 고려되어야 한다. '조약법에 관한 비엔나협약'에서도 제31조(해석의 일반 규칙)에서 조약은 문언적 해석을 우선으로 해야 한다고 규정하고 있다. 1969년 발효된 '조약법에 관한 비엔나협약'은 소급효가 없으나, 조약의 해석에 관한 원칙을 규정한 제31조는 국제관습법을 반영한 것이므로 대일평화조약의 해석에도 적용될 수 있다.[423]

> 조약법에 관한 비엔나협약 제31조(해석의 일반 규칙)
> 1. 조약은 조약문의 문맥 및 조약의 대상과 목적으로 보아 그 조약의 용어(terms)에 부여되는 통상의 의미에 따라 성실하게 해석되어야 한다.[424]

조약 해석의 일반적 원칙은 용어의 통상의 의미에 따라 성실히 해석해야 한다는 것이다. 통상의 의미는 문맥에 의해, 또한 조약의 취지와 목적에 비추어 주어진다. 조약의 문맥이란 조약문 외에 전문, 부속서와 체결 시 모든 당사국이 합의한 문서를 포함한다. 용어의 통상의 의미에 따라 해석하면 의미가 애매하거나 불명확해지고 불합리한 결과로 이어

---

423 정재민, 「대일강화조약 제2조가 한국에 미치는 효력」, 『국제법학회논총』 58, 대한국제법학회, 2013, pp. 47~48.

424 "Article 31 General rule of interpretation
1. A treaty shall be interpreted in good faith in accordance with the ordinary meaning to be given to the terms of the treaty in their context and in the light of its object and purpose······."(Vienna Convention on The Law of Treaties).

지는 경우에는 그 해석의 보충적 수단으로서 조약의 교섭 기록과 체결 시의 사정을 참고할 수 있다.(비엔나협약 제32조)[425] 일반적으로 조약의 채택 교섭 시 제안된 각종 초안들, 회의 기록, 전문가 보고서, 조약 초안의 주석 등이 교섭 기록에 해당한다.[426]

다자간조약에서 어느 나라가 조약을 해석하는가에 대해서는 비엔나협약에서도 규정하고 있지 않다. 각 나라가 1차적인 해석권자라 할 수 있다.[427] 특정 조약 당사국(예를 들면, 미국)의 의도에 따른 해석은 자의적인 해석을 초래할 우려가 있기 때문에 다자간조약의 경우 문언적 해석이 더욱 중요하다. 대일평화조약을 어느 나라가 해석할 것인가에 대해서는 1953년 당시 미 국무장관 덜레스의 전문에서 명쾌히 밝히고 있다. 독도 문제에 대한 미국의 견해는 단지 여러 조약 서명국들 중의 한 나라의 견해에 불과하다는 것이다. 미국이 대일평화조약 초안 작성을 주도했지만, 일단 체결·발효된 조약을 해석하는 데는 다른 47개국과 동등한 지위에 있다는 것을 의미한다.

대일평화조약 제2조의 (a)는 "일본은 한국의 독립을 승인하고, 제주도, 거문도 및 울릉도를 포함하는 한국에 대한 모든 권리, 권원 및 청구권을 포기한다(Japan, recognizing the independence of Korea, renounces all right, title and claim to Korea, including the islands of Quelpart, Port Hamilton and Dagelet)"라고 규정하고 있다.

여기에서 '포함하는(including)'이라는 단어에서, '제주도, 거문도 및

島田征夫, 『國際法』, 弘文堂, 2002, p. 46.
426 정인섭, 『신국제법 강의』, 박영사, 2010, p. 263.
427 정인섭, 위의 책 『신국제법 강의』, p. 265.

울릉도'는 한반도의 부속 도서 중 3개 섬을 예시한 것에 불과하다는 것을 알 수 있다. 예시한 섬은 한국령이 분명하지만, 조약 조문에서 예시하지 않았다고 해서(예를 들면, 독도, 마라도, 거제도, 강화도 등) 일본 땅으로 남았다는 일본 측의 주장은 이 조항의 문맥상 잘못된 해석이다.

그다음에 남는 문제는 이 조항의 '일본'과 '한국'에 대한 해석이다. 대일평화조약에서 '일본'과 '한국'이 무엇을 의미하는가? 즉, 일본과 한국의 영토적 범위는 어디까지인가 하는 것이다.

일본 정부는 1953년 한일 간 독도 영유권에 관한 논쟁 시 대일평화조약 제2조에서 규정하는 한국의 영토적 범위에 대해 다음과 같이 주장했다.

> 7. 1951년 9월 8일 서명되고 1952년 4월 28일 발효한 대일평화조약 제1장 제2조에서는 "일본은 한국의 독립을 승인한다"고 했는데, 이것은 1910년 8월 한국이 일본에 병합될 당시에 존재했던 대로 한국의 독립을 승인하는 것이었지, 그 이전에 형성된 일본 영토의 일부를 새 독립 한국에 양도하는 의미는 조금도 포함되어 있지 않다. 다케시마는 한국 병합 이전인 1905년 2월에 일본 시마네현의 관할 구역에 영토 편입되었고, 병합 후에는 조선총독부의 관할하에 놓였던 것이 아니라 시마네현의 관할하에 놓였으므로 일본 영토의 일부임이 명백하다.[428]

---

[428] "7. Article 2 in Chapter I of the Peace Treaty with Japan which was signed on September 8, 1951, and came into effect on April 28, 1952, provides that "Japan recognizes the independence of Korea". This provision means that Japan has recognized the separation and independence from Japan of Korea as it existed before the annexation of the one to the other, but does

그러나 위의 해석은 비엔나협약에서 규정하고 있는 문언적 해석에 의하지 않은, '한국(Korea)'을 '1910년 8월의 한국'으로 단정한 자의적 해석이다. '한국'의 문언적 의미를 우선적으로 찾아야 한다. 그런데 대일평화조약의 체결 상대국인 연합국은 '일본'과 '한국'의 의미에 대해 조약 체결 전에 구체적으로 정의해두었다. 연합국최고사령부 지령(SCAPIN) 제677호(1946. 1. 29.)와 「SCAP 관할지역도」가 그것이다. SCAPIN 제677호 제3·4항에 의하면 '일본'은 독도가 제외된 일본으로 정의되어 있으며, '한국'은 해석상 독도가 포함된 한국을 의미한다. 제5항에는 SCAPIN 제677호에 의한 일본의 정의는 앞으로도 적용된다는 단서까지 붙어 있다. 이러한 정의는 SCAPIN 제677호에 의해 공포된 이후 변함없이 유지되어 대일평화조약 체결·발효 시까지도 계속되었다.

SCAPIN 제677호에서 정의한 Korea = 울릉도, 독도, 제주도를 포함한 Korea

또한 대일평화조약의 상대국인 일본에서도 독도는 일본 땅이 아닌 것으로 정의하고 있었다. SCAPIN 제677호에 의한 일본의 정의가 일본의

---

not contain the slightest implication that the land which was a part of the Japanese territory before the annexation be ceded to the newly independent Korea. Now, Takeshima, as mentioned above, had been placed under the jurisdiction of Shimane Prefecture prior to the annexation of Korea to Japan, and continued to be so even after the annexation, not having been placed under the jurisdiction of the Government-General of Korea."[외무부, 「1953. 7. 13자 일본 측 구술서(No. 186/A2)(일본 정부 견해 ①)」, 『독도관계자료집: 왕복외교문서(1952~76)』, pp. 13~20; 신용하, 앞의 책 『독도의 민족영토사 연구』, pp. 267~268에서 재인용]

법령에 의해 수락되고 대일평화조약 체결 및 발효 시까지도 그대로 유지되었다는 것은 최근에 공개된 일본 대장성령 제4호(1951. 2. 13.)와 총리부령 제24호(1951. 6. 6.)를 통해 알 수 있다. 1951년 대일평화조약이 체결되기 수개월 전에 제정된 이들 일본 법령은 모두 관련 법령들의 적용을 받는 '본방', 즉 일본의 범위에서 울릉도와 독도 및 제주도를 제외했다. 비록 일본이 주권을 회복하기 전이어서 그 자체가 영유권을 포기하는 것으로 단정하기는 어렵지만, '본방', 즉 '일본'의 정의에서 독도를 제외하고 있는 것은 분명하다.

따라서 "일본은 한국의 독립을 승인하고, 제주도, 거문도 및 울릉도를 포함하는 한국에 대한 모든 권리, 권원 및 청구권을 포기한다"라고 규정한 대일평화조약 제2조 (a)에서 '한국'은 독도를 포함한 한국, '일본'은 독도가 제외된 일본으로 해석해야 한다.[429] 더구나 한국은 SCAPIN 제677호에 의해 정해진 독도를 포함한 영토 범위 그대로 통치권을 인계받아, 대일평화조약이 체결된 1951년 이전에 이미 독립(1948. 8. 15.)해 국제연합을 비롯한 세계 각국으로부터 승인을 받았다. '독도를 포함한 한국'을 대일평화조약 제2조 (a)에 대입하면 다음과 같다.

대일평화조약 제2조 (a)의 해석
일본은 한국의 독립을 승인하고, 제주도, 거문도 및 울릉도를 포함하는 한국(독도를 포함한 한국)에 대한 모든 권리, 권원 및 청구권을 포기한다.

이와 같이 SCAPIN 제677호에서 규정하고 있는 '한국'의 정의에 따

---

429 정태만, 앞의 책 『태정관지령이 밝혀주는 독도의 진실』, pp. 149~150.

라 대일평화조약을 문언적으로 해석하면, 독도는 한국령이라는 것이 된다.[430] 목적론적으로 해석하더라도 대일평화조약은 평화 정착을 목적으로 하는 조약이다. 만약 일제 침략 기간 중 빼앗긴 독도를 일본 영토로 한다면 이는 침략을 비호하는 것이 되어 평화조약의 목적과도 맞지 않게 된다.

한국의 독립(1948. 8. 15.)과 독도를 포함한 한국의 영토는 샌프란시스코 대일평화조약(1951. 9. 8.)에 의해 한 번 더 확인된 것이다.

---

430 정태만, 「샌프란시스코 평화조약의 문언적 해석」, 『일본문화학보』, 한국일본문화학회, 2017, pp. 5~27.

맺음말

이 맺음말은 2014년 박사학위 논문의 결론 부분으로, 논문에서 시대 흐름에 따라 장별로 고찰한 결과를 요약·정리한 것이다.

제1부에서는 조선 후기와 일본 에도시대의 독도 인식에 대해 살펴보았다. 독도는 울릉도에서 87.4킬로미터, 일본 오키도에서 157.5킬로미터 떨어진 섬이다. 일본 오키도와 독도 간 거리는 울릉도에서 독도까지의 거리보다 1.8배나 더 멀다. 울릉도에서는 날씨가 좋으면 일상 생활권에서 독도를 육안으로 볼 수 있는 데 비해, 일본 오키도에서는 독도를 전혀 볼 수 없고, 독도를 보려면 100킬로미터 이상 배를 타고 나와야 한다. 이러한 사실은 일본 에도시대 울릉도를 왕래했던 일본 어부들조차 독도를 울릉도의 부속 섬으로 볼 수밖에 없었던 요인이 되었다.

일본에서 독도를 울릉도에 부속된 섬으로 인식하기 시작한 것은 일본 어부들이 독도를 처음 발견한 때부터로 추정된다. 일본 오키도에서 망망대해를 장시간 항해하다 보면 보이는 섬이 독도와 울릉도인데, '독도는 일본 땅', '울릉도는 조선 땅'으로 따로 떼어서 생각할 수는 없었을 것이다. 그리하여 일본에서도 오래전부터 독도를 울릉도와 한 세트를 이루는 섬으로 인식해 '마쓰시마(松島, 독도)'와 '다케시마(竹島, 울릉도)'로 이름 붙였다. 또한 두 섬과의 관계를 나타낼 때도 '울릉도 지역 내의 독도', '울릉도 근처 독도' 등으로 불렀다.

동해에 울릉도 이외에 다른 섬이 있다는 것은 『태종실록』에서부터 기록되어 있지만, 독도에 대한 보다 더 분명한 지리적 지식과 영유권 인식이 기록된 것은 『숙종실록』이다. 이 책에서는 『숙종실록』에 기록된 독도 인식이 정확했다는 것을 일본의 고문헌과 연계해 비교함으로써 구체적으로 구명했다. 2005년 시마네현의 민가에서 발견된 『원록각서』(1696. 5.)에는 안용복 일행이 독도를 정확하게 인지하고, 독도가 조선의 강원도에 속하는 섬이라고 주장했으며, 울릉도에서 '자산도'까지의 거리가 50리로서 상당히 먼 거리에 있는 것으로 기록되어 있다. 따라서 "조선에서 인지한 섬은 독도가 아니라 울릉도 동쪽 2킬로미터에 있는 댓섬"이라는 다케시마문제연구회 시모조 마사오의 주장은 근거가 없다.

또한 '우산도(于山島)'가 『숙종실록』에는 '자산도(子山島)'로 기록되어 있는 사실에 주목하고 일본 문헌에서 그 발음을 찾아본 결과, 일본의 『인번지』(1795)에는 자산도의 발음이 '우사무스무'로 기록되어 있고, 『원록각서』에는 '소우산'으로 기록되어 있었다. 이들 일본 문헌에 기록된 일본어 발음을 분석해 당시 조선에서의 발음은 '자산'이 아니라 '우산'이라는 것을 새로이 밝혔다. 『숙종실록』에 독도는 '자산도'로 기록되어 있고, 그러한 지도도 발견되지만, 그것은 잘못 기록된 것으로, 조선시대에 독도를 '자산도'라고 불렀다고 일반화할 수는 없다.

『숙종실록』에서의 독도에 대한 지리적 기록과 영유권 인식은 『동국문헌비고』(1770)와 『만기요람』(1808)으로 이어졌다. 또한 『탁지지』 외편(1788)도 독도에 대해 비슷한 내용을 담고 있으나, 학계의 큰 주목을 받지 못하고 있다. 『탁지지』 외편도 『동국문헌비고』, 『만기요람』과 같이 독도 영유권이 조선에 있음을 분명히 기록한 공적인 문서로서 다루어져야 할 것이다.

1695년 12월 "울릉도는 언제부터 돗토리번 땅이 되었는가?" 하는 에도막부의 조회에 대해 당시 돗토리번은 에도막부에서 언급하지도 않은 독도를 추가해 "울릉도, 독도는 돗토리번의 땅이 아니다"라고 답했으며, 1876년 '울릉도를 시마네현의 지적에 올릴 것인가'에 대한 질의서를 올리라는 지시를 받은 시마네현은 울릉도에 '외일도', 즉 독도를 추가해 질의서를 올렸다. 에도시대의 돗토리번과 메이지 초기 시마네현은 독도를 울릉도에 부속된 섬으로, 울릉도와 따로 떼어서 다루어서는 안 될 섬으로 본 것이다. 1696년과 1877년 일본에서 독도 영유권 귀속에 관한 두 번의 결정적인 판단이 내려진 계기가 독도를 울릉도와 따로 다루어서는 안 된다는 일본 지방정부의 인식에서 비롯되었다. 만약 당시 지방정부에서 독도를 울릉도의 부속 섬으로 보지 않았다면 울릉도만을 대상으로 하여 영유권 귀속을 판단하는 데 그쳤을 것이다. 독도를 울릉도의 부속 섬으로 보고, 독도를 포함해 일본 어부의 울릉도 일대의 도해를 금지한 1690년대의 '죽도 도해금지령'은 메이지시대까지 지속되어 『태정관지령』으로 이어졌다.

제2부에서는 『태정관지령』이 내리게 된 경위와 『태정관지령』에서 '죽도외일도'가 가리키는 섬 및 『태정관지령』이 독도 논쟁에서 차지하는 중요성에 대해 살펴보았다.

1877년의 『태정관지령』은 독도를 울릉도에 부속된 섬으로 보는 지리적 인식의 산물인 동시에 안용복 사건 때의 외교 교섭 결과가 유효함을 인정한 것이라 할 수 있다. 일본 메이지 정부는 『태정관지령』을 통해 안용복 사건 때 확인된 '울릉도와 독도가 조선 영토라는 사실'을 한 번 더 확인한 것이다.

『태정관지령』은 독도에 대해 그 이전의 어느 기록보다도 상세하고 정확하게 서술하고 있다. 그러나 다케시마문제연구회 측에서는 『태정관지령』에 나오는 섬 '죽도외일도'는 독도가 아니라고 주장해『태정관지령』과 독도와의 관련성을 극구 부인하고 있다. 이 책에서는 이에 대해,『태정관지령』의 부속 문서에서 죽도외일도는 울릉도와 독도임을 분명하게 정의하고 있음을 밝히고, 다케시마문제연구회 측의 주장들은 허구임을 그 정의 규정에 근거해 반박했다.『태정관지령』은 시마네현의 다케시마문제연구회에서 주장하듯이 '죽도외일도'에 대한 명칭 혼동이나 착오에 의한 것이 결코 아니었음을 입증했다.

이『태정관지령』을 "한일 시민의 우호를 위해 역사가 준 훌륭한 선물"이라고 표현한 일본 연구자도 있다. 일본 학계 일부에서도『태정관지령』을 독도의 영유권 귀속을 명백히 하여 분쟁의 소지를 완전히 없앨 수 있는 결정적인 문서로 본 것이다.

『태정관지령』을 구성하는 첨부 문서에는 안용복 사건 당시 조선과 일본 간에 주고받은 외교 문서가 첨부되어 있고, 이들 외교 문서를 근거로 하여 독도를 조선령으로 재확인했다. 즉,『태정관지령』의 국제법적 의의는 그보다 약 180년 전인 안용복 사건 당시에 체결된 조선과 일본 간의 약식 조약에서 독도를 조선 땅으로 확인했음을 일본 정부에서 재차 공식적으로 확인했다는 점이다.

일반적으로『태정관지령』은 단순한 일본 내부 문서로 인식되고 있는데,『태정관지령』을 공포한 당시에는 일본의 관보제도가 없었음을 밝히고, 관보제도가 없던 시기에『태정류전』에『태정관지령』의 문서 전체를 등재한 것은 관보에 공시한 것과 같다는 것을 새로이 밝혔다. '공시'라는 표현에 대해서는 논란의 여지가 없지는 않다. '일반인에게도 널리 알린다'는 뜻의 공시는 아닐지 몰라도, '공적으로 명시한다'는 의미의 공시에는 부합한다. 메이지 정부 최고국가기관인 태정관은 1877년 영토 담당 정부기관인 내무성을 경유해 시마네현에 '울릉도와 독도를 시마네현의 지적에 올리지 말 것'을 지시하고, 그 내용을 관보에 해당하는 『태정류전』에도 공시한 것이다.

제1부와 제2부를 통해 밝힌 것은 에도시대의 '울릉도의 부속 섬'으로서의 '독도 조선령' 인식을 바탕으로 1696년 일본 어부의 '죽도 도해금지령'을 내리고, 메이지 초기에 들어 메이지 정부는 1877년 영토 담당 정부기관인 내무성 주관하에 외무성 등 일본 정부의 4개 성(省)이 총체적으로 참여해 최고국가기관인 태정관이 공식적으로 독도를 조선 땅이라고 확인하고 공식적으로 명시했다는 것이다. 독도는 조선 땅이라는 인식은 그 당시 조선과 일본 양국에 공통적으로 확립되어 있었다.

제3부에서는 대한제국기의 조선과 일본의 독도 인식에 대해 살펴보았다. 안용복 사건 이후 독도가 '옛날 우산국 땅으로서 조선 땅'이라는 인식은 『동국문헌비고』(1770)와 『탁지지』(1788), 『만기요람』(1808)을 거쳐 변함없이 유지되었다. 1900년 10월 대한제국은 칙령 제41호로 석도, 즉 독도를 울릉도 관할로 공포했다.

『태정관지령』에서 확인·공시한 '독도가 조선령'이라는 인식은 일본에서도 19세기 말까지 변함없이 이어져 내려왔다. 즉, 1880년대 이후 일본 해군성 발간 수로지의 리앙쿠르섬 관련 기사를 분석한 결과, 일본에서도 19세기 말경에는 독도에 대해 완벽하다고 할 정도의 지리적 지식을 가지고 있었음을 알 수 있었다. 일본 해군성은 『환영수로지』(1886. 12.), 『조선수로지』(1894. 11.), 『조선수로지』 제2판(1899. 2.) 등에서 독도를 '조선동안'편에 '리앙쿠르열암(독도)'이라는 이름으로 수록했다. 이는 19세기 말까지 독도의 영유권이 조선에 있는 것으로 분명하게 인식했음을 보여주고 있다.

그런데 느닷없이 20세기 초에 들어와 동해에 '양코'라는, 지도에도 나오지 않는 새로운 섬을 발견했다는 주장이 제기되었다. 울릉도와 오키도의 한가운데 있는 섬으로, 배를 정박하기에 좋은 섬이라고 했다가, 그후 다시 상어잡이에도 좋은 섬인 것으로 왜곡해 유포되었다. '양코 발견설'은 1901년 3월 흑룡회의 기관지 『회보』에서부터 시작되어 각 언론에도 보도되었다. 지학 전문지 『지학잡지』(1901. 5.)가 양코 발견설이 근거 없는 주장이라고 밝히자, '미발견의 섬'이라는 주장만 삭제하고, 다시 흑룡회의 새로운 기관지 『흑룡』(1901. 6.)에 이 섬에 대한 내용을 게재했다. 당시 대륙 침략의 첨병 역할을 한 흑룡회는 일본 정부의 의뢰를 받아 대륙 지도를 제작할 정도로 정확한 지리적 지식을 가지고 있었다. 이는 곧 '양코도 무주지설'이 거짓이라는 것을 알면서도 의도적으로 유포했음을 의미한다.

이러한 왜곡된 내용은 『한해통어지침』(1903. 1.)과 『최신한국실업지침』(1904. 7.)으로 이어졌다. 『최신한국실업지침』에 열 명이나 되는 많은 인원이 편찬, 교열, 추천 서문 작성에 관여한 사실에 주목하고 개개인의 이력을 조사해보니 그중에는 명성황후 시해 사건 관련자가 두 명, 정부 관계자가 다섯 명이나 포함되었음을 알 수 있었다. 무주지라는 이유를 붙인 1905년 2월의 독도 일본 편입 결정은 흑룡회의 양코 발견설 유포에서부터 시작된 것이었다.

주지하는 바와 같이 1904년 2월 러일전쟁 직후부터 사실상 일본군의 무력 지배하에 있던 대한제국은 1910년 8월에는 무력에 의해 완전히 병합되었다. 일제강점기에는 일본에 의한 강제 병합으로 조선이 일본의 한 지방과 같이 된 이상, 영유권 귀속에 대한 인식은 큰 의미가 없게 되었다고 할 수 있다. 일제강점기의 일본 해군성 발간 수로지를 분석한 결과, 일제강점기에 오히려 독도에 대한 왜곡된 인식이 바로잡아졌고, 일제강점기의 일본 측 기록들에 나타난 독도 인식은 영토 내셔널리즘에 치우침이 없이 구체적이면서도 객관적으로 기술되고 있음을 알 수 있다.

독도가 울릉도의 부속 섬이라는 인식과 조선인들 간에는 '독도'라는 이름으로 불린다는 사실은 『일본수로지』 등 일제강점기의 기록에 의해 더욱 분명해졌다. 독도를 시마네현에 편입할 당시에 구실을 만들기 위해 일본 본토로부터의 거리로 독도의 위치를 표기하는 방식도 바로잡아졌다. 즉, '울릉도에서 50해리, 오키도에서 86해리'로 정착되었다. 1911·1920년의 『일본수로지』, 1933년의 『조선연안수로지』는 모두 독도를 '조선동안'편에 기록했다.

흑룡회의 양코 무주지 발견설로부터 시작된 독도 탈취를 목적으로 한 왜곡된 독도 인식은 1905년 그 목적을 달성한 이후에는 점차 원래대로 바로잡아졌다고 할 수 있다. 『최신한국실업지침』(1904. 7.)이 독도 무주지설을 유포하기 위한 왜곡된 기록의 완성판이라면, 1920년의 『일본수로지』는 그 후 왜곡된 기록을 바로잡은 올바른 기록의 완성판이라고 할 수 있을 것이다.

제4부에서는 제2차 세계대전 종전 이후 관계국의 독도 인식에 대해 살펴보았다. 종전 직후 일본과 한국은 미국을 중심으로 한 연합국의 점령 통치를 받았기 때문에 미국의 독도 인식을 중점적으로 분석했다.

영토 내셔널리즘에 편향되지 않고 객관성을 유지했던 일제강점기의 독도 인식은 해방 후에도 연합국최고사령부의 점령 통치 초기까지는 그대로 유지되었다. 연합국최고사령부는 지령 제677호(1946. 1. 29.)로 울릉도, 독도, 제주도를 일본에서 제외하고, 지령 제1033호(1946. 6. 22.)로 독도로부터 12마일 이내에 일본 선박과 승무원의 접근을 금지했다. 이는 '폭력과 탐욕'에 의해 빼앗은 땅은 전부 반환한다는 포츠담선언에도 부합하는 것이었다.

포츠담선언은 구일본의 영토 처리를 규정한 기본적인 조약과 같은 선언임에도 불구하고 국내 연구는 대부분 포츠담선언의 의미를 명확히 하지 않고 독도 영유권에 관한 논리를 펴고 있다. "포츠담선언은 연합국의 영토 불확장 원칙을 천명하고 있다"고 잘못된 주장을 하거나, 포츠담선언 제8항에서 '일본이 빼앗은 영토는 전부 반환한다'는 구절을 무시하거나, 포츠담선언을 중요시하지 않는 것 등이다. 이 책에서는 이러한 견해의 문제점을 지적하고, 카이로선언에서 규정하는 연합국의 영토 불확장 원칙은 포츠담선언 제8항에는 적용될 여지가 없고, 오히려 연합국이 일본의 영토를 네 개의 큰 섬을 제외하고는 얼마든지 제한할 수 있도록 규정한 것으로 보았다. 포츠담선언 제8항은 '일본이 빼앗은 영토는 모두 반환함, 그리고 일본으로부터 징벌적으로 영토 할양을 받을 수 있음'을 규정한 것이다.

포츠담선언과 이를 집행하기 위한 연합국최고사령부의 지령에 의해, 미군정 관할하에 있던 독도는 1948년 8월 대한민국 정부 수립 당시 그대로 대한민국에 인계되었다. 이는 독도의 반환 절차가 종결된 것을 의미한다. 1951년 6월 주한미군이 대한민국 정부의 장면 총리에게 독도 폭격 훈련장 사용 신청을 한 것으로도 알 수 있다.

그러나 그 후 일본을 독립시키기 위한 대일평화조약을 준비하는 과정에서 독도 문제는 다시 이슈화되었다. 독도에 관한 지리적·역사적 사실이 일본 외무성에 의해 다시 왜곡되기 시작했다. 현존하는 기록만 가지고 보면 공식적 왜곡의 출발점은 1947년 6월 외무성 발간 소책자 『일본의 부속 소도 Ⅳ: 태평양 소도서, 일본해 소도서』다. "독도에는 한국명

이 없다", "한국의 지도에 독도는 나타나지 않는다", 울릉도에서의 거리
는 명시하지 않고, "독도는 오키도로부터 86해리 떨어져 있다"는 등의
왜곡된 내용이 소책자에 실려 연합국최고사령부와 미 국무성에 배부되
었다.

그 외에도 "독도는 한국과 일본으로부터 같은 거리에 위치한다", "한
국은 독도 영유권을 주장한 적이 없다" 등 일본이 제공한 허위 정보는
검증 없이 그대로 미국에 전달된 반면, 대일평화조약 초안 작성 과정에
서 한국과 미국 간에는 정보 채널 자체가 차단되어 있었다. 막바지에 가
서 공식 채널만 잠시 열렸을 뿐이다.

이 책에서는 일본 외무성 소책자(1947. 6.)와 시볼드 보고서(1949. 11.
19.), 제6차 초안(1949. 12. 29.) 주석, 러스크 서한(1951. 8. 10.), 밴 플리
트 보고서(1954. 7.)의 독도 관련 기록을 모아서 사실 관계에 부합하는
지를 검증해 대일평화조약 당시 미국의 독도 인식이 사실과 크게 다름
을 밝혔다.

1949년 11월 2일자 대일평화조약 초안까지는 독도를 한국령으로 명
시하고 있었으나, 얼마 후인 12월 29일자 초안에서는 독도를 일본 땅
으로 규정했다. 그 이후의 미국의 입장에 대해 "미국은 '독도는 일본
땅'이라는 인식이 확립되어 있었다"는 주장이 적지 않다. 그러나 이 책
에서는 1951년 대일평화조약 체결 직전 미 국무성 자료를 분석해, 대
일평화조약 체결 직전에도 미국의 입장은 '독도는 일본 땅'이라는 것이
아니었으며, 오히려 독도를 한국령으로 명시할 것을 검토하고 있었다는
사실을 분명히 했다.

우여곡절 끝에 대일평화조약의 영토 조항은 독도에 대한 언급 없이
제주도, 거문도, 울릉도를 포함하는 한국의 영토에 대한 모든 권리를 일

본이 포기하는 것으로 하여 조인되었다.(1951. 9. 8.) 독도는 조약 조문에서 언급되지 않았다. 독도의 한국 귀속은 그 후 일본 국회의 동 조약 비준 동의 과정에서 보다 분명해졌다. 일본 정부는 독도를 한국령으로 표기한 「일본영역참고도」를 조약 조인 직전인 1951년 8월에 제작해 1951년 10월 조약 비준 과정에서 조약과 함께 일본 국회에 제출하고, 일본 국회는 조약 조문과 「일본영역참고도」를 근거로 하여 조약 비준에 동의했다. 이어서 조약 발효 직후인 1952년 5월 마이니치신문사는 독도를 한국령으로 표기한 「일본영역도」를 안표지에 실은 『대일평화조약』 책자를 발간했다. 1946년 2월의 「SCAP 관할지역도」부터 1951년 샌프란시스코조약 조인 비준 당시의 「일본영역참고도」, 조약 발효 직후인 1952년 5월의 「일본영역도」까지 일련의 공간된 지도 어디에도 독도가 일본령이라는 근거는 찾을 수 없다.

일본 측에서는 러스크 서한(1951. 8. 10.)을 근거로, 독도는 대일평화조약에 의해 일본 영토가 된 것이라고 주장하고 있으나, 이 책에서는 이에 대해 덜레스 미 국무장관의 전문(1953. 12. 9.)을 근거로 반박했다. 러스크 서한은 공개된 것도 아니고, 조약에 서명한 48개 연합국에 통보된 것도 아닌 미국의 내부 의견일 뿐이다. 심지어 일본에도 통보되지 않았다. 1953년 미 국무장관 덜레스의 전문에서 이에 대해 보다 명쾌한 결론이 내려졌다. 미국의 의견은 48개의 조약 서명국 중 1개국의 의견에 불과하다는 것이었다. 미 국무성의 내부 의견이 곧 48개 연합국의 입장은 아니라는 것이다.

'조약법에 관한 비엔나협약'은, 조약의 해석은 어디까지나 조약 자체의 문언적 해석을 우선으로 하고, 조약의 교섭 기록은 보충적 수단임을 규정하고 있다. 대일평화조약은 독도에 대해서는 전혀 언급하고 있지 않다. 대부분의 선행 연구에서, 대일평화조약에는 '독도'라는 말이 없으므로 조약의 보충적 수단에 의해 해석해야 한다고 주장하고 있다.

이 책에서는 이는 문언적 해석의 의미를 좁게 해석한 결과임을 지적하고, 독도가 언급되지 않고 있다고 하더라도 조약에 명시된 '한국(Korea)'의 문언적 의미를 해석해 적용해야 한다는 새로운 논리를 제시했다. 한국의 의미에 대해서는 대일평화조약 이전에 SCAPIN 제677호(1946. 1. 29.)에서 독도를 일본 영토로부터 분리하고, '일본'과 '한국'의 영토적 정의를 내려두고 있었다. 「SCAP 관할지역도」는 보다 분명하게 '한국'의 범위에 독도가 포함된다는 것을 명시하고 있었다. 대일평화조약 제2조 (a)항을 SCAPIN 제677호의 정의에 따라 문언적으로 해석하면 대일평화조약은 독도를 한국령으로 승인한 것이라는 결론에 이르게 된다.

역사적으로 일본의 독도 영유권 주장에는 언제나 독도에 대해 사실과 다른 주장이 수반되었다. 1905년 독도 일본 편입 시에는 흑룡회를 중심으로 『회보』(1901. 3.), 『흑룡』(1901. 6.), 『한해통어지침』(1903. 1.), 『최신 한국실업지침』(1904. 7.) 등을 통해 "독도(양코도)는 울릉도와 일본 오키도의 중간에 있다"고 주장했으며, 해방 후 대일평화조약 체결 전 일본 외무성은 "독도에는 한국명이 없다"는 등 사실과 다른 내용을 실은 소책자 『일본의 부속 소도 IV: 태평양 소도서, 일본해 소도서』(1947. 6.)를 발간해 미 국무성과 연합국최고사령부에 배부했다. 이는 곧 독도가 일본 영토라는 주장이 근거가 박약함을 방증하는 것이다.

일제의 한반도 무력 점령 기간 중 독도 관련 언론 출판에 대한 탄압이 있었고, 완전히 합병(1910. 8.)된 뒤에도 영토·역사 관련 출판물이 많이 압수·소각되었다는 주장이 제기되고 있으며, 이는 독도 문제를 가지고 국제사법재판소에 가서는 안 되는 이유 중의 하나이기도 하다. 왜냐하면 소송의 상대방이 소송과 관계되는 자료를 약탈·소각해버렸는데 소송에 응하는 것은 매우 불공정한 것이기 때문이다. 앞으로 추가적인 연구가 필요할 것이다.

또한 독도 문제는 역사학적인 연구뿐만 아니라 국제법적인 접근도 필요하나, 이 책에서는 역사학과 국제법학이 중첩되는 부분이라고 할 수 있는 독도 관련 조약의 해석까지만 다루고, 국제사법재판소의 판례와 외국 연구자의 학설에 대한 연구에까지는 다소 미치지 못했다. 이는 앞으로의 연구 과제로 삼고자 한다.

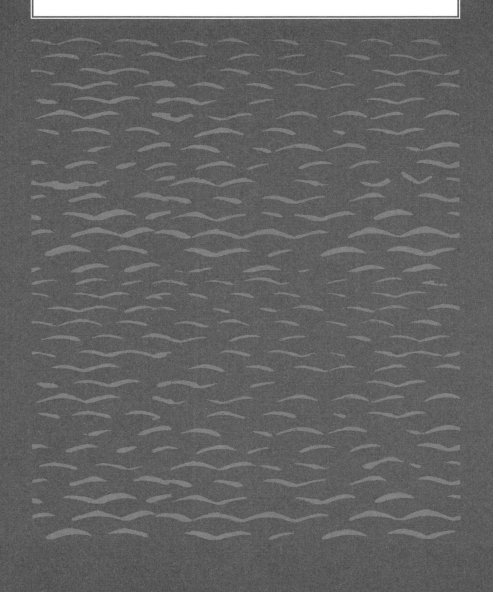

부록

———

독도 관련 조약·지령·서한

Cairo Declaration

President Roosevelt, Generalissimo Chiang Kai-shek and Prime Minister Churchill, together with their respective military and diplomatic advisers, have completed a conference in North Africa.

The following general statement was issued:

The several military missions have agreed upon future military operations against Japan. The Three Great Allies expressed their resolve to bring unrelenting pressure against their brutal enemies by sea, land, and air. This pressure is already rising.

The Three Great Allies are fighting this war to restrain and punish the aggression of Japan. They covet no gain for themselves and have no thought of territorial expansion. It is their purpose that Japan shall be stripped of all the islands in the Pacific which she has seized or occupied since the beginning of the first World War in 1914, and that all the territories Japan has stolen from the Chinese, such as Manchuria, Formosa, and the Pescadores, shall be restored to the Republic of China. Japan will also be expelled from all other territories which she has taken by violence and greed. The aforesaid three great powers, mindful of the enslavement of the people of Korea, are determined that in due course Korea shall become free and independent.

With these objects in view the three Allies, in harmony with those of the United Nations at war with Japan, will continue to persevere in the serious and prolonged operations necessary to procure the unconditional surrender of Japan.

카이로선언(1943년 11월 27일 서명, 12월 1일 발표)

루스벨트 대통령, 장제스 주석 및 처칠 수상은 각자 군사 및 외교고문과 함께 북아프리카에서 회담을 마치고 다음과 같은 일반 성명을 발표했다.

군사사절단은 일본국에 대한 장래의 군사행동을 협정했다. 3대 연합국은 해로, 육로 및 공로에 의해 야만적인 적국에 대해 가차 없는 압박을 가할 결의를 표명했다. 이 압박은 이미 증대하고 있다.

3대 연합국은 일본국의 침략을 저지하고 이를 응징하기 위해 이 전쟁을 수행하고 있는 것이다. 위 연합국은 자국을 위해 이득을 탐하는 것이 아니며, 또 영토를 확장할 의도도 없다.* 위 연합국의 목적은 일본으로부터 1914년 제1차 세계대전 개시 이후에 일본이 탈취 또는 점령한 태평양의 도서 일체를 박탈하고, 만주, 타이완 및 펑후도와 같이 일본이 중국인으로부터 도취(盜取)한 지역 일체를 중화민국에 반환하는 데 있다. 또한 일본은 폭력과 탐욕에 의해 약취한 다른 일체의 지역으로부터 축출될 것이다. 전기 연합국은 한국인의 노예 상태에 유의해, 적절한 과정에 따라 한국을 자주독립시킬 것을 결의한다.

이와 같은 목적으로써, 3대 연합국은 일본국과 교전 중인 연합 제국과 협조해, 일본국의 무조건 항복을 획득하는 데 필요한 중대하고 장기적인 작전을 끈기 있게 계속할 것이다.

---

* 연합국의 영토 불확장 원칙을 천명한 것인데, 그 후의 포츠담선언에서는 수용되지 않았다. 즉, 포츠담선언 제8항에 의해, 카이로선언에서 연합국이 일본에 요구한 조건(terms)만 수용된 것이다.

Potsdam Declaration

1. We-the President of the United States, the President of the National Government of the Republic of China, and the Prime Minister of Great Britain, representing the hundreds of millions of our countrymen, have conferred and agree that Japan shall be given an opportunity to end this war.

2. The prodigious land, sea and air forces of the United States, the British Empire and of China, many times reinforced by their armies and air fleets from the west, are poised to strike the final blows upon Japan. This military power is sustained and inspired by the determination of all the Allied Nations to prosecute the war against Japan until she ceases to resist.

3. The result of the futile and senseless German resistance to the might of the aroused free peoples of the world stands forth in awful clarity as an example to the people of Japan. The might that now converges on Japan is immeasurably greater than that which, when applied to the resisting Nazis, necessarily laid waste to the lands, the industry and the method of life of the whole German people. The full application of our military power, backed by our resolve, will mean the inevitable and complete destruction of the Japanese armed forces and just as inevitably the utter devastation of the Japanese homeland.

4. The time has come for Japan to decide whether she will continue to be controlled by those self-willed militaristic advisers whose unintelligent calculations have brought the Empire of Japan to the threshold of annihilation, or whether she will follow the path of reason.

5. Following are our terms. We will not deviate from them. There are no alternatives. We shall brook no delay.

6. There must be eliminated for all time the authority and influence of those who have deceived and misled the people of Japan into embarking on world conquest, for we insist that a new order of peace, security and justice will be impossible until irresponsible militarism is driven from the world.

포츠담선언(1945년 7월 26일)

1. 우리, 미국 대통령, 중화민국 주석 및 영국 총리대신은 우리의 수억의 국민을 대표해 협의한바, 일본국에 대해 이 전쟁을 종결할 기회를 주는 것에 의견의 일치를 보았다.

2. 미국, 영국 및 중국의 거대한 육·해·공군은 서방으로부터 자국의 육군 및 공군에 의해 수배의 증강을 받아 일본에 대해 최후의 타격을 가할 태세를 정비한다. 이 군사력은 일본이 저항을 멈출 때까지, 일본에 대항해 전쟁을 수행하는 모든 연합국의 결의에 의해 지지되고 고무된다.

3. 분기한 자유 인민의 힘에 대한 독일국의 무익하고 무의미한 저항의 결과는 일본국 국민에 대한 본보기를 명명백백하게 나타내는 것이다. 현재 일본국에 대해 집결하고 있는 힘은, 저항하는 나치스에 대해 사용했을 때, 전독일국 인민의 토지, 산업 및 생활양식을 필연적으로 황폐화한 힘과는 비교할 수 없을 정도로 더욱 강력한 것이다. 우리의 결의에 의해 지지되는 우리 군사력의 최고도의 사용은 일본국 군대의 피할 수 없고 완전한 파괴를 의미하며, 또한 마찬가지로 일본국 본토의 피할 수 없는 완전한 황폐화를 의미한다.

4. 무분별한 타산에 의해 일본제국을 괴멸의 문턱에 이르게 한 방자한 군국주의적 조언자에 의해 계속 통제될 것인가 아니면 이성의 길을 따를 것인가 결단을 내려야 할 시기가 도래했다.

5. 우리의 조건(terms)은 다음과 같다. 우리는 그 조건에서 이탈하지 않을 것이다. 다른 조건은 있을 수 없다. 우리는 지체를 허용하지 않는다.

6. 우리는 무책임한 군국주의가 세계로부터 축출되기까지는 평화, 안전 및 정의의 신질서가 확립될 수 없다는 것을 단언하며, 일본 국민을 기만해 세계 정복에 착수하는 자들의 권위 및 영향력은 영구히 제거되어야 한다.

7. Until such a new order is established and until there is convincing proof that Japan's war-making power is destroyed, points in Japanese territory to be designated by the Allies shall be occupied to secure the achievement of the basic objectives we are here setting forth.

8. The terms* of the Cairo Declaration shall be carried out and Japanese sovereignty shall be limited to the islands of Honshu, Hokkaido, Kyushu, Shikoku and such minor islands as we determine.

9. The Japanese military forces, after being completely disarmed, shall be permitted to return to their homes with the opportunity to lead peaceful and productive lives.

10. We do not intend that the Japanese shall be enslaved as a race or destroyed as a nation, but stern justice shall be meted out to all war criminals, including those who have visited cruelties upon our prisoners. The Japanese Government shall remove all obstacles to the revival and strengthening of democratic tendencies among the Japanese people. Freedom of speech, of religion, and of thought, as well as respect for the fundamental human rights shall be established.

11. Japan shall be permitted to maintain such industries as will sustain her economy and permit the exaction of just reparations in kind, but not those which would enable her to re-arm for war. To this end, access to, as distinguished from control of, raw materials shall be permitted. Eventual Japanese participation in world trade relations shall be permitted.

---

* 'terms'를 일반적으로 '조항들'이라고 번역하기도 하나, 카이로선언에서 연합국이 일본에 요구한 '조건'이라고 번역하는 것이 타당하다. 그렇게 함으로써 카이로선언에서의 연합국의 영토 불확장 원칙은 제외되고, 연합국이 일본에 요구한 '조건'만 포츠담선언에서 수용된 것이다.

7. 그런 새로운 질서가 확립될 때까지, 일본의 전쟁 야기 능력이 분쇄된 확증이 있을 때까지, 연합국에 의해 지정된 일본 영토 내의 지점들은 우리가 여기에서 공포하는 기본적인 목표의 달성을 확실히 하기 위해 점령될 것이다.

8. 카이로선언의 조건은 이행되어야 하며, 일본의 주권은 혼슈(本州), 홋카이도(北海道), 규슈(九州), 시코쿠(四國)와 연합국이 결정하는 작은 섬들에 국한될 것이다.

9. 일본군은 완전히 무장해제된 후 각자의 집으로 돌아가 평화롭고 생산적인 생활이 허용될 것이다.

10. 일본인을 민족으로서 노예화하거나 일본 국민을 멸망시키려고 하는 것은 아니다. 우리의 포로를 학대한 자를 포함해 모든 전쟁범죄인은 엄한 재판에 회부될 것이다. 일본 정부는 민주주의적 경향의 부활과 강화를 위해 모든 장애를 제거해야 한다. 언론, 종교 및 사상의 자유 및 기본적 인권의 존중은 확립되어야 한다.

11. 일본국은 경제를 유지하고 실물 배상을 가능하게 하는 정도의 산업을 유지할 것을 허용한다. 다만 일본의 전쟁을 위한 재군비를 가능하게 하는 것은 허용하지 않는다. 이 목적을 위해 그 지배와는 구별되는 원재료의 입수는 허용된다. 세계 무역 관계에 있어서의 장래 일본의 참여는 허용된다.

12. The occupying forces of the Allies shall be withdrawn from Japan as soon as these objectives have been accomplished and there has been established in accordance with the freely expressed will of the Japanese people a peacefully inclined and responsible government.

13. We call upon the government of Japan to proclaim now the unconditional surrender of all Japanese armed forces, and to provide proper and adequate assurances of their good faith in such action. The alternative for Japan is prompt and utter destruction.

12. 이러한 목표가 달성되고 일본 국민의 자유의사에 따라 평화적이고 책임 있는 정부가 수립되면 연합국의 점령군은 곧 일본으로부터 철수할 것이다.

13. 우리는 일본 정부가 즉시 전 일본국 군대의 무조건 항복을 선언하고, 그러한 조치에 있어서 타당하고 충분하게 동 정부의 성실성을 보장할 것을 요구한다. 그 이외의 일본의 선택은 즉각적이고 완전한 괴멸일 뿐이다.

Japanese Instrument of Surrender

We, acting by command of and on behalf of the Emperor of Japan, the Japanese Government and the Japanese Imperial General Headquarters, hereby accept the provisions in the declaration issued by the heads of the Governments of the United States, China, and Great Britain 26 July 1945 at Potsdam, and subsequently adhered to by the Union of Soviet Socialist Republics, which four powers are hereafter referred to as the Allied Powers.

We hereby proclaim the unconditional surrender to the Allied Powers of the Japanese Imperial General Headquarters and of all Japanese Armed Forces and all Armed Forces under Japanese control wherever situated.

We hereby command all Japanese forces wherever situated and the Japanese people to cease hostilities forthwith, to preserve and save from damage all ships, aircraft, and military and civil property, and to comply with all requirements which may be imposed by the Supreme Commander for the Allied Powers or by agencies of the Japanese Government at his direction.

We hereby command the Japanese Imperial General Headquarters to issue at once orders to the commanders of all Japanese forces and all forces under Japanese control wherever situated to surrender unconditionally themselves and all forces under their control.

We hereby command all civil, military, and naval officials to obey and enforce all proclamations, orders, and directives deemed by the Supreme Commander for the Allied Powers to be proper to effectuate this surrender and issued by him or under his authority; and we direct all such officials to remain at their posts and to continue to perform their non-combatant duties unless specifically relieved by him or under his authority.

일본의 항복문서(1945년 9월 2일)

우리는 1945년 7월 26일 포츠담에서 미국, 중국, 영국의 정부 수뇌에 의해 발표되고 그 후 소련에 의해 지지된 선언에 제시한 조항들을, 일본 황제, 일본 정부 및 일본제국 총사령부의 명에 의해, 또한 그에 대리해 수락한다. 위 4국은 이하 연합국이라 칭한다.

우리는 이에 일본제국 총사령부와 모든 일본 군대 및 어디에 위치하고 있든 일본의 지배하에 있는 모든 군대의 연합국에 대한 무조건 항복을 포고한다.

우리는 이에 어디에 위치해 있든 일체의 일본국 군대 및 일본국 신민에 대해, 적대 행위를 즉시 중지할 것, 일체의 선박, 항공기 및 군용 및 비군용 재산을 보존하고 그 훼손을 방지할 것 및 연합국 최고사령관 또는 그의 지시에 따라 일본 정부 제 기관에 부과하는 일체의 요구에 응할 것을 명한다.

우리는 이에 일본제국 총사령부에게, 어디에 위치하든 일체의 일본 군대 및 일본의 지배하에 있는 일체의 군대의 지휘관에 대해 자신 및 그의 지배하에 있는 일체의 군대가 무조건 항복한다는 명령을 즉시 발할 것을 명한다.

우리는 이에 일체의 관청, 육군 및 해군의 직원에 대해, 연합국 최고사령관이 본 항복 실시를 위해 적절하다고 인정해 직접 발하거나 그 위임에 따라 발하는 일체의 포고, 명령 및 지시를 준수하고 또한 이를 시행할 것을 명함과 아울러, 그러한 직원이 연합국 최고사령관에 의해 또는 그 위임에 의해 특별히 해임되지 않는 한 각자의 직위에 남아서 각자의 비전투적 임무를 행할 것을 명한다.

We hereby undertake for the Emperor, the Japanese Government, and their successors to carry out the provisions of the Potsdam Declaration in good faith, and to issue whatever orders and take whatever action may be required by the Supreme Commander for the Allied Powers or by any other designated representative of the Allied Powers for the purpose of giving effect to that declaration.

We hereby command the Japanese Imperial Government and the Japanese Imperial General Headquarters at once to liberate all Allied Prisoners of War and civilian internees now under Japanese control and to provide for their protection, care, maintenance, and immediate transportation to places as directed.

The authority of the Emperor and the Japanese Government to rule the State shall be subject to the Supreme Commander for the Allied Powers, who will take such steps as he deems proper to effectuate these terms of surrender.

Signed at TOKYO BAY, JAPAN at 09.04 on the SECOND day of SEPTEMBER, 1945

우리는 이에 황제, 일본 정부 및 그 승계자가 포츠담선언의 조항을 성실히 이행할 것, 그리고 그 선언을 실행하기 위해 연합국 최고사령관 또는 다른 지정된 연합국 대표자가 요구하는 일체의 명령을 발하고 일체의 조치를 취할 것을 약속한다.

우리는 이에 일본제국 정부 및 일본제국 총사령부에 대해, 일본국의 통제 하에 있는 일체의 연합국 포로 및 민간인 피억류자를 즉시 석방할 것 및 그 보호, 간호, 부양 및 지시된 장소로의 즉시 수송을 위해 조치를 취할 것을 명한다.

황제 및 일본 정부의 국가 통치의 권한은 본 항복 조건을 실시하는 데 적절하다고 인정하는 조치를 집행하는 연합국 최고사령관에 복종된다.

1945년 9월 2일 오전 9시 4분 일본 도쿄만상에서 서명한다.

GENERAL HEADQUARTERS

SUPREME COMMANDER FOR THE ALLIED POWERS

(29 January 1946)

AG 091(29 Jan. 46) GS

(SCAPIN-677)

MEMORANDUM FOR IMPERIAL JAPANESE GOVERNMENT

THROUGH: Central Liaison Office, Tokyo.

SUBJECT: Governmental and Administrative Separation of Certain Outlying Areas from Japan

1. The Imperial Japanese Government is directed to cease exercising or attempting to exercise, governmental or administrative authority over any area outside of Japan, or over any government officials and employees or any other persons within such areas.

2. Except as authorized by this Headquarters, the Imperial Japanese Government will not communicate with government officials and employees or with any other persons outside of Japan for any purposes other than the routine operation of authorized shipping, communications and weather services.

3. For the purpose of this directive, Japan is defined to include the four main islands of Japan(Hokkaido, Honshu, Kyushu and Shikoku) and the approximately 1,000 smaller adjacent islands, including the Tsuima Islands and the Ryukyu(Nansei) Islands north of 30°North Latitude(excluding Kuchinoshima Island); and excluding (a) Utsryo(Ullung) Island, Liancourt Rocks(Take Island) and Quelpart(Saishu or Cheju Island), (b) the Ryukyu(Nansei) Islands south of 30°North Latitude(including Kuchinoshima Island), the Izu, Nanpo, Bonin(Ogasawara) and Volcano(Kazan or Iwo) Island Groups, and all other outlying Pacific Islands including the Daito(Ohigashi or Oagari) Island Group, and Parece Vela(Okino-tori), Marcus(Minami-tori) and Ganges(Nakano-tori)

총사령부

연합국 최고사령관

　　　1946년 1월 29일

AG 091(29 Jan 46) GS

연합국최고사령부 지령 제677호(SCAPIN-677)

일본제국 정부에게 하달하는 각서

경유: 종전연락중앙사무국

제목: 일정 외곽 지역에 대한 일본으로부터의 통치권적·행정적 분리

1. 일본제국 정부는 일본 이외의 어떠한 지역 또는 그 지역의 정부 관리와 피용자 또는 어떠한 사람에 대해서도 통치권적·행정적 권한을 행사하거나 행사를 기도함을 종결할 것을 명한다.

2. 본 연합국 최고사령부에 의해 인가받은 경우를 제외하고, 일본 정부는 인가받은 항해, 통신과 기상서비스의 일상적 운용을 위한 것 이외에는 어떠한 목적으로도 일본 국외 정부 공무원과 고용인 그리고 다른 사람들과 통신할 수 없다.

3. 이 지령의 목적을 위해 일본은 일본의 4개 본도(홋카이도, 혼슈, 규슈, 시코쿠)와 약 1천 개의 더 작은 인접 섬들을 포함하는 것으로 정의되며, (일본에) 포함되는 것은 쓰시마도(対馬島) 및 북위 30도 이북의 류큐(난세이)제도이고(구치노시마 제외), (일본에서) 제외되는 것은 (a) 우츠료(울릉)도, 리앙쿠르암(다케 아일랜드, 독도를 말함), 퀠파트(사이슈 또는 제주도), (b) 북위 30도 이남의 류큐(난세이)제도(구치노시마 포함), 이즈, 난포, 보닌(오가사와라) 및 화산(카잔, 유황)군도와, 다이토(오히가시 또는 오아가리)군도, 파레세 벨라(오키노토리시마), 마커스(미나미토리시마), 겐지스(나카노토리시마)를 포함한 기타 모든 외부 태평양의 제도, (c) 쿠릴(치시마)열도, 하보마이(하포마쓰)군

Islands, and (c) the Kurile(Chishima) Islands, the Habomai(Hapomaze) Island group (including Suisho, Yuri, Akiyuri, Shibotsu, and Taraku Island) and Shikotan Island.

4. Further areas specifically excluded from the governmental and administrative jurisdiction of the Imperial Japanese Government are the following: (a) all Pacific Islands seized or occupied under mandate or otherwise by Japan since the beginning of the World War in 1914, (b) Manchura, Formosa and the Pescadores, (c) Korea, and (d) Karafuto.

5. The definition of Japan contained in this directive shall also apply to all future directives, memoranda and orders from this Headquarters unless otherwise specified therein.

6. Nothing in this directive shall be construed as an indication of Allied policy relating to the ultimate determination of the minor islands referred to in article 8 of the Potsdam Declaration.

7. The Imperial Japanese Government will prepare and submit to this Headquarters a report of all governmental agencies in Japan the functions of which pertain to areas outside of Japan as defined in this directive. Such report will include a statement of the functions, organization and personnel of each of the agencies concerned.

8. All records of the agencies referred to in paragraph 7 above will be preserved and kept available for inspection by this Headquarters.

도(스이쇼, 유리, 아키유리, 시보쓰, 다라쿠도를 포함한다)와 시코탄도다.

4. 또한 일본제국 정부의 통치권적·행정적 관할권으로부터 특별히 제외되는 지역은 다음과 같다.

(a) 1914년의 세계대전 개전 이래, 일본이 위임 통치 또는 그 외의 방법으로 탈취 또는 점령한 전 태평양 제도. (b) 만주, 타이완, 펑후제도. (c) 한국(Korea) 및 (d) 사할린.

5. 이 지령에 규정된 일본의 정의(The definition of Japan)는 달리 규정하지 않는 한, 본 연합국최고사령부에서 발하는 금후의 모든 지령, 각서, 명령에도 적용된다.

6. 이 지령의 어떠한 것도 포츠담선언 제8항에서 언급된 '작은 섬들(the minor islands)'의 최종적 결정에 관한 연합국 정책을 표시하는 것으로 해석되어서는 안 된다.

7. 일본제국 정부는 이 지령에서 정의하는 일본 외의 지역에 관련된 기능을 가지는 모든 정부기관에 관해 본 연합국 최고사령부에 보고서를 작성해 제출해야 한다. 이 보고는 관계되는 각 기관의 기능, 조직 및 직원 상태를 포함해야 한다.

8. 위 제 7항에 규정된 기관에 관한 모든 기록은 본 연합국 최고사령부의 검열을 받을 수 있도록 보관·유지되어야 한다.

GENERAL HEADQUARTERS

SUPREME COMMANDER FOR THE ALLIED POWERS

APO 500

22 June 1946

AG 800.217(22 June 46)NR

(SCAPIN 1033)

MEMORANDUM FOR IMPERIAL JAPANESE GOVERNMENT

THROUGH: Central liaison Office, Tokyo

SUBJECT: Area Authorized for Japanese Fishing and Whaling

References: (a) FLTLOSCAP Serial No. 80 of 27 September 1945.

(b) SCAJAP Serial No. 42 of 13 October 1945.

(c) SCAJAP Serial No. 587 of 3 November 1945.

1. The provisions of references (a) and (b), and paragraphs 1 and 3 of reference (c) in so far as they relate to authorization of Japanese fishing areas, are rescinded.

2. Effective this date and until further notice Japanese fishing whaling and similar operations are authorized within the area bounded as follow: From a point midway between Nosappu Misaki and Kaigara Jima at approximately 43°23′North Latitude, 145°51′East Longitude; to 43°North Latitude, 146°30′East Longitude; thence to 45° North Latitude, 165°East Longitude; thence south along 165th Meridian to 24°North Latitude; west along the 24th Parallel to 123°East Longitude; thence north to 26°North latitude, 123°East Longitude; thence north to 26°North Latitude, 123°East Longitude; thence to 32°30′North Latitude, 125°East Longitude; thence to 33°North Latitude, 127°40′East Latitude; thence to 40°North Latitude, 135°East Longitude; to 45°30′North Latitude, 145°East; Longitude rounding Soya Misaki at a distance of three (3) miles from shore; south along 145th Meridian to a point three (3) miles off the coast of Hokkaido; thence along a line three (3) miles off the coast of Hokkaido

총사령부

연합국 최고사령관

     1946년 6월 22일

AG 800.217(22 June 46) NR

연합국최고사령부 지령 제1033호(SCAPIN-1033)

일본제국 정부에 하달하는 각서

경유: 종전연락중앙사무국

제목: 일본의 어업 및 포경업 승인 지역

참조: (a) FLTLOSCAP 일련번호 제80호, 1945년 9월 27일자.

     (b) SCAJAP 일련번호 제42호, 1945년 10월 13일자.

     (C) SCAJAP 일련번호 제587호, 1945년 11월 3일자.

  1. 참조 (a) 및 (b)와 참조 (c)의 1항 및 3항은 일본의 어업 구역 승인에 관한 한 폐지된다.

  2. 금일자로 유효하고 또 추후 통지가 있을 때까지 유효한 일본의 어업 및 포경업과 유사한 운영은 다음 한계 구역 내에서 승인된다: 북위 약 43° 23′, 동경 145° 51′에 있는 노삿푸미사키와 가이가라지마 사이에 있는 중간 지점으로부터; 북위 43°, 동경 146° 30′; 거기서부터 북위 45°, 동경 165°; 거기서부터 165번째 자오선에 따라 남쪽으로 북위 24° 까지; 서쪽으로 24번째 위도선에 따라 동경 123° 까지; 거기서부터 북쪽으로 북위 26°, 동경 123°; 거기서부터 북위 32° 30′, 동경 125°; 거기서부터 북위 33°, 동경 127° 40′; 거기서부터 북위 40°, 동경 135°; 북위 45° 30′, 소야미사키 해안으로부터 3마일 거리를 두어 그 주위를 돌아서 동경 145°; 남쪽으로 145번째 자오선을 따라서 홋카이도 해안으로부터 3마일 떨어진 지점까지; 거기서부터 홋카이도 해안으로부터 3마일 떨어진 한 선을 따라서 시레토코사키를

rounding Shiretoko Saki and passing through Nemuro Kaikyo to the starting point midway between Nosappu Misaki and Kaigara Jima.

3. Authorization in paragraph 2 above is subject to the following provisions:

(a) Japanese vessels will not approach closer than twelve (12) miles to any island within the authorized area which lies south of 30°North Latitude with the exception of Sofu Gan. Personnel from such vessels will not land on islands lying south of 30°North Latitude, except Sofu Gan. nor have contact with any inhabitants thereof.

(b) Japanese vessels or personnel thereof will not approach closer than twelve (12) miles to Takeshima(37° 15′North Latitude, 131° 53′East Longitude) nor have any contact with said island.

4. The present authorization does not establish a precedent for any further extension of authorized fishing areas.

5. The present authorization is not an expression of allied policy relative to ultimate determination of national jurisdiction, international boundaries or fishing rights in the area concerned or in any other area.

돌아서 네무로 카이쿄를 통과해 노삿푸미사키와 가이가라지마 사이의 중간에 있는 처음 시작한 지점까지.

3. 위 2항의 승인은 다음 규정에 따라야 한다.

(a) 일본 선박은 소후간(Sofu Gan)을 제외하고는 북위 30°의 남쪽에 있는 승인 구역 내에 존재하고 있는 어느 도서에도 12마일 이내로 접근하지 못한다. 동 일본 선박 승무원들은 소후간을 제외하고 북위 30° 남쪽에 있는 어떤 육지에도 상륙하거나 그 육지의 어떤 주민과도 접촉을 가져서는 안 된다.

(b) 일본 선박이나 선원들은 다케시마(=독도)(북위37° 15′, 동경 131° 53′)에 12마일 이내로 접근하거나 동 도서에 어떠한 접촉도 해서는 안 된다.

4. 본 승인은 승인된 어업 구역의 어떤 확장을 위한 선례를 결정하는 것이 아니다.

5. 본 승인은 국가적 관할권, 국제적 경계 또는 관계 구역이나 기타 어떤 구역 내의 어업권에 대한 최종적 결정과 관련된 연합국 정책의 한 표명은 아니다.

Agreement between the Government of the Republic of Korea and the Government of the United States of America Concerning the Transfer of Authority to the Government of the Republic of Korea and the Withdrawal of United States Occupation Forces

Effected by Exchange of Letters
Signed at Seoul August 9 and 11, 1948
Enterred into force August 11, 1948

The President to the Commanding General, the United States Army Forces in Korea
Republic of Korea
Office of the President
Seoul, 9 August 1948

(······)

The Commanding General, the United States Army Forces
in Korea to the President
11 August 1948

Sir,

I have the honour to acknowledge Your Excellency's Note of 9 August 1948, in which you informed me of the fact that, in accordance with the United Nations General Assembly resolution II of 14 November 1947, the United Nations Temporary Commission on Korea was notified on 6 August 1948 of the formation of the Government of the Republic of Korea, and in which you requested my co-operation and assistance in transferring to that Government the functions of government now exercised by me as Commanding General of the United States Army Forces in Korea.

대한민국 정부와 아메리카합중국 정부 간의 대한민국 정부에의 통치권 이양 및 미국 점령군대의 철수에 관한 협정

각서교환으로 체결
1948년 8월 9일 및 11일 서울에서 서명
1948년 8월 11일 발효

대통령으로부터 주한미군 총사령관에게
대한민국 대통령실
1948년 8월 9일, 서울

(생략)

주한미군 총사령관으로부터 대통령에게
1948년 8월 11일

각하,

본관은 1948년 8월 9일자 각하의 각서를 접수했음을 영광으로 생각하며, 각하는 그 각서에서 국제연합 총회의 1947년 11월 14일자 결의 2에 따라 1948년 8월 6일 국제연합 임시 한국위원단에 대한민국 정부의 수립을 통고한 사실을 본관에게 통지하시고, 또한 본관이 현재 주한 미국군대 총사령관의 자격으로 행사하는 통치 기능을 그 정부에 이양함에 있어서 본관의 협력과 원조를 요청했습니다.

I am pleased to note that the Government of the Republic of Korea recognizes that it will be necessary for me to retain control over areas and facilities of vital importance(such as ports, camps, railways, lines of communication, airfields, etc.) as I deem necessary in order to accomplish the transfer of authority to the Government of the Republic of Korea and the withdrawal of United States occupation forces from Korea in accordance with the United Nations General Assembly resolutions on Korea. Furthermore, I note that the Government of the Republic of Korea recognizes my exclusive jurisdiction over the personnel of my Command, both military and civilian, including their dependents.

I shall be pleased to co-operate with you in arranging a progressive and orderly transfer of governmental functions, including the assumption of responsibilities for the direction of all police, coast guard and constabulary units now in being, leading to the withdrawal of United States force from Korea and the termination of the United States occupation.

To this end, and for the purpose of facilitating arrangements for the withdrawal of the forces under my Command, I have appointed Major General C. G. Helmick and Mr. Everett F. Drumright to consult with Your Excellency's representatives: Mr. Lee Bum Suk, Mr. Yun Tchi Young and Mr. T. S. Chang.

JOHN R. HODGE
Lieutenant General, U. S. Army,
Commanding

His Excellency SYNGMAN RHEE,
President of the Republic of Korea,
Seoul

본관은 대한민국 정부가 한국에 관한 국제연합 총회의 결의에 따라 본관이 대한민국 정부에 대한 권한의 이양과 한국으로부터의 미국 점령군의 철수를 수행하기 위해 필요하다고 생각하는 매우 중요한 구역과 시설(이를테면 항구, 야영지, 철도, 통신망, 비행장 등)에 대한 관리권을 계속 보유할 필요가 있으리라는 점을 인정하는 것을 알고 기쁘게 생각하는 바입니다.

또한 본관은 대한민국 정부가 본관의 지휘를 받는 인원에 대해 군인과 문관을 불문하고 또한 그들의 부양가족과 함께 본관의 전속적 관할을 인정하는 것으로 압니다.

본관은 한국으로부터의 미국 군대의 철수와 미국 점령의 종결을 이룩하기 위해 현존하는 모든 경찰, 해양경비대 및 국방경비대의 지휘 책임 인계를 포함하는 통치 기능의 점진적이고 질서 있는 이양을 조치함에 있어서 각하와 협력하는 것을 기쁘게 생각합니다.

이를 위해, 그리고 또한 본관의 지휘하에 있는 군대의 철수를 위한 조치를 용이하게 하기 위해 본관은 C. G. 헬믹 소장과 에버렛 F. 드럼라이트 씨를 각하의 대표인 이범석, 윤치영 및 장택상 씨와 협의하도록 임명하겠습니다.

존 R. 하지
육군중장 총사령관

서울
대한민국 대통령
이승만 각하

Rusk note of August 10, 1951 by Dean Rusk

His Excellency
Dr. You Chan Yang,
Ambassador of Korea.

Excellency:

I have the honor to acknowledge the receipt of your notes ,of July 19 and August 2, 1951 presenting certain requests for the consideration of the Government of the United States with regard to the draft treaty of peace with Japan.

With respect to request of the Korean Government that Article 2(a) of the draft be revised to provide that Japan "confirms that it renounced on August 9, 1945, all right, title and claim to Korea and the islands which were part of Korea prior to its annexation by Japan, including the islands Quelpart, Port Hamilton, Dagelet, Dokdo and Parangdo," the United States Government regrets that it is unable to concur in this proposed amendment. The United States Government does not feel that the Treaty should adopt the theory that Japan's acceptance of the Potsdam Declaration on August 9, 1945 constituted a formal or final renunciation of sovereignty by Japan over the areas dealt with in the Declaration. As regards the island of Dokdo, otherwise known as Takeshima or Liancourt Rocks, this normally uninhabited rock formation was according to our information never* treated as part of Korea and, since about 1905, has been under the jurisdiction of the Oki Islands Branch Office of Shimane Prefecture of Japan. The island does not appear** ever before to

---

* 'never'는 '결코'라고 해석하는 것보다는 '……한 적이 없다'라고 해석하는 것이 타당하다.
** 'appear'는 '……인 것 같다'의 뜻이다. 따라서 이 부분을 '한국은 지금까지 영유권을 주장한 적이 없다'고 단정적인 표현으로 번역하는 것은 잘못이다.

러스크(Dean Rusk) 비밀서한(1951년 8월 10일)

양유찬
주미 대한민국 대사

각하

귀하가 보내신 일본과의 평화조약의 초안에 관해 미국 정부의 재고(再考)를 요청하는 1951년 7월 19일 및 8월 2일자의 문서를 확실히 수령했음을 삼가 알려드립니다.

(한국의 독도·파랑도 명시 요구에 대한 거부)

초안 제2조 (a)항을, 일본은 "한국 및 제주도, 거문도, 울릉도, 독도 및 파랑도 등 일본에 의한 한국 병합 이전에 한국의 일부였던 여러 섬들에 대한 모든 권리, 주권 및 청구권을, 1945년 8월 9일에 포기한 것을 확인한다"고 규정하도록 수정해야 한다는 대한민국 정부의 요구에 대해서, 유감스럽지만 미국 정부는 그 제안에 동의할 수 없습니다. 미국 정부는, 1945년 8월 9일의 일본에 의한 포츠담선언 수락에 의해 동 선언의 대상이 되는 지역에 대해 일본이 공식적 또는 최종적으로 주권(sovereignty)을 포기했다고 하는 이론을 평화조약에서 채택해야 한다고 생각(feel)하지 않습니다. 독도, 다케시마, 혹은 리앙쿠르암으로 알려져 있는 섬에 대해, 우리 측의 정보에 의하면, 평상시 사람이 거주하지 않는 이 암초(rock formation)는, 한국의 일부로서 취급되었던 적이 없으며, 1905년경부터 일본의 시마네현 오키도청의 관할하에 있었습니다. 이 섬에 대해 한국에서 지금까지 영유권을 주장한 적이 있다고 보이지 않습니다. '파랑도(=이어도)'가 본 조약에서 일본에 의해 포기되는 섬에 포함되어야 한다고 하는 한국 정부의 요구는 철회되었다고 이해합니다.

have been claimed by Korea. It is understood that the Korean Government's request that "Parangdo" be included among the islands named in the treaty as having been renounced by Japan has been withdrawn.

The United States Government agrees that the terms of paragraph (a) of Article 4 of the draft treaty are subject to misunderstanding and accordingly proposes, in order to meet the view of the Korean Government, to insert at the beginning of paragraph (a) the phrase, Subject to the provisions of paragraph (b) of this Article, and then to add a new paragraph (b) reading as follows:

(b) Japan recognizes the validity of dispositions of property of Japan and Japanese nationals made by or pursuant to directives of United States Military Government in any of the areas referred to in Articles 2 and 3. The present paragraph (b) of Article 4 becomes paragraph (c).

The Government of the United States regrets that it is unable to accept the Korean Government's amendment to Article 9 of the draft treaty. In view of the many national interests involved, any attempt to include in the treaty provisions governing fishing in high seas areas would indefinitely delay the treaty's conclusion. It is desired to point out, however, that the so-called MacArthur line will stand until the treaty comes into force, and that Korea, which obtains the benefits of Article 9, will have the opportunity of negotiating a fishing agreement with Japan prior to that date.

(재한 일본인 재산은 이미 대한민국 정부 수립 후에 한국에 귀속되었으므로 재론할 필요가 없다는 한국의 요구는 수락함)

미국 정부는 초안 제4조 (a)항의 문언이 오해를 불러오기 쉽다는 것에 동의하며, 이를 한국 정부의 견해와 일치시키기 위해, (a)항의 모두(冒頭)에 "본 조 (b)항의 규정에 따르는 것을 조건으로"라는 구절을 삽입하고, 그다음에 아래와 같이 새로이 (b)항을 추가하는 것을 제안합니다.

(b) 일본은, 제2조 및 제3조에 의해 규정되는 지역에 있으며, 미국 군정부의 지령에 의해 이루어진 일본 및 일본 국민의 재산에 대한 처분이 유효함을 인정한다.

현재의 제4조 (b)항은 (c)항이 됩니다.

(한국의 맥아더 라인 존속 요구에 대한 거부)

미국 정부는, 한국 정부의 초안 제9조 수정안을 받아들이지 못하는 것을 유감스럽게 생각합니다. 많은 나라의 이해가 결부되어 있기 때문에, 공해상의 어업을 통제하는 조항을 조약에 포함시키려 하는 것은 조약 체결을 무기한적으로 늦출 수 있습니다. 그러나 이른바 맥아더 라인은 조약이 발효할 때까지 유효하고, 한국은 제9조에 규정된 이익을 얻으며, 해당 발효일까지 일본과 어업 협정을 개시할 수 있는 기회를 얻을 수 있다는 점을 지적하고 싶습니다.

With respect to the Korean Government's desire to obtain the benefits of Article 15(a) of the treaty, there would seem to be no necessity to oblige Japan to return the property of persons in Japan of Korean origin since such property was not sequestered or otherwise interfered with by the Japanese Government during the war. In view of the fact that such persons had the status of Japanese nationals it would not seem appropriate that they obtain compensation for damage to their property as a result of the war.

Accept, Excellency, the renewed assurances of my highest consideration.

For the Secretary of State:
Dean Rusk

(한국의 연합국 지위 인정 요구 거부)

조약 제15조 (a)항의 이익을 얻고 싶다는 한국 정부의 희망에 대해서는, 전시에 한국에 기원을 가지며 일본에 거주하던 사람들의 재산이 일본 정부에 의해 몰수되거나 또는 다른 형태로 방해되지 않았던 것으로부터 미루어 보아, 일본이 해당 재산을 반환하도록 의무화할 필요는 없다고 생각합니다. 해당인들이 일본 국민의 지위를 가지고 있던 사실로 보건대, 전쟁의 결과로서 그 사람들이 재산에 대한 손해 보상을 얻는 것은 타당하다고 생각하지 않습니다.

거듭 각하에게 경의를 표합니다.

국무장관을 대신해,
딘 러스크

John Foster Dulles's Speech at the San Francisco Peace Conference[*]
September 5, 1951

What is the territory of Japanese sovereignty? Chapter II deals with that. Japan formally ratifies the territorial provisions of the Potsdam Surrender Terms, provisions which, so far as Japan is concerned, were actually carried into effect 6 years ago.

The Potsdam Surrender Terms constitute the only definition of peace terms to which, and by which, Japan and the Allied Powers as a whole are bound. There have been some private understandings between some Allied Governments; but by these Japan was not bound, nor were other Allies bound. Therefore, the treaty embodies article 8 of the Surrender Terms which provided that Japanese sovereignty should be limited to Honshu, Hokkaido, Kyushu, Shikoku and some minor islands. The renunciations contained in article 2 of chapter II strictly and scrupulously conform to that surrender term.

Some question has been raised as to whether the geographical name "Kurile Islands" mentioned in article 2 (c) includes the Habomai Islands. It is the view of the United States that it does not. If, however, there were a dispute about this, it could be referred to the International Court of Justice under article 22.

---

[*] 外務省 條約局 法規課, 『平和條約の締結に關する調書VII』, pp. 267~284에서 영토 관련 부분만 발췌한 것이다. 일본어판(같은 책, pp. 73~93)과는 약간 다르지만, 큰 차이는 없다.

샌프란시스코 평화회의에서의 존 포스터 덜레스의 연설(1951년 9월 5일)

일본의 영역은 무엇인가? 제2장은 이를 다룬다. 일본은 6년 전에 실제로 시행된 항복 조건의 영토 규정을 여기에서 정식으로 승인하는 것이 된다.

포츠담 항복 조건은 일본과 연합국이 전체적으로 구속되는 유일한 평화 조건의 정의이다. 몇 개의 연합국 정부 간의 개별적 합의들이 있지만, 그들에 의해 일본이나 다른 연합국은 구속되지 않는다. 그래서 조약은 일본의 주권은 혼슈, 홋카이도, 규슈, 시코쿠와 작은 섬들로 제한된다는 항복 조건 8개 항을 구체화했다. 제2장 제2조에서 정하는 포기는 엄격하고 세밀하게 항복 조건에 따른 것이다.

제2조 (c)의 쿠릴제도라고 하는 지리적 호칭이 하보마이제도를 포함하는가 하는 문제가 제기되었다. 포함하지 않는다고 하는 것이 미국의 견해다.* 이 점에서 분쟁이 있으면, 제22조에 따라 국제사법재판소에 회부될 수 있을 것이다.

---

* 현재 일본과 러시아의 분쟁 대상이 된 섬 중의 하나인 하보마이섬(齒舞)에 대해 덜레스는 분명하게 일본령으로 생각한다는 의견을 표명했다. 그러나 독도에 대해서는 아무런 언급도 하지 않았다. 이틀 후(1951. 9. 7.)에 있었던 요시다(吉田) 일본 수상의 연설에서도 독도는 언급하지 않았다.

Some Allied Powers suggested that article 2 should not merely delimit Japanese sovereignty according to Potsdam, but specify precisely the ultimate disposition of each of the ex-Japanese territories. This, admittedly, would have been neater. But it would have raised questions as to which there are now no agreed answers.

We had either to give Japan peace on the Potsdam Surrender Terms or deny peace to Japan while the Allies quarrel about what shall be done with what Japan is prepared, and required, to give up. Clearly, the wise course was to proceed now, so far as Japan is concerned, leaving the future to resolve doubts by invoking international solvents other than this treaty.

일부 연합국은 제2조에서 포츠담선언에 따라 일본의 주권이 미치는 범위를 한정하는 데 그치지 않고, 구일본 영토 각각의 최종적인 처분을 정확하게 구체적으로 명시할 것을 제안했다. 분명히 그것은 더 깔끔할 것이다. 그러나 그것은 지금 일치된 회답을 얻을 수 없는 문제를 불러일으킬 것이다.

　우리는 일본에 포츠담 항복 조건에 근거해 평화를 주어야 하는가? 아니면 일본이 명백히 포기를 각오하고 있고, 또한 포기를 요구받고 있는 것을 여하히 처분하는가에 대해 연합국이 싸우고 있는 사이에 일본에게 평화를 허락하지 않아야 하는가? 둘 중의 하나였다. 명백히 현명한 것은, 일본에 관한 한, 이 조약이 아닌 다른 국제적 해결 수단을 원용해 의문을 해소할 것을 장래로 넘기고, 지금 진행하는 것이었다.

Prime Minister Shigeru Yoshida's Speech at the San Francisco
Peace Conference[*]
September 7, 1951

The peace treaty before the Conference contains no punitive or retaliatory
clauses; nor does it impose upon Japan any permanent restrictions or
disabilities. It will restore the Japanese people to full sovereignty, equality, and
freedom, and reinstate us as a free and equal member in the community of
nations. It is not a treaty of vengeance, but an instrument of reconsiliation The
Japanese Delegation gladly accepts this fair and generous treaty.

On the other hand, during these past few days in this very conference hall
criticisms and complaints have been voiced by some delegations against this
treaty. It is impossible that anyone can be completely satisfied with a
multilateral peace settlement of this kind. Even we Japanese, who are happy
to accept the treaty, find in it certain points which cause us pain and anxiety.

I speak of this with diffidence, bearing in mind the treaty's fairness and
magnanimity unparalleled in history and the position of Japan. But I would
be remiss in my obligation to my own people if I failed to call your attention
to these points.

---

[*] 外務省 条約局 法規課, 『平和条約の締結に関する調書VII』, pp. 313~317에서 영토 관
련 부분만 발췌한 것이다. 앞의 딜레스 연설과 마찬가지로 같은 책 일본어판(pp. 128~133)
과는 조금 다르지만, 큰 차이가 없으므로 영문을 그대로 쓴다.

샌프란시스코회의에서의 일본 수상 요시다 시게루의 연설(1951년 9월 7일)

여기에 제시된 평화조약은 징벌적 조항이나 보복적인 조항을 포함하지 않으며, 일본에 항구적인 제한이나 무자격을 부과하는 것도 없다. 일본인들에게 완전한 주권과 평등과 자유를 되찾게 하고, 그들을 자유와 평등의 일원으로서 국제 사회로 맞이하는 것이다. 이 평화조약은 복수(復讐)의 조약이 아니라, '화해'와 '신뢰'의 문서다. 일본 전권대표는 이 공정 관대한 평화조약을 기꺼이 수락한다.

한편, 지난 며칠 동안 이 회의 석상에서 몇몇 대표들은, 이 협약에 대해 비판과 불평을 표명했지만, 이러한 다자국간의 평화 해결에서 모든 나라를 완전히 만족시키는 것은 불가능하다. 이 평화조약을 기꺼이 수락하는 우리 일본인조차도 어떤 점에 대해서는 고통과 우려를 느끼고 있다.

이 조약은 공정하고 역사상 이제까지 볼 수 없는 관대한 것이다. 일본이 처해 있는 지위를 충분히 알고 있지만, 굳이 몇 가지 점에 대해 전권대표 여러분의 주의를 환기시키는 것은 우리 국민에 대한 나의 책무라고 생각한다.

In the first place, there is the matter of territorial disposition. As regards the Ryukyu archipelago and the Bonins which may be placed under United Nations trusteeship, I welcome in the name of the Japanese nation the statements by the American and British Delegates on the residual sovereignty of Japan over the islands south of the 29th degree, north latitude. I cannot but hope that the administration of these islands will be put back into Japanese hands in the not distant future with the reestablishment of world security-especially the security of Asia.

With respect to the Kuriles and South Sakhalin, I cannot yield to the claim of the Soviet Delegate that Japan had grabbed them by aggression. At the time of the opening of Japan, her ownership of two islands of Etoroff and Kunashiri of the South Kuriles was not questioned at all by the Czarist government. But the North Kuriles north of Urruppu and the southern half of Sakhalin were areas open to both Japanese and Russian settlers. On May 7, 1875 the Japanese and Russian Governments effected through peaceful negotiations an arrangement under which South Sakhalin was made Russian territory, and the North Kuriles were in exchange made Japanese territory.

But really, under the name of "exchange" Japan simply ceded South Sakhalin to Russia in order to settle the territorial dispute. It was under the Treaty of Portsmouth of 1905 concluded through the intermediary of President Theodore Roosevelt of the United States that South Sakhalin became also Japanese territory.

Both Sakhalin and the North and South Kuriles were taken unilaterally by Russia as of September 20, 1945, shortly after Japan's surrender. Even the islands of Habomai and Shikotan, constituting part of Hokkaido, one of Japan's four main islands, are still being occupied by Soviet forces simply because they happened to be garrisoned by Japanese troops at the time when the war ended.

첫째, 영토의 처분 문제다. UN의 신탁통치 제도하에 두게 될 류큐제도, 오가사와라 군도와 관련해, 북위 29도 이남 여러 섬의 주권이 일본에 남게 된다는 미국 전권대표와 영국 전권대표의 발언을 일본 국민의 이름으로 크게 환영하는 바다. 나는 세계의 안전, 특히 아시아의 안전이 재확립되고, 이들 여러 섬이 멀지 않은 장래에 일본의 행정 아래에 돌아오는 것을 기대하는 바다.

쿠릴열도 및 남사할린에 관해서는 일본이 침략에 의해 탈취한 것이라는 소련 전권대표의 주장을 나는 따를 수 없다. 일본 개국 당시 쿠릴 남부의 두 섬, 에토로후, 구나시리의 영유권에 대해서는 제정 러시아도 아무런 이의를 제기하지 않았다. 단지 우루프(得撫) 이북의 북쿠릴제도와 사할린 남부는, 당시 러·일 양국 이주민에게 개방된 땅이었다. 1875년 5월 7일 러·일 양국 정부는 평화적인 협상을 통해 사할린 남부는 러시아령으로 하고 그 대가로 북쿠릴제도는 일본령으로 하기로 합의한 것이다. 이름은 '대가' 이지만, 사실은 영토 분쟁을 해결하기 위해 사할린 남부를 양도한 것이다. 그 후 사할린 남부도 1905년 시어도어 루스벨트 미국 대통령의 중재에 의해 맺어진 포츠머스 강화조약에서 일본령이 된 것이다.

사할린과 북쿠릴제도 그리고 남쿠릴제도는 일본 항복 직후인 1945년 9월 20일 일방적으로 러시아에 의해 소련령으로 취해진 것이다. 또한 일본의 4개 본토 중 하나인 홋카이도의 일부를 구성하는 하보마이제도와 시코탄 섬도 종전 당시 우연히 일본 병영이 존재했기 때문에 소련군에 점령된 상태다.*

---

* 현재에도 러시아와 분쟁 중에 있는 하보마이, 시코탄, 구나시리, 에토로후 등 북방 4개 섬에 대해서는 일일이 이름을 거명해가면서 그 영유권을 주장했으나, 독도에 대해서는 전혀 거론하지 않았다는 사실에 주목할 필요가 있다.

FROM: SecState WASHINGTON

NR: 497
DATE: December 9, 1953, 7 pm
SENT TOKYO 1387 RPTD INFO SEOUL 497 FROM DEPT.
Tokyo's 1306 repeated Seoul 129.

Department aware of peace treaty determinations and US administrative decisions which would lead Japanese expect us to act in their far in any dispute with ROK over sovereignty Takeshima. However to best of our knowledge formal statement US position to ROK in Rusk note August 10, 1951 has not rpt not been communicated Japanese. Department believes may be advisable or necessary at sometime inform Japanese Government US position on Takeshima. Difficulty this point is question of timing as we do not rpt not wish to add another issue to already difficult ROK-Japan negotiations or involve ourselves further than necessary in their controversies, especially in light many current issues pending with ROK.

Despite US view peace treaty a determination under terms Potsdam Declaration and that treaty leaves Takeshima to Japan, and despite our participation in Potsdam and treaty and action under administrative agreement, it does not rpt not necessarily follow US automatically responsible for settling or intervening in Japan's international disputes, territorial or otherwise, arising from peace treaty. US view re Takeshima simply that of one of many signatories to treaty.

덜레스(John Foster Dulles) 전문

발신: 국무성, 워싱턴
NR: 497
일자: 1953년 12월 9일, 7 p.m.
SENT TOKYO 1387 RPTD INFO SEOUL 497 FROM DEPT
Tokyo's 1306 repeated Seoul 129

　미 국무성은 미국으로 하여금 다케시마의 영유권에 관한 한국과의 분쟁에 있어서 일본의 편에서 행동해줄 것을 기대하도록 하는 평화조약의 결정과 미국의 행정적 결정에 대해 알고 있다. 그러나 우리가 알기로는, 1951년 8월 10일의 러스크 서한(Rusk note)에 있는 한국에 대한 미국의 공식적 입장은 일본에 전달되지 않았다. 국무성은 다케시마(=독도)에 대한 미국의 입장을 언젠가 일본 정부에 알리는 것이 바람직하거나 필요하다고 생각한다. 이 시점에서, 우리는 또 하나의 이슈를, 이미 어려운 한일 간 협상들에 더하거나, 필요 이상으로 그들의 논쟁에 개입하는 것을 원치 않기 때문에, 특히 한국과의 많은 현안 이슈를 감안할 때, 어려운 점은 타이밍의 문제다.

　미국은 평화조약이 포츠담선언에 따른 결정이고, 조약은 다케시마를 일본에 남겼다고 보고 있음에도 불구하고, 그리고 포츠담선언과 조약에의 참여 및 행정협정하의 조치에도 불구하고, 평화조약으로부터 발생하는 일본의 영토 관련 또는 다른 국제 분쟁에 있어서, 해결하거나 개입할 책임을 자동적으로 미국이 반드시 부담하는 것은 아니다. 다케시마(=독도)에 대한 미국의 견해는 단지 많은 조약 서명국들 중 1개국의 것에 불과하다.*

---

*　원문에 생략이 많고, 전문(telegram) 특유의 용어가 사용되었다.

Article 22 was framed for purpose settling treaty disputes. New element mentioned paragraph 3 your 1275 of Japanese feeling United States should protect Japan from ROK pretensions to Takeshima cannot rpt not be considered as legitimate claim for US action under security treaty. For more serious threat to both US and Japan in Soviet occupation Habomais does not rpt not impel US take military action against USSR nor rpt nor would Japanese seriously contend such was our obligation despite our public declaration Habomais are Japanese territory. While not rpt not desirable impress on Japanese Government security treaty represents no rpt no legal commitment on part US, Japan should understand benefits security treaty should not rpt not be dissipated on issues susceptible judicial settlement. Therefore as stated DEPTEL to Pusan 365 rptd info Tokyo 1360 November 26, 1952 and restated DEPTEL 1198 US should not rpt not become involved in territorial dispute arising from Korean claim to Takeshima.

Issue seems less acute at moment so perhaps no rpt no action on our part required. However in case issue revived believe our general line should be that this issue, if it cannot rpt not be settled by Japanese and Koreans themselves, is kind of issue appropriate for presentation International Court of Justice.

DULLES

제22조는 조약 분쟁을 해결하기 위한 것이다. 미국이 독도에 대한 한국의 요구로부터 일본을 보호해야 한다는 귀하의 1275문서 제3항에 언급된 일본인들의 생각(Japanese feeling)의 새로운 요소(element)는 안전보장조약 하에서 미국의 조치에 대한 정당한 요구로 고려될 수 없다. 미국과 일본 양쪽에 훨씬 더 심각한 위협인 소련의 하보마이 점령은 미국으로 하여금 군사적 조치를 취하도록 강요하지 않는다. 또한 우리가 하보마이는 일본 영토라고 공식적으로 선언했음에도 일본은 그것이 우리의 의무라고 심각하게 주장하지 않는다. 안전보장조약은 미국 측에 아무런 법적 임무를 나타내지 않는다는 인상을 일본 정부에게 주는 것은 바람직하지 않지만, 일본은 안전보장조약의 이점이 민감한 분쟁의 해결에 낭비되어서는 안 된다는 것을 이해해야 한다. 그러므로 1952년 11월 26일 부산에 보낸 국무성 전문 365 rptd info Tokyo 1360에 언급된 것과 같이, 그리고, 국무성 전문 1198에 한 번 더 언급된 것과 같이, 미국은 다케시마에 대한 한국의 주장으로부터 생기는 영토 분쟁에 관여되어서는 안 된다.

이슈는 현재 그다지 민감하지 않아서, 우리 측에서 보고나 조치가 필요할 것 같지는 않다. 그러나 이슈가 재발한다면, 우리의 일반적 의견(general line)은, 만약 한국과 일본 그들 자신들에 의해 해결될 수 없다면 국제사법재판소에 제출되는 것이 적당한 이슈라고 생각한다.

덜레스

Treaty of Peace with Japan

WHEREAS the Allied Powers and Japan are resolved that henceforth their relations shall be those of nations which, as sovereign equals, cooperate in friendly association to promote their common welfare and to maintain international peace and security, and are therefore desirous of concluding a Treaty of Peace which will settle questions still outstanding* as a result of the existence of a state of war between them;

WHEREAS Japan for its part declares its intention to apply for membership in the United Nations and in all circumstances to conform to the principles of the Charter of the United Nations; to strive to realize the objectives of the Universal Declaration of Human Rights; to seek to create within Japan conditions of stability and well-being as defined in Articles 55 and 56 of the Charter of the United Nations and already initiated by post-surrender Japanese legislation; and in public and private trade and commerce to conform to internationally accepted fair practices;

WHEREAS the Allied Powers welcome the intentions of Japan set out in the foregoing paragraph;

THE ALLIED POWERS AND JAPAN have therefore determined to conclude the present Treaty of Peace, and have accordingly appointed the undersigned Plenipotentiaries, who, after presentation of their full powers, found in good and due form, have agreed on the following provisions:

---

* 아직 미해결된 문제(questions still outstanding)를 해결하고자 한다는 것은 샌프란시스 코조약 이전에 이미 해결된 문제도 많다는 것을 의미한다. 1948년 8월 15일 대한민국 정 부 수립과 함께 독도도 이미 해결된 문제로 해석된다.

대일평화조약*

　연합국과 일본은, 그들의 관계가, 앞으로 공동의 복지를 증진하고, 또한 국제 평화와 안전을 유지하기 위해 주권을 가진 대등한 것으로서 우호적인 연휴하에 협력하는 국가 간의 관계여야 한다는 것을 결의하고, 따라서 그들 간의 전쟁 상태의 존재의 결과로서 지금도 미해결된 문제를 해결하는 평화조약을 체결하기를 희망하기 때문에,

　일본은, 유엔 가입을 신청하고 또한 모든 경우에 유엔 헌장의 원칙을 준수하며, 세계인권선언의 목적을 실현하기 위해 노력하고, 유엔 헌장 제55조 및 제56조에서 규정된, 그리고 이미 항복 후의 일본의 입법에 의해 시작된 안정과 복지의 조건을 일본 국내에 조성하기 위해 노력하고, 아울러 공적 · 사적 무역 및 통상에서 국제적으로 승인된 공정한 관행을 준수할 의향을 표명하기 때문에,

　연합국은 전 항에 게기한 일본의 의사를 환영하기 때문에,

　따라서 연합국과 일본은, 현재의 평화조약을 체결하기로 결정하고, 이에 따라 서명자인 전권 위원들을 임명했다. 이 전권 위원들은 그 전권 위임장을 제시해, 그것이 적절하고 타당하다고 인정한 후, 다음의 조항들에 합의했다.

＊　샌프란시스코조약 또는 대일강화조약이라고도 한다.

CHAPTER I PEACE

Article 1

(a) The state of war between Japan and each of the Allied Powers is terminated as from the date on which the present Treaty comes into force between Japan and the Allied Power concerned as provided for in Article 23.

(b) The Allied Powers recognize the full sovereignty of the Japanese people over Japan and its territorial waters.

CHAPTER II TERRITORY

Article 2

(a) Japan, recognizing the independence of Korea, renounces all right, title and claim to Korea, including the islands of Quelpart, Port Hamilton and Dagelet.

(b) Japan renounces all right, title and claim to Formosa and the Pescadores.

(c) Japan renounces all right, title and claim to the Kurile Islands, and to that portion of Sakhalin and the islands adjacent to it over which Japan acquired sovereignty as a consequence of the Treaty of Portsmouth of 5 September 1905.

(d) Japan renounces all right, title and claim in connection with the League of Nations Mandate System, and accepts the action of the United Nations Security Council of 2 April 1947, extending the trusteeship system to the Pacific Islands formerly under mandate to Japan.

(e) Japan renounces all claim to any right or title to or interest in connection with any part of the Antarctic area, whether deriving from the activities of Japanese nationals or otherwise.

(f) Japan renounces all right, title and claim to the Spratly Islands and to the Paracel Islands.

제1장 평화

제1조

(a) 일본과 각 연합국 간의 전쟁 상태는 제23조에서 정하는 바에 의해 이 조약이 일본과 해당 연합국 간에 발효하는 일자에 종료한다.

(b) 연합국은 일본 및 그 영해에 대한 일본 국민의 완전한 주권을 승인한다.

제2장 영토

제2조

(a) 일본은 한국의 독립을 승인하며, 제주도, 거문도 및 울릉도를 포함하는(including) 한국에 대한 모든 권리, 권원 및 청구권을 포기한다.

(b) 일본은 타이완과 평후제도에 대한 모든 권리, 권원 및 청구권을 포기한다.

(c) 일본은 쿠릴열도와, 일본이 1905년 9월 5일 포츠머스조약의 결과로서 주권을 획득한 사할린의 일부와 이에 인접한 제도에 대한 모든 권리, 권원 및 청구권을 포기한다.

(d) 일본은 국제연맹의 위임 통치 제도와 관련된 모든 권리, 권원 및 청구권을 포기하며, 이전에 일본의 위임 통치하에 있었던 태평양 제도에 신탁 통치를 확대하는 1947년 4월 2일자 유엔 안전보장이사회의 조치를 수락한다.

(e) 일본은, 일본 국민의 활동에서 유래하든 아니든 상관없이, 남극 지역의 어떠한 부분과 관련해서도, 어떠한 권리, 소유권 또는 이익에 대해서도 모든 청구권을 포기한다.

(f) 일본은 난사군도(南沙群島)와 시사군도(西沙群島)에 대한 모든 권리, 권원 및 청구권을 포기한다.

Article 3

Japan will concur in any proposal of the United States to the United Nations to place under its trusteeship system, with the United States as the sole administering authority, Nansei Shoto south of 29deg. north latitude(including the Ryukyu Islands and the Daito Islands), Nanpo Shoto south of Sofu Gan(including the Bonin Islands, Rosario Island and the Volcano Islands) and Parece Vela and Marcus Island. Pending the making of such a proposal and affirmative action thereon, the United States will have the right to exercise all and any powers of administration, legislation and jurisdiction over the territory and inhabitants of these islands, including their territorial waters.

Article 4

(a) Subject to the provisions of paragraph (b) of this Article, the disposition of property of Japan and of its nationals in the areas referred to in Article 2, and their claims, including debts, against the authorities presently administering such areas and the residents (including juridical persons) thereof, and the disposition in Japan of property of such authorities and residents, and of claims, including debts, of such authorities and residents against Japan and its nationals, shall be the subject of special arrangements between Japan and such authorities. The property of any of the Allied Powers or its nationals in the areas referred to in Article 2 shall, insofar as this has not already been done, be returned by the administering authority in the condition in which it now exists.(The term nationals whenever used in the present Treaty includes juridical persons.)

(b) Japan recognizes the validity of dispositions of property of Japan and Japanese nationals made by or pursuant to directives of the United States Military Government in any of the areas referred to in Articles 2 and 3.

(c) Japanese owned submarine cables connection Japan with territory removed from Japanese control pursuant to the present Treaty shall be equally divided, Japan retaining the Japanese terminal and adjoining half of the cable, and the detached territory the remainder of the cable and connecting terminal facilities.

제3조

일본은, 북위 29도 이남의 난세이제도[류큐제도 및 다이토제도를 포함한다],
소후간(孀婦岩) 남쪽의 남방제도[오가사와라 군도, 니시노시마 및 화산열도를 포
함한다] 및 오키노토리시마(沖の鳥島) 및 마나미토리시마(南鳥島)를 합중국을
유일한 통치 당국으로 하는 신탁통치 제도하에 두는 유엔에 대한 미국의 어
떠한 제안에도 동의한다. 그러한 제안과 긍정적 조치가 있을 때까지 미국은
영해 내의 수역을 포함한 이러한 제도의 영역 및 주민에 대해서 행정, 입법
및 사법상의 권력의 전부 및 일부를 행사할 권리를 가지는 것으로 한다.

제4조

(a) 이 조의 (b)의 규정에 따를 것을 조건으로, 일본 및 그 국민의 재산으
로 제2조에 규정된 지역에 있는 것 및 일본 및 그 국민의 청구권[채권을 포
함한다]으로 실제로 이 지역을 통치하는 당국 및 그곳의 주민[법인을 포함한
다]에 대한 것의 처리, 그리고 일본에 있어서의 이러한 당국 및 주민의 재산
및 일본 및 그 국민에 대한 이러한 당국 및 주민의 청구권[채무를 포함한다]
의 처리는 일본과 이 당국 간의 특별협정의 주제(主題)로 한다. 제2조에 규
정된 지역에 있는 연합국 또는 그 국민의 재산은 아직 반환되지 않은 경우
통치 당국에 의해 현상으로 반환해야 한다.[국민이라는 용어는 이 조약에서 이
용할 때는 언제든지 법인을 포함한다.]

(b) 일본은 제2조 및 제3조에 언급된 어느 지역에서 미국군정부에 의해
행해진, 또는 그 지령에 따라 행해진 일본 및 그 국민의 재산 처분의 효력
을 승인한다.

(c) 일본과, 이 조약에 따라 일본의 지배에서 제외되는 영역을 연결하는
일본 소유의 해저 케이블은 균등하게 분할되며, 일본은 일본의 터미널과 이
에 이어지는 케이블의 절반을 보유하고, 분리되는 영역은 나머지의 케이블
과 터미널을 보유한다.

CHAPTER III SECURITY

Article 5

(a) Japan accepts the obligations set forth in Article 2 of the Charter of the United Nations, and in particular the obligations

(i) to settle its international disputes by peaceful means in such a manner that international peace and security, and justice, are not endangered;

(ii) to refrain in its international relations from the threat or use of force against the territorial integrity or political independence of any State or in any other manner inconsistent with the Purposes of the United Nations;

(iii) to give the United Nations every assistance in any action it takes in accordance with the Charter and to refrain from giving assistance to any State against which the United Nations may take preventive or enforcement action.

(b) The Allied Powers confirm that they will be guided by the principles of Article 2 of the Charter of the United Nations in their relations with Japan.

(c) The Allied Powers for their part recognize that Japan as a sovereign nation possesses the inherent right of individual or collective self-defense referred to in Article 51 of the Charter of the United Nations and that Japan may voluntarily enter into collective security arrangements.

Article 6

(a) All occupation forces of the Allied Powers shall be withdrawn from Japan as soon as possible after the coming into force of the present Treaty, and in any case not later than 90 days thereafter. Nothing in this provision shall, however, prevent the stationing or retention of foreign armed forces in Japanese territory under or in consequence of any bilateral or multilateral agreements which have been or may be made between one or more of the Allied Powers, on the one hand, and Japan on the other.

제3장 안전

제5조

(a) 일본은 유엔 헌장 제2조에서 게기하는 의무, 특히 다음의 의무를 수락한다.

(i) 국제 분쟁을 평화적 수단에 의해, 국제 평화와 안전 그리고 정의를 위태롭게 하지 않도록 해결한다.

(ii) 국제 관계에서 무력에 의한 위협 또는 무력의 행사는 어떤 국가의 영토 보전이나 정치적 독립에 대한 것도, 또 유엔의 목적과 양립하지 않는 다른 어떠한 수단으로도 삼간다.

(iii) 유엔이 헌장에 따라 취하는 어떠한 활동도 유엔을 지원하며, 그리고 유엔이 예방적 조치 또는 제재 조치를 취할 어떠한 국가에 대해서도 지원을 삼간다.

(b) 연합국은 일본과의 관계에서 유엔 헌장 제2조 원칙을 따를 것을 확인한다.

(c) 연합국은 일본이 주권 국가로서 유엔 헌장 제51조에 규정된 개별적 또는 집단적 자위의 고유한 권리가 있음과 일본이 집단적 안전 보장 협정에 자발적으로 가입할 수 있음을 승인한다.

제6조

(a) 본 조약이 시행되고 난 후 가능한 빠른 시일 내에, 그리고 어떤 경우라도 시행 후 90일 이전에 연합국의 모든 점령군은 일본에서 철수한다. 그러나 이 조항은 하나 혹은 그 이상의 연합국을 일방으로 하고 일본을 다른 일방으로 해서 체결되었거나 체결될 상호 간, 혹은 다자간 협정에 의해 외국군을 일본 영토 내에 주둔시키거나 유지하는 것을 막는 것은 아니다.

(b) The provisions of Article 9 of the Potsdam Proclamation of 26 July 1945, dealing with the return of Japanese military forces to their homes, to the extent not already completed, will be carried out.

(c) All Japanese property for which compensation has not already been paid, which was supplied for the use of the occupation forces and which remains in the possession of those forces at the time of the coming into force of the present Treaty, shall be returned to the Japanese Government within the same 90 days unless other arrangements are made by mutual agreement.

CHAPTER IV POLITICAL AND ECONOMIC CLAUSES

Article 7

(a) Each of the Allied Powers, within one year after the present Treaty has come into force between it and Japan, will notify Japan which of its prewar bilateral treaties or conventions with Japan it wishes to continue in force or revive, and any treaties or conventions so notified shall continue in force or by revived subject only to such amendments as may be necessary to ensure conformity with the present Treaty. The treaties and conventions so notified shall be considered as having been continued in force or revived three months after the date of notification and shall be registered with the Secretariat of the United Nations. All such treaties and conventions as to which Japan is not so notified shall be regarded as abrogated.

(b) Any notification made under paragraph (a) of this Article may except from the operation or revival of a treaty or convention any territory for the international relations of which the notifying Power is responsible, until three months after the date on which notice is given to Japan that such exception shall cease to apply.

(b) 일본군의 귀환과 관련한, 1945년 7월 26일 포츠담선언 제9조의 조항은 아직 귀환이 완료되지 않은 범위에서 실행될 것이다.

(c) 그 보상비가 아직 지급되지 않고, 점령군의 사용을 위해 제공되어, 본 조약이 시행되는 시점까지 점령군이 소유하고 있는 일본의 모든 재산은 상호 합의에 의해 다른 약정이 만들어지지 않는 한 90일 이내에 일본 정부에 반환된다.

제4장 정치적·경제적 조항들

제7조

(a) 각 연합국은 본 조약이 자국과 일본 간에 시행된 지 1년 안에 일본에게 전쟁 전에 체결된 일본과의 양자 간 조약이나 협약에 대해 그것을 계속 유지 또는 부활시킬 의사가 있는지를 통지한다. 그와 같이 통지된 어떤 조약이나 협약은 본 조약과의 적합성을 확보하는 데 필요한 변경 사항들을 따르기만 한다면, 계속 유지되거나 부활된다. 그와 같이 통지된 조약 및 협약은 통지 3개월 후에 계속 효력을 발생하거나 부활되며, 국제연합 사무국에 등록된다. 일본에게 그와 같이 통지되지 않은 모든 조약과 협약들은 폐기된 것으로 간주된다.

(b) 이 조의 (a)항에 의한 통지는, 어떤 조약이나 협약을 실행하거나 재개하는 데 있어서, 통지국이 책임이 있는 국제 관계에 관하여 어떤 영토를 제외시킬 수 있다. 일본에게 그러한 통지를 한 날로부터 3개월 뒤에는 그러한 예외는 중단된다.

Article 8

(a) Japan will recognize the full force of all treaties now or hereafter concluded by the Allied Powers for terminating the state of war initiated on 1 September 1939, as well as any other arrangements by the Allied Powers for or in connection with the restoration of peace. Japan also accepts the arrangements made for terminating the former League of Nations and Permanent Court of International Justice.

(b) Japan renounces all such rights and interests as it may derive from being a signatory power of the Conventions of St. Germain-en-Laye of 10 September 1919, and the Straits Agreement of Montreux of 20 July 1936, and from Article 16 of the Treaty of Peace with Turkey signed at Lausanne on 24 July 1923.

(c) Japan renounces all rights, title and interests acquired under, and is discharged from all obligations resulting from, the Agreement between Germany and the Creditor Powers of 20 January 1930 and its Annexes, including the Trust Agreement, dated 17 May 1930, the Convention of 20 January 1930, respecting the Bank for International Settlements; and the Statutes of the Bank for International Settlements.

Japan will notify to the Ministry of Foreign Affairs in Paris within six months of the first coming into force of the present Treaty its renunciation of the rights, title and interests referred to in this paragraph.

Article 9

Japan will enter promptly into negotiations with the Allied Powers so desiring for the conclusion of bilateral and multilateral agreements providing for the regulation or limitation of fishing and the conservation and development of fisheries on the high seas.

제8조

(a) 일본은 1939년 9월 1일에 시작된 전쟁 상태를 종료하기 위해, 연합국에 의한 또는 평화 회복과 관련된 다른 약정들뿐 아니라, 현재 또는 앞으로 연합국에 의해 체결되는 모든 조약들의 완전한 효력을 인정한다. 일본은 또한 종전의 국제연맹과 상설 국제사법재판소를 폐지하기 위해 행해진 약정들을 수용한다.

(b) 일본은 1919년 9월 10일의 생제르맹앙레 협약과 1936년 7월 20일의 몽트뢰 해협조약의 서명국 신분으로부터 유래될 수 있는, 그리고 1923년 7월 24일에 로잔에서 터키와 체결한 평화조약 제16조에 의해 발생될 수 있는 모든 권리와 이익을 포기한다.

(c) 일본은 1930년 1월 20일에 독일과 채권국들 간에 체결한 협정과, 1930년 5월 17일자 신탁 협정을 비롯한 그 부속 협정들인 1930년 1월 20일의 국제결제은행에 관한 조약 및 국제결제은행의 정관들에 의해 획득한 모든 권리와 권원 및 이익들을 포기하는 동시에, 그러한 협정 등으로부터 비롯되는 모든 의무로부터 해방된다.

일본은 본 조약이 최초로 효력을 발생한 뒤 6개월 이내에 이 항에 게기하는 권리와 권원 및 이익들의 포기를 프랑스 외무성에 통지한다.

제9조

일본은 공해상의 어업의 규제나 제한, 그리고 어업의 보존 및 발전을 규정하는 양자 간 및 다자간 협정을 체결하기를 바라는 연합국들과 속히 협상을 시작한다.

Article 10

Japan renounces all special rights and interests in China, including all benefits and privileges resulting from the provisions of the final Protocol signed at Peking on 7 September 1901, and all annexes, notes and documents supplementary thereto, and agrees to the abrogation in respect to Japan of the said protocol, annexes, notes and documents.

Article 11

Japan accepts the judgments of the International Military Tribunal for the Far East and of other Allied War Crimes Courts both within and outside Japan, and will carry out the sentences imposed thereby upon Japanese nationals imprisoned in Japan. The power to grant clemency, to reduce sentences and to parole with respect to such prisoners may not be exercised except on the decision of the Government or Governments which imposed the sentence in each instance, and on recommendation of Japan. In the case of persons sentenced by the International Military Tribunal for the Far East, such power may not be exercised except on the decision of a majority of the Governments represented on the Tribunal, and on the recommendation of Japan.

Article 12

(a) Japan declares its readiness promptly to enter into negotiations for the conclusion with each of the Allied Powers of treaties or agreements to place their trading, maritime and other commercial relations on a stable and friendly basis.

(b) Pending the conclusion of the relevant treaty or agreement, Japan will, during a period of four years from the first coming into force of the present Treaty

(1) accord to each of the Allied Powers, its nationals, products and vessels

(i) most-favoured-nation treatment with respect to customs duties, charges, restrictions and other regulations on or in connection with the importation and exportation of goods;

제10조

일본은 1901년 9월 7일에 베이징에서 서명된 최종 의정서와 이를 보충하는 모든 부속서, 서간 및 문서의 규정들로부터 발생되는 모든 이익과 특권을 비롯해, 중국에 대한 모든 특별한 권리와 이익을 포기하며, 또한 위의 의정서, 부속서, 서간 및 문서 중 일본에 관한 것을 폐기하는 것에 동의한다.

제11조

일본은 극동국제군사재판소 및 일본 내외의 연합국전쟁범죄법정의 재판을 수락하고, 이로써 일본 내에 구금된 일본인에게 선고된 형을 집행한다. 이러한 구금된 자에 대해 사면, 감형 및 가석방하는 권한은 각 사건에 대해 형을 선고한 하나 또는 둘 이상의 정부의 결정 또는 일본의 권고가 있을 경우 이외에는 행사되지 않는다. 극동국제군사재판소에서 선고받은 자의 경우 재판소에 대표자를 보낸 정부의 과반수의 결정 및 일본의 권고에 의하는 것 외에는 행사되지 않는다.

제12조

(a) 일본은 각 연합국과 무역, 해운 그 외의 통상 관계를 안정적이고 우호적인 기반 위에 두기 위해 조약 또는 협정을 체결하기 위한 교섭을 속히 개시할 용의가 있음을 선언한다.

(b) 해당되는 조약 또는 협정이 체결되기까지 일본은 이 조약의 최초의 효력 발생 후 4년간

(1) 각 연합국과 그 국민, 생산품 및 선박에 다음 대우를 부여한다.

(i) 화물의 수출입에 대한, 또는 이와 관련된 관세, 부과금, 제한 기타의 규제에 관한 최혜국 대우

(ii) national treatment with respect to shipping, navigation and imported goods, and with respect to natural and juridical persons and their interests - such treatment to include all matters pertaining to the levying and collection of taxes, access to the courts, the making and performance of contracts, rights to property(tangible and intangible), participating in juridical entities constituted under Japanese law, and generally the conduct of all kinds of business and professional activities;

(2) ensure that external purchases and sales of Japanese state trading enterprises shall be based solely on commercial considerations.

(c) In respect to any matter, however, Japan shall be obliged to accord to an Allied Power national treatment, or most-favored-nation treatment, only to the extent that the Allied Power concerned accords Japan national treatment or most-favored-nation treatment, as the case may be, in respect of the same matter. The reciprocity envisaged in the foregoing sentence shall be determined, in the case of products, vessels and juridical entities of, and persons domiciled in, any non-metropolitan territory of an Allied Power, and in the case of juridical entities of, and persons domiciled in, any state or province of an Allied Power having a federal government, by reference to the treatment accorded to Japan in such territory, state or province.

(d) In the application of this Article, a discriminatory measure shall not be considered to derogate from the grant of national or most-favored-nation treatment, as the case may be, if such measure is based on an exception customarily provided for in the commercial treaties of the party applying it, or on the need to safeguard that party's external financial position or balance of payments(except in respect to shiping and navigation), or on the need to maintain its essential security interests, and provided such measure is proportionate to the circumstances and not applied in an arbitrary or unreasonable manner.

(e) Japan's obligations under this Article shall not be affected by the exercise of any Allied rights under Article 14 of the present Treaty; nor shall the provisions of this Article be understood as limiting the undertakings assumed by Japan by virtue of Article 15 of the Treaty.

(ii) 해운, 항해 및 수입 화물에 관한 내국민 대우와 자연인, 법인 및 그 이익에 관한 내국민 대우. 이 대우는 세금의 부과 및 징수, 재판을 받는 것, 계약의 체결 및 이행, 재산권[유체재산 및 무체재산에 관한 것], 일본의 법률에 근거해 조직된 법인에의 참가 및 일반적으로 모든 종류의 사업 활동과 직업 활동 수행에 관한 모든 사항을 포함한다.

(2) 일본의 국영 상기업의 국외에서의 매매는 상업적 고려에만 의거함을 확실하게 한다.

(c) 그러나 어느 사항에 관해서든, 일본은 연합국이 해당 사항에 대해 각각 내국민 대우 또는 최혜국 대우를 일본에 주는 한도에서만 해당 연합국에 내국민 대우 또는 최혜국 대우를 부여할 의무를 진다. 앞에서 말하는 상호주의는 연합국의 비본토지역의 산품, 선박, 법인 및 그곳에 주소를 둔 사람의 경우, 연방정부를 둔 연합국의 주 또는 지역의 법인 및 주소에 주소를 둔 사람의 경우에는 그 영역, 주 또는 지방에서 일본에 부여되는 대우에 비추어 결정된다.

(d) 이 조의 적용상 차별적 조치로서, 그것을 적용하는 당사국의 통상조약에 관례상 규정되어 있는 예외에 의거한 것, 그 당사국의 대외적 재정 상태 또는 국제수지를 보호할 필요성에 근거한 것[해운 및 항해에 관한 것을 제외한다] 또는 중대한 안전상의 이익을 유지할 필요를 바탕으로 한 것은, 상황에 맞고, 또한 자의적 또는 불합리한 방법으로 적용되지 않는 한, 각각 내국민 대우 또는 최혜국 대우의 허용과 상충되는 것으로 간주되어서는 안 된다.

(e) 이 조에 의한 일본의 의무는 이 조약 제14조에 의한 연합국 권리의 행사에 의해 영향을 받지 않는다. 또 이 조의 규정은 이 조약 제15조에 의해 일본이 떠맡는 약속을 제한하는 것으로 해석되어서는 안 된다.

Article 13

(a) Japan will enter into negotiations with any of the Allied Powers, promptly upon the request of such Power or Powers, for the conclusion of bilateral or multilateral agreements relating to international civil air transport.

(b) Pending the conclusion of such agreement or agreements, Japan will, during a period of four years from the first coming into force of the present Treaty, extend to such Power treatment not less favorable with respect to air-traffic rights and privileges than those exercised by any such Powers at the date of such coming into force, and will accord complete equality of opportunity in respect to the operation and development of air services.

(c) Pending its becoming a party to the Convention on International Civil Aviation in accordance with Article 93 thereof, Japan will give effect to the provisions of that Convention applicable to the international navigation of aircraft, and will give effect to the standards, practices and procedures adopted as annexes to the Convention in accordance with the terms of the Convention.

CHAPTER V CLAIMS AND PROPERTY

Article 14

(a) It is recognized that Japan should pay reparations to the Allied Powers for the damage and suffering caused by it during the war. Nevertheless it is also recognized that the resources of Japan are not presently sufficient, if it is to maintain a viable economy, to make complete reparation for all such damage and suffering and at the same time meet its other obligations.

Therefore,

1. Japan will promptly enter into negotiations with Allied Powers so desiring, whose present territories were occupied by Japanese forces and damaged by Japan, with a view to assisting to compensate those countries for the cost of repairing the damage done, by making available the services of the Japanese people in production, salvaging and other work for the Allied Powers in question. Such arrangements shall avoid the imposition of additional

제13조

(a) 일본은 국제민간항공운송에 관한 양자 간 또는 다자간 협정을 체결하기 위해 하나 또는 둘 이상의 연합국의 요청이 있는 때에는 신속히 해당 연합국과 교섭을 개시한다.

(b) 하나 또는 둘 이상의 그러한 협정이 체결될 때까지 일본은 이 조약의 최초 효력 발생 시부터 4년간, 이 효력 발생일에 어느 연합국이 행사하고 있는 것보다 불리하지 아니한 항공교통의 권리 및 특권에 관한 대우를 해당 연합국에 부여하고, 또한 항공 업무의 운영 및 개발에 관한 완전한 기회균등을 부여한다.

(c) 일본은 국제민간항공조약 제93조에 따라 동 조약의 당사국이 될 때까지, 항공기의 국제항공에 적용해야 하는 동 조약의 규정을 실행하고, 또한 동 조약의 조항에 따라 동 조약의 부속서로 채택된 표준, 방식 및 절차를 실행한다.

제5장 청구권 및 재산

제14조

(a) 일본은 전쟁 중에 발생시킨 손해 및 고통에 대해 연합국에 배상을 지불해야 함이 인정된다. 그러나 또한 존립 가능한 경제를 유지하는 데 있어서 일본의 자원은 일본이 모든 그러한 손해 및 고통에 대해 완전한 배상을 하는 동시에 다른 채무를 이행하기 위해서는 현재 충분하지 않다는 것도 인정된다.

따라서,

1. 일본은 현재의 영토가 일본 군대에 의해 점령되고, 또한 일본에 의해 손해를 입은 연합국이 희망하는 때에는 생산, 복구 및 그 밖의 작업에서 일본인의 역무를 해당 연합국의 이용에 제공함으로써 피해 복구비용을 이들

liabilities on other Allied Powers, and, where the manufacturing of raw materials is called for, they shall be supplied by the Allied Powers in question, so as not to throw any foreign exchange burden upon Japan.

2. (I) Subject to the provisions of subparagraph (II) below, each of the Allied Powers shall have the right to seize, retain, liquidate or otherwise dispose of all property, rights and interests of

(a) Japan and Japanese nationals,

(b) persons acting for or on behalf of Japan or Japanese nationals, and

(c) entities owned or controlled by Japan or Japanese nationals,

which on the first coming into force of the present Treaty were subject to its jurisdiction. The property, rights and interests specified in this subparagraph shall include those now blocked, vested or in the possession or under the control of enemy property authorities of Allied Powers, which belong to, or were held or managed on behalf of, any of the persons or entities mentioned in (a), (b) or (c) above at the time such assets came under the controls of such authorities.

(II) The following shall be excepted from the right specified in subparagraph (I) above:

(i) property of Japanese natural persons who during the war resided with the permission of the Government concerned in the territory of one of the Allied Powers, other than territory occupied by Japan, except property subjected to restrictions during the war and not released from such restrictions as of the date of the first coming into force of the present Treaty;

(ii) all real property, furniture and fixtures owned by the Government of Japan and used for diplomatic or consular purposes, and all personal furniture and furnishings and other private property not of an investment nature which was normally necessary for the carrying out of diplomatic and consular functions, owned by Japanese diplomatic and consular personnel;

(iii) property belonging to religious bodies or private charitable institutions and used exclusively for religious or charitable purposes;

국가에 보상하는 것을 지원하기 위해 해당 연합국과 신속하게 교섭을 개시한다. 그러한 주선은 다른 연합국에 추가 부담을 부과하는 것을 피해야 한다. 또 원재료의 제조가 필요한 경우에는, 외환상의 부담을 일본에 부과하지 않도록 원재료는 해당 연합국이 공급해야 한다.

2. (I) 다음의 (II)의 규정에 따를 것을 조건으로, 각 연합국은 이 조약의 최초 효력 발생 시에 그 관할하에 있었던 다음에 열거하는 모든 재산, 권리 및 이익을 압류, 유치, 청산 또는 기타 방법으로 처분할 권리를 가진다.

(a) 일본 및 일본 국민

(b) 일본 또는 일본 국민의 대리인 또는 대행자

(c) 일본 또는 일본 국민이 소유하거나 지배한 단체

이 (I)에 명기된 재산, 권리 및 이익은, 현재 동결되거나 귀속되거나 연합국의 적산관리당국에 의해 점유 또는 관리되고 있는 것을 포함하는데, 이들 자산이 해당 당국의 관리하에 놓였을 때, 앞에서 기술한 (a), (b) 또는 (c)에 열거하는 어느 한 사람 또는 단체에 속하거나 이를 위해 보유되거나 관리되고 있던 것이다.

(II) 다음 것은 전술한 (I)에 명기된 권리에서 제외한다.

(i) 일본이 점령한 영역 이외의 연합국 어느 나라의 영역에, 해당 정부의 허가를 얻어 전쟁 중에 거주한 일본 자연인의 재산. 단, 전쟁 중에 제한이 부과되고 또한 이 조약의 최초 효력 발생일에 이 제한이 해제되지 않은 재산을 제외한다.

(ii) 일본 정부가 소유하고, 외교 목적 또는 영사 목적에 사용된 모든 부동산, 가구 및 비품, 그리고 일본의 외교 직원 또는 영사 직원이 소유한 것으로 외교 기능 또는 영사 기능의 수행에 통상적으로 필요한 모든 개인의 가구 및 용구류 및 기타 투자적 성질을 갖지 않는 개인 재산

(iii) 종교단체 또는 민간 자선단체에 속하고, 오로지 종교 또는 자선의 목적에 사용한 재산

(iv) property, rights and interests which have come within its jurisdiction in consequence of the resumption of trade and financial relations subsequent to 2 September 1945, between the country concerned and Japan, except such as have resulted from transactions contrary to the laws of the Allied Power concerned;

(v) obligations of Japan or Japanese nationals, any right, title or interest in tangible property located in Japan, interests in enterprises organized under the laws of Japan, or any paper evidence thereof; provided that this exception shall only apply to obligations of Japan and its nationals expressed in Japanese currency.

(III) Property referred to in exceptions (i) through (v) above shall be returned subject to reasonable expenses for its preservation and administration. If any such property has been liquidated the proceeds shall be returned instead.

(IV) The right to seize, retain, liquidate or otherwise dispose of property as provided in subparagraph (I) above shall be exercised in accordance with the laws of the Allied Power concerned, and the owner shall have only such rights as may be given him by those laws.

(V) The Allied Powers agree to deal with Japanese trademarks and literary and artistic property rights on a basis as favorable to Japan as circumstances ruling in each country will permit.

(b) Except as otherwise provided in the present Treaty, the Allied Powers waive all reparations claims of the Allied Powers, other claims of the Allied Powers and their nationals arising out of any actions taken by Japan and its nationals in the course of the prosecution of the war, and claims of the Allied Powers for direct military costs of occupation.

(iv) 관계국과 일본 간에 1945년 9월 2일 후의 무역 및 금융 관계 재개의 결과로서 일본의 관할 내에 들어온 재산, 권리 및 이익. 단, 해당 연합국의 법률에 반하는 거래에서 발생한 것을 제외한다.

(v) 일본이나 일본 국민의 채무, 일본에 소재하는 유형재산에 관한 권리, 권원 혹은 이익, 일본의 법률에 근거해 조직된 기업에 관한 이익 또는 이에 대한 증서. 다만, 이 예외는 일본의 통화로 표시된 일본 및 그 국민의 채무에만 적용한다.

(Ⅲ) 전술한 예외 (i)에서 (v)까지에 열거된 재산은, 그 보존 및 관리를 위해 소요된 합리적인 비용이 지불되는 것을 조건으로 하여 반환해야 한다. 이들 재산이 청산된 때에는, 대신에 매각대금이 반환되어야 한다.

(Ⅳ) 위의 (Ⅰ)에서 규정하는 일본 재산을 압류, 유치, 청산, 기타 어떠한 방법으로 처분할 권리는 해당 연합국의 법률에 따라 행사되며, 그 소유자는 이들 법률에 따라 부여될 권리만을 가진다.

(Ⅴ) 연합국은 일본의 상표와 문학적·예술적 저작권을 각국의 일반적 사정이 허락하는 한 일본에 유리하게 취급하는 데 동의한다.

(b) 이 조약에 별도의 정함이 있는 경우를 제외하고, 연합국은 연합국의 모든 배상청구권, 전쟁 수행 중에 일본 및 그 국민이 취한 행동에서 발생한 연합국 및 그 국민의 다른 청구권 및 점령의 직접군사비에 관한 연합국의 청구권을 포기한다.

Article 15

(a) Upon application made within nine months of the coming into force of the present Treaty between Japan and the Allied Power concerned, Japan will, within six months of the date of such application, return the property, tangible and intangible, and all rights or interests of any kind in Japan of each Allied Power and its nationals which was within Japan at any time between 7 December 1941 and 2 September 1945, unless the owner has freely disposed thereof without duress or fraud. Such property shall be returned free of all encumbrances and charges to which it may have become subject because of the war, and without any charges for its return. Property whose return is not applied for by or on behalf of the owner or by his Government within the prescribed period may be disposed of by the Japanese Government as it may determine. In cases where such property was within Japan on 7 December 1941, and cannot be returned or has suffered injury or damage as a result of the war, compensation will be made on terms not less favorable than the terms provided in the draft Allied Powers Property Compensation Law approved by the Japanese Cabinet on 13 July 1951.

(b) With respect to industrial property rights impaired during the war, Japan will continue to accord to the Allied Powers and their nationals benefits no less than those heretofore accorded by Cabinet Orders No. 309 effective 1 September 1949, No. 12 effective 28 January 1950, and No. 9 effective 1 February 1950, all as now amended, provided such nationals have applied for such benefits within the time limits prescribed therein.

(c) (i) Japan acknowledges that the literary and artistic property rights which existed in Japan on 6 December 1941, in respect to the published and unpublished works of the Allied Powers and their nationals have continued in force since that date, and recognizes those rights which have arisen, or but for the war would have arisen, in Japan since that date, by the operation of any conventions and agreements to which Japan was a party on that date, irrespective of whether or not such conventions or agreements were abrogated or suspended upon or since the outbreak of war by the domestic law of Japan or of the Allied Power concerned.

제15조

(a) 이 조약이 일본과 해당 연합국 간에 효력이 발생한 후 9개월 이내에 신청이 있는 때에는 일본은 신청일부터 6개월 이내에, 일본에 있는 각 연합국과 그 국민의 유형·무형재산 및 종류의 여하를 불문하고 모든 권리 또는 이익으로서, 1941년 12월 7일부터 1945년 9월 2일까지 중 어느 한때에 일본 내에 있었던 것을 반환한다. 다만, 소유자가 강박이나 사기를 당하지 않고 자유롭게 이들을 처분한 경우에는 그러하지 아니한다. 그러한 재산은 전쟁 때문에 부과된 모든 부담 및 과금을 면제하며, 그 반환을 위한 어떠한 과금도 부과하지 아니하고 반환해야 한다. 소유자에 의해 또는 소유자를 대신해 또는 소유자의 정부에 의해 소정의 기간 내에 반환이 신청되지 아니한 재산은 일본 정부가 정하는 바에 따라 처분할 수 있다. 그러한 재산이 1941년 12월 7일에 일본에 소재했는데 반환할 수 없거나 전쟁의 결과로 손상 또는 손해를 입은 경우에는 일본 내각에서 1951년 7월 13일에 승인된 연합국 재산보상법안이 정하는 조건보다 불리하지 아니한 조건으로 보상된다.

(b) 전쟁 중에 침해된 공업소유권에 대해서는 일본은 1949년 9월 1일 시행 정령 제309호, 1950년 1월 28일 시행 정령 제12호 및 1950년 2월 1일 시행 정령 제9호—모두 현재 개정되었는데—에 따라 이제까지 부여된 것보다 불리하지 않은 이익을 계속해서 연합국 및 그 국민에게 부여한다. 다만, 위의 국민이 이들 정령에서 정한 기한까지 이 이익을 신청한 경우에 한한다.

(c) (i) 일본은 공개되거나 공개되지 아니한 연합국 및 그 국민의 저작물에 관해 1941년 12월 6일에 일본에 존재한 문학적·예술적 저작권이 그날 이후 계속해 유효했음을 인정하고, 또한 그날에 일본이 당사국이던 조약 또는 협정이 전쟁 발생 시 또는 그때 이후 일본 또는 해당 연합국의 국내법에 의해 폐기 또는 정지되었는지 여부를 불문하고, 이들 조약 및 협정의 시행에 의해 그날 이후 일본에서 발생했거나 전쟁이 없었다면 발생할 권리를 승인한다.

(ii) Without the need for application by the proprietor of the right and without the payment of any fee or compliance with any other formality, the period from 7 December 1941 until the coming into force of the present Treaty between Japan and the Allied Power concerned shall be excluded from the running of the normal term of such rights; and such period, with an additional period of six months, shall be excluded from the time within which a literary work must be translated into Japanese in order to obtain translating rights in Japan.

Article 16

As an expression of its desire to indemnify those members of the armed forces of the Allied Powers who suffered undue hardships while prisoners of war of Japan, Japan will transfer its assets and those of its nationals in countries which were neutral during the war, or which were at war with any of the Allied Powers, or, at its option, the equivalent of such assets, to the International Committee of the Red Cross which shall liquidate such assets and distribute the resultant fund to appropriate national agencies, for the benefit of former prisoners of war and their families on such basis as it may determine to be equitable. The categories of assets described in Article 14(a)2(II)(ii) through (v) of the present Treaty shall be excepted from transfer, as well as assets of Japanese natural persons not residents of Japan on the first coming into force of the Treaty. It is equally understood that the transfer provision of this Article has no application to the 19,770 shares in the Bank for International Settlements presently owned by Japanese financial institutions.

Article 17

(a) Upon the request of any of the Allied Powers, the Japanese Government shall review and revise in conformity with international law any decision or order of the Japanese Prize Courts in cases involving ownership rights of nationals of that Allied Power and shall supply copies of all documents comprising the records of these cases, including the decisions taken and orders issued. In any case in which such review or revision shows that restoration is due, the provisions of Article 15 shall apply to the property concerned.

(ii) 권리자에 의한 신청이 필요 없이, 또한 어떠한 수수료의 지불이나 다른 어떠한 절차도 없이, 1941년 12월 7일부터 일본과 해당 연합국 사이에 이 조약이 효력이 생길 때까지의 기간은 이들 권리의 통상 기간에서 제외하며, 또한 일본에서 번역권을 취득하기 위해 문학적 저작물이 일본어로 번역되어야 하는 기간에서는 6개월의 기간을 추가해 제외한다.

제16조

일본의 포로였던 기간에 부당한 고난을 당한 연합국 군대의 구성원에 배상하는 의사의 표현으로, 일본은 전쟁 중 중립이었던 국가에 있는 또는 연합국 중 하나와 같이 전쟁하던 나라에 있는 일본 및 그 국민의 재산 또는, 선택적으로, 이러한 자산과 등가의 것을 국제 적십자위원회에 넘겨야 하며, 동 위원회는 이러한 자산을 청산하고 또한 그 결과 생기는 자금을 동 위원회가 공평하다고 결정하는 기초에서, 포로였던 자 및 그 가족을 위해 적절한 국내 기관에 분배해야 한다.

이 조약의 제14조 (a)2(Ⅱ)의 (ii)에서 (v)까지 게기하는 유형자산은, 조약의 최초 발효 시에 일본에 거주하지 않는 일본의 자연인의 자산과 마찬가지로 인도에서 제외한다. 또한 이 조의 인도 규정은 일본의 금융기관이 실제로 소유한 19,770주의 국제결제은행의 주식에는 적용이 없는 것으로 양해한다.

제17조

(a) 어느 연합국의 요청이 있을 경우, 일본 정부는 당해 연합국의 국민의 소유권과 관련된 사건에 있어서 일본의 포획심검소(捕獲審檢所)의 결정 또는 명령을 국제법에 따라 재심사해 수정하고, 또한 행해진 결정 및 발령된 명령을 포함해 이들 사건의 기록을 구성하는 모든 문서의 사본을 제공해야 한다. 이 재심사 또는 수정의 결과 원상복구해야 함이 명백할 때는 제15조의 규정을 당해 재산에 적용한다.

(b) The Japanese Government shall take the necessary measures to enable nationals of any of the Allied Powers at any time within one year from the coming into force of the present Treaty between Japan and the Allied Power concerned to submit to the appropriate Japanese authorities for review any judgment given by a Japanese court between 7 December 1941 and such coming into force, in any proceedings in which any such national was unable to make adequate presentation of his case either as plaintiff or defendant. The Japanese Government shall provide that, where the national has suffered injury by reason of any such judgment, he shall be restored in the position in which he was before the judgment was given or shall be afforded such relief as may be just and equitable in the circumstances.

Article 18

(a) It is recognized that the intervention of the state of war has not affected the obligation to pay pecuniary debts arising out of obligations and contracts (including those in respect of bonds) which existed and rights which were acquired before the existence of a state of war, and which are due by the Government or nationals of Japan to the Government or nationals of one of the Allied Powers, or are due by the Government or nationals of one of the Allied Powers to the Government or nationals of Japan. The intervention of a state of war shall equally not be regarded as affecting the obligation to consider on their merits claims for loss or damage to property or for personal injury or death which arose before the existence of a state of war, and which may be presented or re-presented by the Government of one of the Allied Powers to the Government of Japan, or by the Government of Japan to any of the Governments of the Allied Powers. The provisions of this paragraph are without prejudice to the rights conferred by Article 14.

(b) Japan affirms its liability for the prewar external debt of the Japanese State and for debts of corporate bodies subsequently declared to be liabilities of the Japanese State, and expresses its intention to enter into negotiations at an early date with its creditors with respect to the resumption of payments on those debts; to encourage negotiations in respect to other prewar claims and obligations; and to facilitate the transfer of sums accordingly.

(b) 일본 정부는, 어느 연합국의 국민이 원고 또는 피고로서 사건에 대해 충분한 진술을 하지 못한 소송 절차에서, 1941년 12월 7일부터 일본과 해당 연합국 간에 이 조약이 효력이 생길 때까지의 기간에 일본의 재판소가 한 재판을, 해당 국민이 전기 효력 발생 후 1년 이내에 언제든지 적당한 일본의 기관에 재심사를 신청할 수 있도록 하기 위해 필요한 조치를 취해야 한다. 일본 정부는 해당 국민이 전술한 재판 결과 손해를 입은 경우에는 그를 그 재판이 행해지기 전의 지위에 회복되도록 하거나 그 사정하에서 공정하고 공평한 구제가 되도록 해야 한다.

제18조
(a) 전쟁 상태의 개재는, 전쟁 상태의 존재 이전에 존재한 채무 및 계약 [채권에 관한 것을 포함한다] 및 전쟁 상태의 존재 이전에 취득된 권리로부터 발생하는 금전 채무로서, 일본 정부나 국민이 연합국 일국의 정부나 국민에 대해, 또는 연합국의 일국의 정부나 국민이 일본 정부 또는 국민에 대해 부담하고 있는 것을 지불하는 의무에 영향을 미치지 않음을 인정한다.

전쟁 상태의 개재는 또한 전쟁 상태의 존재 전에 재산의 멸실이나 손해 또는 신체 상해나 사망에 관해 생긴 청구권으로, 연합국 일국의 정부가 일본 정부에 대해, 또는 일본 정부가 연합국 정부 중 어느 하나에 제기 또는 다시 제기하는 것의 당부를 심의하는 의무에 영향을 미치는 것으로 간주해서는 안 된다. 이 항의 규정은 제14조에 의해 부여되는 권리를 침해하는 것은 아니다.

(b) 일본은 일본의 전쟁 전의 대외 채무에 대한 책임과 뒤에 일본의 책임이 있다고 선언된 단체의 채무에 대한 책임을 확인한다. 또한 일본은 이러한 채무의 지불 재개에 대해 채권자와 신속하게 협상을 시작하고, 다른 전쟁 전의 청구권 및 채무에 대한 협상을 촉진하며, 또한 이에 따라 금액의 지불을 용이하게 하는 의향을 표명한다.

Article 19

(a) Japan waives all claims of Japan and its nationals against the Allied Powers and their nationals arising out of the war or out of actions taken because of the existence of a state of war, and waives all claims arising from the presence, operations or actions of forces or authorities of any of the Allied Powers in Japanese territory prior to the coming into force of the present Treaty.

(b) The foregoing waiver includes any claims arising out of actions taken by any of the Allied Powers with respect to Japanese ships between 1 September 1939 and the coming into force of the present Treaty, as well as any claims and debts arising in respect to Japanese prisoners of war and civilian internees in the hands of the Allied Powers, but does not include Japanese claims specifically recognized in the laws of any Allied Power enacted since 2 September 1945.

(c) Subject to reciprocal renunciation, the Japanese Government also renounces all claims(including debts) against Germany and German nationals on behalf of the Japanese Government and Japanese nationals, including intergovernmental claims and claims for loss or damage sustained during the war, but excepting (a) claims in respect of contracts entered into and rights acquired before 1 September 1939, and (b) claims arising out of trade and financial relations between Japan and Germany after 2 September 1945. Such renunciation shall not prejudice actions taken in accordance with Articles 16 and 20 of the present Treaty.

(d) Japan recognizes the validity of all acts and omissions done during the period of occupation under or in consequence of directives of the occupation authorities or authorized by Japanese law at that time, and will take no action subjecting Allied nationals to civil or criminal liability arising out of such acts or omissions.

제19조

(a) 일본은 전쟁으로부터 발생하거나 또는 전쟁 상태가 존재했기 때문에 취해진 조치로부터 발생한 연합국과 그 국민에 대한 일본 및 그 국민의 모든 청구권을 포기하고, 또한 이 조약의 효력 발생 전에 일본 영역에서 어느 연합국의 군대 또는 당국의 존재, 직무 수행 또는 조치로부터 발생한 모든 청구권을 포기한다.

(b) 전 항의 포기는 1939년 9월 1일부터 본 조약의 효력 발생까지의 사이에 일본 선박에 대해 어느 연합국이 취한 조치에서 생긴 청구권 및 연합군의 수중에 있는 일본인 포로 및 피억류자에 대해 생긴 청구권 및 채권이 포함된다. 단, 1945년 9월 2일 이후 어느 연합국이 제정한 법률로 특별히 인정된 일본인의 청구권을 포함하지 않는다.

(c) 상호 포기를 조건으로, 일본 정부는 또한 정부 간의 청구권과 전쟁 중에 받은 멸실 또는 손상에 대한 청구권을 포함한 독일과 독일 국민에 대한 모든 청구권[채권을 포함한다]을 일본 정부와 일본 국민을 위해 포기한다. 단, (a) 1939년 9월 1일 전에 체결된 계약 및 취득된 권리에 관한 청구권 및 (b) 1945년 9월 2일 이후 일본과 독일 사이의 무역과 금융의 관계에서 생긴 청구권을 제외한다. 이 포기는 이 조약 제16조 및 제20조에 따라 취해진 조치를 침해하는 것은 아니다.

(d) 일본은 점령 기간 동안 점령 당국의 지령에 근거해 또는 그 결과로서 행해지거나 당시의 일본의 법률에 의해 허용된 모든 작위 또는 부작위의 효력을 승인하고, 연합 국민이 작위 또는 부작위로부터 발생하는 민사 또는 형사상 책임을 묻는 어떠한 조치도 취하지 않는 것으로 한다.

Article 20

Japan will take all necessary measures to ensure such disposition of German assets in Japan as has been or may be determined by those powers entitled under the Protocol of the proceedings of the Berlin Conference of 1945 to dispose of those assets, and pending the final disposition of such assets will be responsible for the conservation and administration thereof.

Article 21

Notwithstanding the provisions of Article 25 of the present Treaty, China shall be entitled to the benefits of Articles 10 and 14(a)2; and Korea to the benefits of Articles 2, 4, 9 and 12 of the present Treaty.

CHAPTER VI SETTLEMENT OF DISPUTES

Article 22

If in the opinion of any Party to the present Treaty there has arisen a dispute concerning the interpretation or execution of the Treaty, which is not settled by reference to a special claims tribunal or by other agreed means, the dispute shall, at the request of any party thereto, be referred for decision to the International Court of Justice.

Japan and those Allied Powers which are not already parties to the Statute of the International Court of Justice will deposit with the Registrar of the Court, at the time of their respective ratifications of the present Treaty, and in conformity with the resolution of the United Nations Security Council, dated 15 October 1946, a general declaration accepting the jurisdiction, without special agreement, of the Court generally in respect to all disputes of the character referred to in this Article.

제20조

일본은, 1945년의 베를린 회의의 의사 의정서에 따라, 독일 재산을 처분할 권리를 가지게 되는 제국이 결정했거나 결정하는 일본에 있는 독일 재산의 처분을 보장하기 위해 필요한 모든 조치를 취하며, 그러한 재산이 최종적으로 처분될 때까지 그 보존 및 관리에 대한 책임을 진다.

제21조

이 조약 제25조의 규정에도 불구하고, 중국은 제10조 및 제14조 (a)2의 이익을 받을 권리를 가지며, 한국은 조약 제2조, 제4조, 제9조 및 제12조의 이익을 받을 권리를 가진다.*

제6장 분쟁의 해결

제22조

이 조약의 어느 당사국이, 특별 청구권 법원에의 회부 또는 다른 합의된 방법으로 해결되지 않은 조약의 해석 또는 실행에 관한 분쟁이 생겼다고 인정하는 때에는, 그 분쟁은, 어느 분쟁 당사국의 요청에 따라, 결정을 위해 국제사법재판소에 회부될 수 있다.

일본과 아직 국제사법재판소 규정상의 당사국이 아닌 연합국은 각각 이 조약을 비준하는 때에, 그리고 1946년 10월 15일의 유엔 안전보장이사회의 결의에 따라, 이 조에서 언급하는 성질을 가진 모든 분쟁에 관해서 일반적으로 동 재판소의 관할권을 특별한 합의 없이 수락하는 일반적인 선언서를 동 재판소 서기에게 기탁한다.

---

* 한국은 샌프란시스코조약 제25조에 의해 동 조약상의 권리를 주장할 수 없는 것으로 잘못 알고 있는 경우가 있으나, 이 제21조에 의해 한국은 예외적으로 조약 제2조(영토), 제4조, 제9조, 제12조에 의한 권리를 주장할 수 있다.

CHAPTER VII FINAL CLAUSES

Article 23

(a) The present Treaty shall be ratified by the States which sign it, including Japan, and will come into force for all the States which have then ratified it, when instruments of ratification have been deposited by Japan and by a majority, including the United States of America as the principal occupying Power, of the following States, namely Australia, Canada, Ceylon, France, Indonesia, the Kingdom of the Netherlands, New Zealand, Pakistan, the Republic of the Philippines, the United Kingdom of Great Britain and Northern Ireland, and the United States of America. The present Treaty shall come into force of each State which subsequently ratifies it, on the date of the deposit of its instrument of ratification.

(b) If the Treaty has not come into force within nine months after the date of the deposit of Japan's ratification, any State which has ratified it may bring the Treaty into force between itself and Japan by a notification to that effect given to the Governments of Japan and the United States of America not later than three years after the date of deposit of Japan's ratification.

Article 24

All instruments of ratification shall be deposited with the Government of the United States of America which will notify all the signatory States of each such deposit, of the date of the coming into force of the Treaty under paragraph (a) of Article 23, and of any notifications made under paragraph (b) of Article 23.

제7장 최종 조항

제23조

(a) 이 조약은 일본을 포함해 이에 서명하는 국가에 의해 비준되어야 한다. 이 조약은 비준서가 일본에 의해, 또한 주된 점령국인 미국을 포함한 다음의 국가, 즉 호주, 캐나다, 실론, 프랑스, 인도네시아, 네덜란드, 뉴질랜드, 파키스탄, 필리핀, 영국과 미국의 과반수로 기탁된 때 그때까지 비준한 모든 국가에 대해 효력을 가진다. 이 조약은 그 후에 이를 비준하는 각국에 관해서는 그 비준서의 기탁일에 발효된다.

(b) 이 조약이 일본의 비준서 기탁일 후 9개월 이내에 효력이 발생하지 아니한 때에는 이를 비준한 국가는 일본의 비준서 기탁일로부터 3년 이내에 일본 정부 및 미국 정부에 이를 통보해 자국과 일본 간에 이 조약의 효력을 발생시킬 수 있다.

제24조

모든 비준서는 미국 정부에 기탁되어야 한다. 미국 정부는 이 기탁과, 제23조 (a)에 의거한 이 조약의 효력 발생일 및 이 조약 제23조 (b)에 의거해 행해지는 통고를 모든 서명국에 통고한다.

Article 25

For the purposes of the present Treaty the Allied Powers shall be the States at war with Japan, or any State which previously formed a part of the territory of a State named in Article 23, provided that in each case the State concerned has signed and ratified the Treaty. Subject to the provisions of Article 21, the present Treaty shall not confer any rights, titles or benefits on any State which is not an Allied Power as herein defined; nor shall any right, title or interest of Japan be deemed to be diminished or prejudiced by any provision of the Treaty in favour of a State which is not an Allied Power as so defined.

Article 26

Japan will be prepared to conclude with any State which signed or adhered to the United Nations Declaration of 1 January 1942, and which is at war with Japan, or with any State which previously formed a part of the territory of a State named in Article 23, which is not a signatory of the present Treaty, a bilateral Treaty of Peace on the same or substantially the same terms as are provided for in the present Treaty, but this obligation on the part of Japan will expire three years after the first coming into force of the present Treaty. Should Japan make a peace settlement or war claims settlement with any State granting that State greater advantages than those provided by the present Treaty, those same advantages shall be extended to the parties to the present Treaty.

제25조

이 조약의 적용상 연합국이란 일본과 전쟁하고 있던 나라 또는 이전에 제23조에 게기하는 나라의 영역의 일부를 이루고 있던 나라를 말한다. 단, 각 경우에 해당국이 이 조약에 서명하고 또한 이것을 비준한 것을 조건으로 한다. 제21조의 규정에 따를 것을 조건으로, 이 조약은, 여기에 정의된 연합국의 일국이 아닌 어떠한 나라에 대해서도 어떠한 권리, 권원 또는 이익도 주는 것은 아니다. 또 일본의 어떠한 권리, 권원 및 이익도, 이 조약의 어떠한 규정에 의해서도 전기와 같이 정의된 연합국의 일국이 아닌 나라를 위해서 감손되거나 훼손되는 것으로 간주해서는 안 된다.*

제26조

일본은 1942년 1월 1일의 연합국 선언에 서명 또는 가입하고 또한 일본과 전쟁 상태에 있는 국가 또는 이전에 제 23조에 열거하는 국가의 영역의 일부를 이루고 있던 국가로서 이 조약의 서명국이 아닌 국가와 이 조약에 정하는 바와 동일하거나 실질적으로 동일한 조건으로 양국 간 평화조약을 체결할 준비를 해야 한다.

그러나 이 일본의 의무는 이 조약의 발효로부터 3년으로 만료된다. 일본이 어느 국가 간에 이 조약에서 정하는 것보다 큰 이익을 그 나라에 주는 평화적 해결 또는 전쟁 청구권의 해결을 한 경우에는 이와 동일한 이익은 이 조약의 당사국에도 미치게 된다.

---

* 일반적으로 한국은 샌프란시스코조약의 서명국이 아니고, 제25조에서 규정하는 연합국으로도 인정받지 못했으므로, 샌프란시스코 조약에 의한 권리를 주장할 수 없는 것으로 잘못 알려져 있으나, 동 조약 제21조에 분명히 예외 규정을 두고 있다.

Article 27

The present Treaty shall be deposited in the archives of the Government of the United States of America which shall furnish each signatory State with a certified copy thereof.

IN FAITH WHEREOF the undersigned Plenipotentiaries have signed the present Treaty.

DONE at the city of San Francisco this eighth day of September 1951, in the English, French, and Spanish languages, all being equally authentic, and in the Japanese language.

제27조

이 조약은 미국 정부의 기록보관소에 기탁된다. 동 정부는 그 인증 등본을 각 서명국에게 교부한다.

이상의 증거로, 아래 기명한 전권대표는 본 조약에 서명했다.

1951년 9월 8일 샌프란시스코시에서, 정본인 영어, 프랑스어 및 스페인어, 그리고 일본어로 작성되었다.

(이하 전권대표명 생략)

참고문헌

단행본

葛生能久, 『日韓合邦秘史』 上卷 附錄, 黑龍會出版部, 1930.

葛生修亮, 『韓海通漁指針』, 黑龍會出版部, 1903.

강창일, 『근대 일본의 조선 침략과 대아시아주의: 우익 낭인의 행동과 사상을 중심으로』, 역사비
평사, 2003.

국사편찬위원회, 『독도 자료 I~III 미국편』, 2008.

권오엽 · 오니시 토시테루, 『죽도도해유래기발서공』 상, 한국학술정보, 2010.

권정 편역, 『어용인일기』, 선인, 2010.

김병렬, 『독도: 독도 자료 총람』, 다다미디어, 1998.

김병렬 · 나이토 세이추, 『한일 전문가가 본 독도』, 다다미디어, 2006.

內藤正中, 『竹島(鬱陵島)をめぐる日朝關係史』, 多賀出版, 2001.

內田良平文書研究會, 『黑龍會關係資料集』 1, 柏書房, 1992.

大西俊輝, 『日本海と竹島』, 東洋出版, 2003.

島根縣教育會 編, 『島根縣誌』, 1923.

島根縣 隱岐支廳, 『隱岐島誌』, 1933.

島根縣 竹島問題研究會, 『竹島問題に關する調査研究 最終報告書』, 2007.

島田征夫, 『國際法』, 弘文堂, 2002.

每日新聞社 圖書編集部 編, 『對日平和條約』, 每日新聞社, 1952.

박병섭 · 나이토 세이추, 『독도=다케시마 논쟁』, 보고사, 2008.

三省堂 編集部, 『大辭林』 第三版, 2006.

송병기, 『고쳐 쓴 울릉도와 독도』, 단국대학교출판부, 2005.

―――, 『울릉도와 독도, 그 역사적 검증』, 역사공간, 2010.

신용하, 『독도의 민족영토사 연구』, 지식산업사, 1996.

―――, 『독도 영유권에 대한 일본 주장 비판』, 서울대학교출판부, 2001.

―――, 『한국의 독도 영유권 연구』, 경인문화사, 2006.

―――, 『한국과 일본의 독도 영유권 논쟁』, 한양대학교출판부, 2003.

_____, 『독도 영유의 진실 이해』, 서울대학교출판문화원, 2012.

_____ 편, 『독도 영유권 자료의 탐구 3』, 독도연구보전협회, 2000.

안종화, 『초등대한지지』, 휘문관, 1907.

岩永重華 編, 『最新韓國實業指針』, 寶文館, 1904.

외교통상부, 『일본 외무성의 독도 홍보 팜플렛 반박문』, 2008.

외무부 방교국 편, 『조약집: 양자조약 1(1948~1961)』.

外務省, 『竹島問題を理解するための10のポイント』, 外務省 北東アジア課, 2014.

外務省 編, 『海外調査月報』, 昭和 29年(1954) 11月號.

이대근, 『해방 후 1950년대의 경제』, 삼성경제연구소, 2002.

이상시, 『단군실사에 관한 고증 연구』, 고려원, 1990.

이석우 편, 『대일강화조약 자료집』, 동북아역사재단, 2006.

이종학 편, 『일본의 독도해양 정책자료집 1』, 독도박물관, 2006.

이한기, 『한국의 영토: 영토 취득에 관한 국제법적 연구』, 서울대학교출판부, 1969.

장지연, 『대한신지지』, 휘문관, 1907.

田淵友彦, 『韓國新地理』, 博文館, 1905.

정병준, 『독도 1947』, 돌베개, 2011.

정인섭, 『신국제법 강의』, 박영사, 2010.

정태만, 『태정관지령이 밝혀주는 독도의 진실』, 조선뉴스프레스, 2012.

池內敏, 『大君外交と「武威」: 近世日本の國際秩序と朝鮮觀』, 名古屋大學出版會, 2006.

川上健三, 『竹島の歷史地理的硏究』, 古今書院, 1966.(가와카미 겐조, 『일본의 독도 논리: 죽도의 역사지리학적 연구』, 권오엽 역, 백산자료원, 2010.)

한상일, 『일본 제국주의의 한 연구: 대륙 낭인과 대륙 팽창』, 까치, 1980.

호사카 유지, 『대한민국 독도』, 성안당, 2019.

_____, 『독도, 1500년의 역사』, 교보문고, 2016.

海軍水路部, 『寰瀛水路誌』 第二卷 第二版, 1886.

海軍水路部, 『朝鮮水路誌』, 1894.

논문

岡田卓己, 「1877年『太政官指令』「日本海內 竹島外一島ヲ 版圖外ト定ム」 解說」, 『독도연구』 12, 영남대학교 독도연구소, 2012.

강창일, 「일진회의 합방운동과 흑룡회」, 『한국민족문화』 30, 2007.

堀和生,「1905年 日本の竹島領土編入」,『朝鮮史研究會論文集』24, 朝鮮史研究會, 1987.

권정,『숙종실록』기록으로 본 안용복: 안용복 진술의 타당성에 관해」,『일본언어문화』19, 한국 일본언어문화학회, 2011.

_____,「안용복에 관한 한·일의 인식」,『일본문화연구』34, 동아시아일본학회, 2010.

_____,「안용복의 울릉도 도해의 배후」,『일본어문학』55, 일본어문학회, 2011.

김명기,「일본의 기망행위에 의해 대일평화조약 제2조에서 누락된 독도의 영유권: 보충적 수단에 의한 해석을 중심으로」,『국제법 동향과 실무』21, 외교통상부 다자외교조약실, 2008.

_____,「일본 총리부령 제24호와 대장성령 제4호에 의한 한국의 독도 영토주권의 승인」,『독도연구』9, 영남대학교 독도연구소, 2010.

김병렬,「독도 영유권과 관련된 일본 학자들의 몇 가지 주장에 대한 비판」,『국제법학회논총』50(3), 대한국제법학회, 2005.

김병우,「신라 및 고려시대 울릉도와 독도의 인식과 경영」,『대구사학』109, 대구사학회, 2012.

김수희,「개척령기 울릉도와 독도로 건너간 거문도 사람들」,『한일관계사연구』38, 2011.

_____,「독도 연구의 실증적 연구 방법과 그 문제점」,『영토해양연구』5, 동북아역사재단, 2013.

_____,「'양코도'와 독도 무주지설」,『독도연구』11, 영남대학교 독도연구소, 2011.

_____,「일본의 독도 어장 편입을 통해서 본 한국 어장의 식민지화 과정」,『영남대학교 독도연구소 학술대회』, 영남대학교 독도연구소, 2012.

_____,「'죽도의 날' 제정 이후 일본의 독도 연구 동향: 이케우치 사토시의 '석도' 논의를 중심으로」,『독도연구』10, 영남대학교 독도연구소, 2011.

_____,「흑룡회의 독도 침탈 기도와 '양코도 발견' 기록의 재검토」,『전북사학』41, 전북사학회, 2012.

김영구,「독도 영유권에 관한 법적 논리의 완벽성을 위한 제언(Ⅱ)」,『독도연구』11, 영남대학교 독도연구소, 2011.

김진홍,「일본에 의한 독도 침탈 과정과 연합국에 의한 독도 분리 과정에 관한 고찰」,『독도논총』2, 독도조사연구학회, 2006.

김채수,「1895년~1914년 일본의 우익 연구: 단체·운동·사상을 중심으로」,『동북아문화연구』, 12, 동북아시아문화학회, 2007.

김호동,「독도와 울릉도를 둘러싼 러·일의 각축과 조선의 대응」,『독도연구』10, 영남대학교 독도연구소, 2011.

_____,「울릉도·독도 어로 활동에 있어서 울산의 역할과 박어둔」,『인문연구』58, 영남대학교 인문과학연구소, 2010.

_____, 「이케우치의 '일본 에도시대 다케시마 · 마츠시마 인식'에 대한 문제 제기」, 『독도연구』 6, 영남대학교 독도연구소, 2009.

_____, 「조선시대 독도 · 울릉도에 대한 인식과 정책」, 『역사학연구』 48, 호남사학회, 2012.

_____, 「조선 숙종조 영토 분쟁의 배경과 대응에 관한 검토: 안용복 활동의 새로운 검토를 위해」, 『대구사학』 94, 대구사학회, 2009.

_____, 「『죽도 문제에 관한 조사연구 최종보고서』에 인용된 일본 에도시대 독도 문헌 연구」, 『인문연구』 55, 영남대학교 인문과학연구소, 2008.

김화경, 「독도 강탈을 둘러싼 궤변의 허구성」, 『독도연구』 4, 영남대학교 독도연구소, 2008.

_____, 「일본의 독도 강탈 정당화론에 대한 비판: 쯔카모토 다카시의 오쿠하라 헤키운 자료 해석을 중심으로」, 『인문연구』 57, 2009.

나홍주, 「독도 영유권과 SCAPIN 677호('46. 1. 29.)」, 『대학원논문집』 28, 명지대학교 대학원, 1998.

_____, 「'러스크 서한'을 번복시킨 덜레스 장관의 조치 검토」, 『독도연구』 24, 영남대학교 독도연구소, 2018.

_____, 「한국령 독도에 관한 일본의 청구에 대한 국제법적 고찰」, 『독도연구』 12, 영남대학교 독도연구소, 2012.

_____, 「한 · 일 어업협정 보완, 또는 종료 후 재협상 고찰」, 『한국의 독도 영유권 연구사』 독도총서 제10권, 2003.

남기훈, 「17세기 조 · 일 양국의 울릉도 · 독도 인식」, 『한일관계사연구』 23, 한일관계사학회, 2005.

문철영, 「'울릉도에서 독도가 보인다'는 것의 역사적 의미」, 『독도! 울릉도에서는 보인다』, 동북아역사재단, 2010.

박관숙, 「독도의 법적 지위에 관한 연구」, 연세대학교 박사 학위 논문, 1969.

박병섭, 「근대기 독도의 영유권 문제: 새 자료 및 연구를 중심으로」, 『독도연구』 12, 영남대학교 독도연구소, 2012.

_____, 「안용복 사건과 돗토리번」, 『독도연구』 6, 영남대학교 독도연구소, 2009.

_____, 「안용복 사건 이후의 독도 영유권 문제」, 『독도연구』 13, 영남대학교 독도연구소, 2012.

_____, 「일본 메이지(明治) 정부의 다케시마=독도 인식」, 『일본 독도 전문가 초청 강연 및 토론회 논문집』, 경상북도, 2009.

박삼헌, 「메이지 초년 태정관 문서의 역사적 성격」, 『독도 · 울릉도 연구: 역사 · 고고 · 지리학적 고찰』, 동북아역사재단, 2009.

박양신, 「러일전쟁 개전론과 '7박사'」, 『진단학보』 95, 2003.

박현진, 「17세기 말 울릉도 쟁계 관련 한·일 '교환공문'의 증명력: 거리관습에 따른 조약상 울릉·독도 권원 확립·해상국경 묵시 합의」, 『국제법학회논총』 58(3), 대한국제법학회, 2013.

_____, 「독도 영유권과 지도·해도의 증거능력·증명력」, 『국제법학회논총』 52, 대한국제법학회, 2007.

杉原隆, 「明治 9年의 太政官文書: 竹島外一島之儀本邦關係無之에 대해」, Web竹島問題研究所, 2008.

송휘영, 「근대 일본의 수로지에 나타난 울릉도·독도 인식」, 『대구사학』 106, 대구사학회, 2012.

_____, 「울릉도 쟁계(竹島一件)의 결착과 스야마 쇼에몽(陶山庄右衛門)」, 『일본문화학보』 49, 한국일본문화학회, 2011.

신석호, 「독도의 내력」, 『사상계』 8월호, 사상계, 1960.

_____, 「독도 소속에 대하여」, 『사해』 1, 조선사연구회, 1948.

신운용, 「안중근의 대일 인식」, 『한국민족운동사연구』 60, 한국민족운동사학회, 2009.

신용하, 「1951년 샌프란시스코조약 때 일본 측 로비에 오용된 일제의 1905년 독도 침탈 자료」, 독도학회, 2010.

外務省 通商局, 「韓國鬱陵島事情」, 『通商彙纂』 第234號, 1902.

유미림, 「근대기 조선 지리지에 보이는 일본의 울릉도·독도 인식: 호칭의 혼란을 중심으로」, 『영토해양연구』 2, 동북아역사재단, 2011.

유하영, 「울릉도 부속 섬으로서 독도의 법적 지위」, 『이사부와 동해』 5, 한국이사부학회, 2013.

윤소영, 「일본 메이지 시대 문헌에 나타난 울릉도와 독도 인식」, 『독도연구』 창간호, 영남대학교 독도연구소, 2005.

_____, 「1900년대 초 일본 측 조선 어업 조사 자료에 보이는 독도」, 『한국독립운동사연구』 41, 독립기념관 한국독립운동연구소, 2012.

윤유숙, 「근세 돗토리번(鳥取藩) 町人의 울릉도 도해」, 『한일관계사연구』 42, 한일관계사학회, 2012.

伊藤政彦, 「奧原碧雲 『竹島及鬱陵島』의 和歌의 特徵」, 『일본문화학보』 46, 한국일본문화학회, 2010.

이한기, 「한국의 영토: 영토 취득에 관한 국제법적 연구」, 서울대학교 박사 학위 논문, 1969.

이혜숙, 「전후 미국의 대일 점령 정책: 경제 정책을 중심으로」, 『사회와역사』 52, 한국사회사학회, 1997.

장순순, 「17세기 조일 관계와 '울릉도 쟁계'」, 『역사와경계』 84, 부산경남사학회, 2012.

田中阿歌麻呂,「隠岐國竹島に關する舊記」,『地學雜誌』第200號, 東京地學協會, 1905.

田中阿歌麻呂,「隠岐國竹島に關する地理學上の智識」,『地學雜誌』第210號, 東京地學協會, 1906.

정재민,「대일강화조약 제2조가 한국에 미치는 효력」,『국제법학회논총』58, 2013.

정태만,「독도 문제의 수학적 접근」,『독도연구』5, 영남대학교 독도연구소, 2008.

_____,「샌프란시스코 대일평화조약과 관련된 일본 측 주장과 그 비판」,『독도연구』24, 영남대 학교 독도연구소, 2018.

_____,「샌프란시스코 평화조약의 문언적 해석」,『일본문화학보』72, 한국일본문화학회, 2017.

_____,「에도시대 이후 일본의 공적 지도에 나타난 독도 영유권」,『독도연구』22, 영남대학교 독도 연구소, 2017.

_____,「『일본영역참고도』와 대일평화조약」,『독도연구』19, 영남대학교 독도연구소, 2015.

_____,「태정관지령 이전 일본의 독도 인식」,『사학지』45, 단국사학회, 2012.

_____,「17세기 이후 독도에 대한 한국 및 주변국의 인식과 그 변화」, 단국대학교 대학원 박사 학위 논문, 2014.

정태상,「거문도인의 독도 조업: 김윤삼·박운학의 증언을 중심으로」,『독도연구』27, 영남대학 교 독도연구소, 2019.

조항래,「일본 국수주의 단체 '현양사'의 한국 침략 행적」,『한일관계사연구』1, 한일관계사학회, 1993.

竹島問題研究會,『第2期 竹島問題に關する調査研究 中間報告書』, 2011.

池內敏,「竹島渡海と鳥取藩」,『鳥取地域史研究』1, 鳥取地域史研究會, 1999.

池內敏,「江戶時代における竹島および松島の認識について」,『독도연구』6, 영남대학교 독도연구 소, 2009.

塚本孝,「竹島領有權問題の経緯」第3版, 國立國會図書館 Issue Brief Number 701, 2011.

최장근,「근대 한국의 독도 관할과 통감부의 인식: 「석도=독도」 검증의 일환으로」,『일어일문학 연구』72(2), 한국일어일문학회, 2010.

_____,『『인슈시초고키(隱州視聴合紀)』왜곡 해석의 기원: 근대 일본의 독도 영유권 인식과 침략 경위」,『일본문화연구』29, 동아시아일본학회, 2009.

下條正男,「最終報告にあたって[竹島の日]條例から二年」,『竹島問題に關する調査研究 最終報告 書』, 2007.

한철호,「明治時期 일본의 독도 정책과 인식에 대한 연구 쟁점과 과제」,『한국사학보』28, 고려 사학회, 2007.

호사카 유지,「다케시마(竹島) 도해 면허의 불법성 고찰」,『일본문화연구』23, 동아시아일본학회,

2007.

홍성근, 「독도 폭격 사건의 국제법적 쟁점 분석」, 『독도 연구총서』 10, 독도연구보전협회, 2003.

홍정원, 「근대 문헌에 보이는 독도(우산도, 석도) 연구」, 『근대 이행기의 한일 경계와 인식에 대한 연구: 독섬(石島)과 Liancourt Rocks를 중심으로』, 동북아역사재단, 2012.

찾아보기

롯데학술총서 002

독도 문제의 진실

초판 1쇄 펴낸 날 2020. 8. 7.

지은이	정태상
발행인	양진호
책임편집	김진희
디자인	김민정
발행처	도서출판 |만권당|

등 록	2014년 6월 27일(제2014-000189호)
주 소	(07207) 서울시 영등포구 양평로21가길 19, 우림라이온스밸리 B동 512호
전 화	(02) 338-5951~2
팩 스	(02) 338-5953
이메일	mangwonbooks@hanmail.net

ISBN	979-11-88992-08-9 (94910)
	979-11-88992-07-2 (세트)

값은 뒤표지에 있습니다.
잘못 만들어진 책은 구입하신 서점에서 바꾸어 드립니다.

이 도서의 국립중앙도서관 출판예정도서목록(CIP)은 서지정보유통지원시스템 홈페이지 (http://seoji.nl.go.kr)와 국가자료공동목록시스템(http://www.nl.go.kr/kolisnet)에서 이용하실 수 있습니다.(CIP제어번호: CIP2020027098)